Ställ och tolka
ditt horoskop

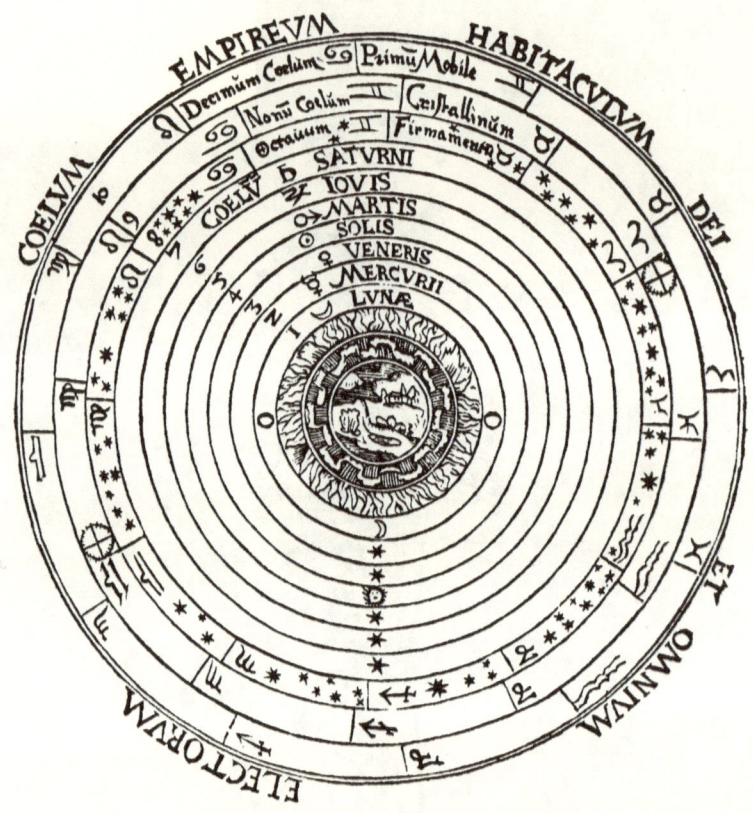

Ovan: Det antika universum med jorden i mitten. Från Cosmographia av Petrus Apianus, 1533.

Föregående sida: Den astrologiska människan, kroppsdelarna och deras koppling till zodiaken. Träsnitt från Calendrier et compost des bergers, Paris 1491.

Omslaget: Den astronomiska klockan i Prag, från 1400-talet.

Ställ och tolka
ditt horoskop
Astrologins grunder

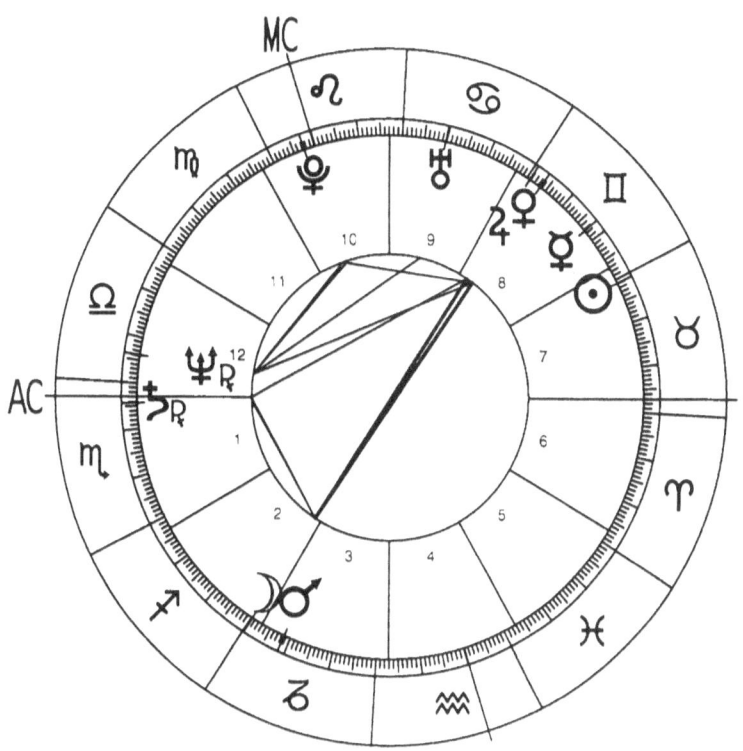

Stefan Stenudd

Stefan Stenudd är författare, frilansjournalist, idéhistoriker och instruktör i den fridsamma japanska kampkonsten aikido, som han tränat i snart 50 år och har graden 7 dan. Inom idéhistorien forskar han i skapelsemyters tankemönster och Aristoteles poetik. Han föddes 1954 i Stockholm men bor numera i Malmö. Stefan har sin egen fylliga hemsida: *stenudd.se* Se också hans astrologiska hemsida: *www.astrologi.nu*

Facklitteratur:
Ställ och tolka ditt horoskop 1979, 1982, 1985, 1986, 1991, 2006, 2021
Horoskop för nya millenniet 1999
Tao te ching, taoismens källa 1991, 1996, 2004, 2006, 2012
Qi, öva upp livskraften 2003, 2010, 2018
Aikido, den fredliga kampkonsten 1992, 1998, 2010
Aikido handbok 1996, 1999, 2004
Miyamoto Musashi: Fem ringars bok 1995, 2003, 2006, 2013
Iaido 1994
Bong, tolv år som hemlig krogrecensent 2010, 2018
David Mitchell: Stora boken om kampkonst 1997

Skönlitteratur:
Tröst 1993, 1997, 2003, 2018, 2020
Zenit och Nadir 2004, 2018, 2020
Tao Erikssons sexliv 1992, 2018, 2020
Mord 1987, 2018, 2020
Ikaros över Brandbergen 1987, 2011, 2018
Drakar & demoner 1987
Den siste (Evigheten väntar) 1982, 2011, 2018
Alltings slut 1980
Om Om 1979, 2011, 2018

arriba.se

Ställ och tolka ditt horoskop. Astrologins grunder
© Stefan Stenudd 1979, 1982, 1985, 1986, 1991, 2006, 2021
Text, kalligrafier och grafisk form av författaren.
Arriba förlag, Malmö, arriba.se
Tryckt av Lightning Source.
ISBN 978-91-7894-095-0

Innehåll

Förord 7

Astrologins beståndsdelar 13
Horoskopet 13
Zodiaken 14
Planeterna 25
Husen 28
Aspekterna 31
Astrologins utveckling 35
Vad ska man tro? 44

Solen i horoskopet – ditt stjärntecken 57
♈ Väduren 58
♉ Oxen 61
♊ Tvillingarna 64
♋ Kräftan 67
♌ Lejonet 69
♍ Jungfrun 72
♎ Vågen 76
♏ Skorpionen 79
♐ Skytten 82
♑ Stenbocken 84
♒ Vattumannen 87
♓ Fiskarna 90

Horoskopets kombinationer 95
Planeterna i zodiaken 96
Husen i zodiaken 127
Planeterna i husen 146

Aspekterna i horoskopet 163
☌ Planeternas konjunktioner 172
☍ Planeternas oppositioner 185
△ Planeternas trigoner 197
□ Planeternas kvadraturer 207
✶ Planeternas sextiler 217
Ett exempel 228

Tolkning av horoskopet 231
Horoskopets helhet 231
Siffror och summor 244
Horoskopets detaljer 249
Horoskopets tyngdpunkter 259
Tolkningsordning 263
Ett exempel 265

Några tolkningstekniker 269
Speciella frågor 269
Planetåldrarna 282
Förutsägelser 285
Alternativa horoskop 293
Världsliga horoskop 299
Sveriges horoskop 306

Partnerhoroskop 313
Sjunde huset 319
Planeternas roller 325
Stjärntecknens kombinationer 331
Husens inverkan 342
Ett exempel 344

Gör det själv 351
Ställ ditt horoskop 351
Ett exempel 362

Tabeller 369
Ställ ditt horoskop 369
Internet 369
Tabeller 370

Efterord 377

Förord

Nu är det 30 år sedan den här boken gavs ut första gången, vilket skedde år 1991. Men redan 1979 kom *Ställ ditt horoskop*, som utgjorde ungefär hälften av denna bok, följd 1982 av *Tolka ditt horoskop* med den andra hälften. Det är den sammanslagna versionen som fyller 30.

Denna nya upplaga är i stort sett oförändrad sedan 2006 års version, förutom till formatet och några små justeringar i texten. Den uråldriga astrologins principer består, även i vår digitala era, och vi människor har inte förändrats särdeles genom årtusendena – fast vi gärna föreställer oss det. För att använda ett i sammanhanget passande uttryck: inget nytt under solen.

Numera brukar astrologin klassificeras som en pseudvetenskap, en term som på flera sätt går att diskutera. Man bör förvisso förhålla sig skeptiskt till ämnet och vad det kan eller inte kan säga om oss själva och våra liv, men det är inte samma sak som att avfärda astrologin utan att ens pröva den.

Själv fortsätter jag att pröva astrologin och dess främsta redskap horoskopet, såväl på enskilda människor som på länder och hela vår värld.

Än så länge har jag inte hittat klara belägg för att avfärda alltihop, men otaliga indikationer på att horoskopet har något relevant att berätta. Inte sällan är det förunderligt pricksäkert. Jag har egentligen ingen aning om varför. Dock vet jag att det är skäl nog att fortsätta.

Stefan Stenudd, januari 2021

Förord till Ställ och tolka ditt horoskop, 2006
Det har varit en del rörelse både på himlavalvet och i jordelivet, sedan den här boken kom ut i sin första form 1979. Det var den begåvade poeten och förlagsredaktören Géza Thinsz som med humor och enträgenhet fick mig att skriva den. Han har tyvärr lämnat oss – men hans spirituella lyrik består, likaså minns jag hans omsorg när jag nu är klar med bearbetningen av denna pocketutgåva av

vår astrologibok. Jag vill tro att han skulle ha varit nöjd med hur samvetsgrann jag försökt att vara.

Moderna landvinningar, såsom datorer och Internet, har gjort den uråldriga astrologin mer lättillgänglig än någonsin förr. Att räkna ut ett horoskop går numera på några sekunder – att tolka det är alltjämt en strapats, som dock tillfredsställer genom att vara rikare för varje gång man genomgår den. Jag hoppas att fler ska lockas att ge sig på den, nu när den genom datateknik blivit så mycket lättare att inleda.

Det borde höra till allmänbildningen att ha bekantat sig åtminstone med sitt eget horoskop – oavsett om man tror på astrologi eller ej. Man får perspektiv på vad personlighet är, samtidigt som man lär känna ett symbolspråk som varit med människan sedan kulturens gryning. Det faller sig naturligt att ta till stjärnhimlen för att beskriva det mänskliga psyket – de är jämförbara storheter.

Förord till Ställ och tolka ditt horoskop, 1991
Under hela 80-talet har mina två böcker om astrologi, *Ställ ditt horoskop* och *Tolka ditt horoskop*, nått en smickrande spridning och hedrande användning bland astrologiintresserade i vårt land. Så vitt en stor mängd läsare låtit mig förstå, har böckerna blivit något av standardverk i ämnet.

Det var därför med stor förtjusning jag beslöt mig för att revidera och aktualisera dem inför nya upplagor, nu när de gamla tagit slut. Eftersom de båda böckerna hör intimt ihop vore det underligt att inte passa på tillfället att slå ihop dem till en. Jag tror att innehållet på detta sätt blir mycket överskådligare för läsaren.

Vid genomgången av texten har jag inte heller kunnat avhålla mig från att putsa på innehållet och skriva till en del, som tidigare var för kortfattat eller helt saknades – till exempel kapitlet om Sveriges horoskop.

Jag hoppas att den nya, sammanslagna och utökade versionen av astrologiböckerna ska möta lika vänligt gehör hos läsarna.

Förord till Tolka ditt horoskop, 1982
Den här boken är tänkt som en fortsättning på min tidigare utgivna bok i ämnet astrologi, *Ställ ditt horoskop*. Det är dock inte så att läsaren måste vara bekant med den för att kunna tillgodogöra sig innehållet i den här skriften – däremot bör man vara någorlunda insatt i astrologin för att ha riktig nytta av den.

I *Ställ ditt horoskop* visade jag hur man upprättar ett horoskop

Medeltidens världsbild. Träsnitt av den populärvetenskaplige författaren Camille Flammarion 1888, ofta felaktigt angivet som en bild från renässansen.

och gav en enkel vägledning i hur det kan tolkas. Den grunden utelämnar jag därför här. *Tolka ditt horoskop* presenterar utförligare vissa viktiga delar av hur ett horoskop tolkas. Framför allt går jag in mer på aspekterna och deras betydelse.

Likaså ägnar jag en hel del sidor åt partnerhoroskop, det vill säga tekniken att jämföra två personers horoskop och därmed få en astrologisk bild av deras relation.

Kapitlet om solen i horoskopet kräver varken förkunskaper eller att man har upprättat ett komplett horoskop med alla planeter, hus och aspekter. Häri analyseras *soltecknet*, det tecken man sägs vara född i, utförligare. Detta är gjort dels för att ge den oinvigde en chans att få ett litet smakprov på hur astrologin resonerar och fungerar, dels för att ge den mer initierade läsaren ett prov på hur ett astrologiskt resonemang kan föras och utvecklas. Man får heller inte glömma att soltecknet är av stor betydelse i varje horoskop, om än långt ifrån så ensamt avgörande som tidningshoroskopen antyder.

Jag vill gärna också uppmärksamma kapitlet *Vad ska man tro?* Det dryftas mycket om astrologins tillförlitlighet – huruvida det är skrock och humbug eller en universell sanning. Mig tycks det som om debatten är en aning inflammerad, så jag försöker i detta kapitel reda ut begreppen en smula. Frågan om astrologins tillförlitlighet är naturligtvis central och får i vår tid en allt större aktualitet. Vi måste därför sträva efter att på ett förnuftigt och dogmfritt sätt föra vårt resonemang.

Jag vill här också passa på att tacka för alla de läsarkommentarer jag fått med anledning av min förra bok. Det är glädjande att ha med en så pass aktiv läsekrets att göra, och det är mig en stor hjälp i min fortsatta behandling av ämnet astrologi, det outsinliga.

Förord till Ställ ditt horoskop, 1979
När man talar om astrologi brukar man oftast syfta på den typ av horoskop som finns i dags- och veckotidningar. Ingenting kunde vara felaktigare, ty astrologin är en mångtusenårig vetenskap, långt mer komplex och sofistikerad än dessa tidningsspalter antyder.

De flesta har en bestämd åsikt om astrologi – antingen tror man på den, eller inte alls – men alltför ofta grundar sig ståndpunkten på dessa ytliga kunskaper. Det tecken man sägs vara född i, *soltecknet*, är bara en av hundratals faktorer som det verkliga horoskopet består utav.

Ordet horoskop är grekiska och betyder *bild av timmen*, vilket syftar på att det verkliga horoskopet är en tvådimensionell avbildning av hur stjärnhimlen såg ut, sedd från jorden, vid tidpunkten för någons födelse. Där representerar varje planet, varje stjärntecken och flera andra delar sin bit av helheten. Denna helhet, horoskopet, sägs ge en symbolisk bild av karaktären och personligheten hos den människa som horoskopet upprättats för.

Genom årtusendena har denna symbolvetenskap växt och utvecklats och den bär med sig många frukter från fjärran, forna kulturer. Det vore något av en skymf mot våra förfäder att förkasta eller ignorera astrologin, bara för det intryck som tidningarnas förenklingar ger. Nej, även skeptikern torde finna värde i att tränga lite djupare in i ämnet, för att förstå de principer och teorier om hur tillvaron fungerar som ligger bakom.

Avsikten med denna bok är att på ett lättfattligt sätt presentera astrologins grundelement och visa hur man på enklast möjliga vis själv räknar fram, upprättar och tolkar ett horoskop – så att envar som vill, utan att behöva engagera sig i alltför tidsödande studier, själv ska kunna pröva det gamla systemet.

Boken är därför långt ifrån komplett – man kan fråga sig om

det över huvud taget är möjligt att göra en uttömmande framställning om hela astrologin. Jag har i stället riktat in mig mer på att göra ämnet lättbegripligt och hanterligt för nybörjaren, än att nödvändigtvis försöka fånga alla nyanser och varianter som ämnet rymmer.

Förhoppningsvis ska boken ge läsaren ett bra grepp om astrologin. Hur den fungerar, hur den resonerar och vad den bygger på. Bakom alla dess element ligger tusenåriga filosofiska principer och teorier om hur verkligheten är beskaffad. Att förstå astrologin är i hög grad en fråga om att ana dessa principers logik.

Horoskopet är astrologins absolut främsta, nästan enda, uttryck och arbetssätt. Därför koncentrerar sig boken runt detta och baseras på hur man arbetar med horoskopet. Jag vågar slå fast att innan man själv har prövat att upprätta och tolka ett horoskop vet man inte vad astrologi är för något.

Astrologin är som vetenskap inte exaktare än att det skiftar väldeliga mellan olika astrologers tolkningar och värderingar. Se därför inte påståendena i boken som några absoluta sanningar eller fasta teser, utan mer som förslag att utgå ifrån, när du själv arbetar dig fram till egna åsikter.

En grundstomme, mycket viktig att hålla i minnet, är att astrologin resonerar om metafysiska sammanhang, som möjligen – men inte alltid – avspeglar sig i den materiella verkligheten. Horoskopet sägs beskriva människans inre andliga, själsliga, mentala karaktär. Hur denna karaktär sedan manifesterar sig i vardagslivet – det visar inte horoskopet direkt, utan det är i högsta grad en tolkningsfråga för den som läser horoskopet. Det finns för varje karaktär tolkningar som är mer eller mindre troliga, naturligtvis, men det är aldrig så att det bara finns ett enda alternativ. Samma anlag kan visa sig på många olika sätt, och här i boken ges förslag på sådana uttryck och manifestationer som är troliga – men de är inte de enda möjligheterna.

Man bör tänka nyanserat och flexibelt, speciellt när det gäller att översätta astrologins abstrakta sammanhang till den konkreta verkligheten.

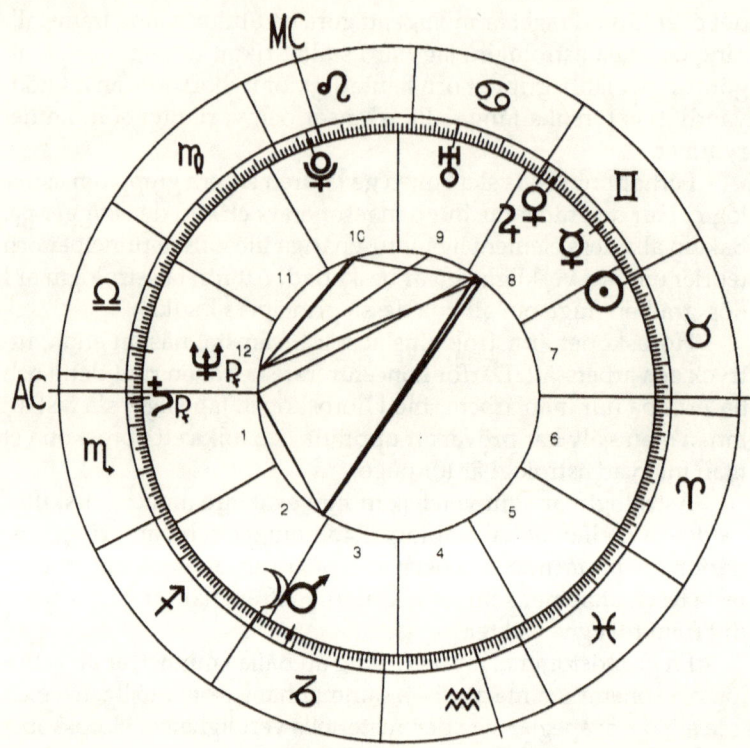

Zodiaken	Planetpunkterna	Husen
♈ Väduren	AC ascendenten	1 Första huset
♉ Oxen	MC Medium Coeli	2 Andra huset
♊ Tvillingarna	☉ solen	3 Tredje huset
♋ Kräftan	☽ månen	4 Fjärde huset
♌ Lejonet	☿ Merkurius	5 Femte huset
♍ Jungfrun	♀ Venus	6 Sjätte huset
♎ Vågen	♂ Mars	7 Sjunde huset
♏ Skorpionen	♃ Jupiter	8 Åttonde huset
♐ Skytten	♄ Saturnus	9 Nionde huset
♑ Stenbocken	♅ Uranus	10 Tionde huset
♒ Vattumannen	♆ Neptunus	11 Elfte huset
♓ Fiskarna	♇ Pluto	12 Tolfte huset

Aspekterna
☌ konjunktion
☍ opposition
△ trigon
□ kvadratur
✶ sextil

Horoskopets komponenter och deras symboler. I horoskopcirkeln markeras zodiaktecknen ytterst moturs, husen därinnanför också moturs, sedan planeterna. Aspekterna är linjerna i den innesta cirkeln.

Astrologins beståndsdelar

Horoskopet

Astrologin är läran om stjärnornas samband med människors liv. Dess främsta, nästan enda redskap, är horoskopet. Ordet horoskop betyder *bild av timmen*, och då menas någons födelseögonblick. Horoskopet är helt enkelt ett diagram som visar var solsystemets planeter, och några andra ting, befann sig just i det ögonblick man föddes.

Till planeterna räknas solen, månen, Merkurius, Venus, Mars, Jupiter, Saturnus, Uranus, Neptunus och Pluto. Dessutom finns två punkter, rent teoretiskt fastställda, som i horoskopet fungerar ungefär som planeterna. De är ascendenten och Medium Coeli.

I horoskopet visas stjärnhimlen i ett *geocentriskt* perspektiv, det vill säga med jorden som mittpunkt och allting sett utifrån den. Zodiaken är en tänkt cirkel runt jorden, som en gradskiva med tolv delar om vardera 30°. Eftersom planeterna alla rör sig i ungefär samma plan, kan man beskriva deras banor som rörelser på denna cirkel.

Zodiaken har delats in i tolv lika stora delar, som döpts efter verkliga stjärnkonstellationer på himlen. De tolv delarna kallas Väduren, Oxen, Tvillingarna, Kräftan, Lejonet, Jungfrun, Vågen, Skorpionen, Skytten, Stenbocken, Vattumannen och Fiskarna.

Mot zodiakens tecken svarar de tolv husen. Deras läge bestäms av den punkt som kallas ascendenten och de bildar en egen indelning av cirkeln. Varje planet har därför en position dels i ett av zodiakens tecken, dels i ett av de tolv husen.

I horoskopet markeras också om planeter befinner sig på speciella avstånd från varandra i cirkeln. Hela cirkeln är 360°. De speciella vinklarna som gäller är när planeter är i konjunktion (intill varandra, 0°), opposition (mitt emot varandra, 180°), trigon (120°), kvadratur (90°) och sextil (60°). Vinklarna kallas aspekter.

Med hjälp av dessa beståndsdelar konstruerar och tolkar man horoskopet. Att ställa ett horoskop är alltså att ta reda på hur planeterna och husen stod just då en viss person föddes, och sedan teckna upp dessa på zodiakcirkeln. Det enda som har betydelse, som man behöver veta för att kunna ställa horoskopet, är en persons födelsedatum med klockslag och födelseplats. Särskilt svårt är det inte att räkna ut och rita upp horoskopet. Det knepiga ligger i själva tolkningen.

Varje astrolog har sitt eget sätt att tolka, och förmodligen skiljer sig olika astrologers omdömen betydligt. Man är tämligen överens om till exempel de flesta zodiaktecknens och husens symboliska betydelser, men när det kommer till planeterna går åsikterna ofta isär väldeliga. Det gäller särskilt de planeter som ligger bortom Saturnus – Uranus, Neptunus och Pluto – för de upptäcktes så pass sent. Uranus hittades på 1700-talet, Neptunus på 1800-talet och Pluto på 1900-talet. Därför har de ännu inte helt och fullt fått sina fasta betydelser i astrologin.

De flesta astrologer är övertygade om att det finns fler planeter i vårt solsystem utanför Pluto – några astrologer har även döpt sådana och skrivit tabeller för hur de rör sig och vad de symboliserar. Själv föredrar jag att invänta astronomins landvinningar.

Vad helst olika astrologer än menar, måste man lita mest till sin egen intuition för att kunna tolka horoskop framgångsrikt. Det är genom intuitionen man får de allra bästa resultaten, de som fascinerar och överraskar. Man skulle kunna säga att horoskopet enbart är ett stöd, en hjälpreda åt intuitionen. Är man okoncentrerad eller har bråttom, så blir tolkningen mest en massa tomma ord som kunde gälla för vem som helst. Det tar tid att tolka ett horoskop, och var gång man kommer tillbaka till det finns nya saker att upptäcka.

Här presenteras huvudsakligen mina egna slutsatser och åsikter – ibland delade av de flesta som pysslar med astrologi, ibland inte alls. Envar får bilda sig sin egen uppfattning. Horoskopet inspirerar till nytolkning. En enda, allenarådande betydelse har man än så länge inte funnit för någon av horoskopets alla komponenter.

Zodiaken

Zodiaken är den del av horoskopet som fått sin karaktär av stjärnhimlen, allt det som ligger utanför vårt lilla solsystem. Alla dessa miljoner stjärnor bildar genom sin mängd och sin väldighet astrologins verkliga bas. Men det skulle vara alltför arbetsamt att ta hänsyn till var och en av alla dessa ljusfläckar, så i stället har man dels koncentrerat sig på det band av stjärnhimlen som solen ser ut att glida över på sin bana, den så kallade *ekliptikan*, dels delat upp dem i tolv stjärnbilder.

Zodiaken är en symbolisk avbildning av dessa tolv stjärnbilder, där varje tecken ges 30° av hela cirkelns 360°.

Man börjar räkna från vårdagjämningspunkten, den 21 mars, när solen precis går in i Vädurens tecken, och sedan kommer ett nytt tecken ungefär den 21 i varje månad året runt. Zodiaken är alltså en tänkt cirkel långt utanför solsystemet, som bildar bakgrund för alla planeter. I astrologin markeras var varje planet befinner sig på den cirkeln, från jorden sett.

Zodiakens tecken i horoskopet bildar bakgrund också på det viset, att de anger hurdan till exempel en planets kraft blir. Tecknet ger planeten karaktär och särdrag. Mars är alltid aggression, men av helt olika typ i vart och ett av tecknen. Hurdan aggression en person har visas alltså främst av i vilket tecken Mars befinner sig vid hans eller hennes födelse, vilken position Mars har i zodiaken.

För att ge en hastig bild av tecknens egenskaper har jag här knutit var sitt nyckelord till dem. De har ingen officiell astrologisk sanktion, utan är bara ett sätt att kvickt förmedla en bild av varje zodiakteckens karaktär.

Zodiakens tolv tecken och deras nyckelord:

♈	Väduren	aktivitet
♉	Oxen	trygghet
♊	Tvillingarna	kommunikation
♋	Kräftan	känsloliv
♌	Lejonet	vilja
♍	Jungfrun	kritik
♎	Vågen	balans
♏	Skorpionen	passion
♐	Skytten	frihet
♑	Stenbocken	ambition
♒	Vattumannen	allvar
♓	Fiskarna	sökande

De första sex tecknen kan sägas ha en mer personlig innebörd – de är introspektiva till sin karaktär. De återstående tecknen är mer allmänna och extroverta. Men den uppdelningen ska inte tas bokstavligt, mest som en antydan.

Datumen nedan anger när tecknet i fråga är soltecken, det vill säga när solen befinner sig i det. Det är solens placering som avgör vilket tecken man sägs vara född i. Egentligen varierar det en smula mellan åren, på grund av vårt system med skottår, men skillnaden är marginell. De som är födda på gränsdatum kan dock behöva kontrollera sitt soltecken mer noggrant.

Solen befinner sig i zodiakens tecken:

♈	Väduren	21 mars – 19 april
♉	Oxen	20 april – 20 maj

♊	Tvillingarna	21 maj – 20 juni
♋	Kräftan	21 juni – 22 juli
♌	Lejonet	23 juli – 22 augusti
♍	Jungfrun	23 augusti – 22 september
♎	Vågen	23 september – 22 oktober
♏	Skorpionen	23 oktober – 21 november
♐	Skytten	22 november – 21 december
♑	Stenbocken	22 december – 19 januari
♒	Vattumannen	20 januari – 19 februari
♓	Fiskarna	20 februari – 20 mars

Elementen och tillstånden

Tecknens karaktärer har bestämts ur sju grundläggande astrologiska principer: de fyra elementen och de tre tillstånden. Varje tecken hör till ett element och ett tillstånd. Det finns tre tecken som hör till samma element, och av dessa tre hör ett till vart och ett av de tre tillstånden. Det betyder 4 x 3 = 12 olika möjligheter, det vill säga hela zodiaken. Det finns alltså inte två tecken som har samma kombination.

Dessa sju principer är astrologins verkliga grundpelare. Utifrån elementen och tillstånden bestäms varje teckens karaktär.

De fyra elementen

Eld symboliserar det aktiva. Kraft, energi och företagsamhet. Det utåtriktade, ivriga och kreativa. Eldtecknen är typiska handlingstecken. Eftersom de är utåtriktade till sin karaktär, brukar de kallas positiva.

Jord symboliserar det vardagsnära och materiella. Sådant man använder sig av, och sådant som omger en. Det handlar mer om vad man har, prylar och omgivning och allt praktiskt och konkret, än om vad man gör. Jordtecknen är till sin karaktär mer inåtriktade, och kallas därför negativa.

Luft står för tänkande och idéer, språk och kommunikation. Allt som hör tänkandet till – kunskap och moral, lärdom och logik. Det kan sägas handla om hur man förhåller sig till omgivningen, hur man kommunicerar med den. Lufttecknen räknas liksom eldtecknen till de utåtriktade och positiva tecknen.

Vatten symboliserar känslolivet. Alla känslor, från hat till kärlek och förtvivlan, hur man reagerar på omgivningen. Det är också fruktsamhetens element. Eftersom vatten har så mycket att göra med vad som sker inom en, räknas vattentecknen som negativa tecken.

De tre tillstånden
Kardinal, det ledande, drar andra till sig, driver på och vill åt ett bestämt håll. Påskyndande, intolerant och bestämt. Det kardinala drar iväg på eget initiativ, oavsett om andra följer eller accepterar.

Fast är det oföränderliga, som vill bevara igår till morgondagen, och står för status quo. Det fasta vill varken bestämma eller bestämmas över, utan är tillfreds som det är. Ovilja inför förändring är typiskt för det fasta.

Rörlig är den anpassningsbara sidan, som välkomnar förändringar och gladeligt anpassar sig efter andra. Det är följaren, den som lyder och letar och prövar allt nytt.

Zodiakens element, tillstånd och laddning:

♈	Väduren	eld	kardinal	+
♉	Oxen	jord	fast	−
♊	Tvillingarna	luft	rörlig	+
♋	Kräftan	vatten	kardinal	−
♌	Lejonet	eld	fast	+
♍	Jungfrun	jord	rörlig	−
♎	Vågen	luft	kardinal	+
♏	Skorpionen	vatten	fast	−
♐	Skytten	eld	rörlig	+
♑	Stenbocken	jord	kardinal	−
♒	Vattumannen	luft	fast	+
♓	Fiskarna	vatten	rörlig	−

Härskare och exalterad
Med sina olika egenskaper passar planeterna olika bra i de tolv zodiaktecknen. Det tecken som passar en planet allra bäst sägs planeten härska över, där är dess kraft allra starkast och tydligast. Varje tecken har en bestämd härskare bland planeterna, och varje planet härskar över ett tecken – utom Merkurius och Venus, som sägs härska över två tecken var. Ascendenten och Medium Coeli är inte härskare i något tecken.

Vidare sägs planeterna exaltera i vissa tecken, som passar deras typ av kraft och som de är mycket starka i. Också där har varje tecken sin exalterade planet och planeterna var sitt tecken, utom Merkurius och Venus, som återigen har två var.

När man tolkar horoskop är detta med härskare och exalterade viktigt att komma ihåg, för planeterna ökar i betydelse om de befinner sig i tecken de härskar över eller exalterar i. De blir starkare än annars, och tydligare i sin inverkan.

Man kan också ofta gå bakvägen och kontrollera var ett teckens härskare befinner sig i horoskopet, i förhållande till tecknet.

Nära, eller långt ifrån, eller i någon aspekt till det. Sådant har också betydelse.

Zodiakens härskare och exalterade:

♈ Väduren	Mars	solen
♉ Oxen	Venus	månen
♊ Tvillingarna	Merkurius	Jupiter
♋ Kräftan	månen	Venus
♌ Lejonet	solen	Pluto
♍ Jungfrun	Merkurius	Venus
♎ Vågen	Venus	Merkurius
♏ Skorpionen	Pluto	Neptunus
♐ Skytten	Jupiter	Uranus
♑ Stenbocken	Saturnus	Mars
♒ Vattumannen	Uranus	Saturnus
♓ Fiskarna	Neptunus	Merkurius

Tecken för tecken

I det följande ger jag en beskrivning av varje teckens specifika egenskaper, och ett slags nyckelord för vart och ett. Nyckelordet är en sammanfattning av tecknets särdrag.

Detsamma gäller mottot, som är ett mer allmänt vedertaget astrologiskt begrepp. Mottona är alla en enkel jag-sats, såsom "jag är", "jag äger" och så vidare. Dessutom ges för varje tecken exempel på kommentarer och påståenden, som också kan representera varje teckens karaktär.

Betydligt fylligare tolkningar för soltecken, det vill säga solens placering i de olika tecknen, ges i kapitlet *Solen i horoskopet – ditt stjärntecken*. Här nedan beskrivs i stället tecknens allmänna karaktärer, oavsett planeter, hus eller aspekter.

Vinjetterna är zodiaktecknens symboler utförda med tusch och pensel.

♈ *Väduren*

Latin: Aries
Element: eld
Tillstånd: kardinal
Motto: "jag är"
Härskare: Mars
Exalterad: solen
Nyckelord: aktivitet

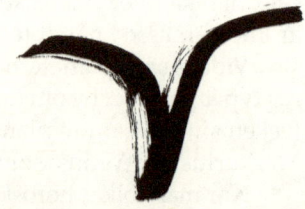

Väduren är verkligen iverns och aktivitetens tecken. Allt som gäller eld gäller särskilt tydligt för Väduren, som kan sägas vara det mest typiska eldtecknet. Med Väduren går allt fort och entusiastiskt, gärna improviserat. Hastigt påkommet och lika hastigt överståndet. Vädurkaraktären är rastlösheten, som ständigt är i gång och ofta förivrar sig. Utmaningar, tävling, stordåd är i Vädursmak. Att kämpa och segra, chansa och våga. Väduren spränger genom alla hinder och vänder sällan på huvudet, för att se vad den lämnat bakom sig. Ett typiskt Väduruttryck är: "Än sen då!"

♉ *Oxen*
Latin: Taurus
Element: jord
Tillstånd: fast
Motto: "jag äger"
Härskare: Venus
Exalterad: månen
Nyckelord: trygghet

Oxen är så gott som Vädurens raka motsats, den som manar till lugn och trivs bäst i vardagen, fjärran från jäkt och stress. Oxen är materialismens tecken. Den kan gott sägas vara det mest typiska jordtecknet. Att äga är att lägga stor vikt vid och vårda sina prylar, pengar och allt sådant. Även det som hör naturen till – sådd, skörd och trädgårdsarbete – sägs ligga Oxen nära. Oxen är lugnets och långsamhetens tecken. Den svårväckta och oföränderliga. Tolerans och pålitlighet. Allt som hör Oxen till dröjer länge, och stannar länge kvar. Varaktighet. Oxens reaktion dröjer men blir desto kraftigare när den äntligen kommer. En typisk Oxefras är "Vi har det bra som vi har det".

♊ *Tvillingarna*
Latin: Gemini
Element: luft
Tillstånd: rörlig
Motto: "jag tänker"
Härskare: Merkurius
Exalterad: Jupiter
Nyckelord: kommunikation

Här är talets, språkens och all kommunikations tecken. Att umgås. Det finns ytlighet häri, och lättvindighet. Inget är särskilt noga för Tvillingen. Allmänbildning ligger nära till hands men inte tålamodskrävande specialisering. Tvillingen lär sig fort och glömmer i samma hastighet. Intresset är störst för litteratur och allt som är ord. Tvillingarna kan gott sägas vara det mest typiska lufttecknet. Tänkandet, det snabba och flyktiga, som aldrig blir särskilt länge vid en punkt och inte fångas eller frestas av mycket. Flyktighet. Att närma sig andra människor för en trevlig pratstunds skull. Ett Tvillinguttryck är "Vad tycker du?"

♋ *Kräftan*

Latin: Cancer
Element: vatten
Tillstånd: kardinal
Motto: "jag känner"
Härskare: månen
Exalterad: Venus
Nyckelord: känsloliv

Kräftan är det traditionellt sett moderliga tecknet. Den som bryr sig om och fäster sig vid, som ömmar för och tar det försiktigt. Det är känslolivets tecken, de mjuka känslorna. Att vårda och bekymra sig om, att ta hänsyn till och känna efter. Kräftan lever i det näraliggande och är knuten till det med många känsloband. Hem och familj och de allra närmaste. Godmodighet och välvilja.

Man bör minnas att Kräftan är ett kardinalt tecken, varför de mjuka känslorna har en tendens att dominera omgivningen. För Kräftan styrs tillvaron av känslor och därför bör känslorna styra världen. Den som beskyddar väntar inte på att efterfrågas, utan tränger sig på och lägger beslag på de beskyddade. Kräftan säger till exempel gärna: "Hur mår du?" eller "Jo, men jag bryr mig ju om!"

♌ *Lejonet*

Latin: Leo
Element: eld
Tillstånd: fast
Motto: "jag vill"
Härskare: solen
Exalterad: Pluto
Nyckelord: vilja

Lejonet är det starka jagets tecken, eller rent av självupptagenhetens. Den dominanta individen, som alltid först ser till sina egna behov och önskemål. Det utstrålar stolthet, storhet och personlig makt. Lejonet är zodiakens kungliga tecken, som vill härska och dominera sin omgivning. Det har ett väldigt självförtroende och en stark beslutsamhet, som ger det skicklighet i att befalla och organisera. Ledartypen.

I Lejonets världsbild är det självt centrum och detta ger en förmåga att skärskåda omgivningen, men svårigheter att se sin egen roll klart. Viljan är den kraft som driver Lejonet – vad man vill åt sig själv och för sin egen skull. Men där Lejonet har makt är det nöjt, generöst och storsint. Lejonet säger gärna: "Det blir som jag har sagt". Det påpekar ofta vad det tycker, vad det tycker om eller illa om, och anser alltid det vara argument nog.

♍ Jungfrun

Latin: Virgo
Element: jord
Tillstånd: rörlig
Motto: "jag granskar"
Härskare: Merkurius
Exalterad: Venus
Nyckelord: kritik

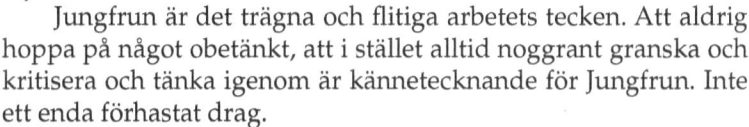

Jungfrun är det trägna och flitiga arbetets tecken. Att aldrig hoppa på något obetänkt, att i stället alltid noggrant granska och kritisera och tänka igenom är kännetecknande för Jungfrun. Inte ett enda förhastat drag.

Trots all noggrannhet och omsorg med detaljer är Jungfrun den som ofta ångrar sig efteråt och tänker på alla "i stället". Det finns inget slarv hos Jungfrun, inget som är smått nog att hoppas över. Allt går med samma eftertänksamhet. Det kritiska sinnelaget gör att mycket som inte riktigt duger aldrig blir av, men när det kommer till handling är Jungfrun närmast outtröttlig. Jungfruattityden präglas av mycken tveksamhet. Den säger ofta "Tänk dig för!"

♎ Vågen

Latin: Libra
Element: luft
Tillstånd: kardinal
Motto: "jag väger"
Härskare: Venus
Exalterad: Merkurius
Nyckelord: balans

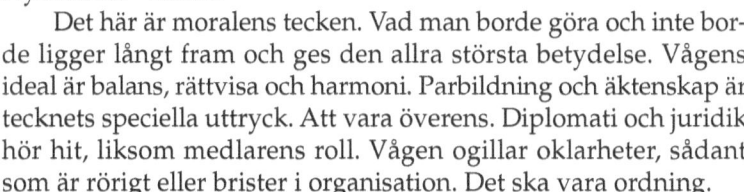

Det här är moralens tecken. Vad man borde göra och inte borde ligger långt fram och ges den allra största betydelse. Vågens ideal är balans, rättvisa och harmoni. Parbildning och äktenskap är tecknets speciella uttryck. Att vara överens. Diplomati och juridik hör hit, liksom medlarens roll. Vågen ogillar oklarheter, sådant som är rörigt eller brister i organisation. Det ska vara ordning.

Visst kan Vågen ha svårt att välja mellan olika alternativ, men när väl beslutet är fattat kan ingenting rubba det. När det gäller har Vågen verkligen kraft och övertygelse att slåss, speciellt för principsaker. Ett typiskt Våguttryck är "Är vi överens om det här nu då?"

♏ *Skorpionen*

Latin: Scorpius
Element: vatten
Tillstånd: fast
Motto: "jag önskar"
Härskare: Pluto
Exalterad: Neptunus
Nyckelord: passion

Skorpionen är de häftiga känslornas tecken. Allt som är drastiskt och plötsligt och rent av fruktansvärt är Skorpionens karakteristika. Såväl födelse som i synnerhet död hör hit. De allra innersta behoven och hemligaste drömmarna, sexualitet och våldsamheter. Skorpionen kan på ytan vara märkvärdigt oberörd, men innanför vävs farliga drömmar och fantasier. Den dras till det absurda och giftiga, älskar med glöd och hatar med samma glöd.

Skorpionen trivs bäst i extremlägen. Eftersom det ändå är ett fast tecken, visar sig Skorpionens passion inte så mycket i den själv, utan i omgivningen. Skorpionen har en förmåga att få omvärlden att leva ut de starkaste känslor, men själv bevara ett synbart lugn. Den säger gärna "Om du bara visste!" eller "Ååååå, vad jag skulle vilja..."

♐ *Skytten*

Latin: Sagittarius
Element: eld
Tillstånd: rörlig
Motto: "jag ser"
Härskare: Jupiter
Exalterad: Uranus
Nyckelord: frihet

Här är de utsträckta perspektivens tecken – långt mer i fjärran än på den plats där Skytten befinner sig. De stora, fria, atmosfäriska perspektiven passar bäst, att titta ut bland stjärnorna och flyga högt över marken, fjärran från krav och rutin. Ut i det okända. Men det är inte så mycket för nyfikenhets skull, även om Skytten älskar omväxling och att resa vida omkring, utan det är för den andliga friheten. Aldrig sitta fast, aldrig vara tvungen.

Skytten behöver förnyelse för jämnan och ständigt vara i rörelse bort, bort, bort. Den slår aldrig rot. Skytten säger ofta "En annan gång, kanske". Den har dock ofta ett tydligt spår av eldens element. Den kan kämpa och visar då den allra otåligaste iver. Skytten har anlag för fanatism, så länge visionerna är tillräckligt omvälvande och långsträckta.

♑ Stenbocken

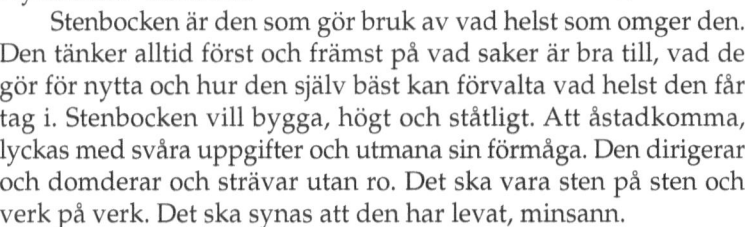

Latin: Capricornus
Element: jord
Tillstånd: kardinal
Motto: "jag använder"
Härskare: Saturnus
Exalterad: Mars
Nyckelord: ambition

Stenbocken är den som gör bruk av vad helst som omger den. Den tänker alltid först och främst på vad saker är bra till, vad de gör för nytta och hur den själv bäst kan förvalta vad helst den får tag i. Stenbocken vill bygga, högt och ståtligt. Att åstadkomma, lyckas med svåra uppgifter och utmana sin förmåga. Den dirigerar och domderar och strävar utan ro. Det ska vara sten på sten och verk på verk. Det ska synas att den har levat, minsann.

Stenbocken är skicklig och oerhört bestämd. Liksom tåget är den sådan att har den väl satt fart åt ett håll, så finns få ting som kan stoppa eller ändra dess bana. Beslutsamhet. "Det är väl ingen konst!" kan den säga, eller "Så här gör vi".

♒ Vattumannen

Latin: Aquarius
Element: luft
Tillstånd: fast
Motto: "jag vet"
Harskare: Uranus
Exalterad: Saturnus
Nyckelord: allvar

Vattumannen har svårt att ta lätt på något. För den är tillvarons alla små skeden bitar av den stora helheten. I motsats till Tvillingarna kan den aldrig nöja sig med bara ett flyktigt hum om hur saker och ting fungerar. Det den studerar, undersöker den alltid på djupet, ända tills den förstår själva grunden. Vattumannen är kunskapens tecken, den som kopplar ihop sammanhangen och gräver sig ner till principerna. Seriös, korrekt och uppriktig.

Den har vetskap och insikter. Att förstå och att analysera. Ingenting är oviktigt och ingenting får nonchaleras. Filosofi hör hit, logik och teori. Vattumannens strävan efter förståelse leder till stort allvar men också originalitet. Vad som passar alla andra har ingen relevans för Vattumannen, som alltid väljer att göra helt på sitt eget sätt. Ett Vattumannauttryck är "Så här ligger det till".

♓ *Fiskarna*
Latin: Pisces
Element: vatten
Tillstånd: rörlig
Motto: "jag tror"
Härskare: Neptunus
Exalterad: Merkurius
Nyckelord: sökande

Fiskarna är förvirringens och otillfredsställelsens tecken. Den som söker svar och aldrig får dem. Den som är utan rast eller ro, ständigt på drift och ständigt prövar nya vägar. För Fisken hänger allt liksom i luften, och tillvaron är närmast kaotisk. Obesvarade frågor, osäkerhet och hjälplöshet hör tecknet till. Fisken är den som alltid hoppar från punkt till punkt och prövar vad helst som är okänt.

Det är svårt för Fisken att slå sig till ro med något, för snart kommer känslan att det inte är riktigt rätt, att något bättre finns bakom hörnet. Fisken är snäll och förlåtande, ger gärna efter för omgivningen. Självutlämnande intill självförintelse och saknar en fast grund att stå på. Den irrande, letande. "Jag vet inte", säger den, och "Jag kan inte".

Planeterna

Planeterna kan i horoskopet sägas representera krafter, energier, eller sidor av en persons inre. Vi består alla av dessa olika krafter. Hur de är beskaffade, var de verkar och hur de fungerar med varandra – det är olika för oss alla.

Ascendenten och Medium Coeli skiljer sig en smula från de riktiga planeterna. De är inte på samma vis verkande krafter – snarare beskriver de fasta egenskaper. Men skillnaden är så hårfin att det duger gott att räkna dem till planeterna.

Eftersom varken ascendenten, Medium Coeli eller för den delen solen och månen är planeter i astronomisk mening, kan man – om man vill vara noga – kalla allihop, alltså även de riktiga planeterna, för *planetpunkter*. För läsarens bekvämlighet har jag valt att inte vara så noga med det. Jag anger här nyckelord för var och en av planeterna. Dessa ord kanske kan ge en snabb bild av planeternas betydelse i horoskopet.

De tolv planetpunkterna:
AC ascendenten gestalt
MC Medium Coeli självuppfattning
☉ solen ande
☽ månen själ
☿ Merkurius intellekt
♀ Venus kärlek
♂ Mars aggression
♃ Jupiter lycka, expansion
♄ Saturnus ansvar
♅ Uranus insikt
♆ Neptunus fantasi
♇ Pluto förvandling

Astrologin har fler komponenter jämförbara med planetpunkterna ovan – exempelvis månknuten, vars symbol är ☊. De tolv som behandlas i denna bok är dock de ojämförligt viktigaste.

I nedanstående tabell anges också deras hastighet över stjärnhimlen, räknat på horoskopets cirkel. Ett helt varv är då 360°. Observera att det är mycket stora skillnader i planeternas hastighet, vilket spelar roll i tolkningen av horoskopet. Det som anges är medelhastigheten, för hastigheten varierar en del beroende på var i sin bana planeten befinner sig.

Planetpunkternas hastighet i horoskopet:
AC ascendenten 360° per dygn
MC Medium Coeli 360° per dygn
☉ solen 1° per dygn
☽ månen 13° per dygn
☿ Merkurius 4° per dygn

♀ Venus	1,5° per dygn
♂ Mars	0,5° per dygn
♃ Jupiter	30° per år
♄ Saturnus	12° per år
♅ Uranus	4° per år
♆ Neptunus	2° per år
♇ Pluto	1,5° per år

℞ *Retrograd*
Hastigheten kompliceras en del av att samtliga planeter – inte solen och månen – kan förflytta sig baklänges längs zodiaken. Det kallas *retrograd* och markeras i horoskopet med ℞. Naturligtvis är det inte planeterna som plötsligt backar i sina banor, även om det ser ut så från jorden.

Den synbara bakåtmarschen, som i forna tider verkligen satte myror i huvudet på observatörerna, beror på att också jorden rör sig. Vissa avsnitt av jordens bana rör vi oss kvickare längs zodiaken än planeterna vi tittar på, så då ser de ut att backa. Det är en illusion som åstadkoms av vinklarna mellan jorden, planeten i fråga och zodiaken.

Det är inte alls alla planeter som samtidigt rör sig retrograd – det beror alldeles på var de är i sin bana, avståndet till oss och var vi befinner oss i vår bana.

I horoskopet tolkas retrograd så att planetkraften i fråga blir nyanserad och mjuknar. Den ändrar inte karaktär, utan dämpas bara en aning, så att den blir mer finstämd. Därför kan den också bli en smula mer sofistikerad i sitt uttryck.

I den här boken används inte retrograd i tolkningarna, inte heller markeras det i exempelhoroskopen. Detta för att inte göra boken tjockare än den redan är. Om du har retrograd markerad i ditt horoskop, tänk blott på att detta nyanserar kraft och uttryck hos planeten det gäller.

Planetpunkterna
Planetpunkterna är de allra viktigaste beståndsdelarna i horoskopet, de som all tolkning måste bygga på. Deras positioner i födelseögonblicket är det verkliga porträttet – zodiaktecknen och husen är närmast deras ramverk. Det klokaste sättet att lära sig ställa horoskop är därför att koncentrera sig speciellt på att lära känna planeterna.

Längre fram i boken går jag in lite mer på dem men här följer en kortfattad presentation.

Planetpunkterna i horoskopet:

AC *Ascendenten* är den punkt på zodiaken som syns precis vid östra horisonten, just när man föds. Den sägs representera personens yttre, såsom andra ser en, sådan som man verkar vara och vill att andra uppfattar en. Det är alltså ascendenten som står för vilket ögonblicksintryck man ger, hurdan man ytligt sett verkar vara, och hur man beter sig i vardagsumgänget.

MC *Medium Coeli* förkortas MC och är den punkt på zodiaken som står högst på himlen – mitthimlen. Den visar hur man uppfattar sig själv, hur man själv föreställer sig att man är, vilken bild man har av sin egen personlighet.

☉ *Solen* representerar människans andliga jag, "egentliga" jag, som man är född med och hela tiden bär med sig. Ett slags grundanlag. Solen säger därför mycket om till exempel inställningen till livet, ens allmänna karaktär och allra innersta, mest grundläggande anlag. Ju enhetligare människor är till sin karaktär, desto mer ger de uttryck för sin sols placering. Och dess placering är nästan alltid den som ensam är mest avgörande för hurdan man är.

Det är solens plats som avgör vilket tecken man är född i. Att vara till exempel Tvilling innebär att solen var i Tvillingarnas tecken i zodiaken när man föddes. Solen sägs också representera det manliga och det faderliga.

☽ *Månen* räknas som en planet i astrologin. Den visar på personens själsliga sida, känslolivet. Våra inre behov, olika former av längtan som vi har utan att riktigt kunna förklara dem, beskrivs ofta av månen i horoskopet. Den representerar även det kvinnliga och moderliga.

☿ *Merkurius*, planeten närmast solen och den minsta i solsystemet, står för intellekt och tänkande, vårt tal och vårt sätt att kommunicera.

♀ *Venus* representerar kärleken, men också omsorg och ömhet. Venus ses som en allmän välgörare, visar på framgång och lycka inte bara i relation till andra människor, utan i alla slags sammanhang. Den är i hög grad kreativitetens planet.

♂ *Mars* är den planet som har sin bana närmast utanför jordens. Den står för aggression, och anses allmänt som något av en olycksbringare. Man ska passa sig för vad ens Marsanlag kan ställa till med. Men det finns också en positiv sida. Mars representerar den kraft som både kan bygga upp och rasera. Makt, styrka och energi. Mars kan sägas vara konstruktivitetens planet.

♃ *Jupiter*, solsystemets största planet, är horoskopets lyckobringare. Hur mycket tur man har och med vad, berättar Jupiters position i horoskopet. Det betyder att tur och lycka är något av ett inre anlag, enligt astrologins sätt att se. Jupiter är expansionens planet. Att utvidga sig och spridas över världen.

♄ *Saturnus* beskriver människans känsla av plikt och ansvar, den konservativa kraften. Jämte Mars räknas också Saturnus av astrologer som en svår planet, som kan ställa till med mycket förtret och tråkigheter. Den symboliserar pliktkänslan och det som man vill bevara. Det traditionella.

♅ *Uranus* upptäcktes först på 1700-talet. Man är inte helt överens om dess betydelse. Den anses ha en positiv inverkan, framför allt på den nivå av tänkande som kan kallas upplevande. Uranus står för insikt, upplysningskänslor och klarsyn. Att inte bara tänka, utan också förstå. Intuition, på tänkandets plan. Uranus brukar betraktas som ett slags utvecklad Merkurius – tänkandets djupare aspekter.

♆ *Neptunus* upptäcktes på 1800-talet. Man brukar säga att planeten representerar fantasin. Dess position visar hurdan människans fantasi är. Även inspiration, drömmar och visioner. Neptunus brukar jämföras med Venus, fast de skiljer sig i djup och komplexitet.

♇ *Pluto* upptäcktes först 1930. Just tiden för dess upptäckt gör att man brukar skildra Pluto som farlig och ofta olycksbringande. Den står för förvandling och metamorfos. Kraften att förändras alltigenom, och pånyttfödas på det ena eller andra sättet. Stora omvälvningar hör Pluto till. Dramatiska förändringar, stora skeden med långtgående betydelse. Pluto brukar jämföras med Mars, men med en mer omfattande betydelse.

Husen

Det finns tolv hus i horoskopet, som svarar mot zodiakens tolv tecken. Där tecknen säger *hur*, säger husen i stället *var* de olika krafterna verkar. De visar på livets olika miljöer. Också husen är jämnstora, med 30° var av hela horoskopets cirkel.

Det finns mer komplicerade hussystem, där husen är olika stora. *Placidus* är det mest kända och spridda av dem.

I denna bok har jag valt att arbeta med det system som kallas *Lika hus*, där husen som namnet säger är jämnstora. Dels är detta system det äldsta, dels är det i mina ögon det lättaste att motivera med den astrologiska logiken.

Här ges, precis som för zodiaken och planeterna, enkla nyckelord, som beskriver husens betydelse i horoskopet.

Husen i horoskopet:
1. Första huset — gestalt
2. Andra huset — ägande
3. Tredje huset — vänner, umgänge
4. Fjärde huset — hem, familj
5. Femte huset — njutningar, fritid
6. Sjätte huset — arbete
7. Sjunde huset — partner
8. Åttonde huset — födelse och död
9. Nionde huset — förändringar
10. Tionde huset — social status
11. Elfte huset — ideal
12. Tolfte huset — offer

De första sex husen beskriver den mer privata sfären, och kan därför betecknas som *individuella*. De återstående rör en persons förhållande till omgivningen och kan därför sägas vara *sociala*.

Varje hus svarar mot ett av zodiakens tecken, och husets karaktär är ett uttryck för motsvarande zodiaktecknens egenskaper. Man kan säga att husen och deras innebörder är extraherade ur zodiakens tolv tecken.

Husen och motsvarande zodiaktecken:
1. Första huset ♈ Väduren
2. Andra huset ♉ Oxen
3. Tredje huset ♊ Tvillingarna
4. Fjärde huset ♋ Kräftan
5. Femte huset ♌ Lejonet
6. Sjätte huset ♍ Jungfrun
7. Sjunde huset ♎ Vågen
8. Åttonde huset ♏ Skorpionen
9. Nionde huset ♐ Skytten
10. Tionde huset ♑ Stenbocken
11. Elfte huset ♒ Vattumannen
12. Tolfte huset ♓ Fiskarna

Husen kan sägas, såsom zodiakens tecken, hänga ihop genom de fyra elementen och de tre tillstånden – men är här av mindre betydelse.

Eld blir på så vis första, femte och nionde huset. De har alla med aktivitet och det utåtriktade att göra.

Jord blir andra, sjätte och tionde huset. De hör samman med den materiella situationen.

Luft blir tredje, sjunde och elfte huset. De handlar om tänkande och kommunikation.

Vatten blir fjärde, åttonde och tolfte huset. De beskriver olika sidor av sådant som hör känslolivet till.

Precis som zodiakens tecken kommer också de tre husen i

samma element att ha olika tillstånd. Antingen kardinal, fast eller rörlig.

Husen beskriver var, i vilka sammanhang, en persons speciella anlag kommer till uttryck. Här följer en kortfattad redogörelse för dem. Lägg märke till släktskapet med de tecken som de är länkade till. I horoskopet kan förstås husen stå mot vilka tecken som helst – mycket sällan precis vid dem de svarar mot.

Husen i horoskopet

1   *Första huset* svarar mot Vädurens tecken. Det börjar i den punkt som är horoskopets ascendent, och är den plats där personens gestalt beskrivs. Den yttre karaktären och den allmänna personligheten. Ascendenten visar vad personen utger sig för att vara, hur man själv vill ses. Fortsättningen på första huset visar vad människor ser när de lär känna personen lite mer.

2   *Andra huset* svarar mot Oxen. Där visas hur en persons ägande fungerar. Pengar, rikedom och alla materiella ting. Det ger också i viss mån en bild av förmågan, kapaciteter som man har medfödda, resurser som mer eller mindre kommer av sig själva.

3   *Tredje huset* svarar mot Tvillingarna. Det beskriver personens vänner och vardagsumgänge. Hur man förhåller sig till dem och omvänt. Här syns också den första skoltiden och allmänna intellektuella intressen.

4   *Fjärde huset* svarar mot Kräftan. Det visar på familjen och hemmet, såväl det man växer upp i som det man senare själv grundar – astrologin antyder därmed att de plägar bli ganska lika. Fjärde huset kan även ge en bild av relationen till modern.

5   *Femte huset* svarar mot Lejonet. Här visas vad man njuter av, vad man åtrår och helst vill göra. Fritidslivet hör detta hus till, allt sådant som man gör för sin egen skull – inte för att man måste. Det är också förknippat med relationen till fadern.

6   *Sjätte huset* svarar mot Jungfrun. Det visar på arbetet. Vad för slags arbete och hur det går där. Det har kallats "hälsans hus", för att många menar att det ger en bild också av personens hälsa – eftersom den ofta är avhängig arbetet.

7   *Sjunde huset* svarar mot Vågen. Det är partnerhuset, där en persons förhållande till partnern visas. Inte bara kärlekspartner, utan intima förhållanden till människor över huvud taget. Kompanjonskap, även de rent affärsmässiga, syns också här. Naturligtvis hör först och främst kärleksaffärer och sådant som äktenskap av en eller annan sort hit.

8   *Åttonde huset* svarar mot Skorpionen. Det kallas "dödshuset"

och markerar dödsfall omkring en. Hur man förhåller sig till födelse och död, i vilken grad man kommer att omges av sådant. Också ens egen död kan markeras här – hurdan den kommer att vara. Men födslar finns också här. Huset beskriver det som rör sig utanför födelsens och dödens gränser, alltså även övernaturligheter och mystik – till exempel astrologi.

9   *Nionde huset* svarar mot Skytten. Det visar på nya perspektiv i livet, såsom långa resor eller flyttningar från ort till ort. Hur pass man får se sig omkring i livet. De betydelsefulla förändringarna i livet bör synas här, likaså hur de gestaltar sig.

10   *Tionde huset* svarar mot Stenbocken. Det visar ens sociala status, vilken position man når i samhället. Vilken sorts respekt man åtnjuter socialt. Karriären hör hit, förstås, och den roll man spelar i andra människors tillvaro. Anseende och inflytande.

11   *Elfte huset* svarar mot Vattumannen. Här framgår vilka ideal man har, vilken moral och etik. Därför ger det också en bild av ens ideella aktiviteter, såsom föreningsliv och politiskt engagemang. De delar av livet som angår många människor, hela samhället eller en hel organisation, hör hit.

12   *Tolfte huset* svarar mot Fiskarna. Det brukar kallas "zodiakens helvete" för att det visar på det elände och lidande man får utstå i livet. Offer. Vad man får ge avkall på av sina anlag, för andra sakers skull. Även de handikapp och svagheter som man bär på. I tolfte huset finns det man måste hålla inne på, för att annat i livet ska få utlopp.

Aspekterna

I zodiakens cirkel är vart fjärde tecken av samma element (eld, jord, luft eller vatten). De är 120° ifrån varandra. Vart tredje tecken är samma tillstånd (kardinal, fast eller rörlig). De är 90° ifrån varandra.

Eld- och lufttecken brukar kallas *positiva,* därför att de båda elementen kan sägas vara typiskt utåtriktade och aktiva. Jord- och vattentecknen kallas däremot *negativa,* för att de närmast är inåtriktade och passiva. I zodiakens cirkel är vartannat tecken positivt och vartannat negativt. Från en viss position i ett positivt tecken till samma position i nästkommande positiva är det 60°.

Tecken som ligger mitt emot varandra kan sägas vara varandras motpoler. Till exempel Väduren, det första, mot Vågen, det sjunde, Oxen mot Skorpionen, Tvillingarna mot Skytten, och så vidare. De står alla 180° från varandra.

Alla dessa speciella vinklar kallas i horoskopet för aspekter.

ditt horoskop

De får betydelse när planeter i horoskopet har ungefär något av dessa avstånd från varandra. Det betyder att de krafter och anlag som planeterna representerar påverkar varandra och befinner sig i ett speciellt förhållande till varandra.

De viktigaste aspekterna är:

☌ Konjunktion 0°
☍ Opposition 180°
△ Trigon 120°
□ Kvadratur 90°
✶ Sextil 60°

Av dessa aspekter brukar konjunktionen, trigonen och sextilen betraktas som harmoniska och positiva. Kvadraturen och oppositionen är hårdare och ställer till med tråkigheter, men sägs också vara konstruktiva. De harmoniska aspekterna står ofta för glädjeämnen, medan de hårdare aspekterna ofta innebär besvär och svårigheter.

De mindre aspekterna, kvadraturen och sextilen, sägs stå för snabba, plötsliga händelser i korta tidsperspektiv, medan de andra aspekternas inflytande oftast är utsträckt över längre tid eller märks mest för jämnan, utan några tillfälliga, plötsliga överraskningar.

För att planeter ska bilda aspekt, bör det inte skilja mer än ungefär 8° mellan deras avstånd och aspekten i fråga. Till exempel är allt mellan 112° och 128° en trigon. Man kan också välja att bara koncentrera sig på de aspekter som är mer exakta, kanske bara med 4° skillnad. Det brukar jag nöja mig med. Ju mer exakt en aspekt är, desto större betydelse har den i horoskopet. Den noggrannhet man väljer kallas *orb* eller *orbis*.

Oftast är det lätt att avgöra vad som ska och inte ska kallas aspekt. Det framgår av horoskopet. På ett normalt horoskop brukar finnas åtminstone tio tydliga aspekter, men såväl betydligt fler som färre förekommer. Det beror också på vilken orbis man tillåter.

Utan aspekter är det svårt att få en helhetsbild av horoskopet och den personlighet det ska visa. Aspekterna knyter ihop olika sidor och anlag på ett sådant sätt, att man tycker sig få en klar och tydlig bild av personens karaktär. De får de olika anlagen och egenskaperna att hänga ihop.

Här ges enkla nyckelord, som beskriver aspekternas betydelse i horoskopet. De kan verka abstrakta, men vid tolkning blir det hela mer begripligt.

Aspekternas nyckelord:

☌ Konjunktion syntes, integrering
☍ Opposition motsats, segregering

△ Trigon harmoni, gemenskap
□ Kvadratur konflikt, konstruktivitet
✶ Sextil samarbete, kreativitet

Man kan med aspekterna också leta sig fram till ett slags "varför" bakom de olika krafterna. Man skymtar orsaker till de olika krafter och sidor som horoskopet visar. Ett sammanhang bakom dem, fast de annars kan tyckas nog så åtskilda.

Utan aspekter är människan inte hel, bara en korg fylld med olika faktorer, obegripliga pusselbitar i stället för en samlad komposition. Aspekter är charmerande.

Här är en sammanfattning av de olika aspekternas betydelse. Det finns fler aspekter i astrologin, men de är alla av långt mindre betydelse än dessa sex. De som denna bok beskriver är de mest grundläggande och väsentliga.

Aspekterna i horoskopet

☌ *Konjunktion*, när planeter ligger intill varandra i horoskopet (0°). En konjunktion innebär att de inblandade planeternas krafter samverkar så till den grad att de är svåra att skilja åt. De blandar ihop sig och förstärker varandra till en gemensam tredje kraft. Ett slags syntes. Konjunktionen är den viktigaste av aspekterna – tyvärr också den svåraste att tolka.

☍ *Opposition*, när planeter ligger mitt emot varandra (180°). Det innebär att de så att säga konkurrerar. Den ena sidan fungerar när den andra vilar och tvärtom. De fungerar inte alls tillsammans eller ens samtidigt. "Antingen-eller", kan man säga. Motsatser. Oppositionen är den näst viktigaste av aspekterna.

△ *Trigon*, när planeter ligger ungefär 120° ifrån varandra (en tredjedel av hela cirkeln). Dessa planeter befinner sig i harmoni med varandra, så att den ena hjälper och inspirerar den andra, och tvärtom. De två krafterna fungerar självständigt, men på så sätt att de blir en tillgång och uppmuntran för varandra, och det råder ett intensivt samarbete och utbyte mellan dem.

□ *Kvadratur*, när planeter ligger ungefär 90° ifrån varandra (en fjärdedel av hela cirkeln). De planeterna bråkar med varandra. Den ena stjälper vad den andra byggt upp och de är alltid i vägen för varandra. De gör så att säga aktivt motstånd mot varandras arbete och inverkan. Likaså ställer de ömsesidigt krav på den andras ansträngningar.

✶ *Sextil*, när planeter ligger ungefär 60° ifrån varandra (en sjättedel av hela cirkeln). Dessa fungerar friktionsfritt med varandra och arbetar så att det kan vara svårt att skilja den enas verk från

ditt horoskop 33

den andras, trots att de är två skilda krafter. Särskilt i det allmänt vardagliga, konkreta arbetet kan deras samarbete synas. De trivs med varandra som om de vore syskon. Den ena kraften lockar den andra till aktivitet.

Babylonisk lertavla med noteringar om planeten Venus rörelser på stjärnhimlen, från cirka 700-talet före Kristus.

Astrologins utveckling

Ordet astrologi kommer från grekiskan, där *astron* betyder stjärnbild och *logos* ungefär lära, men astrologin är betydligt äldre än sitt grekiska namn och står att finna långt utanför det antika Greklands räckvidd. Astronomin och astrologin var ända fram till modern tid tämligen integrerade och svåra att hålla isär. Det är först under de senaste århundradena som man med bestämdhet skilt dem åt.

Förr i tiden var de allra flesta astronomer också praktiserande astrologer – till en del kanske för att deras furstliga arbetsgivare krävde det, men ofta också för att de var övertygade om astrologins betydelse. Däremot finns nog ingen epok i historien när alla var ense om astrologins sanningshalt. Det har alltid varit fråga om åsikter och övertygelse, där somliga var helhjärtat för, andra lika helhjärtat emot och de flesta någonstans däremellan.

I vårt perspektiv är det svårt att se hur människor alls kom att söka efter ledtrådar till sina egna liv i något så avlägset som stjärnhimlen. Om de nu letade efter medel för spådom borde de väl först ha uttömt varje möjlighet närmare inpå dem? Ingenting är ju längre bort än stjärnhimlen, ens för den som tror att jorden är universums centrum.

Men just detta perspektiv, det *geocentriska*, det vill säga med jorden som världens mittpunkt, innehåller den troligaste förklaringen. Ty om jorden är alltings centrum, då måste rörelserna på stjärnhimlen ha någon betydelse just för jordelivet. Solens, månens och planeternas rörelser blev som budskap från gudarna – de anmälde vad som komma skulle och bildade symboliska ramverk till stora skeenden. Kometer, förmörkelser och sådana spektakulära händelser på himlen blev förstås ännu mer alarmerande exempel på gudomlig uttryckskonst.

Vad annat kunde stjärnhimlen vara till för, om den blott var en eter som omgav oss människor? Så länge det geocentriska perspektivet dominerade var det ingen orimlig tanke att stjärnhimlen och jordelivet följdes åt.

Begynnelsen
Det är nog ingen överdrift att säga att astrologens yrke hör till världens äldsta. Alltsedan människorna började observera stjärnhimlen och grunna över dess cykler och rörelser, har man sökt ett samband mellan det celesta och det jordiska. Ingen kunde ju vara blind för solens betydelse eller för månens samband med ebb och flod. Hur hänförande måtte inte till exempel en solförmörkelse ha varit även för den allra mest primitiva neandertalare? Och vem

undrade inte över orsaken till och meningen med månens regelbundna växlingar mellan ny och nedan?

Vi kan gott anta att en astrologi baserad på solen och månen praktiserades långt innan skrivkonsten gav människokulturen chansen att dokumentera sig. Och fornlämningar har visat att till exempel månens faser studerades redan för cirka 20.000 år sedan, eller tidigare.

Men det är skillnad mellan att blott observera himlafenomenen och att tolka dem som inverkande på människoliv. Det äldsta hittills kända dokumentet över astrologiskt tänkande dyker inte upp förrän omkring 2400 år före Kristus – i och för sig mycket tidigt i skrivkonstens historia.

Det var den mesopotamiske kungen Sargon den gamle som formulerade en del teser om sambanden mellan företrädesvis solens och månens beteende och människornas liv:

Om månen är synlig på månadens första dag, så ska landet vara fridfullt och dess hjärta ska fröjda sig. Om månen omges av en mångård (halo), ska kungen härska allenarådande.

Om solen i nedan ser dubbelt så stor ut som den brukar, och tre av dess strålar är blåaktiga, då har landet förlorat sin kung.

Med tiden blev dessa teser fler och mer detaljerade, och kom även att omfatta planeterna. De gällde nästan alltid rikets affärer och härskarens hälsa och välgång – på den tiden var medborgarna inte mycket värda, och man tyckte att ingen annan än kungen eller landet som helhet kunde ha något samröre med så upphöjda ting som himlakropparna.

De som verkligen satte fart på astrologin var babylonierna, redan på 2000-talet före Kristus. De introducerade zodiaken och bevakade omsorgsfullt planeternas rörelser, så långt de kunde se. De planeter som ligger närmast jorden – Merkurius och Venus innanför jordens bana, Mars, Jupiter och Saturnus utanför den – går att se med blotta ögat.

För babylonierna var månen den allra viktigaste av himlakropparna, och därefter kom Venus, som knöts samman med deras gudinna Ishtar, som rådde över fruktsamhet och gröda. Jupiter lade man också ganska stor vikt vid, medan Merkurius, Mars och Saturnus bildade ett slags underordnad treenighet.

Babylonierna kartlade ekliptikan, solens skenbara rörelse över himlavalvet, och delade den i zodiakens tolv delar.

Vid tiden kring år 2000 före Kristus finns spår av astrologi också i det väldiga kejsardömet Kina och i Egypten, även om inga dokument är bevarade. Över huvud taget svävar vi mest i mörkret

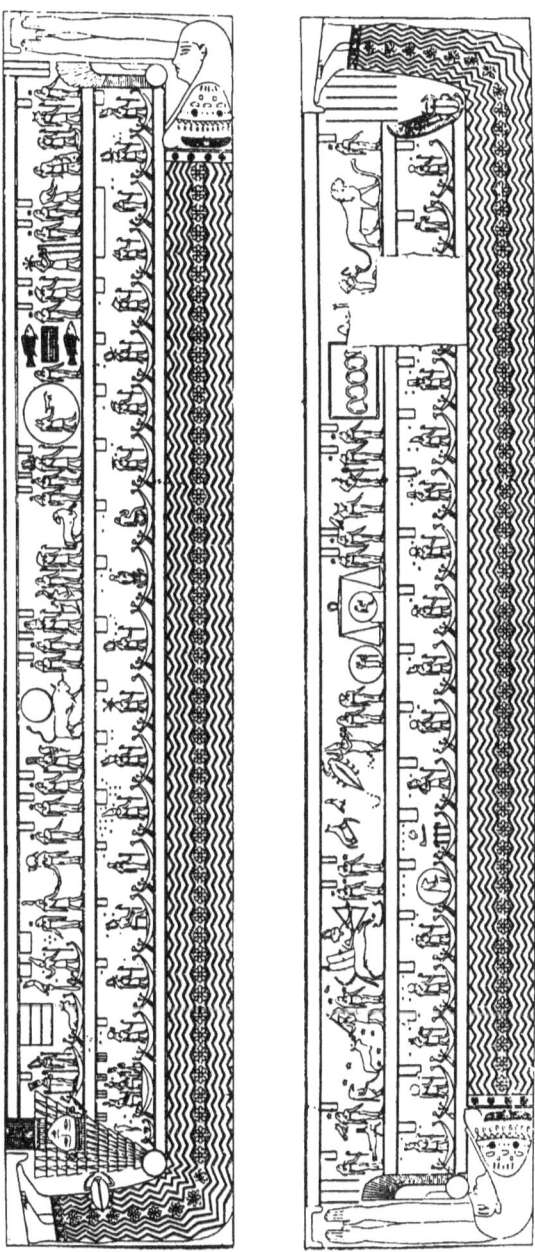

Egyptisk zodiak. Gudinnan Hathors tempel i Dendera, 100-talet e.Kr.

när det gäller astrologins ålder. Det mesta är gissningar och meningarna är delade.

Hermes Trismegistus, en mytomspunnen mystiker och tänkare som troddes ha levat på 2000-talet före Kristus i Egypten, lär ha nedtecknat några visdomsord, vilka kopplar samman naturens beståndsdelar till en helhet, ungefär enligt principen "Såsom i himlen, så ock på jorden". En tes som flitigt repeteras av astrologer. Solen är alltings fader, sa Hermes, månen dess moder, vinden bär det i sin mage och jorden vårdar det.

I Egypten deklarerade farao Echnaton på 1300-talet före Kristus att solen var den enda gudomen, och även hos sumererna var gudarna vid samma tid lika med himlakroppar.

Europa

Det var i och med de gamla grekerna som astrologin blev dokumenterad i skrift och dess logik tog form. Pythagoras talade om sfärernas harmoni och absoluta lagbundenhet på 500-talet före Kristus, och vid samma tid stadfäste Empedokles idén om de fyra elementen, som upptogs och integrerades i astrologin.

Det gamla Grekland vimlade av fantasirika modeller av kosmos, där allt ordnades till system och bands samman och bildade helheter. Astrologin fick, precis som alla andra gamla traditioner och magier, en filosofisk prägel. Man lämnade observationer och enkla antaganden, och koncentrerade sig i stället på stjärnornas logik. Man uppställde teser och gjorde stjärnstudiet till en vetenskap. Modern astrologi kan sägas ha grundats och formulerats i antikens Grekland, och sedan dess har inte mycket förändrats i den.

På 100-talet efter Kristus skrev Ptolemaios *Tetrabiblos*, en bok i fyra delar om astrologins praxis och principer. Den räknas som själva fundamentet till all senare astrologi. Ptolemaios intog en strängt filosofisk och föredömligt klarsynt attityd till ämnet. Han gick grundligt igenom hela astrologin och var den som först specificerade aspekterna. I *Tetrabiblos* återfinns också idén om zodiaktecknens härskarplaneter, men där nämns ingenting om husen, fast hussystem förmodligen utvecklades redan på 100-talet före Kristus.

När kristendomen tog över i Europa sattes astrologin i träda. Höga vederbörande ansåg att idén om himlakropparnas inflytande på människoliv kunde konkurrera med läran om den ende guden. Man ogillade astrologins implikationer, som antydde makter på andra håll och av mindre etiska kvaliteter. Därför lades

Ptolemaios (cirka år 85-165), grekisk astronom och geograf. Porträtt från renässansen, utfört av en okänd konstnär.

stjärntydandet så gott det gick i träda, ända tills medeltidens långa mörker framemot 1400-talet blev till renässansens gryning.

Må så vara att trädan inte var fullständig. Vid de flesta hov odlades stjärnornas frön, kyrkan till trots – visa män och kungliga rådgivare var sällan obekanta med stjärnlogiken. Albertus Magnus hette en man verksam på 1200-talet, som propagerade för astrologin och studerade ämnet ingående. Han ville att läran skulle accepteras och förenas med kristendomen, men nådde ingen vidare framgång.

Renässansen

Under renässansen blev magi och mystik på modet, och mängder av människor engagerade sig i dessa lärors såväl mörkare som ljusare sidor. Eftersom man öste ur den grekiska antikens källor, fick även astrologin sin renässans, om än i betydligt mer ockult form än tidigare. Man talade med beslöjad stämma om "makterna" och "celesta inflytanden", och det fanns plötsligt inte en regent som klarade sig utan sin egen astrolog. Fälttåg, prinsars födelser och bröllop – allt skulle kontrolleras med stjärnhimlen.

Detta krav gjorde att de som studerade astronomi med de allra mest naturvetenskapliga avsikter var mer eller mindre tvungna att även praktisera astrologi. Ingen frågade efter stjärnhimlens utseende eller lagar, ingen betalade för dess kartläggning – det som stod för furstarnas ögon var uteslutande tillämpligheten på deras egna maktspel.

Denna astrologins blomstring medförde dock att även astronomin fick en skjuts. Planetrörelserna observerades och nedtecknades. Det var många som undrade hur de fungerade och var nyckeln till systemet kunde ligga. I antikens Grekland hade gjorts modeller för planetrörelsernas geometri, men ingen visade sig stämma – deras dans på himlavalvet trotsade varje tänkbar modell.

Vetenskapen

I mitten på 1500-talet deklarerade Kopernikus att det är solen och inte jorden som är det centrum runt vilket planeterna roterar. Detta var på den tiden ett närmast oerhört påstående, som innebar att jorden plötsligt detroniserades, från att vara världsalltets centrum till att bli bara en bland andra satelliter runt solen. Kyrkan rasade och censurerade med eftertryck så länge det gick, men kunskapen spred sig som ett virus.

I sin förlängning blev den *heliocentriska* världsbilden, med solen i centrum, också ödesdiger för astrologin – varför skulle alla dessa stjärnor och planeter röra människorna, om jorden inte var mer än en himlakropp i mängden? Ja, denna upptäckt gav även det gamla gudsbegreppet nådastöten. Alla hävdvunna perspektiv på tillvaron blev plötsligt omkullkastade. Det var bäst att tro på ingenting alls. Och från den punkten växte vetenskapen. Naturbundenhetens rationella världsbild kom att bli allenarådande.

Astrologin förskötts från att ha varit en tung och magisk doktrin till att bli mest ett sällskapsnöje för dem som ville kittla fantasin och leka med skrock eller föråldrade föreställningar. Alla mystiska doktriner knuffades ut från universiteten och vetenskapens

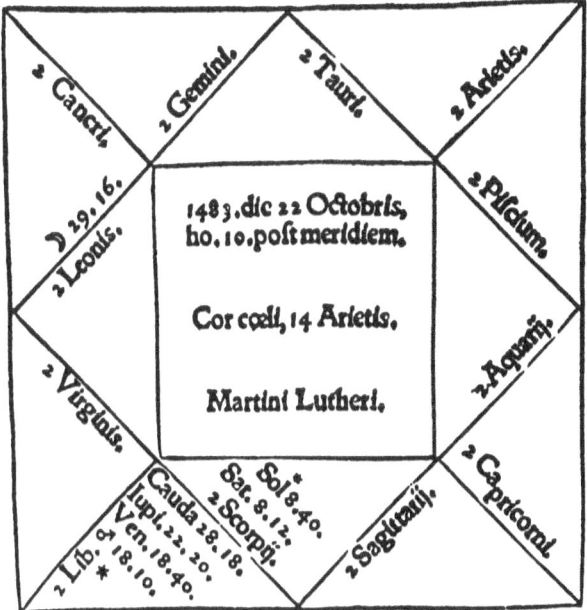

Martin Luthers horoskop i kuvertmodell, som var den brukliga metoden under många århundraden. Varje triangel representerar ett hus. Gerolamo Cardano, Nürnberg1548.

domäner till att bli vanligt folks fritidsnöjen. En exotisk karamell att suga på för dem som hade tid över och inte tog så hårt på sanningen.

Men i och med 1800-talet, när magi och mystik återigen blev på modet och kom att spridas i betydligt bredare lager än någonsin förr, fick astrologin ett uppsving. Den astronomiska vetenskapen hade då gjort det möjligt att tämligen exakt kunna förutse och beräkna planetpositioner, och därmed givit astrologin en möjlighet att genom komplicerad matematik och exakta siffror verka väldigt vetenskaplig. Intresset för astrologi vaknade och spred sig. Det skrevs mängder av böcker i ämnet.

Fortfarande var astrologin avskuren – för gott, verkade det – från den "tillförlitliga" vetenskapen. De som anslöt sig till astrologins världsbild var samtidigt medvetna om att den var skild från naturvetenskapernas verklighet. Astrologin blev mystik och ockultism. Någonting man trodde eller inte trodde på, men som varken kunde bevisas vara sant eller förkastas som falskt.

Så kom 1900-talet och masskulturen var ett faktum. Envar

ditt horoskop

lärde sig läsa och astrologin blev betydligt förenklad för att kunna fånga allmänhetens flyktiga intresse. I den blomstrande vetenskapens tidevarv kände man inget större ansvar gentemot astrologins urgamla teknik. I vanligt folks ögon var det inte fråga om mer än stundens förströelse – att läsa sitt dagliga horoskop och bläddra i bilderböcker om hurdana Oxar och Jungfrur är.

Men den heliga vetenskapen fattade intresse för sin forna, nu nästan i grunden besegrade fiende. Man började se på astrologin med etnografens öga: Vad kan den lära oss om den forntida människans verklighetssyn? Varifrån fick hon en gång dessa idéer? Och under dessa försök att återvinna den av industrialismen förskjutna känslan för ursprunget, var det många som på nytt tog sig an de gamla föreställningarna och krävde respekt för dem. Man började bläddra i *Tetrabiblos* igen och hitta gammal visdom begravd i stjärnlogiken. "Kanske ligger det något i det här, i alla fall?" resonerade man.

Nu togs det modernaste av analysverktygen till hjälp, den skarpaste av skalpeller – statistiken. Man började undersöka astrologins teser med datamaskiner och de bredaste referensgrupper, och fann då samband mellan vissa planetpositioner och människors liv. Inte de samband, menade man, som den gamla astrologin hävdade – men ändå fullt klara samband, som måste betyda att det ligger en viss verklighet bakom idén att himlen och jorden fungerar som en integrerad helhet i människors vardag.

Idag
Man talar numera om att vetenskapen har kommit in i en återvändsgränd. Det är dags att förnya perspektiven och rasera gamla fördomar. Vår världsbild har blivit oss alltför trång. Man letar efter nya naturlagar, mer komplexa och sofistikerade, kanske mer öververkliga eller irrationella.

Här har astrologin fått en betydelse som den inte har haft sedan 1500-talet, och som innebär att den kanske förtjänar att tas på allvar. I stället för att förflytta astrologin till trons domäner, börjar man undersöka vad som är riktigt i de uråldriga teserna, och vad det kan bero på. Kort sagt håller astrologin på att bli en vetenskap igen.

Det här har medfört att just i detta övergångsskede har kritiken mot dess lära intensifierats och är präktigt inflammerad, eftersom astrologin nu plötsligt kan komma att visa sig som ett hot mot naturvetenskapens dogmer.

I viss mån handlar konflikten mellan det som kallas paranor-

Astrolog. Etsning av Giulio Campagnola 1509.

malt och det som kallas normalt om mer än enbart vad som är sant och falskt. Den handlar om två sätt att se på verkligheten: å ena sidan det mekanistiska och materialistiska, som vill att varje fenomen ska visa sig ha en klart uttydbar mekanism, en enhetlig logik, och vara strikt begränsat till orsak och verkan. Idén om att äppelträdet inte har ett dugg att göra med päronträdet bredvid, förrän deras rötter växer ihop.

Å andra sidan det mystiska perspektivet, som söker efter principerna och lagarna bakom allt vad verkligheten visar upp och som strävar efter att se likheterna hos tillvarons alla sidor, i stället för att kartlägga olikheterna. Uppfattningen att allt i tillvaron är integrerat, uttryck för en helhet och en upphöjd enhet.

Man kan säga att det är viljan att dela universum som står mot viljan att ena det. Därför är debatten så pass häftig och åsikterna i respektive läger så överdrivet dogmatiska.

Vi har en fascinerande tidsålder framför oss. Säkert är att vi står inför en radikal förändring av begreppet verklighet. Och astrologin kan definitivt räknas som en av de bidragande till den utvecklingen.

Vad ska man tro?

Trots att få människor är särskilt insatta i astrologin finns det knappast någon som inte har en bestämd åsikt om den. Antingen är man helt för astrologin och övertygad om att horoskopet kan berätta det mesta om vad människan är och blir – eller är man helt emot och kallar alltihop för skrock. Varken den ena eller andra attityden är särskilt fruktbar.

Vad astrologin framför allt behöver är kritisk granskning, prövning och kartläggning, så att vi i framtiden ska veta mer och veta säkrare, både om dess tillförlitlighet och hur den ska tolkas. Till detta är ingendera åsiktsgruppen alltför behjälplig: för-gruppen tenderar att vara alltför okritisk mot ämnet och ovetenskaplig i sina metoder, emot-gruppen tycker inte att ämnet alls förtjänar något seriöst närmande. På det viset är det risk att astrologin förblir i det obekräftades domäner.

Det finns faktiskt en fördel med att astrologin svävar så pass i det ovissa som den gör. Vår värld är inte alltid den allra vänligaste. Kunskap och vetande används inte uteslutande i det godas tjänst.

De flesta överheter skulle med förtjusning anta ett system som redan vid medborgares födsel avslöjade deras fel och förtjänster, såsom horoskopet antas göra. Perspektivet är minst sagt skrämmande. Om astrologin vore en absolut vetenskap skulle människor vara dömda så fort deras födelsetid blev känd. Direkt från förlossningssalen till fängelset, eller för den delen till tronen.

Å andra sidan är det naturligtvis absurt att vilja hejda astrologins klargörande, av rädsla för att den skulle missbrukas. Okunnighet kan inte rädda oss från våra samhällens dumhet. Man vågar i alla fall hoppas att vår kultur ska utvecklas i jämna steg med vårt vetande, så att vi inte bränner oss alltför illa på resurser som vi inte är mogna för.

Det kunde vara lämpligt att kasta ett öga på de argument som brukar föras fram för och mot astrologin. En sådan inventering är inte heller någon lätt uppgift, just därför att ämnet är så inflammerat, och en förnuftsmässig behandling av det så pass sällsynt. Nedan vill jag ändå försöka ge ett litet axplock.

Argument mot astrologin

Argument mot idén att det skulle råda något samband mellan stjärnhimlen och människors liv är långt ifrån så talrika som argument för den. Mestadels avfärdas ämnet bara med ett beskt ord om dess orimlighet, utan att orimligheten närmare specificeras eller motiveras.

Arkimedes på en platt jord, omgiven av elementen och himlasfärerna. Träsnitt från 1503.

Det vanligaste argumentet är ett bryskt: "Det är ju omöjligt!" Med det menas att vår vetenskapliga världsbild helt enkelt inte har något utrymme för astrologiska samband. De skulle trotsa själva naturlagarna, så gott vi känner dem, och därför kan det inte ligga något i astrologin. Argumentet förutsätter förstås att vi vet vad som finns och vad som inte kan finnas, men är det något som vetenskapshistorien har lärt oss så är det att aldrig vara så säkra på det.

Om avvikelser från etablerade vetenskapliga fakta vore omöjliga, skulle vi alltjämt tro att jorden är platt och att hela universum cirklar runt den. Att astrologin bryter mot våra vetenskapliga paradigm gör den inte omöjlig, däremot förstås osannolik.

Man kan också hänvisa till att det har bevisats i vetenskapliga undersökningar att astrologin inte stämmer, men de få undersökningar som gjorts – med undantag för Gauquelins, som jag återkommer till – har nästan enbart prövat sådana enkla påståenden som att människor födda i vissa soltecken i högre grad än andra skulle ansluta sig till vissa yrkeskategorier – att t. ex. militärer oftare är Vädurar än andra soltecken, och så vidare. Inte ens den mest fanatiska astrolog vill skriva under på ett så enkelt synsätt. Solen har dessutom inte särdeles mycket att göra med yrkeslivet – det vore betydligt rimligare att titta på sjätte huset i så fall. Mig veterligen har inte några noggrannare statistiska undersökningar av den sorten gjorts, återigen Gauquelin undantagen.

I brist på dessa vetenskapliga belägg, brukar argument mot astrologin hänvisa till det allom prisade sunda förnuftet. Man säger till exempel att om födelsetidpunkten hade sådan betydelse, skulle människor födda samtidigt leva ytterst snarlika liv, och det gör de väl inte! Egentligen grundar sig det resonemanget på något lika oprövat: lever människor som är födda samtidigt likartade liv? Vi vet inte.

Man måste också minnas att så många inte kan komma i fråga, eftersom identiska horoskop kräver att man föds på samma plats och tidpunkt, och astrologen ger en skillnad på bara några minuter den största betydelse. Tvillingfödslar kommer präktigt nära, även om det brukar skilja tio minuter eller mer mellan tvillingars födslar. Och nog vågar jag påstå att tvillingar ofta lever mycket snarlika liv – särskilt enäggstvillingar. Om det sedan beror på horoskop eller miljöfaktorer, låter vi vara osagt. Här finns i alla fall ännu inte ett hållbart argument mot astrologin.

Man bör komma ihåg att det inte är en motsägelse att konstatera både att horoskopet skulle vara sant, och att sådant som arv och miljö formar människans karaktär och framtid. Horoskopet ger en bild av hur människans liv kommer att se ut – inte varför. Horoskopet skildrar människans karaktärsdrag, det är inte i sig upphovet till dem. Man måste komma ihåg den skillnaden. Sålunda är det fullt möjligt – om astrologin stämmer – att arv och miljö formar människan, dock åt det håll som horoskopet visar. Att peka på dessa faktorer som argument mot astrologin, vilket många vill göra, har därför inget fog.

Ytterligare en märkvärdig metod att avfärda astrologin är genom att påvisa hur lättlurade människor är. Flera gånger har ungefär samma test gjorts: att skicka ut ett och samma, slumpvis hopsatta horoskop till en stor grupp människor, av vilka sedan en övervägande del tycker att det stämmer som ögat på dem. Det berättar förstås en hel del om hur godvilligt vi människor låter oss manipuleras, men säger ingenting om astrologins verklighetsförankring.

Lika lite säger resultaten av gissningar på människors stjärntecken, som astrologer då och då ställer upp på. Vad som där möjligen kunde bevisa sig – och det finns många, inte bara astrologer, som är utmärkt skickliga på detta – är människors klarsynthet, möjligen rentav klärvoajans. Astrologin i sig har det mindre med att göra.

Annars är det vanligt att fälla astrologin på den grunden att den inte övertygande lyckats bevisa sig. Det är väl en lite bakvänd argumentation, men med tanke på alla årtusenden som astrologin praktiserats känns den förvisso motiverad. Ändock, hur många har verkligen givit astrologin chansen och fått sitt eget horoskop upprättat och tolkat enligt alla konstens regler? Ytterst få. De flesta grundar sin uppfattning på tidningarnas förfuskade horoskopspalter eller på färggranna presentböcker som berättar hur Vädurar, Oxar och de andra är beskaffade och vilka de inte borde gifta sig med – källor som förkastas också av astrologer.

Det är även vanskligt att döma astrologin efter hur väl horoskopet passar på en själv, då verklig självkännedom är ganska få förunnad.

Men naturligtvis döljer sig här en astrologins svaghet. Vore horoskopen mer övertygande, så tillvida att deras tolkning vore homogen hos flertalet astrologer, och utsagorna med ledning från dem mer konkreta än vad som brukar vara fallet – då vore astrologin för länge sedan prövad med all rättvisa.

Argument för astrologin
Argumenten för ett samband mellan stjärnhimlens rörelser och människors liv är till det absolut högsta antalet de enskilda astrologernas egna erfarenheter, och därför ytterst svårgranskade. Envar som ägnat sig åt horoskops upprättande och tolkande brukar kraftfullt hävda att han eller hon fått astrologins riktighet hundrafalt bevisad för sig. Men de är i och med sin praktik redan från början anhängare av astrologin, och det krävs inte mycket för att övertyga en redan troende. Innan deras resultat har sammanställts och granskats utifrån koncisa mallar, kommer vi inte långt med deras argument.

Kanske vågar man ändå peka på att det måste ligga något i astrologin då den under så många tusen år haft så många övertygade tillämpare – och ännu har det, i vår tid av naturvetenskaplig krasshet. Ett sådant resonemang för dock ingenstans. Mängden anhängare spelar ingen roll, så länge vi inte kan fastställa den säkra orsaken till deras övertygelse.

Det är ingen sällsynthet i vår historia att även den stora folkmajoriteten haft grundligt fel.

Dock är det säkerligen de många astrologernas övertygande arbete, som gjort att läran inte för länge sedan förkastats av hela vår kultur, och att frågan om dess trovärdighet av många betraktas som obesvarad.

Argument för astrologin kan se olika ut beroende på hur man vill definiera orsakerna bakom sambanden mellan stjärnor och människor, som jag återkommer till längre fram.

Vanligast är att man talar om ett direkt kraftutövande från himlakropparna, något i stil med gravitation eller ett slags strålning. Tanken är inte så svindlande som många vill göra gällande. Att både sol och måne på det kraftfullaste sätt påverkar naturen är välkänt. Varför skulle inte andra planeter spela en roll, om än betydligt mindre? Man slås då genast av att astrologin graderar planeternas inflytande nästan såsom en fysiker skulle göra: solen är viktigast och har det ojämförligt starkaste inflytandet. Därefter månen. Långt svagare sägs Venus, Mars och Jupiters inflytande vara, och än väsentligt svagare Saturnus och de övrigas. Få astrologer skulle skänka till exempel Merkurius någon större betydelse. Denna särskiljning stämmer inte illa med hur en astronom skulle resonera, utifrån himlakropparnas storlek och avstånd till jorden.

Ändå vill jag inte slå hårt för ett sådant resonemang. Det är gud bevars naturvetenskapligt så det förslår, men likaså alltför trångsynt. Himlakropparna utövar förvisso ett inflytande i såväl det stora som det subtila, även deras vinkelförhållanden (aspekter). Men vill man förklara horoskopet uteslutande från detta synsätt hamnar man snabbt i väldiga irrgångar. Fenomen som exempelvis jordaxelns rotation blir då onödigt komplicerade att förklara.

Ett näraliggande resonemang är en psykologiserande förklaring som stämmer bra med solen. Solens lopp över zodiaken är också ett lopp över årstiderna. Man kan gott tänka sig att någon som varje år firar sin födelsedag under den spirande vårens tid, då solen befinner sig i Vädurens tecken, skulle kunna visa all den iver och vaknande kamplust som Väduren symboliserar. Eller att den som fötts i vinterns sista månad borde identifiera sig med Fiskarnas längtande, rastlösa anda. Det ställer sig inte särskilt svårt att applicera det tänkandet på samtliga zodiakens tecken. Högsommarens styrka och prakt leder lätt till Lejontemperament, vinterns kyligaste tid till Vattumannens djupsinne och tungmod, höstdagjämningen till Vågens behärskning, och så vidare.

Men försöker man sträcka det vidare till horoskopets övriga

Michel Gauquelin (1928-1991), fransk psykolog som forskade i astrologi med hjälp av statistik.

planeter och faktorer, får man det svårt. Den psykologiska sidan är dock markant inom alla metafysiska doktriner. Varje astrolog är medveten om den självuppfyllande profetians princip, och tar det därför varligt när han eller hon tolkar horoskop åt folk.

Efter alla dessa vagheter är det dags att tala om den franske psykologen Michel Gauquelin, och hans arbete under 1960- och 70-talet. Han hade tillgång till ett mycket stort antal horoskop och en datamaskin, och letade på så sätt fram statistiska abnormiteter, det vill säga procentfördelningar som inte skulle dyka upp om slumpen vore det enda sambandet mellan stjärnhimlen och människors liv.

De mest näraliggande teserna, som att människor med solen i vissa stjärntecken skulle hamna i vissa yrken, fann han inget som helst statistiskt bevis för. Men han gick vidare och fann vissa statistiska belägg för astrologin, till exempel att militärer, vetenskapsmän och idrottsmän i högre grad än flertalet och i betydligt högre grad än konstnärer, har planeten Mars i stigande eller zenit i sina horoskop (runt första och tionde huset). Han fann även att Saturnus, Jupiter och månen placerade sig signifikativt i olika yrkesgrupper. Vad han fått belägg för stämmer i hög grad med traditionell astrologisk teori.

Gauquelin är ännu den så gott som ende forskaren som nått klara resultat som talar för astrologins trovärdighet, samtidigt som han kanske också är den ende forskaren som behandlat ämnet så pass seriöst och utförligt. Hans remarkabla statistik rör sig dock bara med de nämnda planeterna och horoskopets väderstreck (ett förenklat hussystem). Zodiaken negligerar han fullständigt.

Det är i och för sig rimligt att han når konkreta resultat med hjälp av husen, som enligt astrologin ska visa på var, i vilka miljöer och praktiska situationer de olika anlagen kommer till uttryck. Övrig astrologi rör sig oftare kring de statistiskt mer svåråtkomliga sidorna av personligheten.

Inte heller har Gauquelin någonstans nått riktigt imponerande klara siffror. Av alla hans militärers horoskop var det 20% som hade Mars i stigande eller zenit. En ren slumpfördelning skulle placera 17% där. Antalet konstnärer med Mars på samma ställe var endast 14%. En skillnad på 3 procentenheter åt båda håll, alltså. Det är inte mycket. Riktigt spännande skulle det bli om han hittade en astrologisk omständighet som närmade sig 100% eller i alla fall skilde sig avsevärt från vad slumpen skulle ge.

De små sifferskillnaderna finns i alla fall kvar, även när försöken upprepas med andra horoskopsamlingar, och de anses tillräckliga för att inte kunna uppstå av en slump. Därför ställde Gauquelins resultat till med sådan kalabalik bland naturvetenskapen banerförare, att en amerikansk organisation till och med tog sig för att förfalska undersökningen för att kunna avfärda den.

Vad som skulle behövas för att nå mer signifikanta siffror vore mer preciserade astrologiska teser, i det närmaste villkorslösa påståenden utifrån horoskopet, som enligt astrologin ska gälla för nästan samtliga personer vilkas horoskop uppfyller de strikt bestämda kraven. Teser av typen: "personer med den planeten i det stjärntecknet och det huset är så och så".

Mig veterligt har Gauquelin inte gjort några sådana försök, eller har han inte hittat resultat som ger så pass statistiskt klara utslag. Inte heller verkar han ha tittat närmare på de grupper av horoskop som inte följer tendensen – militärer som inte har Mars i stigande eller zenit, och konstnärer som har Mars där. All denna vaghet gör att hans resultat inte har mycket större betydelse än att de är en nagel i ögat för astrologins belackare.

Egen granskning
Som synes är astrologin i det närmaste ett vitt fält på kunskapens karta. Envar som roar sig med astrologin och ställer horoskop i någon mängd kan med fördel ägna sig åt lite anspråkslös forskning efter givna linjer. Det kan vara ett bra sätt att bekanta sig med astrologins teser och samtidigt få ett kritiskt och prövande perspektiv. Man bör inte svälja astrologins alla påståenden utan att låta dem gå igenom den praktiska prövningen.

Ett rimligt tillvägagångssätt som var och en kan pröva, för att sålla fram bevis för eller mot astrologin, är just att samla ett antal påståenden om horoskopets samband med människan det är ställt på, kontrollera detta på en större mängd horoskop och se hur det slår ut.

Man kan till exempel säga att *personer med Skytten i tolfte huset i sina horoskop, har ett större eller mindre synfel*. Sedan kontrollerar man detta med ett så stort antal personer som möjligt. Man bör då också kontrollera sådana som inte har Skytten i tolfte huset, som jämförelse, och även ett antal slumpvis plockade horoskop av båda sorter.

Svaren kan då sprida sig över sex alternativ:
1   de med Skytten i tolfte huset som har synfel.
2   de med Skytten i tolfte huset som inte har synfel.
3   de med något annat tecken än Skytten i tolfte huset som har synfel.
4   de med något annat tecken än Skytten i tolfte huset som inte har synfel.
5   de i den blandade gruppen horoskop som har synfel.
6   de i den blandade gruppen horoskop som inte har synfel.

Nu är det dags att göra jämförelser. Om den blandade gruppen är tillräckligt stor, helst minst hundra horoskop, kan fördelningen av personer med och utan synfel betraktas som normalförhållandet. Låt oss säga att en tredjedel av dem har synfel – då innehåller alternativ 5 hälften så många horoskop som alternativ 6. Om nu fördelningen är densamma mellan alternativ 1 och 2, med hälften så många i det första som det andra, eller däromkring, då kan vi genast glömma påståendet. Men antag att fördelningen skiljer sig kraftigt, så att det i stället är dubbelt så många horoskop i alternativ 1 som i 2. Då är vi verkligen något på spåren. Tag då en titt på alternativ 3 och 4. Där bör 3 vara mindre än hälften av 4, om det ska stämma.

Sedan kan det vara intressant att studera alternativ 2 och 3 närmare, de som så att säga förbryter sig mot påståendet. Vad utmärker dem? Kanske de i alternativ 2 bara har en bit av Skytten i tolfte huset, kanske de i alternativ 3 har en på annat sätt försvagad Skytt. Med lite arbete är det möjligt att man hittar vägen till att göra påståendet i högre grad giltigt, så att antalet i alternativ 2 kryper betydligt närmare noll.

I vårt exempel skulle det kanske nås om man säger att *personer med större delen av Skytten i tolfte huset, som inte har solen, månen eller Venus i det tecknet, har ett större eller mindre synfel*. Man prövar sig fram.

Jag är säker på att alla horoskopmakare skulle ha gott utbyte av sådana experiment. Man ska dock ha klart för sig att ens resultat inte är mer än fingervisningar – absolut inga regelrätta vetenskapliga bevis. Ända tror jag att om detta utfördes lite oftare bland astrologer, skulle ovissheten inom detta ämne snart nalkas sitt slut.

Här kan det vara lämpligt att snudda en sekund vid den vardagsprövning som astrologins praktikanter så ofta utsätts och utsätter sig för. Jag menar detta att gissa andra människors soltecken. Det kan nog vara en lärorik övning, i och för sig, men den säger absolut ingenting om astrologins tillförlitlighet, utan faller tillbaka på den gissandes egen människokännedom och insikter i astrologin. Horoskopet är långt mer komplext än ett soltecken lösryckt ur sitt sammanhang. Dessutom måste en sann metafysiker göra den invändningen att rätt gissat soltecken lika gärna kan vara ett utslag av telepatisk förmåga.

Förklaringsmodeller

Låt oss nu anta att det finns ett samband mellan stjärnornas rörelser och människors liv – vad kan det i så fall bero på? Vad är det för okända naturlagar som gömmer sig bakom detta samband?

Naturligtvis är det aningen förhastat att gå in på detta innan astrologins trovärdighet ordentligt konstaterats. Men jag vill ändå insistera på att det kan vara intressant att spekulera en smula.

Det som först faller en in, och som jag redan snuddat vid, är att planeterna och stjärnhimlen skulle utöva något slags direkt kraft på oss – strålning, dragning eller vad det kan vara. Vi känner till att alla kroppar har gravitationskraft, och att inte bara stjärnorna utsänder mängder av olika sorters strålning.

Varför då inte tänka sig ett karaktärsdanande inflytande? Utvecklar man en sådan modell, måste man tänka sig en mixtur av strålning för att förklara horoskopets inflytande. Om Mars utstrålar ett slags aggressionens kraft och stjärntecknet Lejonet förmedlar självmedvetande, blir deras kombinerade inflytande en burdus självviskhet och personlig kraft – mycket förenklat. Då kan man tänka sig att människan i födelseögonblicket så att säga ristas med den egenskapen. Detsamma gäller med de övriga beståndsdelarna i horoskopet, det vill säga stjärnhimlen som den ser ut just vid födelsen.

Det är i och för sig inte så orimligt att tänka sig, att människan i det ögonblick hon lämnar livmodern exponeras för sådana astrala energier som består under resten av hennes liv. Det är dock inte min favoritteori, framför allt för att den känns väl inskränkt och anpassat naturvetenskaplig. Jag vill hellre försöka finna ett mer metafysiskt perspektiv.

För mig är det absurt att himlakropparnas avlägsna ringdans

skulle utöva så underliga krafter. Det smakar efterkonstruktion att materiens krafter skulle forma psyket. Karaktär och anda är abstrakta fenomen. Då bör man leta efter en abstrakt förklaring. Jag har för tillfället en favorit:

De flesta astrologer är ense om en halvt karmisk världsbild, att människoande binds till kroppslig existens i ett slags syfte, med en sorts mening. Att det alltså finns en logik bakom varje människas födelse och liv. Jag föds på en viss tid och plats, av vissa föräldrar – allt i enlighet med det öde jag kommer att gestalta. Astrologer brukar tala om att människan *väljer* att födas vid en given tidpunkt, för att på bästa sätt kunna uppfylla just sina livsuppgifter.

Detta tänkande bildar raka motsatsen till det vanliga naturvetenskapliga tänkandet. Materialisten säger ungefär att vi blir vad vi äter. Den astrologiska motsatsen är att vi väljer vår mat alltefter vad vi ämnar bli. Människoanden eller själen eller jaget väljer sålunda tid och plats för sin födelse utifrån vad som bäst passar hennes strävanden med det liv hon föds till. Varje liv blir då ett slags konstverk för oss alla att studera och ta lärdom av. Antingen människan lever gloriöst eller blygsamt anonymt, storslaget eller rysligt eller tafatt – allt är livsverk med den högsta inre mening. Detta tänkande omfattas av ett stort antal astrologer.

Men planeterna då? Jo, ovanstående betraktelsesätt förutsätter att universum är en helhet som lyder under andra lagar än enbart de naturvetenskapliga. Kosmos är ett bräde för alla våra livs fagra spel. Bakom all existens kan alltså en central makt spåras, ett syfte, en orsak, som böjer världsalltet efter sin logik. Därför vimlar universum av samband. Varje skede speglar sig i alla dess delar – stora som små – och inget sker som inte är en följd av allt det andra, eller återverkar på allt det andra. Därför är det teoretiskt möjligt att utifrån vilken bit av tillvaron som helst kunna läsa, tolka och skildra alla andra bitar. Man måste bara lösa koden.

Det är därför inte alls för att planeterna skulle rista sitt inflytande på människors liv som samband går att spåra, utan för att planeterna och människorna är delar av helheten och speglar varandra. Lika gärna som man kan läsa människors öden ur stjärnhimlen, skulle man kunna läsa stjärnhimlens öden ur människors liv och rörelser.

Vår vetenskap är oändligen delad, men vi skulle inget begripa av de lösryckta delarna om de inte hängde samman i en helhet. Allt har med allt annat att göra – därför har vi möjlighet att förstå. Dock är ännu själva helheten alltjämt ett mysterium för oss, ett mysterium i dubbel mening.

ditt horoskop

Slumpens sanning
Ett annat sätt att närma sig ovannämnda "totalsvar" är genom att resonera om *slumpens sanning*.

Eftersom allt hör ihop i universum, finns det samband mellan de mest väsensskilda och avlägsna delarna, lika absoluta samband som mellan de intimt närstående, men naturligtvis svårare att tolka. Slumpen existerar därför inte alls, annat än som ett begrepp för de samband vi ännu inte hittat och förstått. Det betyder också att allt det som vi kallar slump saknar vi förmåga att kontrollera och styra. Slumpen är alltså ett ord för samband som inte är tillrättalagda eller reviderade av människan.

Dessutom låter sig inte slumpen, såsom de flesta mer kända samband, avgränsas och styckas upp i små betydelselösa bitar. Den konventionella analysens skalpeller gör i regel så kraftiga ingrepp att det enda som återstår är en hårt beskuren liten detalj som inget lär oss utom sin egen form – om ens det. Slumpen har dock den intimaste kontakt med helheten bevarad. Därför intresserar den metafysikern.

I de flesta ockulta doktriner har man satt i system att använda och tolka slumpen. Man singlar mynt eller stickor till *I Ching*, den gamla kinesiska visdomsboken, blandar och ger sin *Tarot*, spådomskortleken, lägger en stjärna, läser i kaffesump. Man har funnit att det ter sig svårt att med mer närliggande medel få ett tillräckligt omfattande perspektiv.

Dessutom vill man inom ockultismen fånga upp egenskaper som ligger utanför vardagliga, rationella omständigheter – sådant som människan inte själv direkt råder över. Då är slumpen, den otämjda, en nyckel. Vad slumpen framkallar ligger närmare den universella helhetens lagar än människors medvetna handlande. I en annan tid skulle vi ha sagt att slumpen är det ogrumlade uttrycket för Guds vilja och Guds vägar.

Astrologin grundar sig också på ett slags slump – stjärnhimlens utseende vid födelseögonblicket, sett från platsen för födelsen. Den celesta mekaniken är ännu opåverkad av vårt inflytande och vår födelsetidpunkt låter sig inte ändras i efterhand, varför man kan tala om ett utslag av slumpen.

En sak som på senare tid går att rucka en smula på är faktiskt födelseögonblicket. Medicinska tekniker kan snabba på ett födelseförlopp eller sakta ner det. Om sådant gjordes i avsikt att "piffa upp" horoskopet, skulle inte längre horoskopet vara så slumpmässigt uppkommet. Jag vågar dock gissa att det dröjer innan förlossningsavdelningarna visar sådana ambitioner.

Astrolabium, instrument för beräkning av planetpositioner. Detta är europeiskt och av mässing, från senare delen av 1400-talet.

Man bör ändå minnas att för astrologisk teori kvittar det ganska lika hur födelsen gick till, eftersom tidpunkten är så att säga fastställd av högre makt. När vi än låter barnet födas, så blir det just vid den tidpunkt som det var ämnat. Eller om man vill se det mer krasst: horoskopet över födelseögonblicket visar på den föddas karaktär, oavsett hur det manipulerades med förlossningen. Hur man än vänder sig har man, så vitt jag kan begripa, bara en födelsetidpunkt.

Solen och dess värv. Högst upp är solen. I hjulet på vagnen den bärs fram av syns Lejonet, tecknet solen härskar över. Under solen syns människor involverade i sådant som astrologiskt hör solen till. Träsnitt av Hans Sebald Beham, 1530-talet.

Solen i horoskopet – ditt stjärntecken

När vi talar om vilka stjärnbilder vi är födda i, menas i själva verket att solen befann sig där vid tidpunkten för födelsen. Det är förstås bara en av astrologins många beståndsdelar, men den ojämförligt viktigaste.

Det är ingen överdrift att påstå att solen är astrologins centrum. Zodiakens tolv tecken är långt mer en bild av jordklotets vandring runt solen, än av det utanförliggande kosmos. Solen är själva förutsättningen för liv. Därför är också dess symboliska karaktär den väsentligaste i horoskopet. Ändå får man absolut inte sträcka sig så långt att man vågar försumma de övriga planetpunkterna. Solens inflytande i horoskopet är betydande, men inte ensamt avgörande.

När jag därför i det följande utförligare tolkar solens roll och hur den varierar genom zodiakens tecken och deras dekaner, är detta gjort mest för att visa hur man kan få fram information ur en planetposition, med hänsyn också till var i tecknet den är placerad. Det är inte min avsikt att bestämma personers karaktärer enbart efter deras solplacering.

Dekan betyder ungefär tiotal och syftar i astrologin på en uppdelning av varje zodiakteckens 30° i tre delar om 10° vardera, alltså 0 – 10, 10 – 20 och 20 – 30. Ett zodiaktecken är inte homogent rakt igenom från början till slut, utan ändrar så smått karaktär inom sig. Man kan säga att den första dekanen tenderar åt det kardinala tillståndet, den andra åt det fasta och den tredje åt det rörliga.

Om vi tar Väduren som exempel, så är den i och för sig Vädur från början till slut – men det skiljer en smula i temperamentet mellan dekanerna. Första dekanen är kardinal, som Väduren själv, varför den är mest urtypisk för Väduren. Där finns hetsigheten, ivern och trotset. Andra dekanen är den fasta, och där blir energin en smula mer statisk, stoltheten viktigare än segern. Den liknar en smula det fasta eldtecknet Lejonet. Tredje dekanen är den rörliga, som påminner något om det rörliga eldtecknet Skytten. Ivern är tillbaka, men kanske inte all kraften och stöddigheten. Irritation i stället för aggression, i viss mån.

Variationen genom dekanerna bör märkas tydligt i den följande genomgången av soltecknen.

Solen lämpar sig bäst för en genomgång av hur en planets kraft varierar efter placeringen i zodiaken, eftersom dess egen grundkaraktär inte är så bestämd. Solen har ett slags allmängiltighet över sig som de andra planetpunkterna saknar. Mars, till exempel, har en aggressivitetens prägel och reagerar därför med eller mot de tecken den hamnar i, på ett sätt som inte alls går att jämföra med Merkurius eller någon annan. Solen är från början närmast neutral, och ger därför en klarare bild av varje teckens och dekans särdrag. Det är nästan som att skildra zodiakens egenskaper, planeter förutan, men ändå i relation till en himlakropp.

Då och då visar sig ändå det faktum att det är just solen det gäller, eftersom den ändock har vissa, om än vaga och mycket fogliga, specifika egenskaper. För tydlighets skull har jag tillåtit mig att överdriva karaktärerna en aning.

Man brukar i astrologin säga att solen med sin plats i horoskopet visar på personens förhållande till sin far, och månen visar förhållandet till modern. För att ytterligare klargöra positionernas betydelse har jag därför i det följande, för varje dekan, givit en bild av vad positionen säger om förhållandet till fadern – ganska vagt, eftersom varken husplacering eller aspekter finns med. Det som då sägs är direkt översättligt till modern, om det i stället är månen som har den platsen.

För enkelhets skull talar jag i det följande oftast om "han" och "honom", men tolkningarna gäller förstås både män och kvinnor. Vinjetterna med zodiakens figurer kommer från Leopoldus *Compilatio de astrorum scientia*, 1489.

♈ Väduren

I varje eldtecken blir solen stark och klart märkbar. Det är dock inte så uppenbart som man kunde tro. Vädurar har en djupare botten. Den iver, stolthet och kamplust som i Väduren borde vara tydlig, har sällan en så uppenbar form. Man måste komma ihåg att Vädurens motto är "jag är", vilket pekar mot dess främsta kännetecken: stoltheten.

Solen i detta tecken borgar för en stor självkänsla och stolthet, men det krävs till exempel en Mars för att lyfta fram tävlaren

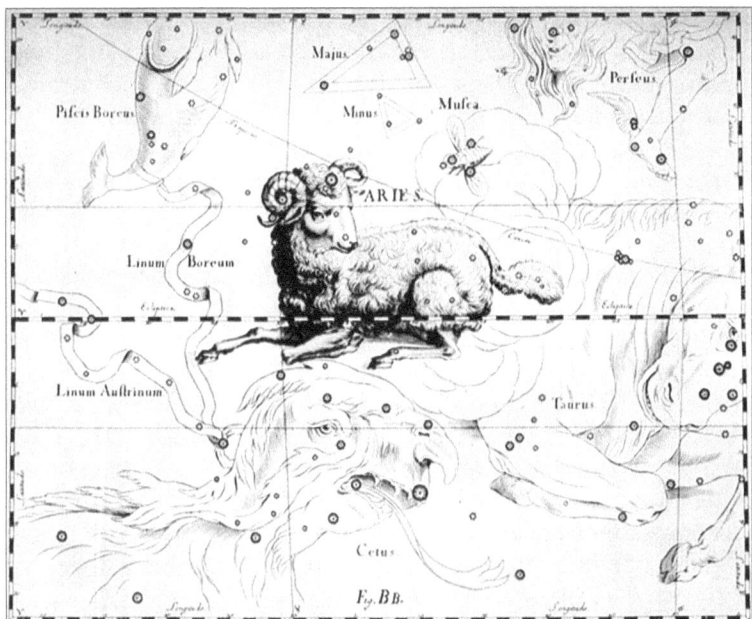

Vädurens stjärnbild. Från Johannes Hevelius: Firmamentum sobiescianum, 1690.

och den hetsiga. Stoltheten är en realitet och ett krav som inte får kränkas, men den gäller det inre och personliga som sällan berörs i umgänget, varför det kan vara kinkigt att fullt se dess styrka och betydelse. Väduren kan till och med uppträda med extra ödmjukhet, i avsikt att skydda sin stolthet, men kränks denna på allvar är det lätt att se hur viktig stoltheten ändå är. Då vaknar den ilska man brukar koppla till Vädurens tecken.

Kardinal dekan, 21 – 31 mars. Eftersom Väduren är ett kardinalt tecken, blir solen här som mest Vädurlik, det vill säga exceptionellt stolt. Personer födda här kan visa en hel del av den iver och aktivitetslust som hör Väduren till, men framför allt den stora stolthet som inte tål att ruckas det allra minsta. Det är farligt att såra dem eller ens vara dem till olag. De har en förtjusning, en brådska inför livet som lämnar andra matta. Aldrig verkar de få nog, aldrig slå sig till ro. Man har en känsla av att de vill förbränna sig i rekordfart. De älskar att trotsa hinder och söka utmaningar, som om de föddes springande. Huvudet bärs högt ochblicken är skarp. De är handlingsmänniskor mer än något annat och verkar ha som mål i livet att hinna med så mycket som möjligt, att få utlopp för sin energi och vinna erkännande för det.

Förhållandet till fadern är långt ifrån konfliktfritt. Båda är stolta och krävande, och hamnar ofta på kollisionskurs med varandra – det är sällan fråga om annat än en händelserik och intensiv relation, om inte solen är placerad i åttonde till tolfte huset.

Fast dekan, 1 – 10 april. Denna dekan må inte vara den bästa för Väduren, men den passar solen väl, så det är fortfarande fråga om en stark och tydlig placering. Ännu mer än i den första dekanen visar sig här stoltheten som ett grundvillkor. En människa med solen här lever för sin stolthet och självaktning, som är närmast orubblig. Skulle den rubbas, leder det ofta till allvarliga inre konflikter, men oftast lyckas han finna förklaringar som räddar hans självkänsla. Det finns ett starkt inre behov av aktivitet och uttryck för kraft och energi, men det kan ta sig mindre tydliga uttryck. Det är inte en människa som sitter som på nålar, utan hellre tar det till synes lugnt även i hetsiga situationer, där han rent av trivs som fisken i vattnet. Sällan går det dock så långt att han verkar passiv. Det ska hända mycket omkring honom. Många järn i elden och flitigt bruk av blåsbälg och ved.

Allt sker dock i ett tempo han behärskar och med en visshet om att klara av det. Han tror mycket på sig själv och arbetar i första hand för andras erkännande, liksom för att hans kapacitet ska framstå klart och tydligt. Han kämpar målmedvetet tills han är den bästa.

Förhållandet till fadern liknar till en del cowboyklichén "den här stan är inte stor nog för oss båda" – de breder båda ut sig och vill inte ge varandra tillräckligt rum. Det är dock ingen tvekan om att de är ordentligt stolta över varandra, och totalt sammansvurna gentemot andra.

Rörlig dekan, 11 – 19 april. Denna plats passar varken solen eller Väduren allra bäst, men är en position med nyans. Det kan vara svårt att känna igen en tredje dekanens Vädur, men utan tvivel går allting fort för honom. Brådska. Ingen rast, ingen tveksamhet – men resultaten, styrkan och målmedvetenheten kan svikta. Det måste röra på sig, och han kan visa prov på en imponerande snabbhet. Även kvick anpassning, följsamhet och evig spänst hör honom till. När han gör något, dröjer det inte länge förrän han är klar, men kvaliteten på resultatet sviktar.

Han har en stolthet som ofta kommer i kläm och inte är så absolut som i de tidigare dekanerna. Frustrationen i hans solposition leder både till inre oro och känslor av misslyckande, samtidigt som den öppnar möjligheter för en friskhet i grepp, ett mod inför nyheter och en foglig rörlighet som ofta räddar och leder till mycket gott. Denna människa utvecklar samhället genom att finna nya vägar och själv våga vara den första att gå dem. Den smidiga, den anpassningsbara.

Förhållandet till fadern känns ofullgånget. Trots att de gör mycket tillsammans och finner många tillfällen till kontakt finns det inte tid nog att nå varandra på djupet. Man fungerar hyfsat ihop, men det är aldrig fråga om någon innerlig relation. Det kan tidvis blixtra av konflikter, men de blir aldrig långvariga.

♉ Oxen

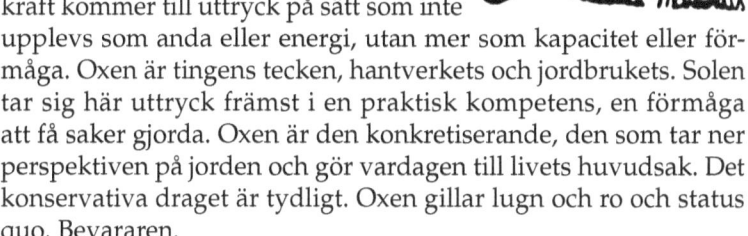

Jord är självklart inte solens mest passande element, och Oxen med sitt fasta tillstånd är det utpräglade jordtecknet. Detta betyder ändå inte att solen är försvagad här, utan kanske bara en aning mindre uppenbar än i eldtecknen. Dess kraft kommer till uttryck på sätt som inte upplevs som anda eller energi, utan mer som kapacitet eller förmåga. Oxen är tingens tecken, hantverkets och jordbrukets. Solen tar sig här uttryck främst i en praktisk kompetens, en förmåga att få saker gjorda. Oxen är den konkretiserande, den som tar ner perspektiven på jorden och gör vardagen till livets huvudsak. Det konservativa draget är tydligt. Oxen gillar lugn och ro och status quo. Bevararen.

Kardinal dekan, 20 – 30 april. Här uttrycker solen ett krav på stabilitet, en bestämd strävan efter lugn intill stillhet och tydlig konservatism. Människor födda här kan klara det mesta som kräver god hand- och armkraft, men de blir ofta hårdhänta och stränga. Man kan tala om en viss tjurskallighet, en verklig ovilja att pröva nya grepp. Deras kapacitet är höjd över varje tvivel, men de sticker verkligen inte under stol med den – inte så att de skryter, men de tillåter sällan andra att försöka göra vad de själva behärskar.

De har en stark förmåga att tillgodogöra sig kunskaper, att med en oerhörd envishet bli skickliga i de mest komplicerade sysslor, och sedan aldrig tappa denna förmåga. De är inte snabba, men det ersätts av deras envishet och visshet om att en gång lyckas. Man kan tydligt ana hos dem deras praktiska anlag, den kapabla händigheten och det faktum att vad de en gång lärt sig, det behärskar de sedan för all tid. Deras livsmål verkar vara just att utveckla

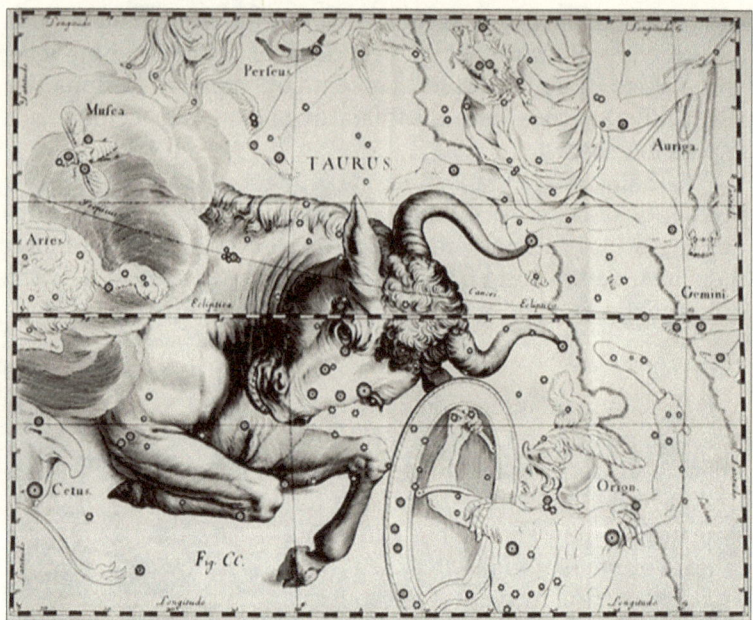

Oxens stjärnbild. Från Johannes Hevelius: Firmamentum sobiescianum, 1690.

sin förmåga intill perfektion inom något gebit, ungefär som den överlägsna hantverkaren. När de sedan nått det, kan de inte tänka sig några nyheter inom sitt gebit som de inte själva introducerat – vilket sällan sker.

Förhållandet till fadern är barskt och präglat av bestämda förhållningsregler. De talar inte mycket med varandra, men har ändå på något sätt ett nära förhållande, som om de i sitt gemensamma kött och blod står så nära varandra att ord är överflödiga. Barskheten gör dock att hjärtlighet saknas en smula, och många skulle säga att fadern uppfostrar väl hårdhänt.

Fast dekan, 1 – 10 maj. Då Oxen är det fastaste av de fasta tecknen, eftersom jord är det mest solida av elementen, blir solen här verkligt tydlig i sin Oxekaraktär. Allt som hör detta tecken till av trygghet, konservatism och sävlighet, får här sitt tydligaste uttryck. Den väldiga tålmodigheten, långsamheten som ändå alltid når sitt mål, ungefär som sköldpaddan vinner loppet mot haren. Anlaget för jordbruk, hantverk och gröna fingrar är tydligt, liksom allt som hör det konkreta och ständiga till.

Med solen här har man kapabla händer och en inre strävan efter lugn och ro. Det är sällan fråga om några snabba kast i temperamentet eller värre frustrationer, eftersom det i denna solposition finns ett slags visshet om människans blygsamma roll på jorden. Man finns och man gör vad man kan, och mer är det inte. Ett andens lugn. Naturen och tingen ligger denna ande nästan närmare än andra människor och samhället. Han kan finna sig tillrätta på snart sagt varje plats, genom att en aning likt myran bygga sin stack, sin värld, och sedan nästan försvinna in i den. Världar må födas och förgås, men denna gestalt har i sig anlaget till att alltid lyckas förbli vad han var.

Förhållandet till fadern kännetecknas också av detta lugn och en självklarhet. Båda är mycket medvetna om sitt blodsband och finner sig i det med ett lugn som imponerar. De har fasta former för sitt umgänge. Mycket blir det aldrig fråga om att ventilera, och sällan svävar de i någon ovisshet om var de har varandra – trots att de verkar vara så pass slutna inför varandra.

Rörlig dekan, 11 – 20 maj. Detta är en frustrerad position för Oxen, eftersom rörlighet är mest främmande för detta tecken och dess element. Koncentrationen och tålamodet har gränser, och då de överskrids uppstår irritation. Människor med solen här har ett sinne för detaljer, för skillnader av nästan omärklig grad och för de partiklar som döljer sig innanför helheten. Likaså visar de en slarvig händighet, där de nödtorftigt fogar saker samman utan att besvära sig om precision, och låter sig nöja med hastverk, vilka ändå märkligt nog förmår fylla sina funktioner.

Anlaget för tingen är inte borta, men det bildar inte någon huvudsak. Den rörliga Oxen ser allt praktiskt och mekaniskt som banaliteter, som det enklaste enkla att lösa. Han vägrar att låta det ta för stor del av sin tid, men lyckas heller inte avfärda det så snabbt och lättvindigt som han tänkt sig. Det ligger frustration i detta, att veta att man behärskar hantverk och det materiella, utan att kunna ge sig till tåls tillräckligt för att lyckas leda det i bevis.

Till sin natur är han något av problemlösaren, den som orädd vågar skruva loss gamla bultar och pussla ihop den oreda som blir följden – dock inte med den omsorg som leder till ett riktigt varaktigt resultat. Vad han åstadkommer är ett hastverk som sällan varar särskilt länge. I detta har han dock anlaget att lösa upp gamla knutar och överbrygga stora hinder.

Förhållandet till fadern är aningen förvirrat. De känner båda släktskapets fundamentala betydelse, men upplever att kontakten inte är tillräcklig – främlingskapet och barriären finns mellan dem. De lever inte så nära varandra som de tycker att de borde och har stora svårigheter att uttrycka sina känslor för varandra. I denna förvirring döljs ändå en ömhet som har värde.

♊ Tvillingarna

Flyktigheten och rörligheten är Tvillingarnas grunddrag, vilket för solen innebär ett slags andlig vilsenhet som inte nödvändigtvis behöver upplevas som en brist. Den kan lika gärna vara en tillgång, en total formbarhet inifrån, en iver att upptäcka alla nya infall i förändringens universum. Tvillingarna trivs med det orubbliga faktum att tiden går, att allt som kommit ska försvinna och att inget varar beständigt. Inte så att de själva driver fram förändringar, men de är alltid på första parkett.

Solen i Tvillingarna leder till en i grunden positiv livssyn, en förtjusning över tillvarons oändliga möjligheter, som på sin andra sida åstadkommer otillfredsställelse – man får aldrig nog, och bävar för att tiden inte ska räcka till, vilket grumlar lyckan i nuet. Sålunda finns i Tvillingen både en förtjusning och en fruktan inför framtiden, som han vet innehåller en förändring som kan vara ett slut. Därför kan Tvillingens snabba rörlighet upplevas som en aning ångestladdad. Och han är alltid meddelsam.

Kardinal dekan, 21 – 31 maj. Här är ivern markant, ivern till rörelse, nyhet och varierad sysselsättning. Med solen här finns en stark lust till diskussion och tankens målmedvetna spinnande. Denna Tvilling har en stark bild av tankens kraft och betydelse, och vet vikten av att kommunicera. För honom är det som skiljer människan från djuren språket och förmågan att genom det fördjupa och bevara sina lärdomar. Livet är en skola. Den som slutar tänka, fråga sig och ta reda på, den slutar leva. Han söker med viss frenesi efter utökat vetande och efter en breddad värld att penetrera och bekanta sig med.

Det är genom sitt språk i tal och skrift som han allra mest identifierar och profilerar sig. Likaså är umgänget, där han inte sällan intar en central roll, en viktig del av hans vardag. Han strävar gärna efter att göra nya bekantskaper och slarvar ibland med att hålla kontakten med gamla vänner. Otåligheten är tydlig, oviljan att bli fast i ett visst moment eller en viss situation alltför länge. Han är inte den som alltid når särskilt konkreta manifestationer – det mesta kan bli hängande i luften, på gång utan avslutning eller

Tvillingarnas stjärnbild. Från Johannes Hevelius: Firmamentum sobiescianum, 1690.

övergivet före fullbordan. För honom är ett ting utfört i och med att han i tanken löst problemen och planerat färdigt. Det är inte viktigt för honom att se sina idéer realiseras konkret. Denna solposition ger en människa med insikt i tankens kraft.

Förhållandet till fadern är det rikliga meningsutbytets med samtal, umgänge och diskussion. Något av en tävlan i auktoritet, där argument slår långt högre än ålder. De känner varandra väl på ett ganska ytligt vis, men har inte mycket av känslomässiga bindningar till varandra.

Fast dekan, 1 – 10 juni. I denna dekan kan Tvillingarnas tankevärld nå konkret form. Det är det mogna intellektets plats, där tanke faller på tanke i en kedja som tydligt leder till resultat. Intellekt är rena lösenordet, att omfamna begrepp med tanken och förstå dem, att ordna det kaos som sinnena förmedlar och se samband i gyttret. Språket är det huvudsakliga uttrycket för dessa personer, men långt mer för ordens betydelse än för det intryck ett visst språkbruk ger. Exakthet är ett centralt begrepp.

Det finns mångsidighet och ymnighet i dessa människors levnad, men under ganska ordnade former med ett starkt moment av

ditt horoskop

rutin. De söker bildning och har tålamodet att nå djupa kunskaper inom speciella fack, även om de vurmar mest för en gedigen allmänbildning och irriteras av att stöta på områden där de är okunniga.

Med tiden utvecklar de en diger lärdom, även om deras analys kan vara aningen ytlig, så att de i ringa utsträckning lyckas pussla ihop sina kunskaper till något slags helhetssyn. För dem är universum en oändlighet av fenomen som inte nödvändigtvis hör samman, men som alla kan begripas. Deras strävan är därför att känna igen och förstå alla element i tillvaron – en förståelse som brukar bli mer kvantitativ än kvalitativ. Den snabba men behärskade tanken.

Förhållandet till fadern innehåller en viss självvald distans. De umgås och kommer väl överens, finner former för sitt förhållande och har ett visst intressant utbyte, men behåller alltid ett avstånd. De förhåller sig med respekt och stor förståelse gentemot varandra.

Rörlig dekan, 11 – 20 juni. Här är Tvillingen som mest sitt tecken, med ett kaos av tankar som far kors och tvärs, en snabbhet och otålighet som aldrig domnar. Med solen här vill man leva mitt i världens kaos, känna allting fladdra och fara omkring, och själv slippa allt vad fotfäste heter. Man talar och umgås med förtjusning, inte alls för att nå mål eller förståelse, utan i pur uttrycksglädje. Det är dock inte fråga om dumhet, ty Tvillingens tanke är så berest att många vissheter och insikter har fastnat, och all erfarenhet gör honom långt ifrån lättlurad. Han vill ha det bredaste umgänge, söker alltid nya miljöer och erfarenheter, vill aldrig vila och fascineras av allt som rör på sig.

Detta studsande som atomernas i upphettad gas gör honom yr, men han trivs i den yrseln. Sådant som står stilla skyr han, och han vill göra revolt mot vardagen. Han är dock så lättroad att det som andra ser som en grå tillvaro hos honom har mängder av glädjeämnen och möjligheter. Han när sig på kaos, och kan se kaos i monotonins högborg. Om världen är en oändlig mängd platser, är han den som far omkring mellan dem, så att de knyts ihop och har kontakt med varandra. Det är denna människas livsmål att vara mitt i överallt. Naturligtvis leder det till en andlig vilsenhet som han själv ibland gillar och ibland har ångest av.

Förhållandet till fadern är splittrat, förvirrat och rörigt. De kommer sällan varandra inpå livet, umgås oregelbundet men under lättsamma former. De har sällan konflikter eller allvarliga meningsskiljaktigheter, men utvecklar inte heller någon särskild enighet. Det är som om de vore enbart bekanta. Blodsbanden betyder väldigt lite.

♋ Kräftan

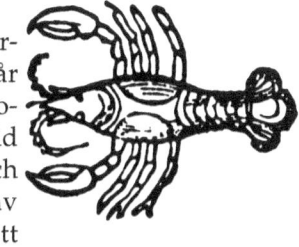

I vattnets kardinala tecken är känslorna det klart viktigaste, och det som får världen att snurra. Människor med solen i Kräftan lägger den största vikt vid allt som hör det känslomässiga till, och understryker därför särskilt vikten av vård, vördnad och välvilja. Livet är ett upplevande kopplat till relationer människor emellan. Kräftan har lyhördhet för vad som döljer sig innanför det mänskliga skalet. Inför allt som sker i livet lyssnar han till hur det känns inombords, hur vi påverkas och reagerar. Den kännande människan.

Kardinal dekan, 21 juni – 1 juli. Detta är Kräftans tydligaste och starkaste dekan, som lyfter fram betoningen av det känslomässiga och en stark strävan efter en mild tillvaro åt alla. Personer med solen här skyr nästan inga ansträngningar för att göra livet drägligare för både sig själva och andra. De frustreras på djupet av tillvarons hårda villkor och drömmer om en värld med idel mjuka kanter. De tvekar inte ett ögonblick på att det enda som egentligen betyder något i mänskligt liv, är hur vi mår emotionellt.

Medmänsklighet och värme är ideal som inte kan överträffas av något annat. Därför strävar de också efter att förklara det mesta som sker i världen utifrån det emotionella – från storpolitik till vardagsrelationer. De ser människan som ett djur, med uppgift att befolka världen av i stort sett inget annat skäl än för glädjen att sprida den ljuva gåvan Livet. Detta har naturligtvis ett konservativt frö. Förändring är för dessa närmast illusioner, för i sin essens är tillvaron alltid densamma. De räds dock inte att förkasta de äldsta ordningar, om de skapar smärta i människor, och inte sällan offrar de sig själva i en sådan kamp.

Förhållandet till fadern är i högsta grad innerligt, så mycket att de kan ha svårt att vara ifrån varandra och förstorar släktbandens betydelse mycket. Fadern spelar en mycket stor roll i dessa personers liv, och han känner också ett väldigt ansvar för deras väl och ve. Ett ansvar som med tiden blir i allra högsta grad ömsesidigt.

Fast dekan, 2 – 12 juli. Här är vård ett centralt ord. Handskas med människorna och livet med försiktighet, ty vi är alla bräckliga, an-

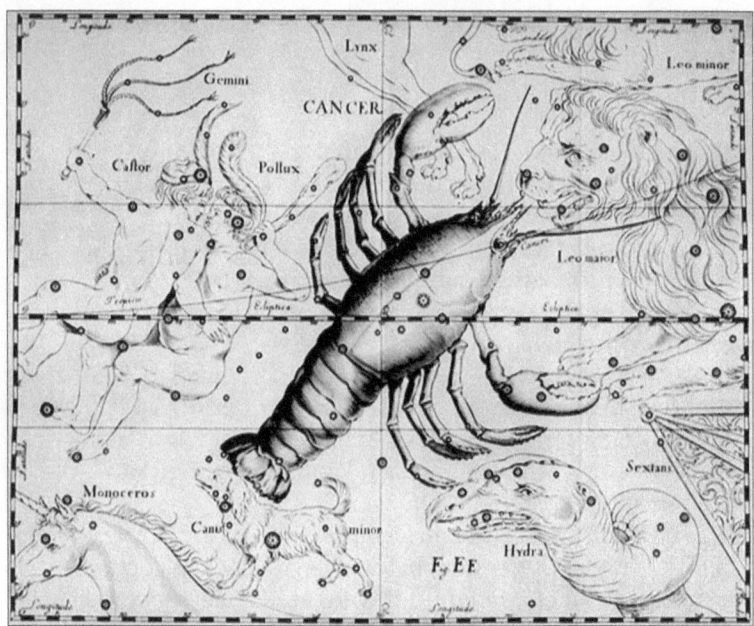

Kräftans stjärnbild. Från Johannes Hevelius: Firmamentum sobiescianum, 1690.

ser personer med solen här. Det gäller att visa varlighet, att skydda och vara tålmodig. De undviker i det längsta att brusa upp eller yttra hårda ord – de kräver av både sig själva och andra ett stort mått av behärskning. Status quo, förutsatt att det inte plågar någon, är idealtillståndet – varje förändring bör göras med största försiktighet och mycken eftertanke.

Livet är något av en balansakt på spänd lina, men för vart steg man lyckas ta är belöningen stor. Frid är det naturliga tillståndet. Man är tillfreds med livet och världen, och i botten finns övertygelsen om att allt egentligen är ordnat till det bästa. Dessa människor utstrålar ofta en värme som verkar smått helande på omgivningen, men någonstans lurar också ett slags otrygghet, eftersom de lever i förvissningen om varje tillstånds bräcklighet och ömtålighet. De kan oroa sig en hel del över sin egen hälsa och sitt eget välbefinnande, och känner sig sällan helt friska.

Förhållandet till fadern är lugnt och mjukt och fyllt av ömsesidig ömhet. De har det innerligaste förhållande, vill aldrig gräla eller vara oense och tappar aldrig helt kontakten med varandra. Deras relation är utpräglat känslomässig, kanske väl fåordig, och de är nästan alltid rörande överens. Fulla av tillit till varandra.

Rörlig dekan, 13 – 22 juli. Denna position är aningen frustrerad. Det finns ett stort behov av mänsklig värme och uppskattning, som aldrig verkar bli helt tillfredsställt. Människan med solen här oroar sig ofta för hur andra ska uppleva honom eller att de ska brista i uppskattning. Han litar aldrig helt på att andras känslor är ärliga eller varaktiga, och kan själv vara ganska emotionellt ombytlig. Vördnad och medmänsklig värme är det viktigaste i hans liv. Han vilar aldrig i sin strävan att ge uttryck för detta, men är ofta inte helt nöjd med resultatet. Det är som om världen inte riktigt känner igen hans goda vilja. Misstänksamhet och reservation stör honom, fast han själv ibland kan visa prov på detsamma.

Lika gärna kan han ge sig hän i ett känsloutbrott utan att tveka ett uns inför riskerna eller hur andra uppfattar det. Han är öppenhjärtlig och foglig, välvillig utan undantag. För honom är meningen med livet att söka lyckan och försöka behålla den, hur svårt det än kan visa sig vara. Andra kan uppleva honom som bräcklig, eftersom han reagerar starkt för minsta orsak, och har nära till både skratt och gråt, men i själva verket är detta en styrka. Det är sällan som en sinnesstämning håller honom fången någon längre tid, eller att bedrövelsen får ner honom på knä. Han klarar det mesta, just för att han har ett levande uttryck för vad han känner.

Förhållandet till fadern är innerligt i vilja men aningen ofullgånget i realiteten. De vill vara närmare varandra än vad som blir av. När de möts har de ett intensivt utbyte, talar om allt och visar orädda sina känslor för varandra, men det sker inte så ofta som de själva skulle vilja. Även på avstånd känner de dock starka band. De hoppas alltid att framtiden ska erbjuda dem möjligheten att komma varandra ännu närmare. De kan oroa sig i onödan för varandras väl och ve, och föreställer sig att den andra är bräckligare än vad som är fallet.

♌ Lejonet

I Lejonet härskar solen, och blir stor och pompös. Det är det stolta, storslagna jagets position. Men i ännu högre grad är det viljestyrkans. Lejonet har en vilja, den allra starkaste, känner den och känner sig ha rätt till den. För honom är allt som står i vägen för hans eget förverkligande oberättigat. Han har dignitet och en sann storhet, förmåga att leda och våga befinna sig i centrum. Ett starkt markerat Lejon har kunglighet över sig. Den förnäma människan. Han uttrycker ett slags suveränitet som också brukar innebära generositet mot andra, förmåga att uppskatta andras kvaliteter och låta dem komma till uttryck. Den som känner sin egen storhet vågar erkänna andras. Han håller hårt på sin integritet och tenderar att förakta svaghet.

Kardinal dekan, 23 juli – 1 augusti. Här är viljestyrkan som mest intensiv. Människor med solen här har en inre kraft som de följer kompromisslöst, och om det sig så faller med en viss skoningslöshet. De har den största bild av sin egen betydelse, är stolta som kejsare och vissa om att klara sitt liv med glans. Därför uppskattar de förmåga och begåvning mer än de flesta, även hos andra, och drar sig inte ett ögonblick för att såväl berömma som kritisera även sådant som ligger utanför deras eget gebit.

De har en stor kapacitet och fasthet även i kaotiska situationer och kriser. Inom dem finns den starka känslan av individens ansvar inför kollektivet, att individen har rätt till all integritet men ändå ska uppfylla sitt ansvar inför kollektivet: Min förmåga ska gynna alla. De bits och ryter till, om man försöker skuffa dem åt sidan, och andra kan reta sig på deras självsäkerhet, som ger intryck av att vara påklistrad men ändå alltid håller. Det kardinala Lejonet är en smula som tåget – stort och massivt och på väg. Få tvivlar på att det når målet. Självförverkligandet är hörnstenen i Lejonets livsfilosofi. Att få utlopp för sin specifika talang, att märkas och skriva sin historia så att minnet av honom lever kvar. Han äger inget som han skattar högre än sin ära.

Förhållandet till fadern är en aning trängt. Två alltför utpräglade individualister med stora krav på sin omgivning och själva ganska ovilliga till kompromisser. Om de en gång blir oense dröjer det innan de försonas, och försoningen är ofta bara halv, ett slags eld upphör. De kan gräla högljutt men är snabba till varandras försvar om någon blir angripen utifrån. De är stolta över sitt blod och bägge kräver därför att den andra ska göra bra ifrån sig.

Fast dekan, 2 – 12 augusti. Detta Lejon sitter tryggt på sin tron, svävar aldrig i tvivel om sin förmåga och sitt värde. Han har ett starkt konservativt drag och kan drömma om den idealiserade, glittrande bilden av flydda tider. Hans säkerhet är orubblig, oavsett hur den påfrestas, vilket gör att andra känner viss beundran och respekt för honom. Han vet vad han kan och aktar sig noga för att försöka sig på vad han inte klarar av. Därför har han inte svårt att uppskatta andras förtjänster, eller att ge dem plats att uttrycka dessa.

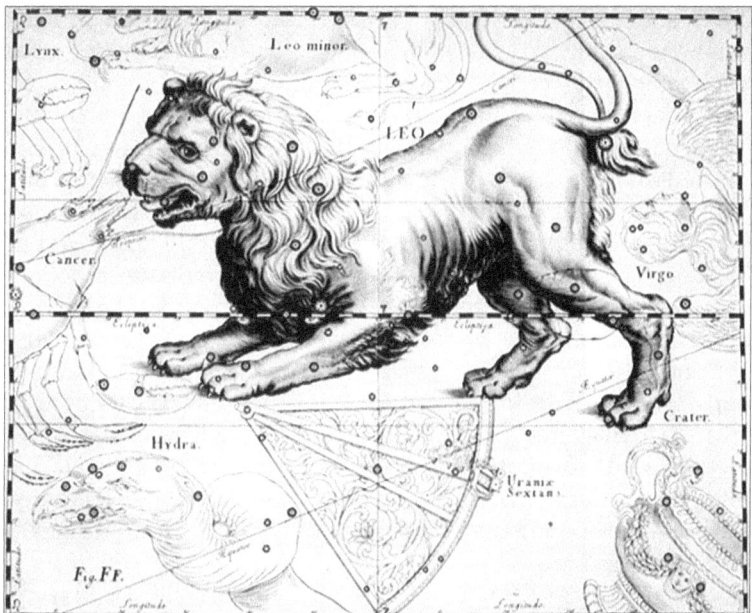

Lejonets stjärnbild. Från Johannes Hevelius: Firmamentum sobiescianum, 1690.

Han ger sig sällan in på tävlan eller konkurrens om erkännande, viss om att han med tiden ändå når allt han förtjänar. Det finns en trygghet i honom som bottnar i att han är tillfreds med sig själv. Aldrig upplever han sig som misslyckad eller otillräcklig. Inte heller går han särskilt vilse i jakten efter sitt egentliga jag. Inga identitetskriser. Han ger intryck av att ha gott om tid och aldrig vara orolig. Livet är vad det är, tycker han. Allting har ett slags självklarhet för honom, så han känner inget större behov av att analysera eller ifrågasätta. Att finnas till är fullt tillräckligt.

Relationen till fadern är ganska händelsefattig. De har ett förhållande av ömsesidig respekt och lämnar varandra ifred. Det faller sällan den ena in att trampa i den andras domäner. Det är därför inte särdeles starka känsloband mellan dem, utan mer ett tillstånd av passivt accepterande: Vi är släkt men mer är det inte med det. De förnekar inte blodsbanden, men ger dem ringa betydelse. De kan känna ett visst ansvar för varandras väl, men litar till den andras förmåga att ta vara på sig själv.

Rörlig dekan, 13 – 22 augusti. Här uttrycker Lejonet en vilja av mer splittrad sort. Han strävar efter sitt välbefinnande och sin gestalts blomstring, men har svårt att finna de rätta vägarna. Därför kan han vara den som sätter sig på tvären eller insisterar på omöjliga vägar, med en god portion av Lejonets pondus. Det medför också att han är rörligare och mindre formbunden än de tidigare Lejonpositionerna. Han prövar gärna nya vägar, alltid med den huvudsakliga motivationen att de ska skänka honom själv någon form av tillfredsställelse. Han kräver att hans person ska respekteras, men tycker inte riktigt att det sker till den grad han vill. Därför visar han prov på misstänksamhet och bristande tillit till andra, tror att de kan gå bakom ryggen på honom, eller att de motarbetar honom.

Denna solposition är nyanserad i sitt uttryck, så personer födda här visar större variation än övriga Lejon. De ger sig själva stor betydelse, men låter denna värdering sprida sig också över omgivningen, så att de känner att de inte bara sträcker sig över sin gestalt, utan även sin omgivning – varför de hyllar och värnar om den också. De är njutningsmänniskor, men mer benägna att dela med sig av njutningen än övriga Lejon. Är glädjen inte delad trivs de inte lika väl med den. Ett angenämt liv för dem och de sina är deras målsättning.

Förhållandet till fadern är aningen konfliktfyllt. De litar inte riktigt på varandra och deras intressen kan ofta krocka. Dessa konflikter brukar dock inte vara alltför allvarliga, eftersom båda är kompromissvilliga och syftar till att åstadkomma en trivsam vardag. Det är lite hugget som stucket vem som bestämmer, och ofta kan de ha olika meningar om vem som är bäst skickad att ta hand om saker och ting. Mestadels trivs de dock bra ihop.

♍ Jungfrun

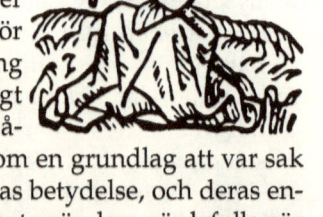

Detta är ett snårigt tecken med sidor av både intellektualism och materialism. Människor med solen i Jungfrun är över lag en svårlirkad samling, med sinne för detaljer och tveksamhet inför förändring – inte ovilja direkt, men ett ordentligt mått betänksamhet. De litar inte på sådant som sker plötsligt, utan ser det som en grundlag att var sak ska ta sin tid. Deras sinne för detaljernas betydelse, och deras energi för tålamodskrävande petimäterarbete gör dem värdefulla när det gäller att realisera såväl stora som små planer. De visar stor flit och arbetsvilja.

Kardinal dekan, 23 augusti – 1 september. Här går Jungfruns kritiska drag nästan en aning långt. Aldrig är han nöjd, aldrig vill han ge

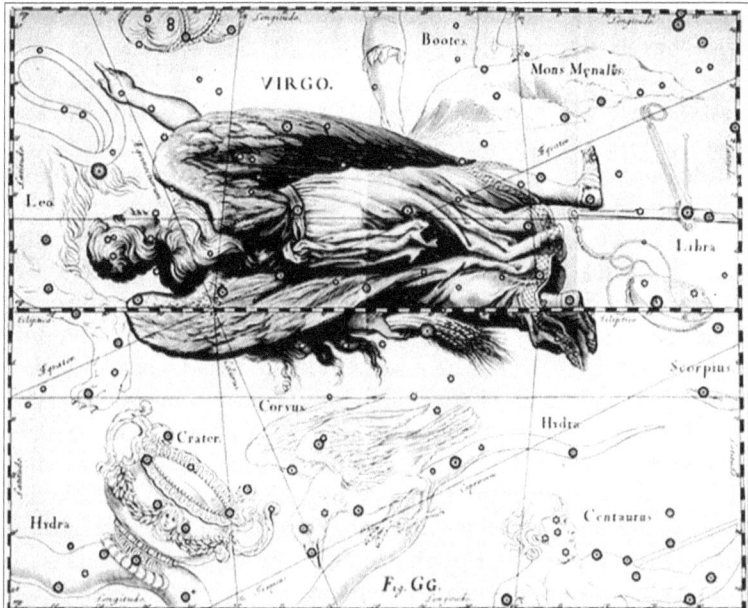

Jungfruns stjärnbild. Från Johannes Hevelius: Firmamentum sobiescianum, 1690.

med sig i dispyter. Det är en envishet som kan nå till månen, men den är aningen svår för andra att leva med. Han har den största tillit till sin egen förmåga – särskilt när det gäller praktiska ting. Vidare är han duktig på att organisera både sitt eget och andras arbete, få rutiner att fungera och bringa ordning i det vildaste kaos. Utan ett meningsfullt arbete är han djupt olycklig.

För att vara meningsfullt behöver arbetet absolut inte vara särskilt märkvärdigt, men det ska ge möjlighet till konkretisering och svåra problem att bita i. En utmaning i det lilla. Han är vardagsmänniskan som ser dramatik och finner glädje i rutinen. Svårigheter gör honom nästan munter.

Det är svårt att finna knepigheter som han går bet på, om han bara får tid. Med solen här har han en intolerant sida, en brådska att fixa och färdigställa som kan leda honom lite galet, liksom en tendens att döma andra människor och deras insatser lite väl förhastat.

Förhållandet till fadern är ingen dans på rosor. De är aldrig riktigt nöjda med varandra, snabba till kritik och otåliga inför varandras brister. En viss avsaknad av förståelse, eller ens vilja till förståelse. Men får de något vettigt att ge sig på tillsammans, är de skickliga kompanjoner. Som par är de också snabba att lösa alla familjens vardagsproblem.

Fast dekan, 2 – 11 september. Detta är den sävliga arbetarens dekan. Den som får allt uträttat, hur knepigt det än kan vara, hur omfattande det än är, men i sinom tid. Det går sällan fort, men det blir bra gjort. Med sävlig säkerhet och kompetens benar han upp varje svårighet och löser sedermera den mest gordiska av knutar. Status quo är idealet, vardag, vanor och rutin. Det välkända, varaktiga är hans hemmaplan och grund till hans trivsel. Han framför sin kritik sansat men är ändå omedgörlig. Varje åsikt står han oändligt fast vid, men brukar ha resonerat länge innan han nådde den. Områden där han inte känner sig viss vägrar han att uttala sig om.

Han är vansinnigt metodisk i allt han företar sig, och arbetet är centrum i hans liv – ett arbete han sällan byter eller avviker ifrån. Livet är för honom den sega marschen av träget arbete från vagga till grav. Han axlar villigt sina bördor och följer den strängaste disciplin utan svårighet. Man ser inte mycket av hans självförverkligande eller utlevnad men han är trygg i vissheten om att minsann dra sitt strå till stacken, och känner närmast ett förakt för människor som inte lika ihärdigt uppfyller sina plikter.

Förhållandet till fadern är aningen bistert, även om de mestadels är överens. De lever båda efter ganska stränga regler i sitt förhållande, där inte så mycket händer av känsloutbrott eller förändring. De umgås i avspända former genom att utföra gemensamma enkla sysslor. Man får känslan av att de känt varandra i tusen år. De är väl medvetna om varandras brister och grinar illa åt dem, men är inte alltför högröstade i sin kritik.

Rörlig dekan, 12 – 22 september. Här finns rastlöshet och den närmast obotliga kritiken mot sig själv och mot andra. Han är den ständiga tvivlaren, som aldrig vågar sätta sitt hopp till planer eller löften, knappt ens när de realiserats. Alltid hör man hans varningar och tvivel, aldrig släpper han det evigt vaksamma förnuftet – vilket självklart gör honom värdefull, om än inte alltid så uppmuntrande. Han har en förmåga att behärska detaljer och intrikata mönster som är närmast otrolig. Inget är för fint eller gyttrigt för honom att bena ut.

Han är hela tiden på gång att sortera och ordna sitt liv, men når aldrig ett helt färdigt resultat. Det gäller över huvud taget hans arbete. Självkritiken är så svårtystad att han evinnerligen kan hålla på att revidera och putsa på sina verk, utan att någonsin bli helt

Det antika universum i olika skikt från dödsriket längst ner till gudarna högst upp. Från Catharis, Immagini degli Antichi, 1605.

nöjd och helt färdig. Att rätta till kan vara närmast en mani, men en för andra människor värdefull egenskap.

Han har en tydligt intellektuell prägel, en strävan efter att förstå eller ha klart för sig. Han uppskattar att studera, lära utantill och göra rader av anteckningar. Samvetsgrannheten är så stor att den ibland blir svåröverskådlig. En aning paradoxalt. Det oroliga ordningssinnet.

Förhållandet till fadern är labilt. De har lite svårt att härda ut med varandras brister, men vet inte hur de ska komma tillrätta med dem, eller ens påpeka dem. Det känns som om något ofullgånget existerar mellan dem. De har känslor för varandra men svårigheter att ge uttryck för dem. Därför lever de i en föreställning om att de skulle kunna ha utvecklat ett så mycket bättre förhållande, om bara saker och ting varit annorlunda, eller om de finge försöka från början.

♎ Vågen

Vågens kännetecken är balans, harmoni. Det nås på vägar som principfasthet, diplomati och kompromissvilja. I Vågen finns både den ljumma harmonin och det slipade stålets princip. Rättvisan kan Vågen slåss för, och i så fall med övertygelse. En kompromiss är välkommen så länge den inte betyder den allra minsta avvikelse från det egentliga målet. Vågen har mål, klara eller hägrande, som hans liv är en tämligen rak väg mot.

Kardinal dekan, 23 september – 2 oktober. Denna position är etikerns, den bergfasta moralistens. Inte en moral som uppehåller sig särdeles vid vad sed och anständighet bjuder, utan sådant som rör det centrala i att finnas till och att dela jorden med andra. Denna Våg har en övertygelse som han själv följer i detalj och kräver av andra att de ska foga sig efter. Hans känsla för rättvisa är mycket stark, liksom hans handfasta strävan efter ett lugn på sin övertygelses villkor.

Han har ett gott logiskt sinne, hör långt ifrån till de mest lättlurade eller lättledda. Snarare är det han själv som leder, för att inte säga betvingar. Sina principer kan han försvara med alla vapen, tvekar inte ett ögonblick att riskera allt för vad han tycker är rätt, håller sällan inne med sina åsikter om han uppfattar ämnet som väsentligt, och verkar aldrig slås ner eller förlora kraft. Med hela sitt liv gör han på samma sätt. Det är en rät linje utan tvekan. Det

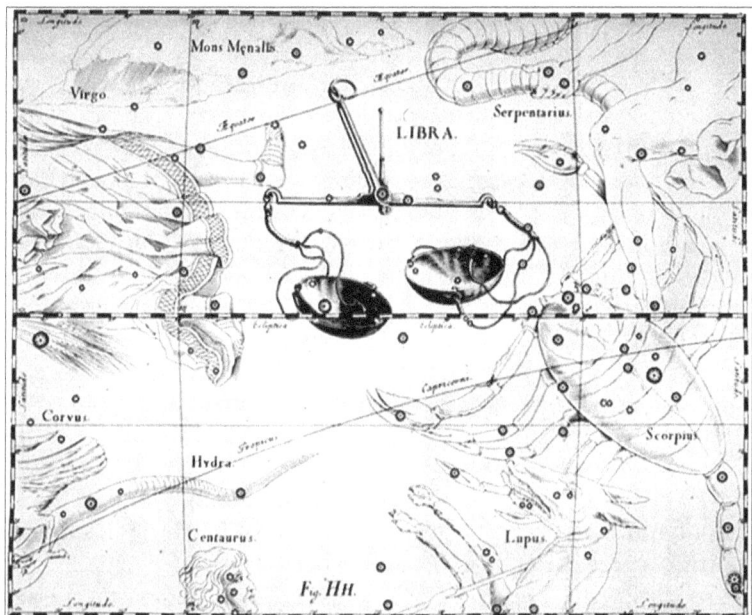

Vågens stjärnbild. Från Johannes Hevelius: Firmamentum sobiescianum, 1690.

brukar inte betyda att han upplevs som hänsynslös mot andra, men står de alltför mycket i hans väg kan han vara även det. Livet är för honom en väg, och det gäller att nå målet genom självtukt.

Förhållandet till fadern är klart utformat i förhållningsregler och lydnad. De kan resonera om det mesta, men är det något de inte kan enas om är han inte ett ögonblick rädd för att lämna sin far för gott. De hyser stor respekt för varandra och kan i bästa fall nå en hög grad av gemenskap, alltid byggd på att de har förstått att utforma auktoritetsförhållandet efter vad som är rimligt.

Fast dekan, 3 – 12 oktober. Här är Vågens värderingar ordentligt stadfästa. Han har moget resonerat sig fram till sina värderingar och håller fast vid dem. Principmänniskan som är svår att rubba, omöjlig att fresta och ytterligt konsekvent. Det logiska sinnet sviker sällan, känslorna blir inte ofta så starka att de kröker hans logik, varför somliga ser honom som kallsinnig. Bakom den städade ytan finns dock en motivation som ofta är den vackraste tänkbara – människors väl, frid och harmoni.

Människor med solen här är etiker på djupet, dock sällan så att de kräver detsamma av andra. De lever sitt liv efter sina egna stränga, fasta principer, men har ringa intresse av att tvinga detta

ditt horoskop

på andra. De mår illa av oro och ouppgjordheter, och de är de bästa medlare och konfliktlösare. I detta är självklart deras nästan alltid lika kalla sinne en tillgång. De vill ha ordning på sina liv, drar sig inte för stora eftergifter eller kostsamma kompromisser, men minns oförrätter näst intill evinnerligen. De är inte ivriga att döma men gör det likafullt, om än med diskretion. Även om de kan hålla tyst bedömer de allt i sina tankar och når där klara ståndpunkter.

Förhållandet till fadern är ordnat, disciplinerat, på ett vis som har ringa rum för improvisation eller överraskning. Det finns ömsesidig respekt och ett ömsesidigt omdöme som kan vara både strängt och överseende. Vid delade åsikter undviker de ofta att yppa dem. De har ett nära förhållande, om än inte så känslomässigt, och brukar inte tappa kontakten helt med varandra, hur än åren går.

Rörlig dekan, 13 – 22 oktober. Denna människa har en iver till att fälla omdömen som kan göra dem förhastade. Han vill ha fasta normer att leva efter, men blir sällan helt överens med sig själv om vilka de ska bli. Den ena principen kan hamna i motsats till den andra, och ibland är det en väldig röra. Ändå har han bråttom till åsikter och den största vilja att foga sig efter de strängaste rättesnören. Han oroas av konflikter, men har inte alltid så lätt att lösa dem. Hans egen vilja till eftergift är närmast gränslös, så länge han ser att det kan gagna målen. Rättvisa är ett centralt begrepp och varje exempel på orätt han observerar upprör honom ofantligt. Han kan lätt tycka att livet är en kamp mellan det goda och det onda, och tvekar ibland om vem som drar det längsta strået.

För enkel blir sällan hans världsbild, ty han har förmåga att sätta sig in i komplexiteten och inse att alla inte kan dras över en kam. Nyanser och anpassning är synnerligen möjliga i hans etik. Han tror sällan helt att ett problem kan vara så enkelt som många gör gällande. Hans strävan efter harmoni kan ibland verka överdriven, som om han fruktade labila tillstånd, vilket inte är fallet. Han har en iver till lojalitet, men begriper att hålla den inom rimliga gränser. Det logiska sinnet inbillar sig aldrig att det når en fullständig, rimlig bild av verkligheten. Denna Våg är verkligen den som har svårt att bestämma sig.

Förhållandet till fadern skiftar, även om närhet och ömsesidig tillit är normaltillståndet. De diskuterar och ifrågasätter utan att det leder till djupa meningsskiljaktigheter. De uppskattar varandra mycket och drar stora lärdomar av varandra. De kan tendera att haka upp sig på småsaker i varandras livsföring eller tappa kontakten med varandra i brist på gemensamma nämnare, men känner ändå alltid sina band.

♏ Skorpionen

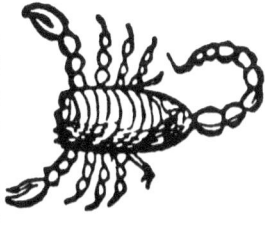

Detta tecken är något av zodiakens filur. Det står för passion, för sådant som rör födelse, död och livets gränstrakter. Men man måste minnas att här finns en återhållsamhet, så att Skorpionen gärna ser känslor flöda och glöda, men själv vill förbli oberörd. Han är katalysatorn, som hetsar fram reaktioner men själv förblir utanför. Det brinner en eld inom honom, i det fördolda. Intresset för mystik och allt dunkelt passar honom just för dessa områdens skugglika dolskhet. Skorpionen är den hemliga.

Kardinal dekan, 23 oktober – 1 november. Här är Skorpionen nästan manisk i sin iver att sätta känslor i svall och gungning. Oroshärden och omstörtaren. Hans vägar är subtila men effektiva, så det är sällan helt lugnt omkring honom. Att leva är att känna, och därför känna så starkt och stort som möjligt. Sina egna känslor låter han dock sällan komma till tydligt uttryck, men det brukar inte behövas mikroskop för att ana vilket vilt väder som döljer sig innanför hans bröst. Intresset för mystik, magi och det övernaturliga är stort – han önskar behärska dessa ting.

Önskan är ett nyckelord i denne Skorpion. Däri ligger hans kraft – åtrå, trånad, längtan. Med önskans energi kan han förverkliga mycket som brukar ligga utanför det möjligas gräns. Han känner starkt att tillvaron är ett mysterium där det irrationella dominerar. I en sådan fundamental obegriplighet är önskan det enda hoppet att nå några mål. Arbete, strävan eller planer är för honom mest illusioner – aldrig orsaken till framgång. Makt fascinerar honom, inte för vad den kan åstadkomma, utan för sin obegriplighet. Denna människa känner verkligen att han lever.

Förhållandet till fadern är medvetet krystat och fyllt av spänningar. De kan leva i intensiv fiendskap eller komplett maskopi, men litar aldrig helt på varandra. Ingen vill öppna sig för den andra, men vill gärna tränga innanför den andras skinn. De är långt ifrån öppenhjärtiga. Ändå har de en djup känsla för släktskapets betydelse och studerar fascinerat varandra för att se arvets och blodets betydelse.

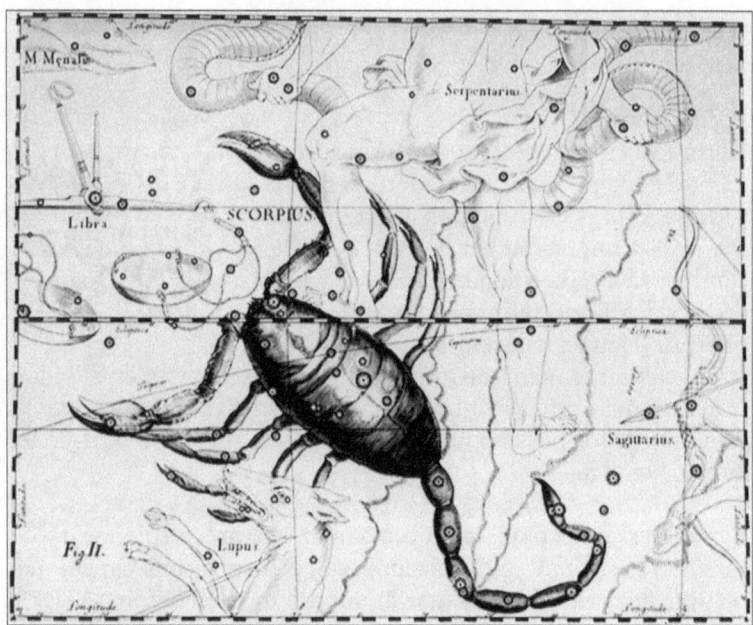

Skorpionens stjärnbild. Från Johannes Hevelius: Firmamentum sobiescianum, 1690.

Fast dekan, 2 – 11 november. Här blir Skorpionens hemlighetsfullhet ett utmärkande drag. Sluten och dold på ett sätt som får folk att ana att mångt där gömmer sig. Han är diskret, kanske rent av tystlåten, men alltid med en sådan utstrålning att det får andra att fundera.

Med förtjusning iakttar han känslosvall och spänningar i sin omgivning, har till och med ett sätt att förstärka dem, utan att själv drabbas av dem.

Det känslomässiga är centralt i hans världsbild, vilken är närmast mystisk. Upplevandet är perceptionens centrum – ordning, logik och stillhet är inga favoriter. Han vill ha förändring, gärna plötslig och dramatisk, även om det kan kosta på. Han vill gärna vara som orkanens öga, med stillhet mitt i stormen. Den verkligheten som går att se och ta på är för honom bara toppen på isberget – alltid vill han förnimma vad som sker under ytan.

Intriger, hyckleri och återhållna behov fascinerar honom. För honom är tillvaron minst sagt underlig, och han gillar det. Varje mål han kan ha i livet är motiverat av upplevelserna det kan innehålla, men mycket av högtflygande planer behöver han inte för att finna sitt lystmäte.

Självklarheter och trygghet tråkar ut honom. Han har ett behov av intimitet, utan att den behöver omgärdas av tillit. Liv och död är båda nära honom.

Förhållandet till fadern är på ytan lugnt, men laddat alldeles intill bristningsgränsen av återhållna spänningar. Han frestar gärna på sin fars tålamod, och båda gör sitt bästa för att hålla sina sinnen i kontroll utan att gå särskilt långt i medlingsförsök. De känner starkt sitt släktskap och dess symboliska betydelse, men det finns ett slags grym dom i det. Fadern försöker visa den äldres auktoritet, medan barnet hävdar framtidens överlägsenhet. De känner båda att de tillhör olika generationer och att döden kommer att skilja dem åt.

Rörlig dekan, 12 – 21 november. Människor med solen i denna dekan strävar med förtjusning efter att omges av känslomässigt tumult, men lyckas inte alltid så bra med att hålla sig själva oberörda. De kan råka ryckas med och även gå lite klumpigt fram i sin jakt efter sublima känsloupplevelser. De har den bästa förståelse för människans irrationella väsen, och skulle bli rent överraskade om de upptäckte att enbart förnuftet låg bakom någon handling, hos dem själva såväl som hos andra.

Tillvaron är ett fascinerande kaos i deras ögon, och de smakar alla dess sidor glupskt och med oräddhet. De vill uppleva, till varje pris, och har ofta ett sätt att vara ohämmade så att deras hämningar blottas ändå.

De kan omges av födelse och död på riktigt nära håll, vilket inte skrämmer dem, utan fördjupar deras övertygelse om den obegripliga verkligheten. Inte alltid har de fasta gränser för vad som är verkligt och vad som är fantasi, och tycker inte att en sådan gränsdragning känns påkallad. Livet får gärna överraska och lyckas ofta med det.

De dras till oroligheter och underligheter, och sprider en air av spänning omkring sig. För dem är livet ett flyktigt ögonblick med ringa tid för att smaka på det väldiga mysterium som döljer sig bakom det.

Förhållandet till fadern kan vara ombytligt, förvirrat och händelserikt. De kan flyga på varandra i ena ögonblicket, och vara de käraste vänner i nästa. De vet inte var de har varandra och oroar sig ofta för den andra. Det finns varma känslor mellan dem, vilka ofta tar sig uttryck i både ilska och ömhet. Förhållandet är i hög grad ombytligt. Ovisst, men i grunden fyllt av förtjusning.

♐ Skytten

Skyttens tecken förstärker behovet av frihet och obundenhet. Målet är ofta att utan hinder kunna företa sig ändamålsfyllda ting, snarare än att slippa ansträngning. Skytten är inte lättjefullt avståndstagande, utan fylld av energi som riktas och glöder i en viss strävan. Skytten har något av fanatikerns ådra. Att ge sig hän i ett ändamål, en strävan, utan att akta på sin egen ansträngning eller göra halt vid sansade gränser.

Skytten behöver fritt spelrum för att kunna göra saker, och nya miljöer och vidgade perspektiv för att tillräckligt starkt känna att en utveckling sker. Stiltje är Skyttens fiende, förändring ett livsvillkor.

Han är inte rädd för makt, eftersom det är förändringens vapen, men skyr ansvar, eftersom det brukar betyda plikt att bevara. Skytten har iver, energi och otålighet.

Kardinal dekan, 22 november – 1 december. Här är Skyttens behov av frihet och drastisk förändring nästan allenarådande. Han har mål som hägrar långt i fjärran och den allra största iver att få dem förverkligade. Något av fanatikerns glöd finns här. Den som är uppslukad av en övertygelse och inte känner någon gräns för hur långt han kan gå för att realisera den. Det finns massor av energi i honom, otålighet, brådska. Det kliar i honom om han måste vänta – motgångar svider mer än hos andra. Han kräver att få vara fri och rå om sig själv, och gör revolt mot varje försök till kontroll eller återhållsamhet gentemot honom. Han mår nästan illa av status quo och ser fram mot förändring även om den kanske inte är till det bättre.

Denna Skytt har anlag för de stora perspektiven. Han tycker inte om detaljer utan kontemplerar med förtjusning de större sammanhangen. Spänning, fara, osäkerhet och risker stimulerar honom, så han kan ha en förmåga att bryta upp vardagens trygghet. För honom är livet ett äventyr där man aldrig vet hur det ska sluta – och för honom gäller det att komma så långt bort från utgångspunkten som han förmår.

Förhållandet till fadern är distanserat. Vistas de i samma rum blir det alltför trångt och gott om konflikter. Ju mer de kan låta varandra leva sina egna liv, desto bättre förutsättningar har de att komma överens. Fadern lyckas aldrig helt hävda sin auktoritet

Skyttens stjärnbild. Från Johannes Hevelius: Firmamentum sobiescianum, 1690.

och skjuter därför över allt ansvar på barnet självt, så snart det är möjligt. Dessa Skyttar brukar vilja lämna föräldrahemmet tidigt.

Fast dekan, 2 – 11 december. Obundenhet är ett krav för dem med solen i denna dekan, men de drivs inte av en så eldig strävan som de kardinala. För fasta Skyttar är det nästan nog med att få hålla sig med sitt och slippa ta ansvar för annat. De har en förmåga att genom diskretion och undanglidande lyckas hålla sig undan tillvarons krokar. Ett fritt förhållande till omvärlden. De tycker om omväxling, men vill sällan själva bli utpekade som ansvariga för den, även om ofta så är fallet på ett indirekt vis. De har lätt för att tränga in i komplexa perspektiv och anar långtgående konsekvenser.

De kan ge ett intryck av att ha slagit sig till ro i framtiden, så att man får för sig att de inte hör nuet till.

De tycker om när saker och ting går fort och ständigt förändras, vilket aldrig kan stressa dem. Om någonting inte är mottagligt för förändring brukar de helt enkelt dra sig därifrån. Det går fort för dem att vänja sig vid nya situationer. De kan ställa upp på en ideologi eller övertygelse, men på något sätt är de mitt i den fastaste argumentation ändå delvis reserverade. De sväljer

ditt horoskop

aldrig något helt och hållet. Det är som om de vill hålla distans till livet självt.

Förhållandet till fadern är ganska lugnt när det väl funnit sina former. De lämnar varandra mest i fred, och fadern brukar lita till barnets förmåga att ta vara på sig själv, inte utan rätt. De kan hjälpas åt eller hålla ihop, men alltid under förutsättning att barnets integritet respekteras fullt. Så fort de inte har något speciellt skäl för att vara tillsammans, skiljs de åt.

Rörlig dekan, 12 – 21 december. Här finns rastlöshet, otålighet och iver. Denna Skytt vill aldrig bli stilla, som om han fruktade att då gå miste om något viktigt. Han ska alltid vara i rörelse, alltid söka nya mål och nya platser. Det är som om han hela tiden letar efter något i sitt liv, utan att veta vad det är eller var det kan finnas. Han har en oerhörd förmåga att på rekordtid anpassa sig till nya situationer, hur främmande de än är, och en närmast outsinlig energi. Koncentrationen kan det vara sämre ställt med, och tålamodet för detaljer och rutinuppgifter är det sämsta tänkbara.

Han håller alltid ett högt tempo och är inte opåverkad av det. Ansvar skrämmer honom lite, och plikter gör honom nervös. Bäst mår han när han får arbeta under fria former, och då är det knappt någon gräns för hur mycket han kan ta på sig. Han är nästan det snabbaste som finns, slarvar ofta men har en blick för helheten och för det väsentliga. Hans strävan är nästan odelat mot framtiden – att titta bakåt kan ge honom ångest. Han gläds över att leva och har bråttom att få så mycket som möjligt gjort under den korta tid vi har på jorden.

Förhållandet till fadern är inte särskilt nära, även om båda försöker hålla kontakten och fördjupa den. De är aningen otåliga mot varandra, kan bryta ut i hastiga gräl som leder ingen vart och går över på ett ögonblick. På något sätt är de aldrig riktigt nöjda med varandra, men lever för det mesta friktionsfritt. När väl barnet är ur huset, träffas de väldigt sällan och vet ganska lite om vad den andra håller på med.

♑ Stenbocken

Stenbockens tecken är ambitionens. Att finna en värld och göra bruk av den. Stenbocken bygger och konstruerar med en förmåga av lika delar gott handlag och rationellt sinne. Världen är inte särskilt komplicerad i hans ögon, men fylld av

möjligheter som måste realiseras. För honom är man vad man har lämnat efter sig, och det brukar kunna bli en hel del i hans fall. Att lyckas åstadkomma något – inte bara för dess betydelse, i ärlighetens namn, utan även för det anseende man därmed når hos andra människor.

Kardinal dekan, 22 – 31 december. I denna dekan odlar Stenbocken de mest storslagna planer på väldiga projekt och arbetsuppgifter. Han är viss om sin egen förmåga även där förnuft skulle varna för orimligheter. Han vill ha makt och inflytande för att bättre kunna agera och ohindrad sätta sina planer i verket, och har en imponerande förmåga att erövra den makten åt sig. Åsikterna är mycket bestämda. Han är ovillig till eftergifter och svår att förhandla med. Ett klart drag av äregirighet kan också anas – det är viktigt för honom att prisas högljutt för vad han uträttar.

Tveklöst har han mycket av den kraft som behövs for att uträtta storverk, även om hans högtflygande planer ibland är omöjliga att förverkliga längre än till hälften – i så fall en strålande imponerande hälft som andra inte hade trott honom om. Han är övertygad om att livet är till för att uträtta ting, och en människa är precis så märkvärdig som hans verk är. Idé och teori imponerar inte på honom innan de omsatts i praktiken. En handlingsmänniska.

Förhållandet till fadern är nästan högtidligt. De vill göra intryck på varandra och tävlar om vem som ska vara den tyngsta auktoriteten. Barnet är irriterat så länge det inte lyckas överglänsa sin far, vilket fadern inte precis ser fram emot eller känner någon iver att erkänna. De tävlar och grälar gärna, men är i grunden mer än stolta över varandra. Stora krav ställs åt båda håll.

Fast dekan, 1 – 10 januari. Människor med solen i Stenbockens fasta dekan har långtgående ambitioner som de i maklig takt tålmodigt driver till sitt slut, även om det tar lång tid. De har ingen brådska, utan känner att tiden arbetar för dem och att många bäckar små till slut rinner ihop till en stor å. De tenderar att vara oerhört bestämda och ståndaktiga i sina beslut och åsikter – inte så att de munhuggs och kämpar för att övertyga andra, men de brukar ändå envist se till att allt går som de själva tänkt sig.

De äger en stark förvissning om sin egen kapacitet, även om den sällan kommer till uttryck. Eller så sparar de på den, och är uppfyllda av en övertygelse om att allting går som det ska i ett slags deterministisk livssyn. Livet är ett maskineri där envar bör

Stenbockens stjärnbild. Från Johannes Hevelius: Firmamentum sobiescianum, 1690.

vara en duglig kugge. De har ett svårpåverkat temperament och det fastaste grepp om sin egen situation – ett grepp som de på ett diskret sätt låter omfatta även andra i sin omgivning.

Förhållandet till fadern har fasta former som sällan varieras, med ganska strama ramar och rätt formellt. Barnets lydnad glider med tiden långsamt över i en viss dominans över fadern. De har en del meningsskiljaktigheter som ingen diskussion i världen kan ändra på, varför de i regel lär sig att inte försöka. I viss grad kräver deras självaktning av dem att ha olika åsikter om vissa ting. De har behov av att kunna vara stolta över varandra, och fadern räknar med att barnet ska bli något.

Rörlig dekan, 11 – 19 januari. Här uttrycker Stenbocken en ambition att åstadkomma ting, men kan ofta ta sig vatten över huvudet. Det blir lätt lite mycket att hålla reda på, och arbetsbördorna är påfrestande. Ofta tycker han att inte tillräckligt blir gjort och känner besvikelse över brister i sin egen förmåga som han tycker inte borde finnas. Han siktar högt med sina ambitioner, men har svårt att vara så tålmodig som detta kräver. Det borde gå fortare, tycker han, och kan inte riktigt förstå de hinder som dyker upp.

Rörligheten och måttet av ett slags konstant frustration brukar ofta yttra sig i en klar begåvning för vadhelst som faller i hans händer. Han söker personlig utmaning och arbete med komplext innehåll. Kraven ställer han framför allt på sig själv, men han kan även irriteras över andras oförmåga. Hans ibland storartade planer blir hastigt ihoplappade, men har kvaliteter som fascinerar. Han kan inte avgränsa sitt arbete till detaljer, utan ser på allt som har samband med det och strävar att forma varje bit av helheten.

Man bör nå något med livet, tycker han, men kan inte riktigt sätta fingret på vad. Hur mycket han än åstadkommer med sin kvicka ambition vill han ogärna slå sig till ro. Han behöver kämpa för att må bra, och kan därför skapa problem där inga fanns.

Förhållandet till fadern är splittrat och ofullgånget. De vill göra mycket ihop och vara nära varandra, men det blir inte riktigt så. Båda har sitt för sig och ont om tid till umgänge med varandra. Faderns krav och styrande hand hinner inte riktigt ikapp det snabbfotade barnet och de har ganska svårt för att förstå varandra. De klandrar inte den andra, utan känner att det är väl så det är med blodsbanden. Man är i grunden olika och främlingar inför varandra. De lär sig att acceptera varandra utifrån detta synsätt.

♒ Vattumannen

Detta är den allvarliga andens tecken. Vattumannen tänker djupt och analyserar sin värld i avsikt att förstå dess innersta väsen. För Vattumannen är lättsamhet sällsynt och få ting är för honom så små att de saknar betydelse. Han grunnar mycket, även om det inte alltid framgår tydligt ens för honom själv. Världen är ett mysterium, men inte olösligt. Han gör vad han kan för att förstå det. Att leva är för honom en gåva som det gäller att förvalta väl, och nyckelordet för detta är kunskap. Vitterheten är hans förnämsta gudom.

Kardinal dekan, 20 – 29 januari. Människor med solen i denna dekan har ett behov, en törst efter kunskap, som aldrig får nog. De vill förstå på djupet – de utforskar, undrar, tänker, resonerar. Livet är för dem dödligt allvar. De känner ansvar för det mesta omkring sig och kan inte ta någonting lättvindigt. De spänner sin blick i allt som dyker upp, dröjer länge med att gå till beslut eller vända sig mot annat och är fulla av eftertanke. Det som en gång väckt deras intresse, släpper de sedan aldrig helt.

De har höga ideal och ger nästan upp sig själva i en gemenskap de uppskattar, inte för att de har svag karaktär, utan det omvända – de lägger hela sin starka karaktär i att bli ett med gruppen och har inga svårigheter med de största uppoffringar för detta. De har många principer och en utvecklad etik, även om de drar sig för att gå ut och slåss för dem. Människan och hans kosmos är heliga ting för dem, och de har närmare till både andens och himlakropparnas rymd, den långa historien och den fjärran hägrande framtiden, än till sin omedelbara vardag. Men även vardagen ger de en betydelse långt utöver det rutinmässiga.

Förhållandet till fadern är djupt och komplicerat. De lär känna varandra så i grunden att inget i deras relation är enkelt. De går långt för att uppfylla ömsesidiga skyldigheter, diskuterar länge de minsta petitesser och är inte nöjda förrän båda nått samma ståndpunkt. Förhållandet är så mentalt betonat att där inte finns plats för så mycken hjärtlighet.

Fast dekan, 30 januari – 9 februari. Detta är kontemplationens dekan, med meditativ klarhet och rent mytiskt långtgående tankebanor, men också dunkelmodets, med anlag för ångest och mörka tankar som håller människan fången och stjäl hennes glädje. Denna Vattuman vill ordna sin värld till en begriplig helhet, vilket inte alltid betyder att andra skulle se denna helhet som särskilt lätttillgänglig. Han analyserar och definierar tills allt står honom klart, sedan sluter han det inom sig och lägger det på dess plats i minnets arkiv. Vad han inte förstår irriterar honom och pockar på hans intresse tills det är utrett, och aldrig vill han handla spontant eller för en enkel känslomässig tillfredsställelse.

Världen är komplicerad, men han går en långsam marsch mot förståelse av allt, beredd på att det kan ta både en och flera livstider. Han vill nå allts innersta väsen och lämnar inga frågor obesvarade, varken egna eller andras. Ofta sluter han sig inom sig själv och har inga större behov av att göra sig förstådd eller alltid kommunicera med sin omgivning. Han lever gärna med fasta rutiner, efter bestämda mallar. Ett sparsmakarliv där kvalitet är oändligt mycket viktigare än kvantitet. Andra människor respekterar han eller fördrar, men håller på ett visst avstånd, även om han låter sig engageras i kollektiva sammanhang, oftast av ideell natur.

Förhållandet till fadern är fast format med få överraskningar eller förändringar. De känner varandra mycket väl och fadern tenderar att vara aningen beskyddande, noggrann med vad barnet ska och inte ska ta del av – ett förhållande som med tiden kan

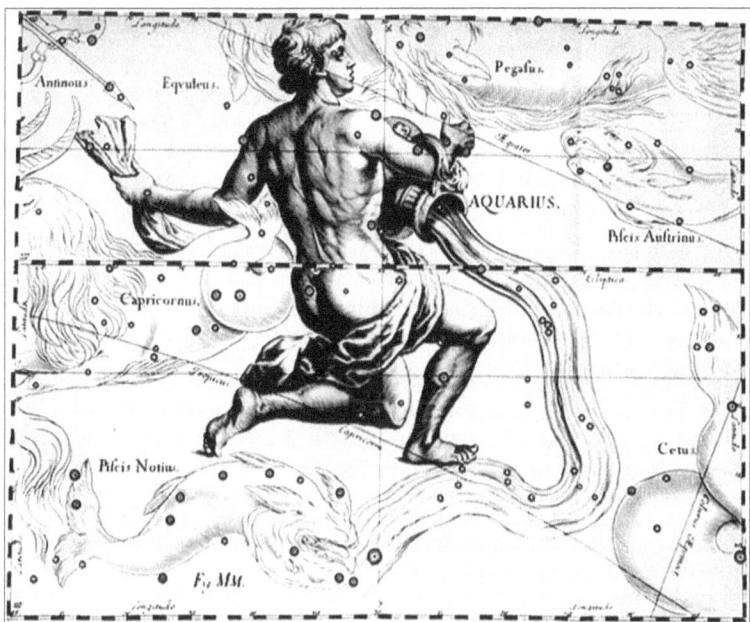

Vattumannens stjärnbild. Från Johannes Hevelius: Firmamentum sobiescianum, 1690.

behållas, med ombytta roller. De trivs väl ihop, även om lek och glada skratt, eller varma omfamningar, sällan förekommer. Det är en gemenskap i anden.

Rörlig dekan, 10 – 19 februari. Här lever den ständiga undran, sökandet efter sanningar och samband som håller och är äkta. Denna Vattuman blir aldrig färdig i sin analys, är aldrig nöjd med sina förberedelser och drabbas ofta av vankelmod eller dystra föraningar. Han har en inre oro, som han med bildningstörst och upprepad analys söker döva. Denna törstande ande finner många vägar och utforskar många fält av tillvaron, men behåller alltid ödmjukheten och öppenheten för att alla sanningar har luckor och vilar på förrädisk grund.

Han umgås med många, diskuterar och frågar ut, övertygad om att mänskligheten måste enas runt svar och värden för att de ska bli de rätta. Hans nyfikenhet dör aldrig och är vaken för de galnaste vägar eller underligaste samband. Han drömmer om framtiden, då alla vår tids mysterier ska vara klargjorda, och känner därför en viss ångest över att hans eget liv är alltför kort. Tiden räcker inte till.

ditt horoskop

Det mesta intresserar honom, för allt som finns fyller en funktion och hör ihop i ett sammanhang, till vilket han försöker finna nyckeln. Han är inte den som måste övertyga andra om sina teorier, utan är öppen för att pröva andras förslag långt mer än hans förnuft säger är nödvändigt. Dessutom engagerar han sig gärna i en ideell gemenskap och fogar sig till den nästan intill självutplånande. Ändå har han inte svårt att kliva ut och byta till andra värderingar, eller förvandla hela sin världssyn i enlighet med vad nytt som uppenbaras för honom.

Förhållandet till fadern är anspråksfullt och alltid under utveckling. De kommunicerar rikligen och hyser en väldig nyfikenhet för varandra. De aktar sig för att fälla fasta omdömen om varandras liv och leverne, men behåller alltid ett kritiskt öga. Fadern önskar mycket av sitt barn, som tydligt känner trycket av detta. Kontakten är sällan rikare än de önskar den, och de känner att de behöver varandra, ibland så mycket att de skulle vara rädda att möta världen utan den andra.

♓ Fiskarna

Här är det svävande tecknet framför andra, de ombytliga känslornas tecken. Människor med solen här är sökare till sin grundnatur, undrande och frågande. Världen är stor och förvirrande, så som de upplever den, och de strövar vida omkring, prövar allehanda ting för att lära känna den eller hitta till dess mening. Fiskarna är följsamma och ombytliga med stor anpassningsförmåga även i påfrestande situationer. De kan härda ut där andra flyr och glädjas åt framgångar som andra kallar obetydliga.

Huvudsakligen undfallande är de beredda att pröva allt som skulle kunna skänka en glimt av mening och åtrår mest av allt att kunna hänge sitt liv åt tron på ett speciellt högre syfte.

Kardinal dekan, 20 – 28 (eller 29) februari. I dessa människor lever längtan stark och pockande. Längtan efter något fast att tro på, efter värde och mening åt livet. De söker med frenesi och evig tålmodighet efter fasta punkter i tillvaron, vilka ofta visar sig svårfunna. De är mycket sensibla till sin karaktär, med höga krav på sig själva och stor ödmjukhet inför andra. När de efter trägen strävan fått grepp om något som de känner vara meningsfullt, finns knappt någon gräns för deras iver att penetrera och omfatta det.

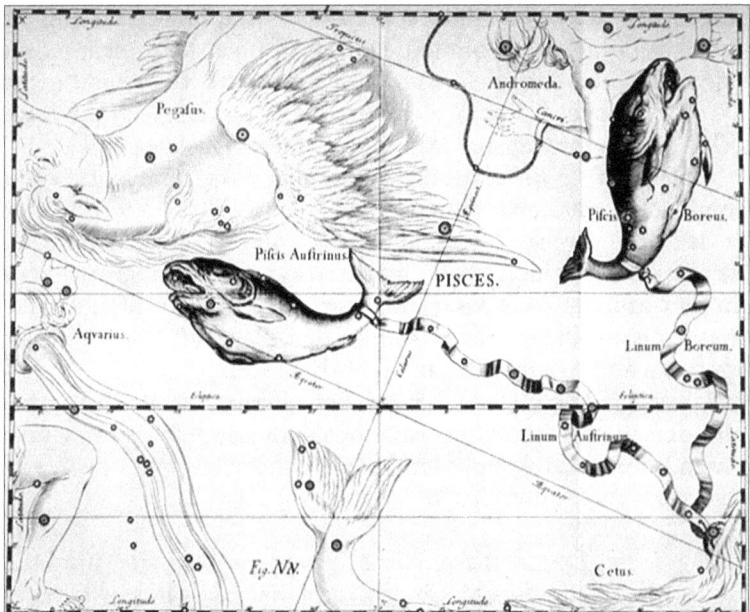

Fiskarnas stjärnbild. Från Johannes Hevelius: Firmamentum sobiescianum, 1690.

Med passion kan de ge sig hän i en riktning som de tror på, men trots övertygelsens djup har de lätt att senare frigöra sig från den, om så blir aktuellt. Vad som alltid lossar dem ur en sådan förtrollning är om en annan väg har större lyskraft.

De engagerar sig självuppoffrande i allt de känner för, och låter över huvud taget känslorna dirigera de flesta av sina handlingar. Det som inte har hjärta lämnar dem helt ointresserade. Eftersom deras egna krav är synnerligen anspråkslösa och med lätthet kan hållas igen än mer, har de en nästan obegriplig anpassningsförmåga till de kärvaste omständigheter och mest genomgripande förändringar. De lever för att nå en sjalens klarhet, en frälsning, och slutligen finna ro i livet – ett högt satt mål som få når. Men vägen dit är full av upplevelser.

Förhållandet till fadern är innerligt, om än de båda trots stora ansträngningar inte tycker att de får vara tillräckligt nära varandra. Andra skulle säga att deras relation är påfallande rik, men själva vilar de aldrig i sin ansträngning att fördjupa och vidga den.

Fast dekan, 1 – 10 mars. Här är Fiskarnas sökande aningen sansat. Deras själ är rastlös, men de kan kontrollera dess behov. De är öppna för världens alla underligheter och törstar efter svar på varje fråga, men de omger sin törst med självdisciplin och tvingar sig till att vara lugna och tålmodiga. Känslorna är klart prioriterade i deras liv men inte obetänkta impulsgivare till deras handlingar. De grunnar över tillvaron, mer med intuitionen än med intellektet, och har näsa för vad som sker under ytor och fasader.

De aktar sig för att tränga sig på eller vara framfusiga, vilket somliga kan misstolka som bräcklighet, men i sitt självförringande är de starka varelser. Den som inget har att förlora kan aldrig slås ner. Deras perception är ofta mer inriktad på det undermedvetna än på vad människor visar inför varandra, och ord utan känslomässigt innehåll får dem bara att somna. De känner klart både sin egen och andras vilsenhet, men inte bara som ett ont.

Förhållandet till fadern är mycket innerligt, och de sörjer båda att tiden av nödvändighet ska tvinga dem isär alltmer. De känner varandra så väl att knappt ord behövs och ändå upphör de inte att förundras inför allt nytt som kommer till uttryck.

Rörlig dekan, 11 – 20 mars. Här är sökandet utan vila, utan tillfredsställelse, hur generöst än livet erbjuder insikter och klarheter. Denna dekans Fiskar vill aldrig vara nöjda med vad de upplevt, utan söker sig evigt vidare mot en fjärran hägrande ro som de sällan tycker sig smaka annat än flyktigt. Deras törst är stark. Allt vill de pröva, allt vill de få inblick i. Det är nyfikenhet utan gräns, inte bara för sådant som kan gälla hägrande mål, utan nästan allt som råkar komma i deras väg. De kastar sig oförskräckt in i de största självuppoffringar och besvär, utan ett spår av eftertankens kranka blekhet, och belöningen kan ofta i andras ögon verka väl liten i förhållande till deras offer. Men det bekymrar dem föga. De har små krav på livet, men en brinnande önskan att bli riktigt intima med det.

Inom sig hyser de en väldig vilsenhet – då och då, men sällan långvarigt, maskerad bakom någon speciell övertygelse som i morgon kan vara en helt annan. Det är lätt att tro att de är bräckligare än korthus, men då de är alltigenom öppna finns ingen yta som kan bräckas eller grund som kan skakas. Anpassningsbarheten är fantastisk och sinnet så känsligt som fingertoppar. De skyr tanken att skaka andra människor eller trampa vårdslöst i tillvaron, och gör sitt yttersta för att vara till lags. Deras liv är ett sökande efter högre värden, som är så fascinerande att det ofta kan bli ett sökande för sökandets egen skull.

Förhållandet till fadern är ovisst, försiktigt, trevande, delikat. Ingen vill hugga tag i den andra eller tränga sig på. Ändå är de mycket nyfikna på varandra och lyhörda för den andras sinnesstämningar och väl och ve. De känner djupt för varandra, men vet inte riktigt hur de ska forma sin relation. Ofta känner de starkt att de inte alls kommer så nära som de önskar, och glider isär långt förr än de ville. Men mellan dem finns många, om än osynliga, trådar av omtanke.

Astrolog utför sina beräkningar med hjälp av astrolabium, ett traditionellt instrument för astronomiska mätningar. Från Bonetus de Latis: Annulus astronomicus, cirka 1493.

Horoskopets kombinationer

Kombinationerna
När astronomerna beräknar planeternas rörelser på stjärnhimlen är deras stora bryderi det faktum att gravitationen inte bara verkar mellan solen och varje enskild planet, utan också mellan de nio planeterna. Man talar om *trekropparsproblemet*. Det är ingen konst att förutsäga en himlakropps rörelse runt en annan större, såsom en planets bana runt solen, men så fort det finns en tredje himlakropp blir matematiken betydligt mer komplicerad. Och i vårt solsystem är det tio – undantaget de många månarna och asteroiderna.

Planeternas banor störs av varandras dragningskraft. För att få en alldeles korrekt *efemerid*, en tabell över planeternas positioner vid olika tidpunkter, måste man räkna med alla dessa störningar. Det var till exempel sådana minimala störningar som ledde till upptäckten av både Neptunus och Pluto.

Samma komplikation finns i horoskopet. Varje beståndsdel i astrologin är i och för sig lätt att begripa betydelsen av, men i horoskopet kombineras de allihop till ett intrikat mönster. En planet får karaktär såväl av den egna egenskapen som av sin plats i zodiaken, i hussystemet och sina aspekter till andra planeter. Enkelt kan man säga att horoskopet sammanför beståndsdelarna så här:
planeten har sin speciella energi,
zodiaktecknet ger den en viss karaktär,
huset ger den ett spelrum,
aspekterna ger den inflytande från andra energier.

Nedan följer en lista över kombinationer av planeter, tecken och hus. Aspekterna behandlas längre fram. Vid varje kombination ges förslag till hur den kan tolkas i ett födelsehoroskop. Men det är viktigt att komma ihåg att dessa förslag bara gäller om kombinationen uppträder ensam i horoskopet. Så är aldrig fallet. Ett horoskop är en helhet, där varje beståndsdel och kombination är underordnad horoskopets generella karaktär.

Att tolka ett horoskop riktigt är alltid att skaffa sig en god bild av dess helhet och komplexitet, och att sålunda kunna lista sig till betydelsen av varje kombination och konstellation, som den bör vara för just det specifika horoskopet. Minns därvid allrahelst de tidigare givna nyckelorden (i kapitlet Astrologins beståndsdelar), och försök associera fram en tolkning med dem som grund. Om tolkningen innehåller motsägelser, detaljgranska dessa och försök hitta möjliga kompromisser, eller se åt vilket håll horoskopet tenderar.

En kombination ensam ger aldrig fullt svar eller en lämplig tolkning, utan det är när man sätter ihop horoskopets alla detaljer som man kommer sanningen närmast. Se helheten som styrande över horoskopets alla beståndsdelar, hellre än att försöka pussla ihop en helhet av delarna. Härefter följer:

Planeterna i zodiaken, som innehåller kommentarer till varje planets placering i vart och ett av de tolv zodiaktecknen, med förslag till hur de kan tolkas.

Husen i zodiaken, som med utgångspunkt från ascendenten (startpunkten för första huset) tolkar varje hus placering i varje tecken.

Planeterna i husen, som visar planeternas innebörd i vart och ett av de tolv husen.

Dessa listor har tagits med, mer för att inspirera till egna tolkningar och ge bättre grepp om horoskopets beståndsdelar och deras innebörder, än för att vara mall vid tolkning av horoskop. Jag har därför tilllåtit mig att karikera och överdriva en aning, så att det blir tydligare.

För enkelhets skull nämns konsekvent personen i exemplen som manlig. Det gäller förstås ändå båda könen. "Han" betyder "han eller hon".

Planeterna i zodiaken

I horoskopet finns tolv planetpunkter och tolv stjärntecken, som kan uppträda i vilka kombinationer som helst – alltifrån alla planeter i ett enda tecken till en enda planet i vart och ett av tecknen. Men det är sett i ett mycket långt tidsperspektiv.

I realiteten finns begränsningar. Merkurius och Venus rör sig i banor innanför jordens, så från oss sett följer de solens färd genom zodiaken, aldrig längre från den än 28° respektive 48°. Dessa tre går alltså zodiaken runt, ett varv per år. Mars rör sig genom ungefär halva zodiaken på ett år, men det kan variera en hel del från år till år.

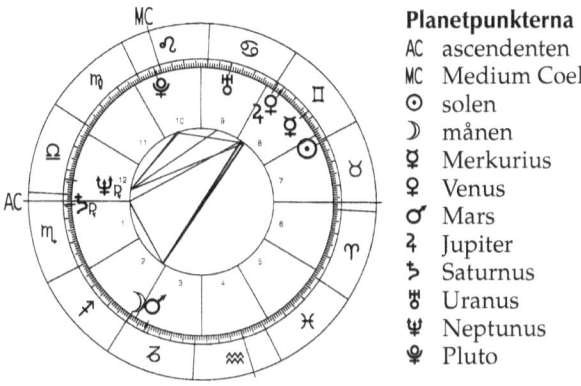

Planetpunkterna
AC ascendenten
MC Medium Coeli
☉ solen
☽ månen
☿ Merkurius
♀ Venus
♂ Mars
♃ Jupiter
♄ Saturnus
♅ Uranus
♆ Neptunus
♇ Pluto

Från Jupiter och utåt rör sig planeterna betydligt långsammare. Det tar Jupiter ungefär 12 år, Saturnus 30, Uranus 84, Neptunus 165 och Pluto i genomsnitt 249 år att komma runt zodiaken. De långsamma planeternas positioner är därför gemensamma för hela generationer. Tidslängden gör för till exempel Pluto att planeten kom in i Skytten den 17 januari 1995 och det dröjer det till slutet av januari 2008 innan Pluto når Stenbockens tecken. Då befinner sig ändå planeten i den snabbaste delen av sin bana.

Ytterligare en faktor som rör till begreppen är att varje planet har återkommande perioder av rörelse i *retrograd*. Det betyder att planeterna, från jorden sett, tidvis verkar röra sig baklänges genom zodiaken. Annars går alla planeter alltid åt samma håll (från Vädur till Oxe till Tvillingar, osv.), men vid retrogradperioder tycks de backa på stjärnhimlen. Det beror på att även jorden rör sig i sin bana och därför inte är en fast observationspunkt.

Inom astrologin brukar man säga att om en planet i födelseögonblicket befann sig i retrogradrörelse, försvagas och nyanseras dess kraft. Det är bara de verkliga planeterna som rör sig retrograd i horoskopet – inte sol, måne, ascendent och Medium Coeli.

I horoskopet avläses och tolkas planeternas platser i zodiaktecknen, alltefter deras individuella betydelser. Varje planet och tecken har sin karaktär, och kombinationerna av dessa karaktärer ger en bild av en människas personlighet.

Att till exempel ha Mars i Stenbocken är en helt annan sak än i Fiskarna. Mars är alltid aggression och en konstruktiv eller destruktiv kraft, men den visar helt olika karaktär i de olika tecknen.

Det enklaste sättet att få en uppfattning om vad varje planet ställer till med eller står för i de olika tecknen är med hjälp av nyckelord. Man kombinerar de nyckelord som är givna för planeten och tecknet i fråga, och sedan är det bara att associera.

Till exempel blir Mars i Stenbocken "aggression" och "ambition", och det är inte svårt att tänka sig vad det innebär. En konstruktiv människa, en streber som med lätthet uträttar det mesta och avslutar vad han håller på med. En effektiv typ, kanske hänsynslös. Mars i Fiskarna, aggression i trons tecken, är däremot virrigare. Det ger en person som inte riktigt vet vad eller hur, och försöker mycket men avslutar lite. En kanske mindre kapabel människa, i alla fall stundtals klumpig.

Så håller man på. Det enda som egentligen krävs är lite fantasi samt – inför hela det komplexa horoskopet – en hög grad av koncentration. Att läsa horoskop är på sätt och vis konsten att associera. Så har jag gjort på de följande sidorna, mer som en inspiration för vars och ens egna slutsatser, än som en mall för hur varje position ska tolkas. Det är alltså mer fråga om förslag än om påståenden. Dessutom har jag karikerat varje karaktär en smula, för tydlighetens skull.

Bakom planetpositionerna ligger ett abstrakt sammanhang, där varje planetkraft får en särskild framtoning efter det zodiaktecken den befinner sig i. Men abstraktioner är bara ben. Det krävs kött, blod, hud, färg och doft. Eller med andra ord: en planets placering är upphovet och ursprunget till en karaktär eller ett karaktärsdrag – men det krävs fantasi och association för att lista sig fram till hur den karaktären manifesterar sig, på vilket sätt anlaget visar sig.

Här följer en förteckning över varje planetpunkt i varje tecken och några ord om innebörden. Solen är inte med nedan, eftersom den redan behandlats utförligt i det föregående kapitlet.

AC *Ascendenten i zodiaken*

Ascendenten är namnet på den punkt på zodiaken som vid födelsetillfället just är på väg upp över horisonten i öster. Namnet kommer från latinet och betyder ungefär *stigande*. Man förkortar det ofta till Asc eller AC.

Den är alltså egentligen ingen himlakropp, utan endast en tänkt punkt, precis som Medium Coeli, och båda dessa punkter följer jordens dygnsrotation. På ett dygn har ascendenten gått hela zodiaken runt, 360°, och det gör att människor som är födda på samma dag ändå kan visa stora olikheter.

Ascendenten är också den punkt som bildar startgräns för första huset och därmed bestämmer alla husplaceringar i horoskopet.

Ascendentens förflyttning är en komplicerad historia. Medelförflyttningen är så snabb som 1° var fjärde minut men den flyttar sig olika fort i olika zodiaktecken. Snabbheten gör att om man inte vet det exakta födelseklockslaget, kan ascendenten hamna väldigt fel i horoskopet, och därmed även alla husen. Känner man bara till en persons födelsedatum, och inte klockslaget, så är det inte möjligt att bestämma vare sig ascendent eller Medium Coeli.

Ascendenten sägs i horoskopet representera personens yttre gestalt, det som andra allra först lägger märke till, vad han på ytan verkar vara för en. Punkten beskriver vilket intryck man gör på främlingar, och sådana som man bara umgås helt ytligt med. Ascendenten är det intryck man själv strävar efter att göra på andra, den man utger sig för att vara.

Traditionell astrologi menar också att en persons rent fysiska utseende, hållning och klädsel visas av ascendenten. Därför är det inte underligt att ascendenten är den punkt i horoskopet som näst efter solen brukar ges den största betydelsen.

Att säga att ascendenten skulle ge en bild av människors fysiska utseende kan vara att gå lite väl långt, men det hör till traditionen. Man borde dock kunna fastställa vissa grunddrag hos de olika tecknen, särskilt efter deras element och tillstånd.

Så borde till exempel de med ascendenten i *eldtecken* klä sig ganska pråligt och föredra färger som rött och gult och klara pastelltoner, *jordtecken* klä sig alldagligt och favorisera bruntoner och uppblandade, diskreta färger, *lufttecken* klä sig ledigt och elegant, med dragning åt blått och andra kalla färger – gärna mycket ljusa, *vattentecken* ha ganska vanliga plagg i mjuka och tjocka tyger, och föredra de varma, djupa färgerna som skogsgrönt och violett.

De med ascendenten i *kardinala* tecken bör ha en energisk gång och ivrigt rörelseschema, i *fasta* tecken ett sävligt sätt att gå och röra sig och i *rörliga* tecken ett mer okontrollerat eller impulsivt sätt att röra sig.

Ascendenten visar i horoskopet alltid på ens yttre gestalt, vad man verkar vara. Ens "roll". Det varierar hos människor i vilken grad de efterlever sin roll och handlar efter den. Det förstahandsintryck folk ger brukar dock komma ascendenten närmast.

AC *Ascendenten i:*
♈ *Väduren* ger en sprittande aktiv person, alltid i gång med något och alltid mitt i elden. Han är den som knappt verkar kunna sitta stilla för ett ögonblick, och går lika fort som andra springer. En impulsiv och lysten typ, som glatt kastar sig över utmaningar och

älskar att kämpa och mäta sina krafter med andra. Till utseendet torde han kunna vara lång och spänstig med snabba rörelser och ljust, kanske rött hår. Hög panna, höga kindknotor och en kraftig haka. En hel del muskler av den kvicka sorten.

♉ *Oxen* är den vardagliga typen, som håller sig på jorden och mestadels är tyst och en aning blygsam. Han är sävlig och godmodig och inte den som gör så mycket väsen av sig. Pålitlig verkar han vara, och händig. Till utseendet en något kort och satt människa, med tjockt om än kortklippt hår och grova händer. Brett huvud och stora öron. Ofta stark men sällan snabb.

♊ *Tvillingarna* är umgängesmänniskan, som alltid är talför och med lätthet tar kontakt och charmerar och konverserar. Han ger intryck av att vara intellektuell, om än utan något större djup, snarare den som vet lite om det mesta. Han verkar därför ganska ytlig och okoncentrerad. Till utseendet är han ofta lång och smal och rätt elegant. Rör sig snabbt och lätt och gestikulerar mycket. Ler ofta och har en pigg blick som sällan står stilla. Ljus i hyn och ganska blont hår. Kanske lite darrhänt.

♋ *Kräftan* är känslomänniskan, med ömhet och slösande vänlighet inför andra. Artig och omtänksam i allt sitt handlande, och den som verkar utstråla värme. Han vill aldrig ha ovänner och kan därför verka eftergiven, fast ändå inte utan inflytande. Tycker om att visa uppskattning och har alltid blommor och choklad med sig. Han brukar vara ganska kort till växten, med lite hull på kroppen, brunt hår och stora, bruna ögon. Fylliga läppar och har lätt för att rodna. Korta, ovanligt släta fingrar och ett runt ansikte.

♌ *Lejonet* är den stolta och aningen högdragna, som mest verkar tänka på sig själv, och med envishet alltid ska driva igenom sin egen vilja. Njutningslysten och otålig mot andra. Han vill helst vara den som leder och bestämmer. En självupptagen person, med kraftig, bred kropp och högburet huvud. Blond och rakryggad. Stora händer, bred mun. När han talar hörs det tydligt att han inte vill bli avbruten och att han begär att alla ska lyssna uppmärksamt.

♍ *Jungfrun* är den flitiga och kritiska, som aldrig är riktigt nöjd, varken med sig själv eller med andra. Han är den som jämt har eftertankens ifrågasättanden på läpparna, och ofta visar ovilja gentemot andras infall. Allt ska granskas en och flera gånger, innan det godkänns. Han är ofta kortvuxen, med cendréfärgat hår och melerade ögon. Ögonen ligger nära varandra och strax under ögonbrynen. Munnen är rätt liten och haklinjen skarpt markerad. Axlarna kan vara en aning hoptryckta, och kroppsställningen en smula framåtböjd. Han har stor aptit.

♎ *Vågen* är moralisten, som alltid har etiska åsikter och åsikter över huvud taget. Han är principmänniskan, som hyllar självdisciplin och allas ansvar. Undviker bråk och vill att alla ska vara överens och att balans ska råda. Måttlighetsivrare och lagommänniska. Ofta verkar han velig, har svårt att bestämma sig och välja. Han är dock mycket bestämd i sina åsikter, så fort det gäller principsaker. Vågen kan vara lång och mycket blond, med rak hållning och ett stilfullt uppträdande. Smal näsa och högt hårfäste. Klär sig alltid propert och har inga svårigheter att sitta stilla.

♏ *Skorpionen* är den passionerade, häftiga typen, som älskar att överraska och chockera. Han är oberäknelig och med den allra största förtjusning helt opålitlig. Snar till såväl glädje som vrede, och med tycke för det aningen perverterade. Han ger alltid intryck av att vara väldigt sexuell och en som lever oerhört intensivt. Ändå visar han behärskning och är inte den som faller till föga för känslor i brådrasket. Stormarna inom honom kan omgivningen blott ana. Han är mörk och ganska kort. Ögonen är mörka, nästan svarta, och blicken lurig. Skarpa anletsdrag, många rynkor och en senig kropp. Han rör sig häftigt och oberäkneligt, och tycker om att vara fruktad.

♐ *Skytten* tycks leva från dag till dag, och vill aldrig engagera sig i något, eller binda sig till någon. Frihet är en livsnödvändighet, liksom maximal rörlighet. Han lever mest som en nomad. Vill aldrig stanna länge på samma ställe och är inte särskilt intresserad, vad än det gäller. Han kan gott ge ett intryck av världsfrånvändhet, och ögonen är oklart fixerade vid punkter bortom horisonten. Han bör vara lång och mellanblond, ha ljusa, kanske blå ögon, tunna läppar och smalt ansikte. Långa armar, ben och fingrar. Han går som om han svävade, med långa kliv. Håret är tovigt, halsen lång och smal. Gillar friluftsliv.

♑ *Stenbocken* är den företagsamma, som alltid verkar vara på hugget och hårt engagerad i än det ena, än det andra projektet. Han ger intryck av kompetens och stor förmåga. Den som klarar det mesta och alltid har stora planer, som han gärna drar med sig andra i. Han kan verka vara något av en streber, en karriärmänniska. Oerhört rakryggad och med ett bestämt handslag. Rör sig alltid målmedvetet, brådskande, och kan vara både stor och kraftig. Klär sig medvetet praktiskt och ganska korrekt, om än fantasilöst. Talar högt och tydligt.

♒ *Vattumannen* är den betänksamma, allvarliga gestalten, ofta med benägenhet för djupa funderingar och kanske dysterhet. Han tar allt väldigt allvarligt och verkar alltid ha huvudet fullt. Han ger intryck av att vara både begåvad och bildad och inger respekt. Han är reslig men sävlig och sjunker liksom ihop när han sätter sig. Breda axlar och platt kropp, avlångt ansikte. Han åldras tidigt men nobelt och är ofta den som lever på hälsokost och sysslar med förädlande ting.

♓ *Fiskarna* är den vilsna själen, som irrar omkring i tillvaron utan att veta varken vart eller vad han vill. Han letar sig genom livet, utan att någonsin riktigt finna något. Prövar allt möjligt, misslyckas ofta och verkar leva ett liv fullt av motgångar. Men han är mottaglig för de flesta förslag, väldigt öppen och definitivt den som aldrig fördömer utan att ha prövat. Han ger allt och alla chansen, och uppträder med den största ödmjukhet. Rör sig kanske en aning okontrollerat, med yviga gester, och är liten eller krum. Rynkig panna och tidigt glesnande hår, vek kropp och illasittande kläder. Han har den sortens charm som väcker sympati.

MC *Medium Coeli i zodiaken*

Medium Coeli (MC) är den punkt på zodiaken som står högst på himlen i födelseögonblicket. Namnet betyder *mitthimmel*. Den visar på hur man uppfattar sig själv, hurdan man själv tror att man är.

MC går ett varv runt zodiaken per dygn, precis som ascendenten, och brukar befinna sig ungefär 90° ovanför denna (det vill säga cirka klockan 12 på horoskopcirkeln). Men särskilt på nordliga breddgrader, som här i Sverige, kan det skilja en hel del. MC är alltid på den övre halvcirkeln om ascendenten placerats på horoskopets vänstra sida.

Eftersom MC vanligtvis ligger 90° från ascendenten, det vill säga i kvadratur med den, verkar astrologin utgå ifrån att människors självuppfattning normalt står i konflikt med deras yttre gestalt. Speciellt om man bor runt ekvatorn, för där är de alltid i kvadratur. Vi svenskar är lyckligt lottade, för här händer det ofta att MC i stället ligger i sextil eller trigon med ascendenten.

MC beskriver alltså en persons uppfattning om sig själv. Astrologin menar därmed att det kan vara stor skillnad på en människas uppfattning om sig själv och den verkliga karaktären. Psykologin bestrider knappast detta.

Medium Coeli står alltid för hur man ser på sig själv. Det är inte alltid efter det man beter sig, men det är ofta utifrån placeringen av sin MC som man förklarar sina handlingar: "Det är för att jag är så ..."

Genom aspekter kan MC och därmed självkännedomen bli mer eller mindre komplex. En person som har MC i trigon med både ascendenten och solen har en väldigt god bild av sig själv. Den som däremot har MC i opposition med solen har stora svårigheter med sig själv. Och så vidare.

MC *Medium Coeli i:*
♈ *Väduren* ser sig själv som en aktiv, energisk typ, som klarar av det mesta. En verklig vinnare i livet, som har både förmåga och styrka att ta för sig, och som är övertygad om att han känner sig själv mycket väl.
♉ *Oxen* ser sig själv som en lugn, trygg och aningen sävlig typ. En som har långt till starka känslor men behåller dem länge när de väl vaknat. En jordnära, pysslig person, förtjust i hantverk och med ekonomiskt sinne.
♊ *Tvillingarna* ser sig själv som en umgängesglad, utpräglat talför typ. En intellektuell, som både läser och tänker mycket och älskar att diskutera. Han har massor av vänner och är övertygad om sin popularitet. Kan eventuellt då och då känna sig en smula ytlig och är ofta rastlös inombords.
♋ *Kräftan* ser sig själv som en känslovarm och ömsint typ, som vill alla väl och skyr alla våldsamheter. En beskyddande person, som önskar att hans kärlek räckte till för hela världen och blir illa berörd av disciplin och hårda ord. Han älskar att säga om sig själv att han är för snäll och inte kan säga nej.
♌ *Lejonet* ser sig själv som en född ledare, med en kompetens utöver det vanliga. Den som borde få bestämma för att han vet bäst, och som brukar säga att "ska nåt bli ordentligt gjort, måste jag tydligen göra det själv". En som alltid tycker bättre om titlar än om det arbete de står för. Något av en exhibitionist.
♍ *Jungfrun* ser sig själv som en strävsam, flitig person, med ett vaket och kritiskt öga: "Mig kan ingen lura." En som gärna begraver sig i arbete och tycker att alla andra är lata. Han är övertygad om att han har, eller säkert snart kommer att få, magsår.
♎ *Vågen* ser sig själv som en balanserad typ, en idealisk kärlekspartner och en verklig rättvisekämpe. Moralen är för honom helig. Han tror sig leva som ett föredöme för hur folk borde bete sig. Alltid oskyldig. Mild men ändå sträng. Omutlig. Tror säkert att han i sitt innersta befinner sig i total harmoni. Älskar att säga "vi är överens".
♏ *Skorpionen* ser sig själv som en passionerad, häftig, farlig, pulserande typ. Ena sekunden lycklig som fågeln, i den andra så arg

som ett bi. Hatar och sörjer och avgudar med samma förtjusning. Väldigt sexuell. Både födslar och dödsfall sker alldeles inpå honom, tycker han.

♐ *Skytten* ser sig själv som lite av en enstöring, den som söker sig bort från vardagens grå, från familjen och vännerna. Något av en äventyrare. Älskar att resa och hemfaller ofta åt dagdrömmeri. Han tror att friheten är det allra viktigaste för honom och vill alltid ha det långa perspektivet på tillvaron. "Det är väl inget att hänga upp sig på", är hans slagord. Intresserad av bildkonst.

♑ *Stenbocken* ser sig själv som en ambitiös, kompetent och kunnig arbetare. Han tycker att han vet vad han har och – ännu bättre – vad det ska användas till: "Ge mig en fast punkt och jag ska rubba jorden!" Han är alltid upptagen av alla sina engagemang, har sällan tid över för lek, vet precis hur hans liv ska se ut och har ganska bråttom att verkställa det. En streber, uppfattar han sig själv som.

♒ *Vattumannen* ser sig själv som en något tungsint, allvarlig typ, som minsann vet hur den här världen fungerar, och inte är så säker på att han gillar det. En filosof och idealist. Han är övertygad om att han har mycket lätt för att lära och besitter kunskaper som är både djupare och riktigare än de flesta andras. Tycker att alla borde fråga honom till råds och säger ofta "tro mig – jag vet".

♓ *Fiskarna* ser sig själv som en sökare. En ganska religiös människa som inte kan finna sin plats i tillvaron och som hela tiden kommer i kläm, tycker han. Aldrig får han det riktigt som han vill, även om han inte vet precis vad det är han vill ha. En som tycker sig ha prövat allt, utan att någonting givit honom tillfredsställelse. "Mig blir det då aldrig någonting av", säger han och känner sig ganska misslyckad. Kan i alla fall berömma sig av att han ger allt och alla chansen: "Jag har i alla fall försökt."

☉ *Solen i zodiaken* – *se föregående kapitel.*

☽ *Månen i zodiaken*
Trots att månen enbart är en satellit till jorden, räknas den i astrologin till planeterna och – på grund av sin närhet – som en av de viktiga. Man brukar säga att månen står för en persons själsliga sida.

Själen är den del av personligheten som kommer till uttryck i känslolivet, i hur man upplever och reagerar på sin tillvaro.

Behov som inte har uppenbara orsaker, törstar som driver oss, de hör det själsliga till.

Ascendenten, solen och månen bildar en treenighet som delar på personens jag i horoskopet. De står i tur och ordning för den yttre gestalten, det andliga och det själsliga jaget. Man brukar också säga att solen i horoskopet representerar det faderliga och manliga, som traditionen ser det, och månen det moderliga och kvinnliga.

Vad månen visar är alltså personens själsliga och känslomässiga natur. Vad som väcker känslor, hur starka de är och hur djupa och varaktiga. Känslorna rent allmänt, som ett uttryck för personligheten och som en reaktion på livets intryck.

Månen sägs härska över Kräftans tecken, som rör just känslolivet, ömhet och medmänsklig värme. Den exalterar i Oxen, trygghetens tecken. Månen ger en bild av den själsliga sidan av tillvaron, det som när och färgar känslolivet. Hur det känns att finnas till.

Näst ascendenten och Medium Coeli är månen den planetpunkt i horoskopet som rör sig snabbast genom zodiaken. Ungefär ett halvt tecken per dag. Dess starkaste inflytande gäller människans inre – det som mest bara visar sig i privatlivet. Många astrologer menar att månens position till och med är viktigare än solens, och i forna tider, före astronomin och teleskopen, var dess roll betydligt mer dominerande än nu.

Ascendent, sol och måne är de ojämförligt starkaste punkterna i horoskopet, som kräver mest hänsyn vid tolkningen. Det är utifrån deras positioner man bör tolka övriga planeters lägen.

Månen passar bäst i vattentecknen, eftersom vatten är känslornas element – därnäst jord. Sämst trivs månen i de expansiva elementen, luft och eld, speciellt kanske i de kardinala Väduren och Vågen.

☽ *Månen i:*

♈ *Väduren* har snabba, kortvariga känslor som sällan fastnar eller ens lämnar spår i minnet. Det kan vara strålande entusiasm och plötsliga utbrott – liksom ur tomma luften. Sällan mera. Vädurens känslor är som tomteblosss. De har svårt att förhålla sig till speciella objekt eller personer, ändå brusar de upp och är trotsiga.

♉ *Oxen* har trögväckta men oändligt varaktiga känslor. En tydlig förtjusning över tillvarons alla vardagligheter och ett innerligt förhållande till tingen. Alla prylar vårdas ömt. Det finns en innerlighet i förhållande till livet, som på ytan bara anas. Oxen har starka känslor, även om de sällan kommer till uttryck.

♊ *Tvillingarna* har inte särskilt djupa känslor. Där finns ett brett register av känslomässiga förhållanden till allt och alla, men sällan av djupare art. Man kan säga att Tvillingarna är känslomässigt handikappade, det blir aldrig något som känns särskilt djupt. De har en ytlig charm som attraherar, och är nästan helt ointresserade av det materiella.

♋ *Kräftan* har starka, varma känslor som räcker till för hela världen. Vadhelst – betydelselöst eller avgörande – väcker starka reaktioner. Kräftan har lätt för att gråta och vill alltid vårda och vörda. Hans känslor är som en vårflod – de svämmar över och dränker allt i sin väg. Allra starkast är känslorna för hemmet och familjen.

♌ *Lejonet* har känslor nästan bara för sig själv. Han tycker om att visa sina känslor, ju större och tydligare desto bättre: "Se på mig." Det är en stark dragning åt exhibitionism. Han kan vara tjurig som ett barn om han inte får sin vilja fram. Lejonets känslor är starka, tydliga och färggranna.

♍ *Jungfrun* har sina känslor djupt nedgrävda i det inre. För att locka fram dem krävs tid och tålamod. Mestadels visar Jungfrun inte vad han känner, utan det stannar innanför skalet, där det gnager och trycker. Det som kommer ut är väldigt kontrollerat och censurerat. Jungfrun är känslomässigt hämmad, men de känslor som väcks har ett slags måttlighetens tjusning.

♎ *Vågen* har ett noga balanserat känsloliv, men när den balansen rubbas blir han smått hysterisk. "Lugn, lugn", manar han och har stor förmåga att åstadkomma det. Vågen utstrålar ett slags harmoni, men man kan ana att den kan brista, och i så fall händer grejer. Vågen är "cool", eller på svenska: "sval".

♏ *Skorpionen* har känslor som är vätebomber, men han håller själv i alla utlösarknappar. Styrkan och häftigheten kommer liksom på hans egen beställning – inte särskilt spontant men ändå med sådan energi att folk baxnar. Skorpionens känslor är som syra. Men han själv är av glas och verkar aldrig bli skadad, trots de många oerhörda utbrotten. Omgivningen däremot har svårt att skydda sig – särskilt som han lockar dem till att leva ut hans egna behov.

♐ *Skytten* har känslor, men av så subtil och abstrakt art att andra kan uppfatta honom som känslokall. Ser man Skyttens känslomässighet (den kan sällan mer än anas) så verkar den gälla för någonting annat, långt borta. Som om Skytten mer vore medlem av galaxernas familj än människornas. Skyttens känslor är diffusa och svävande men glöder av vilja till förändring och experiment. Han vill ha sitt känsloliv ombytligt och originellt. Engagemang för stunden.

♑ *Stenbocken* har känslor av en praktisk sort. Egentligen lever de aldrig ett eget liv, utan ges en kammare av hans inre att flänga runt i. Sällan låter han dem spontant inkräkta på vardagslivet, men han kan gärna använda dem för att uppnå det han vill. Stenbocken tror att han är den som härskar över känslolivet. Därför händer det ofta att han laborerar med andras känslor. Själv sitter han lite fast, vill gärna visa känslosamhet men det är som om det inte vill fungera.

♒ *Vattumannen* har tungsinnet inom sig, anlag för ångest och depressioner. Att smaka på hans känslor är som att falla ner i en mörk brunn. Vattumannen suckar ofta och tungt, hans känslor plågar honom men han låter dem ändå växa och manifestera sig. Andra blir imponerade av hans känslors stora djup och allvar. De är alltid tydligt äkta.

♓ *Fiskarna* har ett tumultartat känsloliv. Här far allt om vartannat, som Fisken själv inte får någon rätsida på. Mestadels vet han inte riktigt vad han känner, och där finns alltid frustration och oro. Han sitter som på nålar. Han försöker och försöker att häfta fast vid livet, med allt sitt hjärta, men alltid rycks han loss igen. Han tycker det är svårt att leva.

☿ Merkurius i zodiaken

Merkurius är den näst minsta planeten i solsystemet, den snabbaste och den som ligger närmast solen. I horoskopet kommer Merkurius aldrig längre från solen än 28°. Eftersom Merkurius aldrig kommer särskilt långt från solen på sin bana runt zodiaken, kan den bara vara antingen i samma tecken som solen i horoskopet, eller i tecknet före eller efter det.

Denna lilla himlakropp står i astrologin för intellektet, det allmänna tänkandet och allt därmed besläktat. Tal och skrift och allt slags kommunikation. I horoskopet visar planeten hur personens tänkande och intellekt är beskaffat.

Merkurius sägs härska över Tvillingarna, som är kommunikationens tecken, men liksom Venus är Merkurius härskare över ännu ett tecken: Jungfrun. Dessutom kan planeten sägas exaltera i Vågen, moralens tecken, och i Fiskarna, som är trons tecken.

Man bör minnas att det inte är de allra djupaste tankarna som hör Merkurius till – om dessa har Uranus mer att säga. Merkurius tankar är de kvicka och omedelbara, de som ligger vardagen närmast. Detta kommer framför allt till uttryck i språket.

Det brukar allmänt sägas att bland horoskopets planeter hör

Merkurius inte till de kraftfullaste eller mest betydande. Planeten trivs absolut bäst i luftecknen, eftersom luft är tänkandets element. Av tillstånden är det rörliga bäst. Merkurius trivs sämst i jordtecknen (utom Jungfrun).

☿ *Merkurius i:*

♈ *Väduren* är snabbtänkt, klar i huvudet med särskilt gott sinne för logik och matematik. Han fattar kvickt och har lätt att bita tag i nya idéer. Men han är otålig. Det han inte fattar snabbt vill han slänga ifrån sig.

♉ *Oxen* är långsam med att begripa men när det väl klickat till, då sitter det. Vad han en gång lärt sig, det kan han för all framtid. Hans tankar går annars helst i snäva, jordnära banor, och att teoretisera ligger inte för honom.

♊ *Tvillingarna* tänker snabbt som vinden, och språk ligger verkligen för honom. Han vill dock inte fördjupa sig särskilt i ett ämne, utan favoriserar ett brett allmänt kunnande. Att generalisera är Tvillingarnas specialitet – inte att analysera.

♋ *Kräftan* är inte särdeles intellektuell av sig. Han har svårt att tillmäta tänkandet någon större betydelse, och det blir inte så mycket resonemang – mycket hellre ren intuition. Hans intuitiva slutsatser är dock begåvade och han kan, på det han känner för, vara rena naturbegåvningen.

♌ *Lejonet* överskattar sin egen förmåga, älskar långa högtravande resonemang, som han ofta har problem att slutföra. Han deklarerar högtidligt sina truismer och visdomsord, som ofta har ett sådant patos att de blir patetiska. Men även om han själv överskattar det, är hans intellekt starkt.

♍ *Jungfrun* tänker logiskt, analytiskt, utan att någonsin förhasta sig. Rationellt, effektivt, pålitligt. Han benar med förtjusning upp problemen i sina beståndsdelar, granskar kritiskt varje förslag till lösning och så vidare. Jungfruns tänkande drar åt det tekniska.

♎ *Vågen* är en för-och-emot-människa: "Å ena sidan... men å andra sidan..." Han har inga svårigheter med abstraktioner eller långledda teoretiska tankegångar. Intellektet är välordnat. Vågens tänkande kan vara mycket sofistikerat, och själv tror han alltid att så är fallet – även om det på andra inte alls gör det intrycket. Vågen betraktar omvärlden lite från ovan. Han är mycket logisk.

♏ *Skorpionen* är det smått förryckta intellektet, med associationer av de orimligaste arter. Han handskas med paradoxer som om de vore självklarheter och kan yttra tycken och tankar som inte på hundra år skulle falla andra in. Hans idéer är fascinerande – ofta

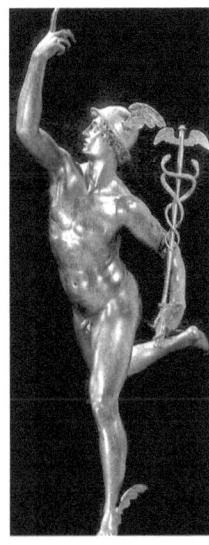

totala överraskningar, ibland geniala, ibland stört omöjliga. "Varför inte?" säger han oberört och kläcker nästa absurditet.

♐ *Skytten* har det mest svårgripbara intellektet. Han svärmar för principer, logos och kategoriska imperativ. Skyttens tankar är ofta långt borta, sysselsatta med diffusa ting utan kontakt med verkligheten. Att konkretisera har han svårt för men en flödande lätthet för symbolik. Skytten har intuitiv förståelse för det komplexa. Han vill hellre förnya tänkandet än fördjupa det.

♑ *Stenbocken* är den konstruktiva tänkaren, som med logik och sunt förnuft obevekligt bygger sig fram till sina slutsatser. Han vill vara konkret och tydlig, och tycker inte att någonting borde vara så svårt. Han vill alltid fatta saker och ting, även när det betyder besvärligheter. Stenbocken tänker alltid framåt.

Guden Merkurius, den himmelske budbäraren med bevingade fötter. Hans grekiska namn är Hermes. Staty av Giovanni da Bologna, 1580.

♒ *Vattumannen* är det kompetenta intellektet, den kloka analysen och den djupa kunskapen. Han når in till problemets kärna, hanterar hieroglyfer med skicklighet. Få ting går utöver hans förstånd. Vattumannen hör till dem som först förstår, och sedan – när kunskapen blir djupare – inser. När han tänker händer stora ting.

♓ *Fiskarna* är det förvirrade intellektet, som hoppar hit och dit bland teorem och slutsatser och som aldrig riktigt når målet. Han gör allt han kan och bemödar sig verkligen, men när man frågar om han verkligen fattar, blir det ofta ett tveksamt "jag tror det" till svar. Han har sådan lätthet att acklimatisera sig till andras tankesystem, att han halkar och tappar sina egna referenser. Förvirring blir följden. Fiskarna har svårt att koncentrera sig.

♀ Venus i zodiaken
Som nummer två i planetsystemet från solen räknat ligger Venus. En underlig en, som har sådana egendomligheter för sig att det finns astronomer som tror att den inte uppkommit på samma sätt som de övriga planeterna. Venus är speciell, kanske mer för astronomer än för astrologer.

ditt horoskop

I horoskopet räknas planeten jämte Jupiter som turbringare och står för lyckosamheter och positiva ting. Speciellt är Venus knuten till kärleken, men inte bara den intima sort som äger rum mellan kärlekspar, utan ömhet och utåtriktad välvilja i allmänhet. Venus står för den positiva kraften som vill väl omkring sig, den som känner kärlek till såväl människor som ting. Den allmänna kärlekens planet, kan man säga.

Venus bana ligger innanför jordens och är härifrån sett så snäv, att planeten i horoskopet aldrig kommer längre än 48° från solen.

Man brukar säga att Venus liksom Merkurius härskar över två tecken – för Venus är de Vågen och Oxen, harmonins respektive trygghetens tecken. Huruvida planeten kan sägas vara exalterad i något visst tecken är mer oklart, kanske i så fall Kräftan och Jungfrun.

Det kan vara hur det vill med det. I alla fall visar Venus i horoskopet på en persons kärlek och behag, och vad som lockar fram en speciellt varm välvilja.

Planeten Venus är liksom gudinnan ett kärlekens väsen. Erotik förvisso, men inte nödvändigtvis sexualitet. Däremot fruktsamhet, om än mest i den allmänna utstrålningen. Venus sprider en fröjd från sin plats i horoskopet.

Som en följd därav visar Venus också på en persons kreativa begåvning. Inom vilket fält man har god förmåga och stora chanser att lyckas åstadkomma ting. Människans kreativa anlag visas i hög grad av Venuspositionen.

Kreativiteten med Venus i zodiaken:

♈	Väduren	idrott och spel
♉	Oxen	hantverk och "gröna fingrar"
♊	Tvillingarna	språklig och litterär begåvning
♋	Kräftan	vård, läkekonst
♌	Lejonet	makt och styre, karisma
♍	Jungfrun	granskning, kritik, finmotorik
♎	Vågen	juridik, diplomati
♏	Skorpionen	skådespel, erotik
♐	Skytten	bildkonst, film
♑	Stenbocken	ingenjörskonst, organisation
♒	Vattumannen	forskning och filosofi
♓	Fiskarna	själavård, teologi

Venus kan sägas trivas bäst i vatten- och lufttecknen, liksom i fasta och rörliga tecken.

Eftersom planeten är så positiv har den knappast någon riktigt dålig placering.

Venus, kärleksgudinnan, på grekiska Afrodite. Här skildras hennes födelse ur havet i en målning av Sandro Botticelli, cirka 1485.

♀ Venus i:

♈ Väduren älskar handling och rörelse, och lyckas med det mesta i livet. Hans kärlek är lätt väckt, men också snabbt överstånden. Den flammar upp och lyser som en bengalisk eld men lämnar bara aska efter sig. Han har ett aktivt kärleksliv.

♉ Oxen har en ömhet som vaknar långsamt men blir kvar för all tid. Han pysslar om och vårdar sina närmaste, såväl människor som ting och ägodelar. Hans kärlek är trogen, pålitlig, vardaglig.

♊ Tvillingarna älskar ganska ofokuserat mest hela sin omgivning. Det blir sällan mer än ytlig ömhet och han har svårt att känna mer för den ena än för den andra. Det är hela vänkretsen han tycker om, och var och en han kommer att umgås med.

♋ Kräftan har en kärlek som är varm och innerlig, särskilt till familjen. Så stark är hans vårdvilja, att han kan kännas påträngande som klister. "Hur är det med dig?" blir en idelig fråga. Han är hela tiden engagerad i andras situation, alltid full av förståelse.

♌ Lejonet hyser den största kärlek till sig själv. Till och med hans partner får mest vara rival i hans narcissism. Han sätter dock en ära i att fånga andra med sin kärlek och tror sig vara en stor älskare. Många håller faktiskt med honom om det.

♍ Jungfrun känner ömhet mer för förhållandet än för den partner

ditt horoskop

han delar det med: "Det kunde ha blivit något så fint, vårt förhållande." Han bemödar sig verkligen, och gör mycket gott – men det blir sällan en innerlig relation.

♎ *Vågen* visar sin partner all kärlek. Ger trohet och kräver den igen. För honom är tvåsamheten ett livsvillkor och rent av livets mening. Han vördar nästan blint sin partner men kräver också samma känslor igen.

♏ *Skorpionen* har en kärlek som man drunknar i. Den är passionerad, erotisk och genomgår förvandlingar. Han drar mot det optimala, vill gå i döden eller se underbara frukter. Skorpionen älskar, men man vet aldrig riktigt hur det ska gå.

♐ *Skytten* känner inte mycket kärlek till sin omgivning, utan ömmar mer för till exempel konsten och naturen. Han vill inte binda sig vid någon och blir aldrig särskilt förälskad, även om det kan vara gott om kärleksaffärer. Han brukar ha en charmfull utstrålning.

♑ *Stenbocken* är den som vill göra någonting av sin kärlek. Äktenskap av ena eller andra sorten, utveckla gemensamma intressen, sträva vidare tillsammans. Han skyndar alltid på förhållandena, övertalar, leder fram. Hans kärlek kan kännas en aning andefattig.

♒ *Vattumannen* är den som fastnar i djupa, tragiska kärlekssagor. Han tar väldigt allvarligt på allt som har med ömhet att göra och gråter länge vid avsked. Hans kärlek är tung och fylld med mycket mer än känslor.

♓ *Fiskarna* är den som ofta råkar in i olycklig kärlek. Han ömmar för andra så det svider, men får sällan sin förlösning. Han utplånar sig själv i välvilja – men där är alltid en svidande tagg av misslyckande. Han blir en tillgång med sin självuppoffrande ömhet, men därmed också en samvetsfråga för andra.

♂ Mars i zodiaken

Mars har sin bana närmast utanför jordens. Den är betydligt långsammare än de inre planeterna, och rör sig i medeltal ett halvt varv runt zodiaken per år.

Mars är den ena av de två planeter som alltid har betraktats som svåra (Saturnus är den andra). De ställer till med besvärligheter, tråkigheter och bedrövelse. För Mars del kan de vara riktigt allvarliga – olyckor och våldsamheter. Mars representerar aggressionen och den våldsamma kraften. Ren energi.

Marspositionen i horoskopet visar på en persons karaktärs-

Krigsguden Mars, på grekiska Ares. Här tillsammans med en avväpnande Venus i en målning av Jacques-Louis David, 1824.

styrka, aggression och temperament. Naturligtvis är Marskraften inte enbart destruktiv utan hjälper också till med att uträtta och konstruera allehanda ting. Mars river, men bygger också upp.

Mars sägs härska över Väduren (aktivitetens tecken) och exaltera i Stenbocken (den som använder). Det är aggressivitetens planet, men också konstruktivitetens, som i astrologin finurligt nog anses springa ur samma källa. Planeten trivs bäst i eld och jord, och i de kardinala tecknen. En svagt placerad Mars leder så gott som alltid till besvär.

♂ Mars i:
♈ *Väduren* är så stark att det gnistrar i ögonen. Han kämpar som en tornado. En typisk tävlingsmänniska och vinnare. Har han inget att göra blir han rent otroligt rastlös. Han är aktiv intill neuros.
♉ *Oxen* har en svårväckt ilska, men den är monstruös när den vaknat. Då vet han knappt vad han gör. Annars är han en samlare och en girigbuk som kan ta men har svårt att ge. Den väldiga men långsamma styrkan.
♊ *Tvillingarna* debatterar och grälar, men den väl hörbara ilskan

går snabbt över. Han skäller betydligt värre än han bits, och vill gärna disputera. Han är snabb men inte så stark, och har svårt att få krävande saker uträttade.

♋ *Kräftan* öser aldrig ut sin vrede över andra men visar den i stället gärna som eget lidande. Hans svåra temperament kan ofta plåga honom, och där finns ett visst drag av masochism. Det händer att han i ilskan sårar sina närmaste och sedan ångrar sig djupt och länge.

♌ *Lejonet* är stark, som ett lejon, och drar sig inte för att använda styrkan till att driva sin vilja igenom. Att säga emot honom kan bli både besvärligt och farligt. Han är oerhört bestämd av sig, den allra envisaste och uthålligaste.

♍ *Jungfrun* är oerhört flitig, kanske en aning butter och tjurig. Får han inte som han vill stänger han in sig. Han kan klaga men blir sällan brutal. Jungfruns ilska vänds mer till objekt än människor. Han känner ofta irritation och hatar sysslolöshet.

♎ *Vågen* manar – med en underton av desperation – till lugn och ro. När han blir arg så blir han indignerad, och har inte svårt för att slåss när han känner rätten på sin sida. Vågen är den som lägger band på och behärskar sig, men som verkligen kan ta i när det gäller.

♏ *Skorpionen* är verkligt farlig. Han blir lömsk och beräknande i sin ilska, är förtjust i att hota och hämnas. Hans ilska är lättväckt och oberäknelig, och ingen vet vart den leder. Döden skrämmer honom inte, han räds inga faror men förstår ändå att undvika risker. Andra personer är han inte lika rädd om.

♐ *Skytten* känner knappast någonsin aggression. Det enda han inte tål är att få sin frihet beskuren – han är definitivt en sådan som rymmer och bryter sig lös. Han har en stark strävan ut och bort, älskar att vandra långt. Skyttens ilska träffar sällan hans omgivning, men han vill förändra den å det radikalaste.

♑ *Stenbocken* är alltid i färd med att bygga eller färdigställa något. Han blir vansinnigt arg om någonting kommer i vägen för honom, och är påfrestande otålig. Han kan uträtta storverk.

♒ *Vattumannen* visar inte gärna vad han känner, men väcks hans vrede så pyr den länge under ytan. Han är väldigt auktoritär och befallande. Alla hans handlingar är i hög grad definitiva. Det han beslutat står han fast vid.

♓ *Fiskarna* har en vrede som mest drabbar honom själv. När han biter sig i läppen för att hålla igen, så blöder han. Och om han någon gång får ett utbrott går det mest ut över honom själv. Om tio man gör samma sak och en tar skada, så är det han.

♃ Jupiter i zodiaken

Nu är turen kommen till solsystemets största planet, så stor att den nästan själv kunde vara en sol. Jupiter är den första av de långsamma planeterna, som tar god tid på sig att komma runt zodiaken. Jupiter behöver nästan tolv år för att färdas ett varv runt zodiakcirkeln, och rör sig i genomsnitt ungefär 30° per år. Det betyder att planeten stannar i samma tecken under ett års tid.

Jupiter är horoskopets lyckobringare, jämte Venus en av de två "goda" planeterna. Ett nyckelord för Jupiters inflytande skulle kunna sägas vara "expansion", att komma ut och omkring, nya vyer, nya vidder, omväxling och lyckosamma äventyr.

Jupiter markerar framgång och vad man har tur med i livet.

Planeten sägs härska över Skytten, frihetens tecken, och exaltera i Tvillingarna, kommunikationens tecken. Den passar bäst i rörliga tecken, och i elementen luft och eld. Kom ihåg att Jupiter är speciellt försvagad i de fasta tecknen, där planeten har ganska litet inflytande.

Kinesisk astrologi utgår ifrån Jupiters rörelser. Eftersom planeten är ungefär ett år i varje tecken, talar kineserna om att man är född i det tecken som Jupiter det året befann sig i. Tecknens namn är dock inte samma som i den västerländska zodiaken och deras betydelser skiftar ibland en aning, men i förvånansvärt hög grad är båda zodiakerna överensstämmande.

Här är de kinesiska motsvarigheterna till zodiakens tolv tecken.

Den europeiska och den kinesiska zodiaken:

♈	Väduren	Draken
♉	Oxen	Ormen
♊	Tvillingarna	Hästen
♋	Kräftan	Fåret
♌	Lejonet	Apan
♍	Jungfrun	Tuppen
♎	Vågen	Hunden
♏	Skorpionen	Vildsvinet
♐	Skytten	Råttan
♑	Stenbocken	Oxen
♒	Vattumannen	Tigern
♓	Fiskarna	Kaninen

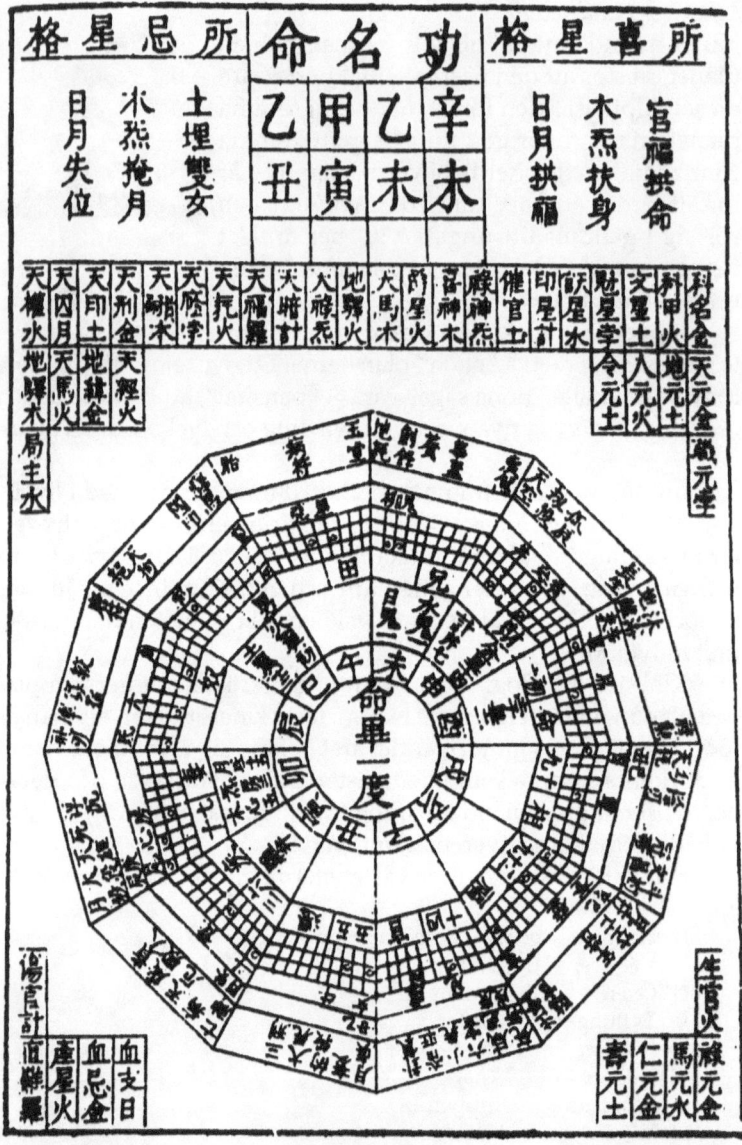

Kinesiskt horoskop från 1300-talet. I kinesisk astrologi spelar Jupiter en mer central roll än i den västerländska. I väst en persons stjärntecken solens plats i horoskopet, medan det kinesiska stjärntecknet i stället är Jupiters plats.

Jupiter, den mäktigaste av de romerska gudarna. Hans grekiska motsvarighet är Zeus. Här är han i begrepp att skicka iväg en åskvigg. Luc Faydherbe, cirka 1650.

♃ Jupiter i:
♈ **Väduren** är okoncentrerad och splittrad, men verkar alltid ha turen med sig och kan sägas leva ett lyckligt liv. En vinnare i alla sorters tävlingar.
♉ **Oxen** har goda chanser att bli rik och har det ganska lätt för sig på det materiella området. En framgångsrik samlare.
♊ **Tvillingarna** har ett livligt umgänge, lätt för att ta kontakt och att lära sig språk. En Tvilling är omhuldad av sina vänner.
♋ **Kräftan** har ett splittrat och lite rörigt känsloliv, men ett gott förhållande till sina närmaste. Ett rikt familjeliv är troligt.
♌ **Lejonet** får oftast som han vill och har rika chanser att njuta av livet. Men han väcker avund hos andra.
♍ **Jungfrun** får alltid belöning för sin flit och har lätt för problemlösning. Har möjligtvis ibland svårt att koncentrera sig.
♎ **Vågen** har tur med sina kärleksaffärer, även om de tenderar att bli kortvariga. Han lever ett harmoniskt liv – om än lite rörigt.
♏ **Skorpionen** känner en viss frustration, speciellt i frågor som rör liv och död. Han är en aning orolig, mestadels obefogat, för att råka ut för olyckor och oberäkneligheter.
♐ **Skytten** får resa långt och se sig omkring i världen. Han har stor tur med det mesta, trots att han aldrig är särskilt angelägen. Han lever ett rikt liv.
♑ **Stenbocken** når framgång i sina ambitioner, och brukar inte ha

problem att förverkliga vad han företar sig eller strävar mot.

♒ *Vattumannen* är mentalt en aning splittrad och trivs med dagdrömmeri. Han har en mycket god allmänbildning, men har svårt att få ett fast grepp om vetenskapliga frågor eller att specialisera sig. Ändå vinner han stora intellektuella framgångar och bred uppskattning.

♓ *Fiskarna* lever ett synnerligen rörigt liv, med få fasta punkter. Han kastas mest omkring som en pingpongboll i orkan. Men han får se sig omkring och vinner mängder av livserfarenheter.

♄ Saturnus i zodiaken

Saturnus är jämte Mars horoskopets besvärligaste planet, som bringar tråkigheter och annat oönskat. Den är den näst största i solsystemet, smyckad med de berömda ringarna. Och Saturnus rör sig inte snabbare över zodiaken än ungefär 12° per år, eller ett tecken på nästan tre år.

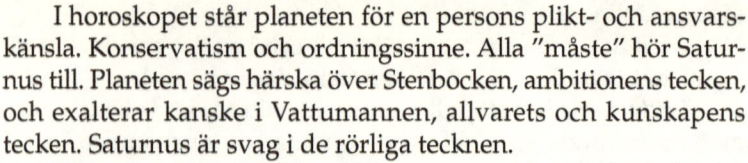

Saturnus är den sista planeten som syns med blotta ögat och därför har varit känd sedan urminnes tid. Astrologiskt har den alltid betraktats som svår och ödesmättad.

I horoskopet står planeten för en persons plikt- och ansvarskänsla. Konservatism och ordningssinne. Alla "måste" hör Saturnus till. Planeten sägs härska över Stenbocken, ambitionens tecken, och exalterar kanske i Vattumannen, allvarets och kunskapens tecken. Saturnus är svag i de rörliga tecknen.

Planetens nyckelord kan sägas vara ansvar, och det är lustigt att astrologin har en så negativ uppfattning om detta begrepp. Det finns naturligtvis en positiv sida av Saturnus också, såsom det goda i tradition och att bevara fina seder från förr, även om plikten bland människor förmodligen gjort mer skada än nytta.

♄ Saturnus i:

♈ *Väduren* är otålig och lättretlig, ställer stora krav på sin omgivning och ofta även alltför höga krav på sig själv. Han kan vara den som provocerar fram bråk och gräl. Hårdnackad.

♉ *Oxen* är snål och gniden. Han är löjligt noggrann med tingen, putsar och fejar och håller manisk ordning omkring sig. Särskilt förtjust är han i antikviteter.

♊ *Tvillingarna* har ett något frustrerat förhållande till sina vänner, där gräl och underliga spänningar kan dyka upp. Tvillingen

Den förfärliga guden Saturnus. Dess ungefärliga grekiska motsvarighet är Kronos. Denna målning av Francisco de Goya, cirka 1815, visar Saturnus när han förtär ett av sina egna barn, vilket berättas i en av myterna om honom. I en annan kastrerar han sin far Uranus.

känner ett krav på sig att vara intellektuell, men har svårt att leva upp till det.

♋ *Kräftan* ställer stora krav på sina närmaste, och kan vara rätt påfrestande i familjelivet. Tjatig och gnällig, men också mycket ansvarsfull. Tror på en fast uppfostran.

♌ *Lejonet* tvingar sig på andra med sina egna bestämda uppfattningar, fäller omdömen å det odrägligaste om alla andra men tror sig själv vara oantastlig. Ändå tar han på sig ett stort personligt ansvar.

♍ *Jungfrun* är en arbetsmyra, som jobbar och sliter men aldrig verkar vara nöjd med sin insats. Han kräver också av andra att de ska slita som han själv gör. Den som inte arbetar ska inte heller äta, tycker han.

♎ *Vågen* är en moralist som aldrig tystnar. In i minsta pyttesak påpekar han ideligen hur man bör och inte bör göra. Allt ska regleras. Allt ska vara oklanderligt.

♏ *Skorpionen* är den lömska, som bedrar och verkligen kan ställa till bekymmer. Han kan vara grym och rent av skoningslös. En krävande människa, men också fascinerande.

♐ *Skytten* ruvar på en irritation, som han sällan själv förstår anledningen till. Ett missnöje som aldrig viker. Han är ganska ansvarslös. Det blir nästan en mani att råka försumma plikter han åläggs.

♑ *Stenbocken* genomdriver det mesta, likgiltig för protester. Han är stark och hård och har vassa armbågar. En streber och konservativ. Det han uträttar ska bli kvar länge, ger han sig sjutton på.

♒ *Vattumannen* är dyster till sin läggning, talar mycket om ansvar och känner sig själv hämmad av det. Han har anlag för nostalgi, och svårt för att hoppas. En pessimist.

♓ *Fiskarna* löper många risker att råka illa ut. Får han ett ansvar slutar det oftast med kalabalik. Han har svårt att få något ordentligt gjort och känner sig därför alltid lite skyldig.

♅ Uranus i zodiaken

Uranus är en festlig sak i astrologin. Planeten upptäcktes först på 1700-talet, när de grundläggande sidorna av den mänskliga karaktären redan fördelats mellan de kända planeterna – därför har alla himlakroppar utanför Saturnus tämligen sofistikerade och svårfattliga betydelser. Man är bland astrologer också långt ifrån överens om dem.

Det sägs att mänskligheten utvecklas och förfinas med tiden, varför nyupptäckta planeter är symptom på nya förmågor som vaknat hos vår art – eller om inte vaknat så i alla fall fått en märkbarare betydelse i kulturen och det individuella livet.

Här kommer Uranus först, en allmänt positiv planet, som står för extas, andlig njutning, ögonblick av insikt. Särskilt insikten vill jag ta fasta på – att inte bara veta, utan inse, är Uranus variant. Att få grepp om och se klart och adekvat. Insikt, klarhet. Känslan av att verkligen begripa hur det ligger till. Uranus markerar då i horoskopet hur och var man får sina häftigaste andliga eller mentala upplevelser. Vad som ger en person mest i livet, och hur pass mycket – de verkliga andliga "lyften".

Uranus rör sig inte mer än ungefär 4° per år, det vill säga att den behöver drygt sju år för att passera ett tecken. Planeten sägs härska över Vattumannen, kunskapens tecken, och exaltera i Skytten, de fjärran perspektivens tecken. Uranus symboliserar det som är själva livets doft, att man upplever om inte meningen så i alla fall principen och logiken bakom tillvaron. En doft av sanningen bortom alla fakta.

Eftersom det tar Uranus dryga sju år att komma genom ett enda av zodiakens tecken kallas planeten, liksom Neptunus och Pluto, för generationsplanet. Dess position är tämligen oförändrad genom flera årskullar av människobarn. Därför delar hela generationer ungefär samma Uranusposition.

I Uranus, Neptunus och Pluto ser astrologen varje generations gemensamma nämnare. Däremot kan husen fortfarande ligga

Guden Uranus var både son och make till gudinnan Gaia. Han blev kastrerad och dödad av sin son Saturnus, vilket visas i denna detalj från en 1500-talsmålning av Giorgio Vasari.

hursomhelst, varför det skiljer från människa till människa hur generationskaraktären manifesterar sig.

Astrologer brukar betrakta Uranus som ett slags komplexare och djupare syskon till Merkurius. De handlar båda om tänkande, men det skiljer betydligt i nivå och kvalitet. Merkurius är den lättsamma, flyktiga och ytliga, medan Uranus är betydligt mer sofistikerad och avancerad.

♅ *Uranus i:*

♈ *Väduren* når genom handling och äventyr en innerlig andlig glädje som lyser ur ögonen. Han är mycket otålig och dras till äventyrligheter – han rent av behöver dem, hur riskabla de än kan vara.

♉ *Oxen* är märkbart fäst vid materiella ting, och ger dem en betydelse över alla gränser. En konsthantverkare eller trädgårdsmästare, filosoferande över tingens förgänglighet och ändå vårdande dem.

♊ *Tvillingarna* upplever stora ting i sitt umgänge, talar om stora ting och fascineras av litteraturen. Han diskuterar gärna, med stor inspiration och underhållande, kan skämta om det mesta.

♋ *Kräftan* har det allra rikaste känsloliv, med miljoner undertoner och sinnliga upplevelser i mängd. Lär sig mycket av familjelivet, och är där rena rikedomen, en jultomte året runt.

♌ *Lejonet* lär av sig själv. Allt stort som han känner händer inom honom har han väldigt svårt att förmedla till andra. Men han är en fascinerande personlighet, imponerar och väcker intresse.

♍ *Jungfrun* är upptäckaren, som genom djupa studier lär och förstår alltings mekanik och samband. Han kritiserar sig fram till insikt, och vill granska allt från grunden.

♎ *Vågen* har sällan plötsliga upplevelser av insikt, utan känslan av verklig förståelse ligger därinne mest hela tiden. I moralen ser han sanningen, och harmoni är för honom ett gudomligt mål.

♏ *Skorpionen* har en kraftig dragning åt det ockulta och övernaturliga. Där känner han att stora ting händer med honom, och hans fascination vet inga gränser.

♐ *Skytten* har den verkliga klarsynen om allt som rör sig ovan mänsklighetens huvuden. Han ser samband i Vintergatans och tidens evighet, och i det mest abstrakta. En visionär.

♑ *Stenbocken* når höjder av insikt, efter att själv mödosamt ha klättrat uppför berget. Han ser klart det som han bestämt sig för att se – men sämre allt annat.

♒ *Vattumannen* griper efter kunskapen om det allra innersta av tillvaron. De dolda principerna, de osynliga sambanden, ser han och förstår själv väl. Här är insikten verklig och tydlig. Han har ämne att bli filosof.

♓ *Fiskarna* känner ofta och mycket, men ingenting vill stanna kvar. Förbifladdrande ögonblick av klarsyn som snabbt är över. Han är fascinerad av religion och själv troende, söker sanningen i allt det obegripliga.

♆ Neptunus i zodiaken

Denna den näst yttersta av solsystemets planeter upptäcktes först 1846, så vi har inte mycket erfarenhet av dess astrologiska innebörd. Denna himmelska snigel rör sig inte fortare genom zodiakcirkeln än ungefär 2° per år. Det tar femton år för den att passera ett enda tecken – alltså är det helt klart fråga om en generationsplanet.

Neptunus står för fantasin, föreställningsförmågan, idéer, drömmar och inspiration. Inbillningskraft. Planeten kan sägas härska över Fiskarna och exaltera i Skorpionen. I horoskopet visar den på en persons fantasifullhet och mått av originalitet.

Med Neptunus hastighet dröjer det nästan 165 år innan hela zodiakcirkeln passerats. I början på 1900-talet gick planeten in i Kräftans tecken, i slutet av det gick den in i Vattumannen. Neptunus lämnar inte Vattumannen förrän år 2012.

Eftersom fantasin har mycket med konsten att göra säger Neptunus en del om hur tidens konst är och blir. Ungefär vart femtonde år byter planeten tecken, och sådan borde frekvensen för konstens "ismer" också vara. Se då mer till var Neptunus befann

Neptunus är havets gud. Dess grekiska motsvarighet är Poseidon. I denna målning från 1635 av Pieter Pauwel Rubens stillar Neptunus stormen, men han kunde ofta göra det motsatta.

sig när konstnärerna i fråga föddes än när deras "ism" blev till.

1800-talets naturalister föddes med Neptunus i Stenbocken och Vattumannen, kubisterna hade den i Oxen och surrealisterna i Kräftan, till exempel. 1956 gick Neptunus in i Skorpionen, så där kom en konstnärsgeneration som letar efter det mest laddade och uttrycksfulla – en närmast hotfull konst.

Neptunus ses som en djupare och komplexare parallell till Venus.

♆ Neptunus i:

♈ *Väduren* har en livlig fantasi, om än inte särskilt originell. Den flödar rikligen och infallen haglar.

♉ *Oxen* har inte mycket till fantasi, men gillar att smycka sin omgivning.

♊ *Tvillingarna* är originell och har massor av idéer, av vilka högst hälften är realiserbara.

♋ *Kräftan* har stark fantasi, som han har svårt att skilja från verkligheten och som engagerar honom känslomässigt.

♌ *Lejonet* har originalitet i hög grad och gillar att smycka sig själv. Han har höga drömmar om sin framtid och ser gärna sig själv i allehanda ståtliga roller.

♍ *Jungfrun* har en fantasi som är ganska torftig, men han kan visa nya vägar och uppfinningsrikedom i dagligt arbete.

♎ *Vågen* är tämligen konventionell av sig och hans fantasi rör sig i välplogade fåror. Inom moralen och etiken kan hans tankar dock ta underliga vägar, och kanhända drömmer han om det förbjudna.

♏ *Skorpionen* är aningen pervers och drömmer de absurdaste drömmar. Hans fantasi skyr inga tabun och räds inga ämnen. Kanske spinner den speciellt runt döden och det ockulta. Hans konst blir minst sagt mustig.

♐ *Skytten* har idéer som är så förryckta att bara han själv kan begripa dem. Hans fantasi söker sig långt bort i tomheten och fjärmar sig vardagens verklighet. Han upplever mystiken och drömmer om anden och varat.

♑ *Stenbocken* har ganska torftig fantasi, men hans idérikedom hjälper honom i hans ambitioner. Kanhända drömmer han en del om framtida ära och vill göra något av alla sina hugskott.

♒ *Vattumannen* drömmer sanndrömmar och når i sin fantasi direktkontakt med en högre verklighet. Hans föreställningsvärld lär ut stora sanningar om världen.

♓ *Fiskarna* har den allra mest flödande fantasin. Här sprudlar drömmar, bilder, idéer oavbrutet om varandra. Men det är påfund alltihop, och inget som kan hanteras av verkligheten. Krimskrams ur det inre. Ett skönt flöde som gör honom världsfrånvänd.

♇ Pluto i zodiaken

Pluto är den minsta och yttersta planeten i solsystemet, så vitt man ännu vet. Astrologer menar ofta bestämt att många fler planeter utanför Pluto väntar på att bli upptäckta. Det finns de som redan döpt sådana och bestämt deras banor, och till med ger ut tabeller för deras positioner i zodiaken vid olika tidpunkter.

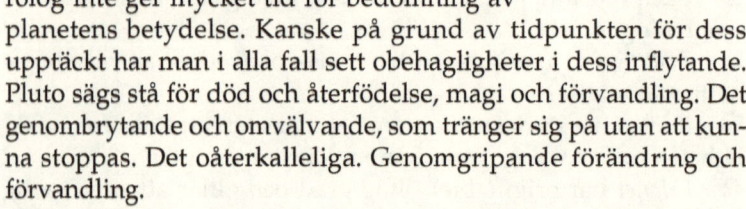

Pluto upptäcktes 1930, vilket för en astrolog inte ger mycket tid för bedömning av planetens betydelse. Kanske på grund av tidpunkten för dess upptäckt har man i alla fall sett obehagligheter i dess inflytande. Pluto sägs stå för död och återfödelse, magi och förvandling. Det genombrytande och omvälvande, som tränger sig på utan att kunna stoppas. Det oåterkalleliga. Genomgripande förändring och förvandling.

Pluto är dödsrikets gud. Den grekiska motsvarigheten är Hades. Denna skulptur från 1622 av Gian Lorenzo Bernini visar när Pluto med våld för Prosperina till dödsriket.

Pluto sätts i samband med makt och krig och elände, men också med fågel Fenix som stiger ur askan. Nyskapande, metamorfos. Pluto är en eldsprutande drake som få kan tämja, men som hos dessa få blir en oskattbar tillgång.

Planeten rör sig 1,5° per år i genomsnitt. Det betyder tjugo år i varje tecken, nästan 250 år för att komma igenom hela zodiaken. En utpräglad generationsplanet.

Pluto sägs härska över Skorpionen, passionens tecken, och exalterar i Lejonet, som är viljans. Plutos bana runt solen är så pass excentrisk, det vill säga en utsträckt oval, att färden genom ett zodiaktecken kan ta allt mellan fjorton och det dubbla antalet år, beroende på var det ligger i planetens bana. Det händer också på en viss del av banan att Pluto kommer närmare solen än Neptunus – till exempel under 1980- och 90-talen, när Pluto färdades genom Skorpionen, tecknet den härskar över.

Sett från Pluto är jordens bana så obetydlig att jorden aldrig syns vara längre från solen än 2°. Det gör också att Plutos heliocentriska position (sedd från solen) är nästan densamma som dess geocentriska (sedd från jorden).

Pluto är planeten som visar på kulturens revolutioner, synteser och utvecklingsstadier. Den kan sägas vara en mer ödesmättad och magisk motsvarighet till Mars.

♀ *Pluto i:*
♈ **Väduren** uppvisar ofta fantastiska förändringar av sitt yttre. Han kan byta och bli som en ny människa, så totalt som ingen trodde var möjligt, och det sker honom ofta. Han kräver förändring som ett livsvillkor, och måste ha dramatik.

♉ **Oxen** råkar ut för många drastiska förändringar i sin materiella situation. Plågsamma skillnader som natt och dag, ideligen. Det är besvärligt. Idag rik, i morgon fattig. Händelser som för andra bara är abstraktioner yttrar sig för honom alltid konkret.

♊ **Tvillingarna** ser framför allt sitt umgänge skifta ofta och genomgripande. Han byter språk och bildning och skriver de underligaste dagböcker. I sitt tänkande är han synnerligen ombytlig.

♋ *Kräftan* genomgår förvandlingar i sitt känsloliv. Plågsamma och påfrestande. Omvälvningar i familjelivet med starka slitningar och utbrott.

♌ *Lejonet* förvandlas liksom Väduren till sitt yttre, men än mer förmår han förvandla sin omgivning till att passa honom själv. Han är oerhört pampig och har en underlig inre styrka. Hos honom finns en rent ödesdiger viljekraft.

♍ *Jungfrun* genomgår metamorfoser i mindre skala, som en följd av sin medvetna utveckling. Men hans arbete är ibland ett rent kaos. Och han är kritisk på ett nästan maniskt vis.

♎ *Vågen* håller omvälvningen tyglad, så att den inte sker abrupt, eller inte alls. Han håller igen. Dock bjuder hans partnerliv på överraskningar, minst sagt, likaså kan hans moralkodex skifta drastiskt.

♏ *Skorpionen* är den som håller liv och död i sin hand. Här släpps makterna lösa, minsann, och bäva månde mänskligheten. Med Pluto i Skorpionen är man lysten på det mesta och drar sig inte för något. Här sker kusliga ting, men också sådant som rensar och sköljer ur.

♐ *Skytten* förvandlas i sitt innersta, och kommer så nära den mystiska upplevelsen som någonsin är möjligt. Han är inom sig närmare universums eventuella död och dess "big bang" än sin egen näsa. Hans andliga liv är så dramatiskt att han är en främling för vardagen.

♑ *Stenbocken* driver sina ambitioner in absurdum men förverkligar dem ändå. Han vill bygga världar och slå en bro till solen. Kanske spränger han sig en dag i kamp för ett orimligt mål. Han är farlig som fan för den som står i hans väg.

♒ *Vattumannen* lever i en sfär av gravallvar. Hans förvandlingar ligger på det abstrakta och det ideologiska planet. Från ytterlighet till ytterlighet. Även vetenskapen har han förmågan att revolutionera. Varken vetenskapens paradigm eller kulturens grundstenar kommer att vara sig lika efter hans generation.

♓ *Fiskarna* är hjälplösa i sin förvandlings orkaner. För den med Pluto här är de närmast Ragnarök – andra märker dem knappt. Han känner det som om han står på branten till kaos och aldrig får balansen.

De astrologiska husen, de motsvarande zodiaktecknen och deras härskare. Träsnitt efter Georg Peurbach, 1515.

Husen i zodiaken

De tolv husen är avbilder av de tolv tecknen i zodiaken. Liksom varje tecken bär ett slags anlag, eller en speciell karaktär, så beskriver vart och ett av de motsvarande husen den miljö som hör tecknets karaktär till. Det första huset svarar mot zodiakens första tecken, Väduren, andra huset mot Oxen och så vidare. Men där tecknen ger en karaktär, så att säga ett *hur*, åt planeter och hus som befinner sig i dem, så ger husen i stället ett *var*. De visar på vilka miljöer planetkrafterna mestadels kommer till uttryck i, och zodiaken ger en allmän karaktär åt dessa miljöer.

I tolkningen av horoskopet kombineras alltså ett hus med zodiaktecknet det befinner sig i och eventuella planeter det rymmer. Husen visar hur de olika miljöerna i personens liv, eller sidorna av hans tillvaro, kommer att gestalta sig.

Ascendenten, den punkt som steg upp i öster på himlen i födelseögonblicket, bestämmer platsen på zodiakcirkeln där första huset startar. Sedan kommer ett nytt hus vid var trettionde grad, hela vägen runt. Om ascendenten till exempel befinner sig på 3° Oxen, så börjar varje hus på 3° i tecknet, ända runt till tolfte huset, i det här fallet på 3° Väduren.

Det finns i och för sig olika hussystem, de flesta av dem med varierande storlek på husen. Jag tillämpar likahus-systemet, det äldsta, där varje hus är 30°.

Husens fasta ordningsföljd gör också att det för deras del inte finns fler möjligheter i horoskopet än det finns för ascendentens placering. Ascendenten kan vara i något av de tolv tecknen – därför finns det i grunden inte mer än tolv varianter av huskonstellation i horoskopet.

Därutöver har ascendenten möjlighet att placera sig var som helst inom tecknet, mellan 0° och 30°. Det har sin betydelse för tolkningen. Man kan säga att om husgränserna går ungefär i mitten av tecknen, så gäller över lag det tecken som husen börjar i. Möjligen kan med tiden det tecken som huset slutar i få en viss betydelse, så att företeelser i ett hus med tiden kan komma att byta karaktär. Det som först verkade Kräfta, blir med tiden mer Lejon, och så vidare. För den vars hus börjar i slutet av ett tecken men till största delen tillhör nästa, gäller att hans miljöer ger ett förstahandsintryck som bestäms av det förra tecknet, men vid närmare betraktande klart och tydligt visar sig vara av det senare tecknets typ. Ögonblicksintrycket kontra det faktiska förhållandet.

På de följande sidorna beskriver jag bara de huspositioner som klart visar en enda teckentillhörighet (det vill säga mellan 0° och uppåt 15°). Återigen har jag använt mig av nyckelorden för respektive hus och tecken, och mer eller mindre improviserat på dem.

Det bör påpekas att på nordliga breddgrader, som i Sverige, är alla ascendenter inte lika vanligt förekommande. Ju längre upp i norr, desto större skillnad är det mellan tecknen. På latitud 60° (ungefär i höjd med Stockholm) varierar chansen att ha sin ascendent i respektive tecken betydligt.

Ascendenter på latitud 60°:

♈ Väduren   2 %
♉ Oxen   3 %
♊ Tvillingarna 6 %
♋ Kräftan   12 %
♌ Lejonet   14 %
♍ Jungfrun   13 %

♎ Vågen   13 %
♏ Skorpionen   14 %
♐ Skytten   12 %
♑ Stenbocken   6 %
♒ Vattumannen   3 %
♓ Fiskarna   2 %

Chansen är alltså sju gånger större att ha ascendenten i Lejonet eller Skorpionen, än att ha den i Väduren eller Fiskarna.

Eftersom husen följer ascendenten behandlar jag inte varje hus för sig genom zodiaken, utan går igenom alla tolv husen för ascendenten i vart och ett av tecknen, från Väduren till Fiskarna.

Jag hoppar över det första husets innebörd, för där gäller vad som är sagt tidigare om ascendenten i zodiaken – med en liten nyans: själva punkten ascendenten beskriver det intryck en person vill göra på andra, medan första huset visar hur de andra därefter själva uppfattar honom eller henne.

Vinjetterna med stjärnbilderna är från Hyginus *Poeticon Astronomicon*, 1482.

AC *Ascendenten i Väduren* ♈

Här står varje hus i sitt ursprungstecken (första huset är i det första tecknet, och så vidare). En person med detta horoskop kan sägas leva ett smått karikatyrartat liv. Tydligt, rakt och okomplicerat. En lättförstådd person, med ganska konservativ uppläggning av sin tillvaro.

Hus 2 i Oxen. Han är mån om sina ägodelar, ganska snål och en samlare av prylar. Har god hand med allt ekonomiskt. Hos honom håller allt i evigheter.

Hus 3 i Tvillingarna. Han umgås flitigt och har många vänner, älskar att samtala och läser såväl tidningar som böcker i mängd. Men han har sällan några djupa relationer till vännerna.

Hus 4 i Kräftan. Han känner varmt och innerligt för hemlivet och familjen. Är öm och beskyddande i synnerhet mot barn och vill gärna ha husdjur.

Hus 5 i Lejonet. Han har utpräglade nöjen som han njuter av för egen del, likgiltig för andras utbyte. Enmansidrotter och all form av självutveckling passar honom bäst.

Hus 6 i Jungfrun. Han är flitig och noggrann i sitt arbete, som handlar mer om översyn än om konstruktion. En reparatör eller en som sätter ihop saker.

Hus 7 i Vågen. Han är mån om och kärvänlig med sin partner, och starkt beroende av samlivet. Han lever i ett ordnat äktenskap och delar sitt liv med sin maka utan sidoblickar.

Hus 8 i Skorpionen. I hans omgivning sker såväl födslar som dödsfall nära inpå. Obehagligt nära. Han är ofta själv inblandad i såväl den första som den andra sortens tilldragelser.

Hus 9 i Skytten. Han drömmer mycket om att göra långa resor, se sig omkring eller rent av emigrera. Stora förändringar i livet ser han positivt på och de brukar pigga upp honom betydligt.

Hus 10 i Stenbocken. I andras ögon är han såväl ambitiös som något av en maktmänniska. En streber, som folk oroligt håller ögonen på. En som kan stiga högt upp i hierarkin.

Hus 11 i Vattumannen. Här hör tänkaren och idealisten hemma. Han har djupt förankrade ideal, som – när han påminns om dem – lätt gör honom beklämd och dyster. Han engagerar sig gärna i ideologiska frågor, och håller hårt på sina åsikter.

Hus 12 i Fiskarna. Vad han får offra på är öppenheten och överraskningarna i livet. Det mesta går liksom förutbestämt, och sällan ger han sig möjlighet att improvisera eller förhasta sig. Det är mycket av livets nyanser som han inte har smak för eller förstånd på.

AC *Ascendenten i Oxen* ♉

Här står de positiva tecknens hus i de negativa tecknen, och tvärtom. Det betyder att personen överlag är så att säga inåtriktad i det extroverta och utåtriktad i det introverta. Däri ligger ett slags otrivsel med både det inre och det yttre livet. En konstruktiv otrivsel, en rastlöshet som har kreativa uttryck.

Hus 2 i Tvillingarna. Den här personen kan gott sägas ha svårt att sköta sin ekonomi, och pengarna räcker sällan till. Det bekymrar honom dock föga.

Hus 3 i Kräftan. Han har ett innerligt, känslovarmt förhållande till sina vänner, och vill gärna inta en vårdande och beskyddande attityd till dem.

Hus 4 i Lejonet. I hemmet är det han som bestämmer, och annat lär han knappast acceptera. Han ser familjen mest som en ram för sin egen person.

Hus 5 i Jungfrun. Han är en person som på fritiden njuter av noggrant arbete, någon pillig hobby. Han intar oftast en cynisk attityd till livet och vägrar att improvisera.

Hus 6 i Vågen. Han känner ansvar och skyldigheter gentemot arbetet, och trivs mycket bra med det. Han har en påfallande benägenhet att säga sin mening och fungera som självutnämnd kritiker av kollegornas arbetsinsatser.

Hus 7 i Skorpionen. Han tycker om att utveckla häftiga kärleksförhållanden, även om hans engagemang tenderar att vara mindre än motpartens. För honom är sex det allra viktigaste i ett förhållande. Hans partner kan ofta känna sig fångad i olycklig kärlek, tärande och brännande, men själv tar han sällan skada.

Hus 8 i Skytten. Han torde vara tämligen befriad från upplevelser som hör dödshuset till – åtminstone förmår skeenden här sällan engagera honom.

Hus 9 i Stenbocken. Om han ska flytta, resa eller genomföra andra större förändringar, vill han helst att de ska bli varaktiga, och ger sig i kast med tillhörande problem med all flit. Han hör till dem som förbereder sig för allt.

Hus 10 i Vattumannen. Andra betraktar honom som en auktoritet, den kunniga, som man kan fråga om det mesta. Ofta når han en position av auktoritet och respekt i samhället.

Hus 11 i Fiskarna. När det gäller det ideella är han en sökare, som när en önskan om att ha klara ideal, men inte riktigt finner dem. Han prövar mycket av föreningsliv och ideologiskt engagemang, men ingenting blir särskilt varaktigt. Hans övertygelse kan svänga från ytterlighet till ytterlighet.

Hus 12 i Väduren. Det han mest kommer att offra på är aktivitet och kreativitet. Han "är" snarare än handlar, hans liv har en tyngd och verkar brista i gnista. Han kan också vara passiv och lat.

AC *Ascendenten i Tvillingarna* ♊
Personer med detta horoskop har varje hus i sextil med sitt ursprungstecken. Det innebär en kreativ, livfull och synnerligen aktiv typ. Kanske överlag präglad av en viss rastlöshet. Mycket händer, ständigt, och döda punkter är sällsynta – lika sällsynta som ögonblicken av eftertänksamhet.

Hus 2 i Kräftan. Han är varmt fäst vid sina ägodelar och tycker om det som är exklusivt. Men han är också mycket generös.

Hus 3 i Lejonet. Den här personen vill väldigt gärna se sig själv i centrum av vänkretsen, och blir irriterad om saker och ting utvecklas annorlunda. Han vill vara gruppens ledare och är det ofta.

Hus 4 i Jungfrun. Han arbetar flitigt på att göra hemmet prydligt, funktionellt och praktiskt. Andra familjemedlemmar kan känna sig ordentligt trötta på hans tjat och tydliga flit.

Hus 5 i Vågen. Han njuter av etiskt tänkande och har inga laster. Något av en renlevnadsman, som älskar att moralisera.

Hus 6 i Skorpionen. Han arbetar med glöd och frenesi, och det går häftigt till på jobbet. På hans arbetsplats finns en ständigt laddad stämning och viss dramatik. Det kan också hända att han smiter undan från plikterna.

Hus 7 i Skytten. Han är inte så djupt intresserad av sin partner, utan vill helst förhålla sig fri och byter ofta. Hans kärleksaffärer är korta och snabba och lyckas sällan engagera honom själv särskilt intensivt.

Hus 8 i Stenbocken. Han förhåller sig helt praktisk till det som har med dödshuset att göra, det varken skrämmer eller tjusar honom: "Vi ska alla den vägen vandra." Det är inte troligt att hans egen död tar honom på sängen.

Hus 9 i Vattumannen. Han är mestadels ovillig till långa resor eller att flytta och sådant, kanske för att han ser alltför allvarligt på dessa omställningar. För erfarenhetens och kunskapens skull kan han då och då tänka sig en utlandsresa – men vill alltid hem igen.

Hus 10 i Fiskarna. Någon särskild social position blir det knappast fråga om, utan han betraktas mest för jämnan som ett ostadigt kort. Han vill mycket, men det blir aldrig riktigt som han tänkt sig.

Hus 11 i Väduren. Han slåss med förtjusning för sina ideal, utan att välja dem särskilt noga. Lita i alla fall på att han inte är den som tiger med sin övertygelse.

Hus 12 i Oxen. Vad han mest får offra på är tryggheten och den ordnade ekonomin. Det rör sig och snurrar mest för jämnan i hans liv, och långa tider är han fattig.

AC *Ascendenten i Kräftan* ♋
Här står varje hus i kvadratur med sitt ursprungstecken. Det betyder besvärligheter i mängd och en hög grad av konstruktivitet. En som får massor gjort och lämnar tydliga spår efter sig, men också betalar priset för det, i form av bekymmer, oro och ansträngningar.

Hus 2 i Lejonet. Han älskar rikedom och tycker sig ämnad för den. Pompa och ståt, lyx och överflöd ska det vara, tycker han, och lyckas ofta åstadkomma det.

Hus 3 i Jungfrun. Han är flitig i umgänget, villig att göra något tillsammans med vännerna. Här är den som ordnar fester och möten och håller reda på allas födelsedagar. Kanske ofta lite väl kritisk mot vännerna, med många pikar om deras sätt att vara.

Hus 4 i Vågen. Hemma råder lugn och ro. Det lilla vilohålet i hans tillvaro. Därför blir han nästan hysteriskt upprörd om någon vill rubba hemmets ordning, eller hotar harmonin. Familjerelationerna ser han som fyllda av moraliska förpliktelser.

Hus 5 i Skorpionen. Han är utpräglat sexuell och passionerad, dock kanske med större intresse för sin egen upplevelse än för partnerns. Fritiden är väldigt intensiv.

Hus 6 i Skytten. Arbetet intresserar honom inte, helst skulle han slippa det. Han byter ofta arbete, men har ändå lätt att hitta ett nytt. Stannar aldrig länge på samma ställe, vill ofta förändra arbetets karaktär och förnya arbetsrutinerna.

Hus 7 i Stenbocken. Han strävar ambitiöst både efter att erövra och att behålla en partner, kanske mer för att så ska vara än för kärleks skull. Egentligen skulle han vilja leva polygamt.

Hus 8 i Vattumannen. Han grubblar mycket på frågor om liv och död, och när han tänker på döden – särskilt sin egen – blir han ordentligt deprimerad.

Hus 9 i Fiskarna. Det rör på sig i hans liv. Än hit, än dit, utan plan eller ordning. Han reser en hel del, men trivs inte riktigt någonstans. Han är en sådan som lämnar halva bohaget efter sig, och det blir inte av att komma tillbaka och hämta det.

Hus 10 i Väduren. Andra ser honom som en aktiv, för att inte säga synnerligen energisk människa, som allt händer runt. Han röner stor uppskattning, även om han tenderar att göra sin omgivning en aning orolig och osäker.

Hus 11 i Oxen. I motsats till det liv han lever har han väldigt jordnära och praktiska ideal. Trygghet är en dröm och gott om tid är det ont om. Han kan tala sig varm för en täppa på landet, men den blir sällan verklighet.

Hus 12 i Tvillingarna. Hans förhållande till andra människor är utpräglat känslomässigt och ganska egocentriskt. Därför saknas i hans liv det mesta av intellektuellt utbyte med andra, och lättsamhet får han sällan uppleva. Ytligt vardagsumgänge är han dålig på.

AC *Ascendenten i Lejonet* ♌

Här står husen i trigon med sina respektive ursprungstecken. Det betyder harmoni och ett ganska lugnt liv. Allt fungerar hyggligt och utan större konflikter. Han känner det själv som om hans liv blir ungefär vad han väntat sig, och även i andras ögon tar han inga överraskande steg.

Hus 2 i Jungfrun. Han är strävsam och gnetig när det gäller det ekonomiska. Bankbok och vända på slantarna.

Hus 3 i Vågen. Förhållandet till vännerna är balanserat och aningen händelsefattigt. Han har en tendens att ställa moraliska krav på sitt umgänge.

Hus 4 i Skorpionen. Hemma går det häftigt och bråkigt till. Det finns stunder både av intensivt hat och av glödande kärlek bland familjemedlemmarna. Man upplever väldigt mycket tillsammans. Bråkigt men spännande.

Hus 5 i Skytten. Han har inget utpräglat fritidsliv, utan sitter mest och dagdrömmer när han får tid över. Har idéer om vad han skulle vilja ägna sig åt, och kanske fördjupar han sig i de sköna konsterna, men det mesta sker i hans inre. Fritiden gör honom lite rastlös.

Hus 6 i Stenbocken. I arbetet är han ordentligt ambitiös och strävsam. Den som jobbar sig upp från grunden och aldrig vilar. Nya problem och nya uppgifter hela tiden, annars blir han butter.

Hus 7 i Vattumannen. Han tar mycket allvarligt på partnerlivet, och brukar vara djupt bunden till sin maka. Deras relation är djup som Ginnungagap och han vill gärna känna att de verkligen älskar varandra genom eld och vatten.

Hus 8 i Fiskarna. Här finns ett stressmoment. Han kan vara offer för en övertygelse om att han ska dö när som helst, och känner stor oro. Han undrar väldigt mycket över döden och livet, och detta med en lite plågsam känsla av livets förgänglighet.

Hus 9 i Väduren. Han reser en hel del och tycker om att byta miljö, flytta eller rent av emigrera. Faktiskt är han så angelägen att han driver på vad han kan, för att få förändringar till stånd. Berget till Muhammed eller Muhammed till berget, kvittar lika.

Hus 10 i Oxen. Han har en trygg och oföränderlig social position och betraktas som en sådan som man har där man lämnade honom. En pålitlig och något tråkig typ i andras ögon, som lyckas behålla de poster han får och är trygg med dem.

Hus 11 i Tvillingarna. Han tycker om att engagera sig i det ideella livet. Föreningar och sammanslutningar, mer för umgängets skull än för idealen. Han hör till dem som aldrig kan fatta sig kort på sammanträden. Idealen, där de finns, är av typen "ta lätt på livet, passa på medan du finns till". Likaså finns en stor respekt för litteraturen och för talets gåva, även om han själv saknar den.

Hus 12 i Kräftan. Vad han får offra på är de varma känslorna, och det innerliga förhållandet till andra. Han är definitivt den som tycker att han fått för lite ömhet i livet.

AC *Ascendenten i Jungfrun* ♍

Här befinner sig husen inte i någon av de fem betydande aspekterna med sina ursprungstecken. Därför är de personer som har denna husindelning en aning diffusa och oklara till sin karaktär. Inte nödvändigtvis så att de själva upplever det frustrerande – inte alls. Men de kan ge andra huvudbry genom den något ologiska komplexiteten i sin tillvaro.

Hus 2 i Vågen. Det betyder att personen inte har några större ekonomiska problem. Här råder ordning och balans. Han förhåller sig också strängt moraliskt till pengar och hur de bör användas.

Hus 3 i Skorpionen. Han har ett minst sagt häftigt umgänge, där ingen vet vad som ska hända. Han föredrar att dra allehanda underliga människor till sig, och vill att umgänget mycket hellre ska storma än vila.

Hus 4 i Skytten. Han känner inte alls några bindningar till hemmet och familjen, utan är mest på annat håll. Över huvud taget är det ovanligt att han har någon särskilt ordnad hemmiljö, och där den finns är han själv mest utanför.

Hus 5 i Stenbocken. Han njuter av fritidsarbete och av att se stora planer bli verklighet. Han hör till dem som bygger för nöjet att se saker och ting bli färdiga och när ett är klart, tar han itu med något ännu större. Han är ambitiös när det gäller att göra "något vettigt" av sin fritid.

Hus 6 i Vattumannen. Arbetet tar han väldigt allvarligt på, och ger sig in i det med all koncentration. Han kan aldrig släppa tankarna på jobbet när han slutar, utan hänger fast där. Men han behärskar sitt yrke och vet vad han gör. En auktoritet inom sitt yrke.

Hus 7 i Fiskarna. När det gäller partnerlivet är han väldigt vilsen. Än den ena, än den andra. Kanske letar han efter sin drömprinsessa, men sällan hittar han henne. Det blir mest ett rastlöst sökande, och vem han än når så finns otillfredsställelsen kvar.

Hus 8 i Väduren. Födslar och dödsfall kan gott och väl förekomma i hans omgivning – men honom rår de knappast på. Han grunnar inte mycket på dem utan ser dem som självklara bitar av tillvaron. Kanske har han en dragning åt att vilja riskera sitt eget liv, att leva farligt.

Hus 9 i Oxen. Några större förändringar i livsmiljön brukar han inte uppleva, utan status quo gäller. Trygghet och ordning. Om han till exempel skulle flytta har han vissa svårigheter att finna sig tillrätta – men han vill helst slippa miljöbyten.

Hus 10 i Tvillingarna. Han betraktas av omgivningen som intellektuell, och de kan tycka att han är en aning virrig och odisciplinerad ibland. Han har ingen svårighet att umgås även i större offentliga och officiella sammanhang.

Hus 11 i Kräftan. Hans ideal är alla baserade på det känslomässiga – idén om ömhet och ömsesidig kärlek. Han är inte den som organiserar sig, men han vill gärna se kärleksbudskapet spridas: "Tyck om varandra."

Hus 12 i Lejonet. Vad han mest får offra på är sin egen vilja. Det går sällan precis som han själv tänkt sig i livet, och han kan känna det som om han aldrig riktigt får chansen att förverkliga just sig själv.

AC *Ascendenten i Vågen* ♎

För alla de följande ascendenterna och huspositionerna gäller att de beskriver människor som är betydligt mer inriktade på offentligt liv än på privatlivet. De är så att säga allmänna när det gäller det personliga planet, och personliga på det allmänna planet.

I synnerhet gäller det för dem som har ascendenten i Vågen, för de har husen i opposition med sina ursprungstecken – i direkt motsats till att ha ascendenten i Väduren och husen i konjunktion med sina ursprungstecken. Vädurvarianten är klart splittrad mellan det personliga och det sociala livet och skiljer dem väldigt tydligt åt, medan Vågtypen integrerar de två bitarna, så att skillnaderna nästan upphör mellan offentligt och privat liv.

De kan synas vara ytliga och svåra att komma inpå livet – men i själva verket visar de allt sitt inre liv omaskerat i det sociala livet. De går att läsa som öppna böcker. De som har denna husindelning kan, beroende på utslätningen mellan privat och offentligt, sägas leva ett tämligen milt och kontrastsvagt liv.

Hus 2 i Skorpionen betyder att om någonting är särskilt kaotiskt i hans liv, så är det ekonomin. Ena stunden rik som ett troll, den andra fattig som en kyrkråtta. Men sanningen att säga tycker han själv delvis om att leva så, och nästan skryter med hur pengarna virvlar omkring honom. Han är den som lätt råkar gå och ruinera sig. Svag för spel.

Hus 3 i Skytten. Några speciellt nära vänner har han inte, utan svävar runt tämligen fritt mellan många bekantskaper. Han har ett drag av eremit, även om han har gott om vänner omkring sig, och söker sig ofta till ensamheten. Han är svår att få djup kontakt med.

Hus 4 i Stenbocken. Han har stora ambitioner att sätta bo och bygga hem, och där finns hundratals krav för de övriga familjemedlemmarna att leva upp till. Hans hem är något av en statuspryl.

Hus 5 i Vattumannen. I sin ensamhet och på fritiden sjunker han gärna ner i melankoli och djupa grubblerier. Han undrar över tillvarons mening och älskar att studera: "Att leva är att lära." Han är också full av ideologiska funderingar.

Hus 6 i Fiskarna. När det gäller arbetet, så är det mest en enda röra. Han vill och han försöker, men ingenting går som han tänkt sig. Byter jobb ofta men hittar aldrig något som passar. Trots all god vilja i världen har han hemskt svårt att få saker ordentligt uträttade på jobbet.

Hus 7 i Väduren. Han är en aktiv älskare och partner, som tycker om känslan av att vara den som kan förföra andra. För honom är kärlek närmast en sport, en utmaning, och han har svårt att acceptera ett nej.

Hus 8 i Oxen. Han förhåller sig ganska odramatisk och naturlig till frågor som rör liv och död. Grubblar inte mycket på det, utan ser det mest som ett givet inslag i vardagen. Han är en trygg närvaro vid barnsäng eller dödsbädd.

Hus 9 i Tvillingarna. Han ser med glädje fram mot förändringar och tycker om omväxling – men det som händer honom brukar vara av övergående karaktär. Aldrig särskilt stora, varaktiga ting. Resor, ja, men knappast till några exotiska platser. Det är ett ombytligt liv, men i vardagsnära perspektiv.

Hus 10 i Kräftan. Han är populär i sin omgivning, kanske till och med älskad. Det är svårt att tycka illa om honom. Han är heller aldrig den som försöker komma sig upp på andras bekostnad.

Hus 11 i Lejonet. Ideologiskt är han faktiskt den som närmast tror på den starkes rätt och på att en fast moral och klara regler är nödvändiga i ett samhälle. Ordning, reda och lydnad ska det vara. Han uppfattar sig själv som en ideologisk auktoritet: "Om folk bara lyssnade på mig, så skulle allt bli bra." I föreningslivet kan han vara en aning maktlysten.

Hus 12 i Jungfrun. Man kan gott säga att det inte blir så mycket nyttigt arbete uträttat av honom. Vad han ger sig in på tenderar att svämma över av motgångar och små förtret. Likaså kan han brista en del i kritiskt tänkande, så att han till och med blir en smula lättlurad.

AC *Ascendenten i Skorpionen* ♏
Här saknar husen aspekt med sina ursprungstecken, precis som när ascendenten är i Jungfrun. Men medan detta i fallet Jungfrun betyder en livssituation som kan verka svårutredd i sin komplexitet, så är den i Skorpionens fall rent absurd.

Man blir inte någonsin riktigt klok på hur hans liv fungerar, och alla gissningar är dömda att slå fel. Överraskningar på löpande band. Han lever rent av i trots mot sunt förnuft och logik, och skyr allt som är allmänmänsklig praxis.

Hus 2 i Skytten. Pengar har han varken kontroll över, eller större intresse för. De flyter in och rinner ut i samma höga tempo, mest utan problem, och lämnar honom själv tämligen likgiltig. "Det ordnar sig", brukar han säga.

Hus 3 i Stenbocken. Han är väldigt ambitiös med sina vänner, vill att de ska göra och uträtta saker tillsammans. Att sitta stilla och bara umgås ligger inte för honom.

Hus 4 i Vattumannen. Hemlivet är något heligt för honom, som han ser väldigt seriöst på. Så och så och så ska det vara, och "rubba inte mina cirklar". Familjen följer tusen ritualer. Det är en något dyster miljö. Han är ofta ensamstående.

Hus 5 i Fiskarna. Han är själv inte riktigt klar över vad han vill med sitt liv eller vad han tycker om att göra. Han har en väldigt oklar bild av sina egna behov, och tenderar därför allt som oftast att ge efter på sin egen vilja och gå andras vägar. Fritid gör honom orolig. Han tycker om att berusa sig och är intresserad av det övernaturliga.

Hus 6 i Väduren. Han är aktiv, energisk och kreativ i arbetet. Har han inget att göra blir han rastlös, nästan illamående. Han jobbar snabbt men kan ibland ta på sig alldeles för mycket och överskatta sin förmåga. Han är en aning slarvig också.

Hus 7 i Oxen. Mot sin partner är han livslångt trogen. Den han en gång börjat älska – och det tar tid att väcka hans känslor – den fastnar han vid. Då vill han så gott som gömma sig med henne, i trygghet och avskildhet.

Hus 8 i Tvillingarna. Han har förmågan att kunna ta nästan oförskämt lätt på sådant som rör liv och död. Varken särskilda sorger eller glädjeämnen inom detta hus har han att vänta sig, och han berörs sällan själv direkt av sådana händelser.

Hus 9 i Kräftan. Egentligen är han inte den som med någon större entusiasm ger sig hemifrån, men när han väl kommit fram till någon främmande ort så stortrivs han och blir väldigt lätt acklimatiserad. Sedan vill han inte alls resa hem igen. Han är därför inte den som reser ofta, i stället blir han borta länge.

Hus 10 i Lejonet. Andra människor störs en del av hans uppblåsthet och hans behov av att dominera i det sociala livet. Han vill alltid stå först och högst. Visst skulle han kanske passa som ledare – men vilken odemokratisk sådan! Så folk brukar vara lite ovilliga att ge honom det förtroendet. Men han är svår att hålla på plats, och rent av farlig att motarbeta, så han brukar lyckas "komma upp sig".

Hus 11 i Jungfrun. Han är inte den som sväljer politiska floskler, utan ser mycket kritiskt på ideologiska problem eller politiska manifest. Han är en typisk tvivlare, som sällan engageras i någon som helst åsiktsgruppering. Kritik mot alla sidor. I en opolitisk förening kan han dock göra en hel del nytta.

Hus 12 i Vågen. Livet liknar mest en berg- och dalbana för hans del. Ro och vila och balans är nästan okända begrepp. Dessutom har han ofta en stark känsla av att vara orättvist behandlad, liksom han själv kan agera orättvist eller rent av omoraliskt.

AC *Ascendenten i Skytten* ♐

Här befinner sig husen i trigonaspekt med sina ursprungstecken, precis som när ascendenten står i Lejonet. Skillnaden är närmast att i Lejonets fall är livet fast och tydligt, och han har själv god hand över det, men för Skytten hänger allt betydligt mer i luften.

Han har ett starkt drag av världsfrånvändhet, som kommer ur en otrivsel med tillvaron som den är. Antingen borde den förändras radikalt och i grunden, tycker han, eller så vill han helst själv vara utanför. När saker och ting fungerar bra, då utvecklar han en behaglig distans till tillvaron. Andra kan sucka och säga att "den som kunde ta så lätt på livet som han, ändå", och då är hans liv väl så harmoniskt. Men hans vilja att förändra sin omgivning fundamentalt driver på honom och kan frustrera honom betydligt.

Hus 2 i Stenbocken. Han har god hand med pengar – i hans hand förräntar de sig. Han vill bli rik, strävar med all ambition efter det och lyckas ofta. Fattigdom är för honom en plåga.

Hus 3 i Vattumannen. I umgänget kan han vara allvarlig och djupsinnig, den som strävar efter filosofiska och politiska diskussioner. Han är utpräglat solidarisk och vill att vänkretsen ska hålla ihop hårt och lära känna varandra på djupet. Han brukar vara ett högt respekterat inslag i vänkretsen, om än inte precis underhållande.

Hus 4 i Fiskarna. Något ordnat hem blir det sällan fråga om för hans del. Hur han än försöker att bilda bo och familj, så vill det inte lyckas riktigt. Familjer splittras, man flyttar och byter bostad ofta. Trots att han har goda föresatser och den seriösaste vilja, får han sällan ett trivsamt hem som varar. Han brukar vara den som prövar annorlunda, alternativa boendeformer.

Hus 5 i Väduren. Det här är en typisk tävlingsmänniska, som är sprudlande aktiv på fritiden och allra helst i alla former av tävlingar. Inte en lugn stund tar han sig när han är ledig, det ska vara fart dygnet runt.

Hus 6 i Oxen. I arbetet är han pålitlig som ett inventarium. Samma jobb livet ut. Duglig och duktig, särskilt på det rent praktiska. En pålitlig arbetskraft som gör föga väsen av sig och trivs bäst med enkla, rutinmässiga arbetsuppgifter.

Hus 7 i Tvillingarna. Han har många ytliga kärleksaffärer, men sällan några djupare förhållanden. Han tycker bättre om att prata och umgås än att älska, och kan för sin maka vara svår att komma inpå livet.

Hus 8 i Kräftan. Han engagerar sig med hela hjärtat i födslar och dödsfall. Hans glädje är den största när någon föds, och hans sorg den djupaste och längsta när någon dör. Särskilt på den familjära nivån. Han håller god kontakt med hela släkten, engagerar sig i allas väl och ve.

Hus 9 i Lejonet. Nog kan hans liv vara fullt av stora förändringar, men de verkar mest bara på honom själv. Minsta lilla ändring i hans omständigheter och han kan verka som en ny människa. Han tycker bäst om att resa ensam. Alla förändringar ska vara enligt hans vilja – annars tjurar han. Han har också kraften att själv driva igenom det han vill.

Hus 10 i Jungfrun. Socialt röner han störst uppskattning för sin arbetskapacitet. Man kan tycka att han är en aning petig och överdrivet noggrann, och ganska ovillig till ett mer offentligt liv. Han är mer av en enstöring, och känner sig ofta förbigången i karriären.

Hus 11 i Vågen. Han har en bergfast, klar moral, som han tycker att alla borde följa och som han verkligen kan slåss för. Rätt och fel är för honom närmast heliga ord. En principmänniska, säkerligen engagerad i någon ideell sammanslutning.

Hus 12 i Skorpionen. Han är den som i drömmar och fantasi får lida för drifter och önskningar som hans renlärighet undertrycker. Han har till exempel en stark erotisk aptit, som han motstår och hämmar och aldrig tillåter komma upp på ytan. Han känner mycket starkt att hans liv är torftigare och vardagligare än han skulle vilja, men han är oförmögen att ändra på det. När han försöker att leva ut sina inre behov brukar det inte bli något vidare lyckat. Men vid de tillfällen då han mår väl och det i övrigt går bra för honom, är han helt nöjd med sitt närmast spartanska liv och tycker att det lilla offret görs för högre mål.

AC *Ascendenten i Stenbocken* ♑

I det här horoskopet står husen i kvadratur med sina ursprungstecken. Parallellen på andra sidan är den husställning som har ascendenten i Kräftan. Kvadraturen är besvärlig och besvärande men också konstruktiv. I fallet Kräftan händer mycket i det personliga livet – här sker en hel del i det sociala livet.

Den med ascendenten i Stenbocken får mycket uträttat, om än allt kräver sitt arbete – inget kommer gratis. Han är framför allt en handlingsmänniska, som vill uträtta stora ting.

Hus 2 i Vattumannen. Han tar det där med pengar väldigt allvarligt och med stor försiktighet. Planerar och lägger budget och tänker efter före. I botten har han övertygelsen att pengar egentligen är något fult.

Hus 3 i Fiskarna. Någon större vänkrets har han knappast. Han har svårt att skaffa sig vänner, och dem han får är han själv inte riktigt nöjd med. Det vill liksom inte fungera riktigt, och därför undrar han ofta hur hans umgänge egentligen uppfattar honom.

Hus 4 i Väduren. Hemlivet är aktivt och fullt av livslust. Familjen gör allt möjligt tillsammans, bråkar och grälar gärna, utan att det blir något allvarligt. Hög stämning.

Hus 5 i Oxen. Han är en sådan som njuter av lugn och ro, och att pyssla med små hobbies. Kanske skaffa sig en liten täppa, en stuga på landet. Trygghet är vad han egentligen strävar efter för egen del, även om han tar underliga vägar dit.

Hus 6 i Tvillingarna. Han låter sig inte engageras så värst i sitt arbete, utan rör sig runt en hel del. Umgås gärna och mycket med arbetskamraterna – pratar bort många timmar. Ganska litet blir uträttat och han är inte särskilt praktisk, men han uppskattas ändå.

Hus 7 i Kräftan. Kärleken till partnern är innerlig och han hör till dem som verkligen förälskar sig. Ömhet och värme flödar. Han är angenäm som midsommarsolen att bli älskad av.

Hus 8 i Lejonet. Döden berör honom mest på så sätt att han oroar sig för att den ska drabba honom. En viss dödsångest är märkbar. Han vill vara den som själv väljer tid och plats, och ofta blir det så. Han ser först till sin egen säkerhet.

Hus 9 i Jungfrun. Några större förändringar vill han inte gärna vara med om. Vadhelst han ger sig in på ska granskas och ifrågasättas om och om igen, och sedan ägnar han decennier åt förberedelser. Ingenting lämnas oöverlagt.

Hus 10 i Vågen. Offentligen har han en viss auktoritet, andra använder honom gärna som medlare och skiljedomare. Hans status är tämligen konstant, och omgivningen tycker alltid att det han har och får, det förtjänar han.

Hus 11 i Skorpionen. På det ideella planet är han intensiv. Han talar mycket om ödet och det förutbestämda i tillvaron. Livets och dödens spel med de hjälplösa människorna. Där han organiserar sig, vilket ofta händer, är han alltid den mest revolutionära och extrema i åsikter. En ytterlighetsmänniska som inte fruktar några konsekvenser. Hans agitation glöder.

Hus 12 i Skytten. Det är friheten som han får offra på i första rummet. Alltför hårt engagerad i livets alla faser får han aldrig tid eller chans till ett mer improviserat levnadssätt. Allt går i sina invanda spår och han känner att han sitter fast i dem. Han har svårt att se saker och ting i ett större perspektiv eller leva mindre materialistiskt.

AC *Ascendenten i Vattumannen* ♒

Här står husen i sextil med ursprungstecknen, precis som när ascendenten är i Tvillingarna. Det betyder kreativitet, skapande under fria former. För Tvillingvariantens del mer i det näraliggande, och här för Vattumannen mer offentligt.

Han är en utpräglat officiell person, dragen åt avancerat tänkande och manifestation av detta. En auktoritet som röner stor respekt, men kanske så teoretisk att han blir svårbegriplig.

Hus 2 i Fiskarna. Hans ekonomi är tumult. Fattigdom hör till vanligheterna, och ingen ordning alls på det monetära. Han må försöka men saknar disciplin att lyckas. Mestadels går det åt pipan, och alltid har han penningbekymmer. Skulder och på tok för många avbetalningar.

Hus 3 i Väduren. Han är sprudlande aktiv i vänkretsen. Den som hittar på, vill ut och göra saker och piggar upp. Han eftersträvar inte riktigt någon ledarposition, men gillar ändå att vara lite utmanande eller till och med lättsamt aggressiv i umgänget.

Hus 4 i Oxen. Familjelivet är lugnt, prydligt ordnat och lite tråkigt. Men tryggheten härskar. Det finns ett praktiskt sinnelag här för att få allt att fungera och behålla status quo.

Hus 5 i Tvillingarna. Han njuter av intellektuella sysselsättningar, att samtala och utbyta idéer. Att umgås lättsamt och ytligt. Han är litteraturintresserad och läser mycket, om än sällan några tegelstensromaner. Spirituell.

Hus 6 i Kräftan. Arbetet känner han varmt för. Det engagerar honom och han lämnar det aldrig ifrån sig. Han visar entusiasm och stor ömhet gentemot jobbet, och känner stor glädje i det – trots att han inte alltid är så rationell eller skicklig.

Hus 7 i Lejonet. Egentligen är hans kärleksaffärer mest narcissistiska övningar. Han ser till sina egna behov, men glömmer partnerns. Likaså vill han absolut vara den som dominerar och bestämmer. Lite rädd för att förälska sig.

Hus 8 i Jungfrun. Han förbereder sig för dödsfall och födslar genom allehanda försäkringar och arrangemang. Gärna preventivmedel, hälsokost och oändliga försiktighetsåtgärder för att gardera sig. Aldrig blir han tagen på sängen. Allt ska planeras och förberedas. Han lever med självdisciplin.

Hus 9 i Vågen. Några större förändringar är det inte fråga om. De som kommer är sådana att de mer smyger sig på och knappast förmår rubba hans cirklar. "Ta det försiktigt", är hans motto.

Hus 10 i Skorpionen. Socialt är han den som nästan skrämmer. Folk tycker att det ligger något ödesmättat över honom och han har en viss förmåga att chockera sin omgivning. Inte så mycket för vad han gör, som för det outtalade. Ena stunden kan han stå högt på samhällsstegen, i nästa har han rasat till dess botten.

Hus 11 i Skytten. Han är inte den som fångas upp av några krassa politiska ideal, utan strävar efter betydligt större perspektiv. Han har en ideologisk klarsyn, närmast filosofisk, som andra avundas honom – men den leder sällan till några konkreta ställningstaganden. Han är den som aldrig slår sig till ro med en åsikt, utan alltid fortsätter att grunna, tills han blir närmast obegriplig. Alltid abstraktioner.

Hus 12 i Stenbocken. Det är inte mycket, rent konkret, som han lyckas åstadkomma. Alla eventuella ambitioner rinner ut i tomma intet. Ja, han får massor gjort i och för sig, men sällan når han sina mål – om han ens kan förmå sig att skissera sådana. Betänksamhet gör att han har svårt att besluta sig.

AC *Ascendenten i Fiskarna* ♓

Här kommer en parallell till ascendenten i Oxen, på så sätt att positiva hus står i negativa tecken och negativa hus i positiva. Det betyder att i dessa personers liv har det introverta och extroverta bytt plats.

För deras liv innebär det ett tillstånd av viss förvirring. De har svårt att finna sin plats och att anpassa sig till tillvarons olika sidor. Det är på sätt och vis en situation av omkastad ordning. Allting flyter lite grann omkring.

Hus 2 i Väduren. Han kan kämpa och slåss för att skaffa sig lite av livets goda. Pengar rinner i mängd genom hans händer. Ett tagande och slösande. Han tycker om pengar för vad man kan göra med dem: "Det är kul att vara rik." Men han slutar lika lätt som fattig, för han tar lite väl stora risker.

Hus 3 i Oxen. De vänner han en gång fått behåller han och har svårt att ta nya kontakter. Blyg och tillbakadragen, trogen sina vänner och mild i umgänget. En godmodig typ.

Hus 4 i Tvillingarna. Familjelivet tar han betydligt lättare på. För honom är familjen snarast en grupp människor att umgås med. Blodsbanden har han svårt att känna och hemmet är mest en plats han då och då besöker, men inga starka band binder honom till det.

Hus 5 i Kräftan. Vad han framför allt njuter av är att spinna innerliga känslor omkring sig, att gå på bio och få skratta och gråta. Han vill så gärna känna starkt inför livet. Ömhet och kärlek, mer för upplevelsens skull än för objektets. Han älskar utan speciell riktning.

Hus 6 i Lejonet. På jobbet har han förmågan att ta äran åt sig för det mesta, och trivs inte om han inte får bestämma. Han jobbar ogärna kollektivt, utan helst i ensamt majestät. Ser sina egna kvaliteter, men inte andras.

Hus 7 i Jungfrun. De förhållanden han förvisso hamnar i sker bara efter moget övervägande. Han är en väldigt kritisk eller rent av gnatig partner, som hittar tusen fel på sin motpart och på relationen. Men han strävar verkligen efter att förbättra deras relation, och går det som han vill blir det ett i minsta detalj ordnat förhållande. Inga överraskningar.

Hus 8 i Vågen. Att folk föds och dör omkring honom tar han med jämnmod. Och han behåller fattningen bra i alla sådana situationer, manar till lugn. Det är dock inte i någon större utsträckning han behöver bekanta sig med dödshusets manifestationer. Lite förvirrande kan han vid ett dödsfall ställa frågan: "Var det rätt, det som skedde?"

Hus 9 i Skorpionen. Han får verkligen uppleva många drastiska, plötsliga och genomgripande förändringar i livet. Besöker exotiska platser, flyttar från ena ytterligheten till den andra och lever över huvud taget ett synnerligen händelserikt liv.

Hus 10 i Skytten. Någon speciell social status har han inte, andra ser honom mest som befinnande sig utanför det gängse sociala livet. Han har ett fritt förhållande till samhällets band och är inte den som axlar större ansvar eller befattningar.

Hus 11 i Stenbocken. Han har stora ambitioner vad gäller det ideella, engagerar sig gärna för höga mål och kämpar hårt för att förverkliga dem. En god och energisk organisatör och uträttare av stora ting i föreningslivet.

Hus 12 i Vattumannen. Vad hans liv mest saknar är tyngd och allvar. Mycket händer men få varaktiga ting, eller lite av det som skänker kunskap. Han känner sig tämligen förvirrad och okunnig. Livet saknar fasthet. Och någonstans inser han att egentligen har han ingen aning om vad livet går ut på och vad vi är till för.

Arabisk zodiak från 1200-talet.

Planeterna i husen

De olika planeterna har beroende på sin karaktär olika mycket att göra med vart och ett av de tolv husen. Eftersom husen är en spegling av zodiakens tecken, kan också husen sägas ha speciella härskar- och exaltationsplaneter. De är desamma som för motsvarande tecken. Men därutöver har varje planet naturligtvis sin specifika betydelse och inverkan i det hus där den befinner sig. Också detta är helt i linje med de tidigare givna nyckelorden för såväl hus som planet.

När man bedömer hur den miljö som ett visst hus beskriver kommer att gestalta sig för den person horoskopet gäller så är det klokt att komplettera med att också ta en titt på de planeter som hör huset till. I ännu högre grad bör man naturligtvis studera positionen hos det zodiaktecken som svarar mot huset i fråga.

När det gäller ascendenten så är den självklart ingen annanstans än på gränsen till första huset, eftersom den är lika med den gränsen, varför inget är skrivet om den här nedan.

Medium Coeli kan variera. I medeltal är MC 90° ovanför ascendenten – i startpunkten till tionde huset – men den kan befinna sig både närmare och längre bort. Det möjliga avsteget från rät vinkel ökar ju nordligare födelseplatsen ligger, så att den i norra Sverige kan hamna överallt från sjunde till tolfte huset. Men MC kommer aldrig in i första huset, eller i sjätte.

I andra hussystem, som Placidus, bildar MC alltid startpunkten för tionde huset. Bara i likahussystemet kan MC befinna sig i andra hus än det tionde. Alla de övriga planeterna kan befinna sig i vilket hus som helst.

Om ett hus inte innehåller några planeter alls, betyder det att den miljö som huset symboliserar inte spelar någon större roll i personens liv eller i alla fall blir tämligen händelsefattig.

Här följer en snabb redogörelse för planeternas inverkan på de olika husen, presenterade hus för hus.

Första huset
Första huset är ascendentens hus. Det är en viss skillnad mellan att ha en planet i konjunktion med själva ascendenten, och att ha planeten längre in i huset. I det första fallet gäller som för alla konjunktioner att de båda krafterna smälter samman och blir svåra att skilja åt. Man får intrycket av en enhetlig personlighet, en som med kraft visar upp sig som utpräglat dominerad av den aktuella planetens kraft.

I det fall då planeten befinner sig längre in i första huset, som texterna här nedanför beskriver, är det snarare fråga om en mångtydighet - anlag som fungerar parallellt med ascendentkaraktären, men fullt urskiljbara.

Planeter i första huset visar hurdan man verkar vara, om inte jämt så i alla fall oftast. De uppträder som personens speciella anlag och talanger.

Mars kan sägas härska över första huset och solen exaltera i det. Men alla planeter är kraftfulla här och deras inflytande är tydligt.

☉   *Solen* i första huset ger en karaktär som både på ytan och på djupet tillhör det tecken där första huset står. En klar och ganska onyanserad personlighet. Han är den han verkar vara.

☽   *Månen* ger höggradig själfullhet åt gestalten, och rika känslor som alltid framträder tydligt. Han är inte den som kan hålla masken.

☿ *Merkurius* ger en utpräglat intellektuell typ, ivrig till kommunikation och ordentligt spirituell.
♀ *Venus* ger ett ömt yttre, som sprider "goda vibrationer" omkring sig och är kärleksfull i sitt yttre. Charmig.
♂ *Mars* ger en aggressiv och ganska bråkig typ, med kraftfullt och påträngande uppträdande.
♃ *Jupiter* skänker personen lättsamhet och ett frigjort uppträdande. Han verkar synnerligen framgångsrik och motgångar tycks inte bita på honom.
♄ *Saturnus* ger en ansvarsfull, ganska allvarlig typ, med till synes stark pliktkänsla och god självdisciplin.
♅ *Uranus* ger en spirituell, tänkande personlighet, som med lätthet låter tankarna dra åt det sublima, och själv uppträder oerhört sofistikerat.
♆ *Neptunus* ger en fantasifull gestalt som tycker om att förklä sig och spela roller. Man vet aldrig riktigt var man har honom.
♇ *Pluto* ger en person som ofta i livet genomgår totala förvandlingar av sitt yttre. Där finns vändpunkter i hans liv, när han liksom "byter skal" och verkar som en annan människa. Från ytterlighet till ytterlighet.

Andra huset
Detta hus har att göra med ens ägande och ekonomiska situation. Hur man har det med pengarna och det materiella. I parallell till Oxens tecken kan Venus sägas härska och Månen exaltera här.
☉ *Solen* i andra huset betyder att personen är tämligen besatt av den ekonomiska sidan av tillvaron. Den spelar en stor roll i hans liv. Han har goda chanser att bli ordentligt rik, kanske han rent av ärvt sig till en massa pengar.
☽ *Månen* har det bra ställt, och är mycket förtjust i sina ägodelar. Han är en flitig samlare och vårdare av tingen.
☿ *Merkurius* har svårare att hålla i slantarna, men i gengäld ganska lätt för att tänka ekonomiskt. Inte sparsamt, men lönsamt.
♀ *Venus* har det gott ställt och drabbas sällan av några ekonomiska problem. Han är mycket mån om att vårda sina ägodelar.
♂ *Mars* kämpar hårt för att tjäna pengar, och visst tjänar han en hel del – men frågan är om han ger sig tid att njuta särskilt mycket av rikedomen. Mest har han problem med den.
♃ *Jupiter* betyder tur med pengar. Han kan gott riskera slantarna i spel, utan trista följder. Han är den som råkar ut för överraskande silverregn, "manna från himlen".
♄ *Saturnus* känner en plikt att tjäna pengar och plågas hela tiden

av ett ekonomiskt samvete. Han strävar efter att få det gott ställt, är ganska snål men har ändå inte alltid så bra med pengar.

♅ *Uranus* är inte särskilt intresserad av pengar. Han skulle kanske kunna ordna det för sig om han hade lust, men det har han sällan. Han ser pengar som symboler och symptom på tillvarons förgänglighet. Möjligtvis kan han roas av att satsa pengar på aktier.

♆ *Neptunus* är inte den som har det så bra ekonomiskt, men han hittar på många originella sätt att göra sig en hacka, och han drömmer ofta om rikedom.

♇ *Pluto* betyder drastiska förändringar i ägandet. Ibland rik och nästa ögonblick fattig som få. Det händer grejer, så han vet aldrig säkert hur han får det i morgon.

Tredje huset

Detta hus har med en persons närmare umgänge att göra. Vänner och bekanta. Dessutom beskriver tredje huset den allmännare utbildningen, som grundskolan, och sådant som har med språket – i tal och skrift – att göra. Merkurius sägs härska över tredje huset (liksom Tvillingarnas tecken) och Jupiter exaltera här.

☉ *Solen* lever i princip för sina vänner, och är en umgängesmänniska i ordets fullaste betydelse. För honom är vännerna det allra viktigaste.

☽ *Månen* har ett själfullt umgänge, kanske inte med så många, men med desto djupare kontakt.

☿ *Merkurius* har ett brett och sprudlande umgänge, med många vänner och mängder av samtal. Han har lätt att ta nya kontakter.

♀ *Venus* har ett kärleksfullt förhållande till sina vänner, som känner sig dragna till honom. Det är ett rikt och glatt umgänge.

♂ *Mars* bråkar och grälar mycket med sina vänner. Han är besvärlig, men på sitt speciella vis inspirerande. Han vill dominera.

♃ *Jupiter* får många, många ytliga bekantskaper hela tiden, men sällan några riktigt nära vänner. Han vill alltid lära känna nya människor och hastar från den ena till den andra.

♄ *Saturnus* tar vänskapsbanden på allvar och är mycket pliktmässig i sina relationer. Kanske något av en tråkmåns, eller i alla fall med rätt spända relationer.

♅ *Uranus* upplever fantastiska ting med sina vänner och har spirituella, väldigt djupa kontakter. Han umgås som ett sätt att vinna insikt. Vännerna nästan dyrkar honom.

♆ *Neptunus* har ett annorlunda umgänge. Originalitet och fantasifullhet i relationerna är viktiga ingredienser. Ofta är han ganska ensam.

♀ *Pluto* upplever många drastiska förändringar i vänkretsen. Ofta byter han helt umgänge, alldeles plötsligt, och sedan träffar han aldrig mer de gamla vännerna.

Fjärde huset

Detta hus har att göra med hemmet och familjen. Dess ursprungstecken är Kräftan. Här sägs månen härska och Venus exaltera. Hur hemmet ser ut och fungerar syns i fjärde huset – såväl det hem som personen växte upp i, som det han sedan själv bildar. Astrologin menar alltså att de tenderar att likna varandra, att man som vuxen formar bostaden och familjelivet efter hur barndomshemmet såg ut.

☉ *Solen* i fjärde huset betyder en person som helt och hållet förverkligar sig genom familjen. Hemmet är det allra viktigaste, och den plats där han ojämförligt trivs bäst.

☽ *Månen* är den allra ömmaste och innerligaste hemmamänniska med den djupaste känsla för sin familj. Han behöver verkligen sin familj och har svårt att vara ifrån den, ens kortare stunder.

☿ *Merkurius* kan umgås med sin familj, men de djupare känslorna infinner sig sällan. Dock pratas och kommuniceras det en hel del i hans hem. Stämningen är munter, otvungen.

♀ *Venus* känner stor kärlek till hemmet och ger sin familj det allra bästa. Det är ett trivsamt och glatt hem.

♂ *Mars* ger en bråkig hemmiljö, med ideliga aggressioner mellan familjemedlemmarna. Många slitningar, men också äventyrligheter. En familj som har saker för sig.

♃ *Jupiter* har inte så fast kontakt med familjen, men det är ett lyckligt hem utan problem. Allt flyter fint. Mycket folk och mycket som händer.

♄ *Saturnus* känner starka pliktband med hemmet, och uppfyller alla tänkbara skyldigheter med nit. Han är ansvarsfull och krävande. Många problem är att vänta.

♅ *Uranus* upplever känslor av insikt och stor förståelse genom vad som sker i hemlivet. Han har ett subtilt förhållande till familjen, nästan mystiskt. Blodsbanden känns liksom heliga.

♆ *Neptunus* hem är en kittel av lustiga kryddor. Det händer en hel del, konstigheter mest, och luften är full av outtalade tankar. Inspirerande men jobbigt.

♀ *Pluto* betyder stora förändringar i hemmet. Drastiska skeenden, som ingen har någon särskild kontroll över. Familjer bryts upp, skilsmässor är av nöden, och plötsliga flyttningar.

Månen och dess värv. Av Hans Sebald Beham, 1530-talet.

ditt horoskop

Femte huset

Detta är njutningarnas hus, som visar vad man gör när man själv får välja. På fritiden och när man inte är iakttagen. Det man har lust med. Solen sägs härska här, och Pluto exaltera.

☉ *Solen* ger en utpräglad njutningsmänniska, som känner att livet är vad man får ut av det och går in för att leva efter sin vilja.

☽ *Månen* är den som njuter av själsliga, känslomässiga upplevelser. Att skratta och gråta, känna djupt inne i bröstet och blodet.

☿ *Merkurius* favoriserar det intellektuella. Kommunikation, litteratur och sådant. Att samtala. Kurser och studiecirklar.

♀ *Venus* favoriserar kärleken. Inte nödvändigtvis den sexuella, men där han själv får välja finns alltid en erotisk doft. Det är dessutom en mycket kreativ människa. Konstnärlig.

♂ *Mars* vill kämpa och slåss och visa kraft. Han är den konstruktiva och demonstrativa. En hetsig fritid. Idrott och tävlingar är uppskattat.

♃ *Jupiter* har lycka och framgång i vadhelst han gör på fritiden. Bäst fungerar det med sådant som innebär förnyelse och att pröva det obekanta. Han är lite rastlös och ombytlig.

♄ *Saturnus* vakar å det pliktmässigaste över sitt njutningsliv. Han trivs därför svårligen med fritiden, för att han inte kan släppa tankarna på vad han "borde göra". Också på lediga stunder gör han mest sådant som förväntas av honom.

♅ *Uranus* dras åt mystiken och metafysiken. Han vill hela tiden uppleva sådant som ligger ovanför den banala verkligheten.

♆ *Neptunus* är en konstnärsnatur, som har ett behov av att fantisera och drömma och kanske berusa sig. Hans lediga tid är ofta fylld av skapande arbete och vilda drömmar.

♇ *Pluto* gillar häftiga, farliga utmaningar. Han är den som hals över huvud störtar sig in i vad som helst. Det finns också en dragning åt det destruktiva.

Sjätte huset

Här syns arbetet och allt därmed besläktat. Merkurius sägs härska och Venus exaltera i det här huset. Många astrologer menar att sjätte huset också säger mycket om hälsan, det kallas till och med för "Hälsans hus", vilket är en rimlig följd av att arbete och hälsa förvisso hänger ihop i människors liv.

☉ *Solen* förverkligar sig genom arbetet och lever upp när han håller på med det. En riktig arbetsmyra.

☽ *Månen* känner också starkt för arbetet och är den som gärna smyckar och vårdar sin arbetsplats.

☿ *Merkurius* har ett intellektuellt uttrycksbehov på jobbet. Han tar det ganska lättsamt och improviserat. Det praktiska sköter han sämre. Rörlighet och ombytlighet vill han ha.
♀ *Venus* gör ett bra jobb i lugn takt, och lyckas med det mesta. Han har "gröna fingrar" för vilken bransch han än jobbar i. En kreativ begåvning. Arbetet är fyllt av framgångar.
♂ *Mars* är strävsam, lysten och energisk på jobbet. Det blir ofta bråk omkring honom, och han är ofta själv orsak till dem.
♃ *Jupiter* har tur i jobbet. Allt går honom rätt i händerna, och sällan stöter han på komplikationer. Han får ofta byta arbetsuppgifter och pröva på nya ting.
♄ *Saturnus* tar jobbet på allvar, fördjupar sig i det och talar alltid om plikt och ansvar. Vad andra slarvar med är han framme och rättar till. Pålitlig och auktoritär.
♅ *Uranus* arbete är en port till högre upplevelser. Han känner inte ett dugg för det praktiska och jordnära, men får han syssla med något mer sofistikerat så kan han överraska.
♆ *Neptunus* favoriserar konstnärligt arbete. Annars dagdrömmer han och är långt ifrån närvarande. En påhittig en är han alltid, som vill göra allt på annorlunda vis.
♇ *Pluto* råkar ut för många drastiska förändringar i arbetet, och ingen vet vad som kan hända där han jobbar. Han byter ofta jobb, på ett dramatiskt vis.

Sjunde huset
Det här är det första hus där Medium Coeli kan ligga, men det är bara på mycket nordliga breddgrader. Och inte är det ofta. Huset visar på ens partnerförhållanden och kärleksliv. Med partnerförhållanden menas mest det äktenskapliga, men inte uteslutande – även affärsrelationer och samarbetspartners räknas in här. I sjunde huset sägs Venus härska, vilket inte är svårt att räkna ut. Dessutom sägs Merkurius i någon mån exaltera här.
MC *Medium Coeli* betyder en som uppfattar sig själv som en idealisk partnermänniska, som alla borde längta efter att leva ihop med.
☉ *Solen* är en som verkligen lever för sin partner och för deras relation. En make eller maka i ordets fullaste bemärkelse.
☽ *Månen* är innerlig och djupt engagerad i sin partner. Känslorna flödar och kontakten är djup som en brunn.
☿ *Merkurius* tar sina förhållanden mer lättsamt och har partnern mest som ett inbyggt umgänge, att prata och utbyta tankar med.
♀ *Venus* älskar sin partner så mycket det går och får kärlek igen.

Han är den perfekta älskaren. Mycket gott kommer av hans förhållanden.

♂ *Mars* är den som kivas och grälar mycket med sin partner, och har svårt att hålla sams. Han vill vara den som bestämmer.

♃ *Jupiter* har flyt med partners, många och ofta lyckliga förbindelser. Sällan något varaktigt.

♄ *Saturnus* är den som gifter sig och håller hårt på formerna. Han är trogen av princip och kräver absolut detsamma av sin maka. Äktenskap är för honom någonting väldigt allvarligt och ett stort ansvar.

♅ *Uranus* vill nå höga höjder av samvaro med sin partner, vill skapa kommunikation på ett närmast astralt plan tillsammans och tränga djupt ner i partnerns väsen.

♆ *Neptunus* har originella förhållanden, med dragning åt det avvikande och kanske opassande. Han letar efter annorlunda upplevelser och dras särskilt mot säregna, annorlunda människor.

♇ *Pluto* råkar ut för häftiga omvälvningar i sina förhållanden. De bryts plötsligt och oväntat och ganska våldsamt. Det som sker är alltid ganska dramatiskt.

Åttonde huset

Detta hus kallas horoskopets dödshus, och representerar händelser som födslar och dödsfall. Blodsbanden hör hit – i form av släkten, inte precis den egna familjen, som mer hör till fjärde huset. Likaså är åttonde huset hemvist för mystiken och det ockulta. Huset svarar mot Skorpionen och sägs ha Pluto som härskare och kanske Neptunus exalterar här.

MC *Medium Coeli* tar sig själv på dödligt allvar, och kan ha en nästan profetisk bild av sig själv. Han ser sig som en inkarnation, mer än som en levande varelse.

☉ *Solen* lever ett verkligt häftigt och farligt liv, med mängder av tillbud som hör huset till. Han är även själv i riskzonen.

☽ *Månen* är oerhört intensivt engagerad i husets frågor, särskilt känslomässigt. Mycket sker, och ännu mer känner han inför det. Han kan drabbas hårt av sorg efter närståendes dödsfall.

☿ *Merkurius* har en lättsammare attityd till döden. Han är nyfiken på den, men ser den sällan närmare.

♀ *Venus* har ett mjukt förhållande till döden och kan gott vara mycket fruktsam. Det är mer födslar än dödsfall omkring honom.

♂ *Mars* upplever mer av dödsfall och det kan till och med hända att han själv råkar bli orsak till något. Han kan ställa till med riktigt farliga saker, både för andra och sig själv.

Merkurius och dess värv. Av Hans Sebald Beham, 1530-talet.

♃ *Jupiter* har ett fritt förhållande till husets områden. Det är inte stor risk att han själv drabbas av vare sig det ena eller andra, och om det sker, är det mest till hans fördel.
♄ *Saturnus* är den som absolut ska klä sig i svart när någon dör. Han ser tungsint på livsfrågorna och drabbas hårt av det som händer här. Tider av svårmod.
♅ *Uranus* når insikter om livet och döden som andra knappt kan föreställa sig. Han kan se klart på inkarnationens hemlighet och har lätt att få kontakt med andevärlden.
♆ *Neptunus* engageras intensivt i frågor om liv och död, och hans fantasi spinner mycket runt detta. En del ganska kusliga upplevelser kan han vänta sig, men det är mest fantasins besatthet. En viss medial förmåga.
♀ *Pluto* råkar ut för saker – häftiga, farliga, drastiska. Olyckor och kanske katastrofer. Han står tillräckligt nära döden att ha en god chans att genomskåda den. Ofta dras han till magin.

Nionde huset
Detta hus styr över förnyelser, långa resor och sådant. Om man flyttar långt eller ofta bör det vara markerat här, men också andra former av tydliga förändringar i vardagslivet. Nionde huset är parallell till Skyttens tecken, med Jupiter som härskare och Uranus som exalterande planet.
MC *Medium Coeli* upplever sig själv som en förnyare, mer en kontinental än en provinsiell typ. Han är född för världen, och inte intresserad av små perspektiv, anser han själv.
☉ *Solen* är den fria människan, som lever ett förändringens liv och verkligen inte mår bra av status quo.
☽ *Månen* ogillar förändring men när den kommer så gör han den helst varaktig. Att resa väcker starka känslor inom honom. Han kan emigrera.
☿ *Merkurius* är ständigt på fri fot och rör sig i alla lägen, kanske inte lika långt som ofta. Sällan har han det som igår men allt sker mest på det lilla planet, i det vardagsnära.
♀ *Venus* är den som inte gärna emotser förändringar, men fogar sig ända med lätthet efter dem och vänder dem till något positivt.
♂ *Mars* driver igenom saker och ting med kraft och otålighet. Hans resor är ofta blandade upplevelser, alla större förändringar är arbetsamma och intensiva.
♃ *Jupiter* byter miljö med lätthet och utan komplikationer. Han får smaka på mycket, och allt verkar mer eller mindre falla över honom alldeles gratis.

♄   *Saturnus* motarbetar förändringar och fogar sig bara efter dem om han känner att han måste. Mest strävar han efter att komma hem och ändra allt till det ursprungliga igen.
♅   *Uranus* upplever resor väldigt intensivt, och gläds åt stora förändringar. Han dras till det exotiska och är inte rädd för att till exempel emigrera.
♆   *Neptunus* är en som upplever häftiga ting på sina resor. Framför allt är det fantasin som inspireras. Därför väljer han med fördel exotiska mål och förändringar till det annorlunda. Ett ombytligt liv är toppen för honom.
♇   *Pluto* känner förändringar slå som skarpslipade yxor fäller tallar i skogen. Pang, pang så var det gjort och ingen kunde göra något åt det. Det är fråga om varaktiga förändringar på djupet.

Tionde huset
Här visas personens sociala status och officiella anseende, vilken position han når i samhället. Karriären, brukar man säga. Det är ofta avhängigt av arbetet, men skillnaden mot sjätte huset är att här beskrivs framgångar och motgångar på arbetsplatsen, medan sjätte huset talar om själva yrkesutövandet. Saturnus härskar här och Mars exalterar.
MC   *Medium Coeli* känner sig perfekt hemma i den bild andra gör sig av hans sociala jag. Där andra vill ha honom, där trivs han som bäst och sådan känner han sig.
☉   *Solen* är i hjärtat en offentlighetsperson. Han är som gjord för det sociala livet, och om han inte röner någon respekt från andra är han innerligt olycklig. Mestadels går det dock bra.
☽   *Månen* strålar brett omkring sig av ömhet och rika känslor. Han är inte den som gömmer vad han känner, utan tvärt om. En spontan människa, men inte den som nödvändigtvis klättrar så högt. Han oroar sig för vad andra tycker om honom.
☿   *Merkurius* tar inte så allvarligt på det sociala livet, även om det passar honom perfekt. Han känner ingen blygsel och kan konversera hur galant som helst. Världsvan och skicklig i offentligt umgänge.
♀   *Venus* både ger och får värme. Han anses vara välvillig och föra goda ting med sig. Det går honom väl i det sociala livet.
♂   *Mars* är en kämpe som tycker om att konkurrera och slåss mot andra. Gott om maktkamp och bråk, fiender i mängd.
♃   *Jupiter* får se sig om en hel del och pröva det mesta. Han avancerar på samhällsstegen utan ansträngning, utan att ens försöka. Lyckosam och framgångsrik.

♄ *Saturnus* vill kanske bestämma, men det blir inte mycket med det. Han tillerkänns dock stort ansvar och en viss auktoritet. Som beslutsfattare trivs han bra, men är för mycket paragrafryttare.
♅ *Uranus* blir folk aldrig riktigt kloka på. De respekterar honom utan att riktigt förstå honom, eller fatta vad han är ute efter. Han trivs bra i det offentliga livet och får mycket ut av det. Han har utstrålning.
♆ *Neptunus* gör folk oroliga och är själv den som föredrar ett udda socialt liv framför ett aktat. Han vill gärna överraska och vara annorlunda.
♀ *Pluto* genomgår stora förvandlingar i sin sociala roll. Ena stunden är han ingenting i andras ögon – den andra en celebritet av kolossalformat. Än högst uppe på samhällsstegen, än platt som en pannkaka på marken. Folk brukar tycka att han är mystisk och hemlighetsfull.

Elfte huset
Elfte huset står för en persons ideella hemvist och aktiviteter. Engagemang i föreningar och eventuellt i politiska organisationer, allt som rör kollektivet i stora eller väldigt stora grupper. Det är en avbild av Vattumannens tecken. Uranus härskar här och Saturnus exalterar.
MC *Medium Coeli* uppfattar sig själv som en utpräglad idealist, och ser för den skull gärna till att manifestera och deklarera sig.
☉ *Solen* är i sanning idealisten, som lever för andra och för höga värden, mer än för sig själv.
☽ *Månen* bekänner sig av hela sitt hjärta till sina ideal, som oftast har en något instinktiv, känslomässig prägel.
☿ *Merkurius* tar ganska lätt på det ideella, även om han tänker mycket på det och diskuterar ideologiska frågor flitigt. Det är lite grann mest ett konversationsämne för honom. Han kan ändå vara engagerad i åtskilliga föreningar.
♀ *Venus* är medmänsklighetens och kärlekens försvarare. Han engagerar sig gärna och ärligen i ideologiska rörelser, och kämpar med mjuka vapen.
♂ *Mars* slåss som en soldat för vad helst det kan vara han kämpar för. Det är kampen mer än målet som fascinerar honom, och han skyr få medel.
♃ *Jupiter* tar väldigt lätt på idealen. Men i föreningslivet och i ideella organisationer röner han stor framgång, och ser ofta sina mål bli verklighet.
♄ *Saturnus* tar gruvligt allvarligt på det ideella, med en dragning

Saturnus och dess värv. Av Hans Sebald Beham, 1530-talet.

åt det konservativa och åt principer om självbehärskning. Han strävar med mycken energi efter att förverkliga vad han tycker är rätt. En god organisatör och administratör i föreningslivet.

♅ *Uranus* har de allra finaste, mest sofistikerade ideal och hans tänkande når filosofiska höjder. Han är rent av en ideologiernas skapare eller förnyare.

♆ *Neptunus* tycker att politik är spännande, fastän han sällan förhåller sig till sakfrågorna, utan mer till stojet omkring. Han gillar ytterligheter.

♀ *Pluto* skiftar i ideal och övertygelse, från den ena ytterligheten till den andra. Plötsligt kan han svänga över och tycka något helt annat än innan. Han är ett osäkert kort, trots att han har den varmaste övertygelse för en sak – så länge den varar. En revolutionär.

Tolfte huset
Detta kallas zodiakens helvete och handlar om vad man får offra i sin tillvaro – vad som kommer i kläm eller inte får tillfälle att komma till uttryck. I livet är det vissa saker man lever ut och förverkligar, andra får man avstå ifrån för att få matematiken att gå ihop. Det är dessa offer som tolfte huset beskriver. Neptunus härskar här och Merkurius kan sägas exaltera.

MC *Medium Coeli* tycker själv att han är något av en martyr, och att han aldrig riktigt får chansen till självförverkligande.

☉ *Solen* här betyder att man aldrig riktigt förmår leva ut vad man är, utan hela ens tillvaro kommer lite på sned. Här är den verkliga martyren, om än inte alltid för en god sak.

☽ *Månen* har svårt att uttrycka sina känslor och är ganska hämmad. Han känner sig ofta olycklig och deprimerad.

☿ *Merkurius* får inte många tillfällen till intellektuell aktivitet och kan ofta känna sig lite dum. Tystlåten.

♀ *Venus* ser kärleken komma i kläm. Han har annat för sig och får aldrig tillfälle eller chans att riktigt älska. Inte heller får han utrymme för mer fritt skapande.

♂ *Mars* offrar på energi och konstruktiv kraft. Han håller tillbaka och hämmar sig själv. Påtvingad återhållsamhet. Ofta bär han på en malande värk eller smärta.

♃ *Jupiter* lever sitt liv på hårt arbete och måste slå sig igenom många motgångar. Aldrig står turen på hans sida. Men till slut kan lyckan bryta igenom eländet.

♄ *Saturnus* har inte mycket plikt- eller ansvarskänsla. Han är inte den man riktigt kan lita på, eller anförtro saker och ting.

♅ *Uranus* lever ett liv präglat av en viss alienation. Han har ingen djup kontakt med livsfrågorna och någon högre form av kunskap når han blott med svårighet.

♆ *Neptunus* har fantasi som skulle kunna återskapa universum men håller nästan allt inom sig själv. Väldigt lite får chansen att komma ut och visa upp sig. Hans drömliv är sprudlande rikt och fantastiskt, men antingen är det idel mardrömmar eller så minns han dem väldigt sällan när han vaknar.

♀ *Pluto* har här inte riktigt förmågan att åstadkomma några omvälvningar i sitt liv, utan det blir i stället rakt som en fåra och utan brutna banor. Lite tråkigt.

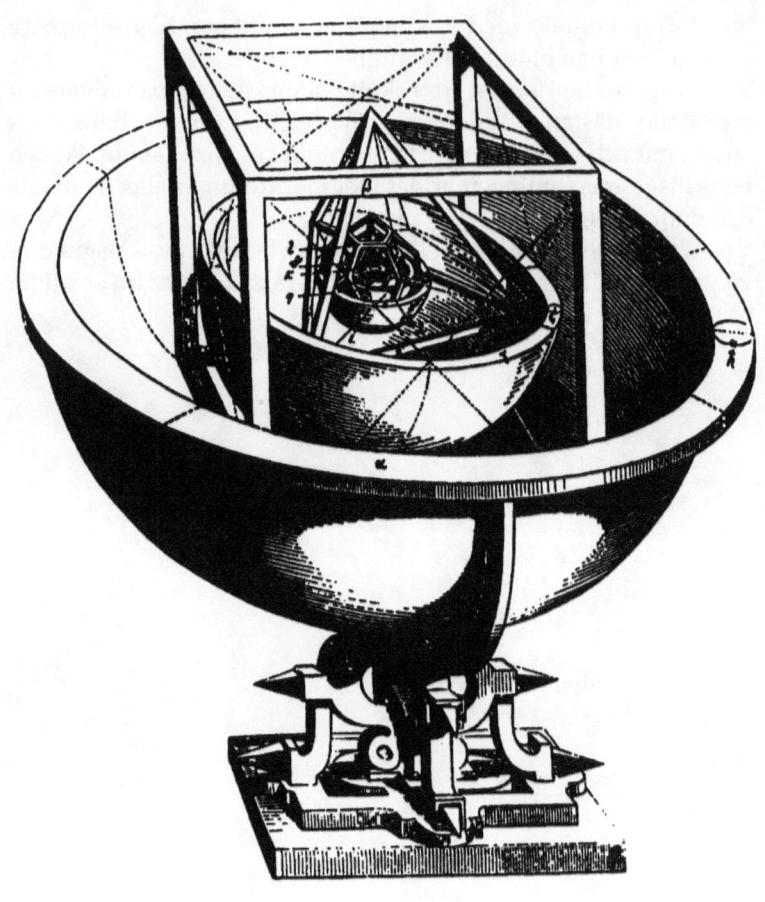

Johannes Keplers modell för solsystemet, med planeterna på avstånd från solen som motsvarar geometriska figurer. Kepler var matematiker och astronom, men också astrolog. I sina astrologiska tolkningar lade han särskild tonvikt vid aspekterna och deras harmonier, i ett resonemang i linje med vad som kallas 'sfärernas musik'. Bilden är från Mysterium cosmographicum, 1621.

Aspekterna i horoskopet

Aspekterna
Även om horoskopet är fast i sin form måste man minnas att det är bilden av ett fruset ögonblick av stjärnhimlens ständigt föränderliga rum. Allting rör sig i kosmos. Planeter, solar, galaxer. Man kan gott säga att rörelse är själva grunden för universum, och i allra högsta grad för livet. Även om ett födelsehoroskop förblir detsamma hur lång tid som än förflyter från det ögonblick då det upprättades, beskriver det inte något vilande, utan något som är fyllt av dynamik.

Och visst är människan dynamisk. I och genom henne verkar krafter, som må ha en bestämd karaktär, vilken horoskopet sägs beskriva – men dessa krafter är rörliga och föränderliga som livet självt. De utvecklas, framträder starkt eller sjunker tillbaka, de agerar och reagerar såväl med varandra inom personligheten, som med omvärldens svar och influenser. Detta spänningsfält beskrivs i horoskopet närmast av aspekterna, de svåraste nötterna att knäcka när man arbetar på sin tolkning.

Ursprung
Aspekterna är vinkelförhållanden mellan planetpunkter i ett horoskop. Som brukligt i en cirkel mäts de med grader, där hela varvet är 360°. Egentligen är varje vinkel i horoskopet en aspekt, hur ojämnt dess gradtal än är, men för enkelhets skull brukar man vid tolkning ge en speciell uppmärksamhet åt vissa vinklar som man funnit ha extra markant betydelse. Dessa är konjunktionen (0°), oppositionen (180°), trigonen (120°), kvadraturen (90°) och sextilen (60°).

Dessa fem aspekttyper har sinsemellan olika egenskaper men beskriver samtliga den dynamik som döljer sig i horoskopets fasta tavla. De visar på spänningar, relationer, interferenser och influenser mellan planetpunkterna. Aspekterna är ett slags nycklar till den rörelse och föränderlighet som varje horoskop måste innehålla. Människan är inte en ordnad figur av fasta egenskaper, utan snarare en ibland bräcklig enhet med många inre flöden. Dessa flödens vägar beskrivs av aspekterna.

Man kan undra hur urvalet av väsentliga aspekter gått till, och något av det första man då lägger märke till är att gradtalen alla är jämna delar av cirkelns 360°. Dividerar man cirkeln med aspektgraderna får man en snygg rad tal: konjunktionens 0° låter sig inte behandlas så, men det stämmer lika bra att säga att planeter i konjunktion är 360° ifrån varandra, vilket i division med cirkelns tal ger siffran 1. Oppositionens 180° ger siffran 2 (360/2), trigonen siffran 3 (360/3), kvadraturen siffran 4 (360/4) och sextilen siffran 6 (360/6).

En aspekt som svarar mot siffran 5 blir 72°. Den finns förvisso, kallas *kvintil* och tecknas med denna symbol: Q Men det är få astrologer som lägger någon större vikt vid den. Dess inflytande i horoskopet är både vagt och svårgripbart. Man kan kalla den en balansering mellan två motsatser, en medlare som inte kan eliminera spänningen mellan dess båda ändar, men leda den in på fruktbara vägar. Dess uttryck är ofta så subtilt att det är svårt att observera, och ibland kan den verka passiviserande. I det som följer har jag utelämnat kvintilen, eftersom den sällan används av astrologer, men det är inte en ointressant aspekt. Hågade läsare rekommenderas att behålla den i minnet för att själva någon gång pröva dess användbarhet.

Det är rimligt att anta att multiplarna 1 till 6 har mycket att göra med hur aspekterna kommit fram, men det som allra mest givit dem form och egenskap är deras återspegling i zodiaken. Zodiakcirkelns tolv tecken, från Väduren till Fiskarna, har relationer sinsemellan som tydligt anknyter till aspekterna:

Ett zodiakteckens konjunktion är givetvis det självt. Dess opposition är det tecken som ligger mitt emot det i zodiakcirkeln, såsom till exempel Väduren och Vågen eller Oxen och Skorpionen. Tecken som står mittemot varandra är verkligen varandras motsatser i sitt innersta. Inte så att de är helt olika till karaktären, utan snarare att de har tydliga likheter i karaktär, men med helt motsatt riktning. Väduren vill utmana och kämpa men Vågen medla och skipa rätt. Ändå är de båda kardinala tecken och fulla av inre kraft och beslutsamhet. De har ett förhållande av antingen–eller, som också är aspektens grundegenskap.

Ett zodiakteckens trigon är ett tecken av samma element, såsom Väduren och Lejonet. Mellan dem råder alltså ett släktskap som främjar harmoni och gott utbyte, vilket även kännetecknar aspekten.

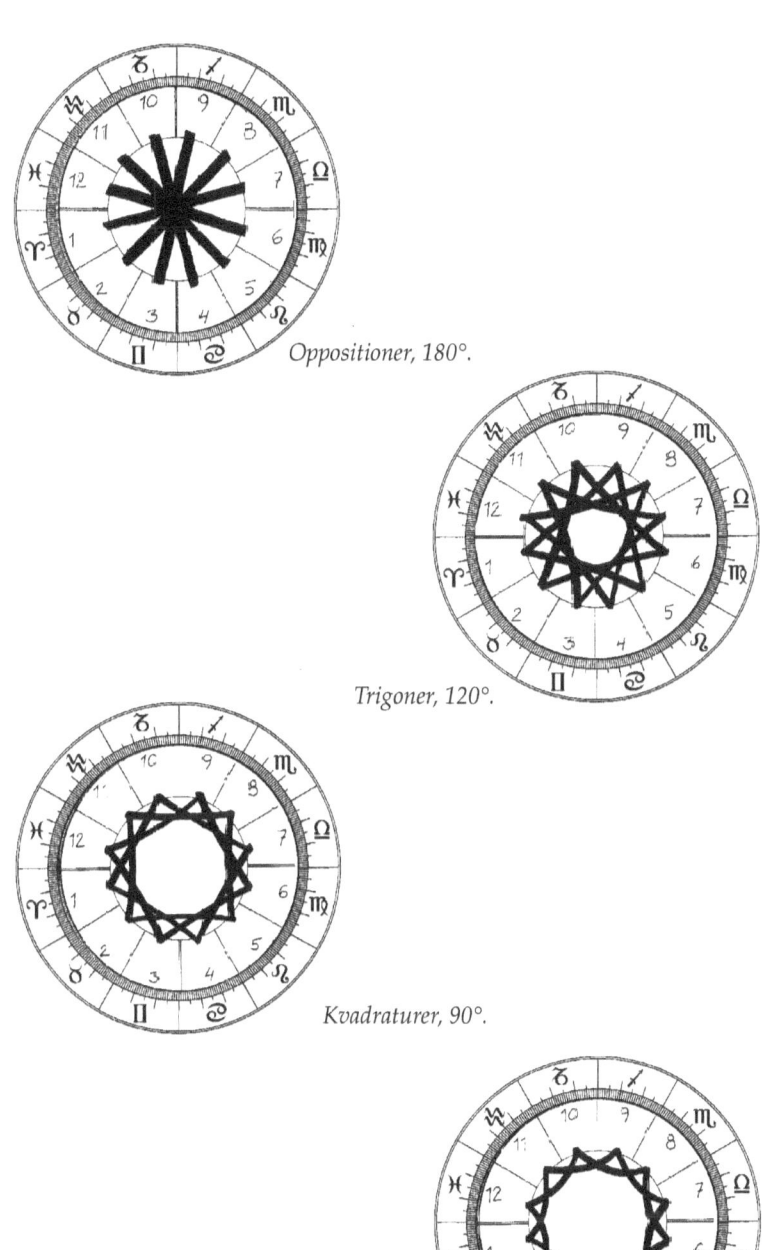

Oppositioner, 180°.

Trigoner, 120°.

Kvadraturer, 90°.

Sextiler, 60°.

ditt horoskop

En kvadratur i zodiaken knyter ihop tecken av samma tillstånd. Både Väduren och Kräftan, till exempel, är kardinala tecken. Precis som i oppositionen leder detta till konflikt, om än inte av lika oöverstiglig art. Kvadraturens konflikt är hanterlig och konstruktiv.

Zodiaktecken i sextil har samma laddning – positiv eller negativ, plus eller minus. Väduren och Tvillingarna är båda plustecken. De är tillräckligt olika för att härda ut varandra, men samtidigt så lika i sin extroverta karaktär att de fungerar ihop i en smidig, kreativ form. Detta gäller också aspekten.

Ovanstående resonemang är till god hjälp för att få ett stadigare grepp om aspekternas egenskaper, men som med hönan och ägget kan det vara svårt att säga vad som kom först – aspekten eller zodiakens förhållanden. Den övertygade astrologen konstaterar raskt att förhållandena inom zodiaken måste vara som nämnts, eftersom tecknen står i dessa aspekter till varandra – eller att aspekterna måste ha dessa kvaliteter, eftersom zodiaktecknens förhållanden till varandra är som de är. Vad som givit upphov till vad låter vi alltså vara osagt.

Viktigt är dock att se aspekternas betydelse, utöver parallellen med zodiaken. Deras betydelse är lika svår att överskatta som deras innebörd är att övergripa.

Dynamik

I det följande beskrivs kortfattat var och en av de fem viktigaste aspekterna mellan samtliga horoskopets planetpunkter. När det gäller så pass dynamiska ting som aspekter är det särskilt viktigt att inte binda sig helt och hållet till de exempel på tolkning som jag ger, utan se dem endast som försök till att hastigt teckna det centrala i varje aspekts väsen.

En aspekt innebär alltid en kommunikation eller ett förhållande mellan de krafter som de inblandade planeterna representerar. Planeterna kan här sägas vara speciella drivkrafter eller delar av jaget i personen. Aspekterna visar då hur de förhåller sig till varandra.

Eftersom här inte finns plats för att utveckla listan även med de olika zodiaktecknens och husens inverkan på varje enskild aspekt, aktar jag mig för att föra in perspektiv som hör dessa till i tolkningskommentarerna. I horoskopet är det planeterna som visar vilka krafter som agerar, aspekterna hur de förhåller sig till varandra, placeringen i zodiaken vilka särdrag de har och husen var de kommer till uttryck.

Säg till exempel att en person har månen i Lejonet i första huset i sextil med Jupiter i Vågen i tredje huset. Månen är det emotionella, själsliga jaget och i Lejonets tecken blir det ståtligt och väl synligt. En människa med ett innerligt förhållande till sig själv. Placerad i första huset är denna egenskap tydlig i personens yttre. En själfull, aningen självupptagen gestalt med en ståtlig, sensuell utstrålning. Jupiter är det expansiva, utåtriktade jaget, som visar på framgång och berikande skeenden. I Vågen är denna kraft i balans och lugn, så att få ting sker plötsligt, men har pålitlighet och varaktighet – och en logisk följd. I tredje huset betyder det ett rikt umgänge av många vänner och flertalet möjligheter till breda kontakter, likaså ett förnöjsamt, harmoniskt vardagsliv.

Sextilen mellan månen och Jupiter visar då att den ganska attraktiva gestalten stimulerar och stimuleras av det fridfulla umgänget. Personens charmerande yttre lockar nya vänner och hjälper till att bevara de gamla, och vänkretsens lojalitet gör personens uppträdande ännu stoltare och öppnare. En aspekt som berikar det emotionella livet och skänker tjusning åt vardagen.

Ungefär på det sättet kan man resonera vid tolkning av hela horoskopet. Men i det följande tas alltså bara hänsyn till planeterna och aspekterna, varför långt ifrån ens så mycket kan sägas. Astrologi är alltid en övning i upptränad intuition, där kunskaperna bör sjunka djupt ner i medvetandet, som ett stöd åt associationerna – inte som ett lexikon att slå upp varje horoskopets faktor i.

Varaktighet och frekvens
Det skiljer oerhört mycket på hur lång tid aspekter varar och hur ofta de uppträder, vilket man bör ha i minnet när man tolkar deras betydelse i ett horoskop. En aspekt mellan till exempel Neptunus och Pluto kan vara i fem år eller mer, men ascendentens aspekter försvinner inom loppet av några minuter, så att de som är födda bara några minuter från varandra – som tvillingar – kan ha helt olika aspekter. Det innebär naturligtvis att snabba aspekter har en högst personlig betydelse, men de långsammare är gemensamma för en hel generation.

Sorterade från den snabbaste till den långsammaste planetpunkten är aspekters varaktighet ungefär som följer, om man räknar med en tolerans om 4° (så att till exempel en sextil är allt mellan 56° och 64°). Aspekten träder då i kraft vid det ena gradtalet och ur kraft när den passerat det andra, i vårt fall en förflyttning på 8°.

Det är förstås den snabbaste planetpunkten som avgör

tidslängden på en aspekt, men om båda punkterna rör sig åt samma håll på zodiaken – vilket förstås är det vanligaste – kan detta förlänga tiden en del. Två planeter med ungefär samma hastighet kan behålla en aspekt betydligt längre än den angivna tiden.

Tabellen nedan gäller planeternas medelhastighet. Den varierar en smula för dem allihop men inte så mycket att siffrorna här kan bli radikalt annorlunda.

Aspekters varaktighet vid en tolerans om 4°:

AC	ascendenten	30 minuter
MC	Medium Coeli	30 minuter
☽	månen	15 timmar
☿	Merkurius	3 dagar
♀	Venus	4 dagar
☉	solen	8 dagar
♂	Mars	12 dagar
♃	Jupiter	3 månader
♄	Saturnus	8 månader
♅	Uranus	2 år
♆	Neptunus	5 år
♇	Pluto	5 år

Har man med en långsam aspekt att göra måste större hänsyn tas till placeringen i hus än till aspektens allmänna karaktär, vilken är gemensam för alla födda inom aspektens tidsrymd. Husgränserna rör sig däremot kvickt, så de blir mer personliga.

Hur ofta aspekter uppträder, deras frekvens, säger också en del om deras betydelse. Detta är förstås också en följd av planetpunkternas snabbhet, och slutsatsen som ska dras är av samma slag som ovan. De aspekter som uppträder ofta är personliga och ganska vardagliga till sin karaktär. De som dyker upp väldigt sällan har en kulturell betydelse, och påverkar en hel generation, så att civilisationen formas efter denna aspekt under den tid generationen förvaltar den.

Långvariga aspekter med de yttre planeterna i solsystemet sätter sin prägel på hela epoker.

Här är en tabell över hur länge det dröjer mellan planeternas konjunktioner. Siffrorna är förstås desamma för oppositionernas frekvens, eftersom även oppositionen bara sker en gång per varv runt zodiaken. För övriga aspekter blir det dubbla mängden, eftersom dessa kan bildas på två sidor om den långsammare planetpunkten.

Tid mellan planeternas konjunktioner:

AC	ascendenten	1 dygn för alla planeter
MC	Medium Coeli	1 dygn för alla planeter
☽	månen	1 månad för alla planeter

☿ Merkurius	1½ månad för solen				
	2 månader för Venus				
	1 år för övriga planeter				
♀ Venus	4 månader för solen				
	1 år för alla långsammare planeter				
☉ solen	1 år för samtliga planeter				
♂ Mars	cirka 2 år för alla långsammare planeter				

		♄ Satur.	♅ Uran.	♆ Nept.	♇ Pluto
♃ Jupiter	20 år	14 år	13 år	12 år	
♄ Saturnus		35 år	32 år	31 år	
♅ Uranus			160 år	130 år	
♆ Neptunus				487 år	

Notera det lustiga i att de yttre långsamma planeterna tar längre tid på sig mellan aspekterna med sådana som rör sig närmare deras hastighet, än med sådana som rör sig betydligt långsammare. Det går förstås fortare att varva en löpare som nästan står stilla i banan.

Den allra sällsyntaste konjunktionen Neptunus-Pluto inträffade senast mellan juli 1891 och maj 1893, då den ägde rum runt 8° Tvillingarna. Det gav en generation av nydanare främst inom kommunikationens område, såväl resande och språk som andra uttrycksformer. Alla dessa massmedia som nu översvämmar oss och fortsätter att slå sina egna rekord, bör ha haft sin upprinnelse i denna generation. Det är alltså inom detta område som vår tid och de kommande generationerna ser de största revolutionerna. Det har vi ju förstås lagt märke till.

De sista decennierna av 1900-talet var det inte fullt så sällsynta konjunktioner som inträffade: Uranus-Neptunus i Stenbocken (februari – oktober 1993) är den märkvärdigaste. I mitten på 1960-talet möttes Uranus och Pluto i Jungfrun. Dessa båda Uranus-aspekter hade förstås sin inverkan, mest på materiell och teknisk förnyelse eftersom de båda skett i jordtecknen.

Av övriga aspekter är det sextilen Neptunus-Pluto som utmärker sig. Den har kommit titt och tätt under andra hälften av 1900-talet, eftersom planeterna rört sig med ungefär samma hastighet genom zodiaken. Första gången den blev exakt var i januari 1950, sedan dröjde det till 1990-talet innan den tynade bort. Man bör ändå observera att vid konjunktionen Uranus-Neptunus 1993 befann dessa sig alltså även i sextil med Pluto, så de tre långsammaste planeterna var alla sammanknutna av aspekter.

Observera också att inte alla aspekter är möjliga. Ascendenten och Medium Coeli kan aldrig bilda konjunktion eller opposition med varandra, då skulle själva himlen rasa ihop. Venus och Merkurius kommer aldrig riktigt långt ifrån varandra eller från solen i det geocentriska perspektivet, eftersom deras banor går innanför jordens.

Obefintliga aspekter:

AC ascendenten	konjunktion och opposition med Medium Coeli
MC Medium Coeli	konjunktion och opposition med ascendenten
☉ solen	allt annat än konjunktion med Merkurius och Venus
☿ Merkurius	allt annat än konjunktion med solen, allt annat än konjunktion och sextil med Venus
♀ Venus	allt annat än konjunktion med solen, allt annat än konjunktion och sextil med Merkurius

Planetkrafterna

Som ett stöd för resonemangen i det följande vill jag här först sammanfatta vad de olika planetpunkterna representerar i en persons horoskop. Det är alltid fråga om inre krafter, anlag eller resurser, ungefär som om människan vore behäftad med tolv olika jag eller motivationer. Varje handling, varje uttryck för att en människa finns till, görs genom någon av dessa kraftpunkter.

I varje stund av nuet lever naturligtvis alla tolv punkterna och agerar, skapar, handlar såväl individuellt som i olika kombinationer och grupperingar. Det kan någorlunda liknas vid en orkester med tolv instrument. Varje instrument spelar hela tiden sina egna melodier, med sitt eget, specifika ljud. Ibland är deras spel tyst och omärkligt, ibland högt och dominerande. Några instrument spelar ihop i ljuv harmoni, andra spelar nästan utan kontakt med övriga, eller disharmoniskt. Aspekterna visar hur instrumenten fungerar ihop.

Men för att återgå till planetpunkterna, som är horoskopets hörnstenar, tillåter jag mig att repetera deras egenskaper för att bättre kunna visa hur de beter sig i kombination med varandra i olika aspekter.

Planetpunkterna i horoskopet

AC *Ascendenten*, AC, visar på det yttre jaget, den mask som förevisas omgivningen, men som med tiden blir en så självklar del av personligheten att den är ett lika sant jag som något annat. Man kan inte heller välja ett yttre jag helt fritt efter infall och mål, utan detta tar sin form i enlighet med vem man i övrigt är och hur ens inre ser på allt. Andra planetkrafter i aspekt med ascendenten skiner igenom i det yttre, vare sig man vill eller ej.

MC *Medium Coeli*, MC, är den man själv tror att man är, hur man uppfattar sig själv och sitt väsen. Dess aspekter visar även på vad man tror är ens egna huvudsakliga uttryck och talanger, vilka delar av sig själv man lättast ser, eller vilka man vantrivs med, bekämpar eller vägrar att erkänna.

☉ *Solen* är det andliga jaget, det inre, grundläggande, såsom fröet. Den är inte nödvändigtvis tydligast och starkast i karaktären, men den ligger bakom allt som en grundläggande livsenergi och något av en kodnyckel till hela personligheten. I aspekt agerar solen mest som en förstärkare av den andra planetkraften, men också i ett vagt, omedvetet förhållningssätt till den. Här sägs också en del om förhållandet till fadern.

☽ *Månen* är det sjäfulla, emotionella jaget, som kan liknas vid det djuriska. Personligheten uttryckt i behov, lustar, sinnesstämning. Detta är föränderligt och angeläget i det korta perspektivet, men sällan i det längre – om det inte alldeles förträngs. I aspekt skapas starka sympatier och antipatier gentemot den andra planetpunkten i aspekten. Här sägs också något om förhållandet till modern.

☿ *Merkurius* är det ytliga medvetandet, det vardagliga tänkandets jag. Inte någon tung post i personligheten, utan mer en resurs, en anpassning till omvärlden, såsom till exempel språket och talet. I aspekt gäller också denna formbarhet och lätthet. Merkurius är sällan den dominerande i en aspekt.

♀ *Venus* är det kreativa jaget och den inspiration som brukar kallas kärlek. Härifrån kommer den förtjusning och delikata omsorg som uttrycker sig i begåvning eller gott handlag. Aspekter med Venus är sällan riktigt nedriga, det går liksom inte. Men de positiva aspekterna är verkligt behagliga.

♂ *Mars* är det konstruktiva jaget, det som via aggression och den mer otyglade kraften förmår att såväl bygga upp som rasera. Den inre eld som kan bränna både en själv och andra, men som har stor kapacitet. Mars vill gärna dominera och väga över i aspekter med andra planeter, vilka de än är. Ofta märks också Mars mest i dem.

♃ *Jupiter* är det expansiva jaget, eller förmågan till lycka. Hos astrologin är lyckan en inre resurs som Jupiter visar på. Välgångens och framgångens jag, den utåtriktade kraften. Sällan blir en aspekt med Jupiter någon black om foten, men den märks mycket och ofta.

♄   *Saturnus* är det ansvarskännande jaget som håller fast i traditionerna och uppfyller plikt eller skyldigheter i ett större och längre perspektiv. Disciplinen och samvetet. Aspekter med Saturnus är alltid tunga att bära, de gör saker och ting komplicerade.

♅   *Uranus* är det högre tänkandets jag, insikt och förståelse för de stora tingen. Det filosofiska eller religiösa tänkandet, långt närmare till kosmos än till vardagen. Aspekterna blir därför abstrakta, har inte alltid begripliga uttryck och resultat.

♆   *Neptunus* är fantasins jag, det undermedvetna och drömmen. En outsinlig inre källa till inspiration för allt som inte finns, för konst eller känslor som inte kan kopplas till djuret människan. Aspekter med Neptunus verkar därför ofta i det fördolda, ger inspiration och subtila resultat.

♇   *Pluto* är förvandlingens jag, metamorfosen från ett till ett helt annat. Kontakten med världar bortom denna, födelsen och döden som en ständig kraft inuti människan. En makt vars verkan kan vara både plötslig och definitiv. Aspekterna är därför alltid små varningsklockor, där tyngden nästan alltid ligger på Pluto, i alla fall när det verkligen gäller.

☌ Planeternas konjunktioner

Den främsta av aspekterna är konjunktionen, det vill säga när två planetpunkter – eller fler – ligger mycket nära varandra. Konjunktionen skiljer sig också från de övriga aspekterna i det att de inverkande planeterna i viss grad förlorar sina specifika kvaliteter och smälter samman till ett slags syntes, ett nytt tillstånd där kraften är annorlunda och större än summan av de inverkande planeterna.

Det är som om de sammansmälter till ett nytt slags planetpunkt, som innehåller de ingående planeternas anlag, men dessutom sitt eget särdrag. Detta särdrag är i och för sig en konsekvens av planeternas anlag, men i en förlängning som gör det till mer än en blandning av dem.

En konjunktion är en självklar tyngdpunkt i ett horoskop, men i högre grad än för andra aspekter gäller det att observera var zodiaktecknens och husens gränser går.

Eftersom varje planetpunkt rör sig genom zodiaken med olika hastighet, skiljer det betydligt på hur ofta de kommer i konjunktion med varandra. Sker det ofta har de mest en individuell karaktär i horoskopet, sker det sällan är deras betydelse gemensam för större grupper eller hela generationer.

Om gränsen mellan två tecken eller mellan två hus skiljer planeterna åt, är det inte helt riktigt att tala om en konjunktion, även om de ligger nära varandra. Då blir det mer fråga om en blandning av planeternas egenskaper, utan konjunktionens extra kraft. Ligger de dock så pass nära varandra som 2° eller mindre, då bör de ändå räknas som en konjunktion – där det efterliggande tecknet eller huset har huvudrollen, då tecken och hus är starkare i sin början än i sitt slut.

Eftersom konjunktionerna har sina egna egenskaper, framsprungna ur planeternas syntes, ger jag i genomgången av planeternas konjunktioner ett nyckelord till var och en, vilket är tänkt att göra det lättare för läsaren att associera till dess särdrag. Men man måste hålla i minnet att konjunktionen förblir ett halvt mysterium, som endast när det satts i hela horoskopets sammanhang kan hoppas på att förklara sig.

Nedan beskrivs varje konjunktion endast en gång. För ascendenten är alla dess konjunktioner med under denna rubrik, men inte under de följande planetpunkternas rubriker. Under Neptunus rubrik finns därmed bara konjunktionen med Pluto, och Pluto har ingen egen rubrik alls. På samma sätt är det ordnat med planeternas övriga aspekter.

AC *Ascendentens konjunktioner* ♂

MC   *med Medium Coeli* (nyckelord: ytlighet) förekommer inte, eftersom dessa två punkter inte uppträder så nära varandra, men skulle innebära en människa som identifierar sig själv helt med den roll han spelar, den han utger sig för.

☉   *med solen* (självupptagenhet) är en som lever för det intryck han gör på andra och nästan verkar finnas till just för vad hans gestalt innebär för andra. Att vara till, utan att nödvändigtvis göra något av det. Dessa människor brukar anses ha en entydig men stark personlighet. De är vad de är, och ingen kan tro att något skulle kunna ändra på det. De är ovanligt lika sina fäder.

☽   *med månen* (sinnlighet) ger intryck av att vara en impulsiv känslomänniska, som har mycket lätt att uttrycka sina känslor och sinnesstämningar, och väldigt svårt för att dölja dem. Han kan verka bräcklig i och med detta, men folk avundas honom det självklara sätt på vilket han alltid får utlopp för vad som än trycker i det inre. Han är på många sätt sin mor upp i dagen.

☿   *med Merkurius* (rollspel) är den som nästan verkar sakna en fast personlighet. Han kastar mellan attityder, som om han hade ett oristat inre. Hans anpassningsbarhet är snabb och lättsam och få miljöer hämmar honom eller får honom att känna sig som en främling.

♀ med *Venus* (vänlighet) är den angenäma bekantskapen som folk tycker om att ha i närheten, för att han verkar vilja bara väl och har en definitiv charm som få kan stå emot.

♂ med *Mars* (hetsighet) har ett kvickt temperament som oroar andra, men även en handfasthet i sitt uppträdande som eliminerar många hinder och ger ett intryck av duglighet och resurser. Han kan verka hotfull, så folk undviker att gå honom emot.

♃ med *Jupiter* (framgång) ger intryck av att klara livet med glans och aldrig tyngas av motgångar. Den världsvana, glättiga och ymniga, som sällan fastnar i livets trivialiteter. Han behöver inte vara framgångsrik i realiteten men gör alltid det intrycket. Sorger verkar inte fastna på honom.

♄ med *Saturnus* (bestämdhet) är den fasta gestalten med högljudda principer och viss bisterhet som betvingar omgivningen och ger honom stor auktoritet i andras ögon. Han känns definitiv och uppfattas av många som dolskt hotfull, ungefär som en ålderdomlig fadersgestalt.

♅ med *Uranus* (klokhet) ger intryck av djup kunskap och insiktsfullhet, så att folk räknar med att han vet långt mer än han alltid ger uttryck för. Han uppträder mycket belevat och sansat, så att människor räknar med hans visdom utan att han behöver uttrycka den. Andra vill gärna tycka som han.

♆ med *Neptunus* (originalitet) är människan som är alldeles uppenbart annorlunda, skyr alla typer av uniformering och sätter en heder i att uppträda oberäkneligt. Han är full av antydningar och outtalade ting. Överraskar ofta. Inspirerande genom allt det man känner lurar under ytan.

♇ med *Pluto* (ombytlighet) intar klara, ibland nästan extrema attityder och vill ofta till exempel ansluta sig helt och fullt till trender, moden eller subkulturer i samhället. Ändå kan han ofta byta alltigenom, förändra sin attityd och sina attribut från topp till botten, så att man aldrig säkert vet från den ena stunden till den andra hur han ser ut eller uppträder. Det finns även något ödesmättat över hans gestalt, ett slags besatthet av svårtydd sort, en dramatik och oförutsägbarhet.

MC *Medium Coelis* konjunktioner ♂

☉ med *solen* (självkännedom) har en mycket god förståelse för vem han själv är och vad som är hans innersta väsen, eller hans arv. Han identifierar sig i hög grad genom sina medfödda egenskaper och tror inte mycket på miljöns betydelse som karaktärsdanare. Han tycker att han verkligen är sin fars själsfrände.

☽ *med månen* (egenkärlek) har i viss mån ett narcissistiskt drag, fördjupar sig gärna i egna känslor och ser dem som essensen i sitt väsen. Behov och törst är det primära för honom, och han ser sig som ett mycket sinnligt väsen. Han känner sig ha riktigt mycket gemensamt med sin mor.

☿ *med Merkurius* (kvickhet) ser sig som en spirituell och umgängesglad person med fallenhet för språk. Han är trygg i sällskap och är övertygad om att kunna "ta" folk rätt. Likaså lägger han stor vikt vid sig själv som den tänkande människan, den vars intellekt styr hans handlande.

♀ *med Venus* (narcissism) är den första att falla för sin egen charm och alldeles övertygad om sin begåvning för det mesta – särskilt vad gäller konst och livets ljuva. Han vill alla väl, är säker på att vara en inspiration och en närmast helande faktor i sitt umgänge.

♂ *med Mars* (självöverskattning) har en mycket hög bild av sin förmåga, visar otålighet och anser sig ha rätt till det. Han tar sig själv på stort allvar, vill gärna vara överlägsen och ställer stora krav för egen del. Han sätter en ära i att visa konsekvens och fasthet.

♃ *med Jupiter* (tursamhet) känner sig mer än nöjd med sitt liv och lyckligt lottad, så till den grad att han tror att motgångar inte kan drabba honom. Han ser omväxling och förnyelse som nycklar till sitt eget väsen och anser sig nästan vara fri från ärvda egenskaper eller fasta karaktärsdrag.

♄ *med Saturnus* (kompetens) ser sig själv som en auktoritet med oomtvistlig förmåga, och lägger på sina axlar ett stort ansvar över sig själv, sin omvärld och andra människor. Han tycker att han vet vad som är rätt och fel, och vad som borde vara. För honom är livet en rad av plikter, och arvet från historien det allra väsentligaste.

♅ *med Uranus* (självinsikt) har en upplyst bild av sig själv som människa och sin roll i världen. Hans tankar far långt och umgås med vida begrepp, och detta är för honom själva livets kärna – att förstå tillvaron, hela tillvaron.

♆ *med Neptunus* (självillusion) har en förvirrad bild av sig själv som mest spinner runt allt det han skulle kunna vara, allt som inte kommer till uttryck och vad som skulle ske om inte om hade varit. Han är inte alls säker på vad som är verkligt, och lyssnar noga till drömmarnas språk.

♇ *med Pluto* (magi) har den allra mest mystiska bild av sig själv, och kopplar sig långt mer till tillvarons storheter än till familj och

ditt horoskop 175

vardag. Han ser livets heliga kedja av födelse och död, och är övertygad om sin egen väldiga betydelse. Viss om sitt unikum och om sitt livs djupa innebörd.

☉ Solens konjunktioner ☌

☽ *med månen* (fruktsamhet) är en förening av det faderliga och det moderliga och därför mycket fruktsam. Han är ett på djupet intuitivt väsen, frodig och ymnig, sinnlig och naturlig. Han har stor livskraft och aptit på det mesta. Känslorna är djupt förankrade och spelar en väsentlig roll. Hans far och mor är ett innerligt sammangjutet par och väldigt lika, så han har stora problem med att göra sig fri från dem – om han alls vill.

☿ *med Merkurius* (intellektualism) är i grunden den tänkande varelsen som sätter största vikt vid ordet, talat som skrivet. Han lever nästan uteslutande i sitt medvetande, med en lätthet över hela sitt väsen som även kan verka ytlig. Det är en rörlig människa som i det närmaste förverkligar sig genom sitt umgänge – munter och kvicktänkt. Med sin far älskar han att prata och utbyta åsikter, som de ofta delar helt.

♀ *med Venus* (kreativitet) har en förkärlek för kärlek och för skapande i skönhetens tecken. En frid vilar i honom, som smittar av sig och är något av batteriet bakom hans livslust och optimism. Han sprider behag omkring sig och visar talang för många ting. Han verkar vara så ofördärvad att man kan tro att han inte har drabbats av livets våndor. Han känner en värme inför sin far och de kommer alltid bra överens.

♂ *med Mars* (dominans) är den verkligt kraftfulla människan, burdus och påträngande, med stor förmåga till handling. Inga hinder är för stora. Han kan verka aggressiv och farlig, angelägen om respekt, men hans resurser är imponerande när de vänds rätt. Han är stolt över sin far men också mycket stursk mot honom. De slåss mot varandra men ännu hellre mot resten av världen.

♃ *med Jupiter* (expansion) har inte en samlad karaktär eller ett enhetligt jag, utan verkar nästan vara spridd över hela sin värld. Han är omsluten av en rörelse utåt, den verkligt extroverta, och hans inre är rymligt och föränderligt som världsrymdsvakuum. En fri ande. Kontakten med fadern är riklig och äventyrlig, de har massor gemensamt och stora framgångar i vad de företar sig i duo.

♄ *med Saturnus* (auktoritet) har stor myndighet, den största pliktkänsla och både vilja och förmåga att ta på sig ansvar. Han är i grunden en allvarlig människa som ser tillvaron lite som ett ansvarsfullt bärande av livets gåva från alla föregående generationer till alla kommande. Har pondus, bestämdhet och röner den största respekt. Förhållandet till fadern är strängt, hårt reglerat men också stadigt.

♅ *med Uranus* (upplysning) är den insiktsfulla, den som når visshet och förståelse för de mest komplexa ting, framför allt genom att på något vis vara mycket klar över sig själv, sin egen personlighet och betydelse. Han känner sig själv och har därför de bästa förutsättningar att se klart i vår komplicerade värld. Han känner tankens gemenskap med sin far och får mycket ut av att med honom diskutera de riktigt stora frågorna i livet.

♆ *med Neptunus* (fantasi) är människan som inte sitter särskilt fast i det vi brukar kalla verkligheten. Han drömmer och fantiserar med nästan samma övertygelse som andra läser tidningar, och tycker inte alls att klara gränser existerar mellan vad som är och vad som kunde vara. Fantasifull, spontan och svårbegriplig – rymmer långt mer än vad som syns på ytan. Förhållandet till fadern är förvirrande och oklart. De kan ha en nästan telepatisk kontakt, även om de inte träffas ofta.

♇ *med Pluto* (katastrof) har något ödesmättat över sig. Det är som om makter av okänd sort med fördel verkar genom hans person, och han kan nästan förvandlas i hela sitt väsen när han går igenom livets olika faser. Han är annorlunda på ett sätt som skrämmer en del, har kraft till att begå de mest definitiva handlingar och hyser inom sig en tyngd och ett mysterium som gör att han förmår underverk eller katastrofer. En spännande människa. Med fadern upplever han stor dramatik, deras relation är utsatt för plötsliga förändringar och överraskningar.

☽ *Månens konjunktioner* ☌

☿ *med Merkurius* (attraktion) är synnerligen stimulerande i umgänge, med lätt och glatt sinnelag och en hög grad av impulsivitet. Hans känslor är snabba i antågande och avsked, sällan särskilt tunga, och han har inte svårt för att uttrycka dem. Han har även en god portion intuition inom vardagliga områden. Med modern pratar han ofta och mycket, de tänker i hög grad på samma sätt.

♀ *med Venus* (älsklighet) är i högsta grad sinnlig och kärleksfull, med sällan sinande ömhet för sig själv och andra. En mild varelse som de flesta vill ha nära sig. Känslolivet är berikande inte bara för honom själv. Han har en förtjusning över att finnas till som yttrar sig i behag och behagfullhet. Modern älskar han över allt annat, och det är tveksamt om han någonsin vill frigöra sig från henne.

♂ *med Mars* (svårmod) har ett hetsigt temperament, blossar upp och får små utbrott – inte alltid av förklarliga skäl. Han är svår att ha att göra med, även för sig själv, men har en emotionell glöd som även attraherar och förtjuser. Det svåra humöret visar också kraft och oräddhet. Han har ett krävande och intensivt förhållande till modern, de tävlar om herraväldet, men ännu hellre tillsammans mot resten av världen.

♃ med *Jupiter* (frigjordhet) har svävande lätta känslor, som växlar oftare än vinden och flyger långa vägar. Han vill gärna uppleva det ena och andra, exotiskt och omväxlande. Sällan fångas hans känslor för någon längre tid i en stämning eller till ett objekt. Han kan även ha svårt att känna något starkt nog för att därmed lära känna sig själv, vilket gör honom lite vilsen. Kontakterna med modern är många och händelserika, de har tur i allt vad de företar sig ihop.

♄ med *Saturnus* (hämning) är återhållsam med känslorna och upplevandet, hämmad och aningen dyster. Han förhåller sig med största självuppoffring till förväntningar och kutym – släpper sällan fram sina behov, eller visar ens vad han känner. Det inre ska tyglas, kanske rent av späkas, så han äger stor självdisciplin. Förhållandet till modern är pliktfyllt och närmast högtidligt. De högaktar varandra.

♅ med *Uranus* (intuition) är insiktsmänniskan, som lyssnar helt till vad det inre och känslorna säger, och däri har en god guide. Hans upplevelser är starka och rikliga i alla situationer, han drar lärdom av allt som sker honom och lyssnar lyhört till både egna och andras känslor. Han är delikat i sitt sätt och full av förståelse. Med sin mor kan han diskutera de djupa frågorna i livet, de förstår varandra när ingen annan begriper vad de pratar om.

♆ med *Neptunus* (inbillning) har ett inre som gärna rusar iväg med honom, till dagdrömmar eller fantasiföreställningar som känns verkliga och visar ett sällan sinande flöde av känslor i skiftande former. Han upplever långt mer än vad man kunde anta av vad som sker honom, och inom honom sker långt mer än vad som kommer fram. En drömsk människa med många och komplicerade behov. Förhållandet till modern är kryptiskt och lite underligt. De kan ha en närmast telepatisk kontakt, fast de sällan träffas.

♇ med *Pluto* (dunkelhet) ter sig närmast obegriplig för andra, en mystisk figur vars kraftfulla känslor kan svänga på ett ögonblick, ungefär som hos en manodepressiv. Han upplever i de banalaste situationer tillvarons djupa undertoner och uttrycker sig mycket dramatiskt, gärna överraskande. Gillar att chockera både sig själv och andra. Med modern är relationen drastiskt ombytlig och oförutsägbar.

☿ *Merkurius konjunktioner* ☌

♀ *med Venus* (elegans) har ett sofistikerat sätt fullt av grace, och vårdar sitt tal noga. Han kan vara både vänlig och mycket diplomatisk, har klar begåvning för språk, tal och skrift, och lätt för att lära och minnas, även om han inte nödvändigtvis eftersträvar den djupare förståelsen. Kreativ inom det teoretiska men inte alltid så tålmodig.

♂ *med Mars* (övertygelse) argumenterar ofta och gärna, sätter en heder i att uttrycka sig klart, exakt och redigt, och vill gärna vara färdigdefinierad och bestämd. Han har språklig begåvning och använder den, inte utan ansträngning, till förkovran och ökad lärdom – aningen otåligt. Han är bitsk, men det varar inte så länge och är inte så allvarligt menat. En vass tunga och ett skarpt intellekt.

♃ *med Jupiter* (idérikedom) sprudlar av idéer, originella, djärva, långsträckta, och har den snabbaste tanke. Han hastar till stimulans av sinnena och mot nya intryck. Han uttrycker sig gärna och ofta, med ledighet och till andras uppskattning, i tal och skrift. Strävar efter att lära sig många olika språk. Han är rastlös, spontan och skicklig i att improvisera, men koncentration har han svårt för.

♄ *med Saturnus* (grubbleri) är aningen mollstämd i sitt tänkande, reflekterar ofta och djupt i långa kedjor, men är inte snabb till att meddela sig. Han håller gärna tyst. Vid tal försöker han verkligen vara precis och säga väsentligheter. Han är en skarpsynt iakttagare, men inte någon vidare humorist, uppträder nästan alltid med allvar, vare sig det är motiverat eller inte. Han har svårt att ta lätt på något men kan verkligen koncentrera sig och visa ihärdighet.

♅ *med Uranus* (subtilitet) har en enorm abstraktionsförmåga och en intelligens som kan nå häpnadsväckande långt. Han kan vara mycket svårbegriplig för andra, men man anar att hans tankar har värde och sanning. En iakttagare av teoretiska samband och en odlare av visdom. Hans tänkande dominerar honom i hög grad och kan göra honom svårtillgänglig eller kanske världsfrånvänd i andras ögon. Kontemplation är hans vardagstillstånd.

♆ *med Neptunus* (irrationalitet) är full av fantasi och underliga infall, tänker i ovanliga banor och kan nå de mest överraskande slutsatser. Han hittar på och gör om, uttrycker sig på sitt alldeles egna vis, med ett innovativt, kanske lite kryptiskt språk. Ändå sker långt mer inom honom, av lustiga tankar och mängder av föreställningar, än han visar utåt.

♇ *med Pluto* (nytänkande) är djärv i tanke och uttryck, tänjer på gränserna och vill med sitt språk beröra vad det inte räcker till.

ditt horoskop

Han ser magi i tanke och språk, vill nyskapa, förändra och färga det till något som stämmer med vad han känner. Kan bli så gott som obegriplig, eller väldigt suggestiv och spännande i sitt uttryck. Vardagen är för honom ingen vardag och umgänget en plats för dramatik. Han kan förställa sig och tänker helst revolutionerande.

♀ Venus konjunktioner ♂

♂ med Mars (sexualitet) är laddad av erotiska spänningar, där det inte alltid är lätt att hålla isär det manliga och det kvinnliga. Han har stor skaparkraft, så stor att det alltid kliar i honom att ge uttryck för den. Över allt han gör och uttrycker finns en spänning, som ständigt inspirerar och aktiverar både honom själv och andra. Han är mycket sensuell.

♃ med Jupiter (lättsamhet) skuttar lekfullt genom tillvaron och strör glädje omkring sig. Få ting tar han särskilt allvarligt. Även om sådana ting finns, sviker honom aldrig förmågan att rycka sig loss och söka nya vägar. Han har en förmåga att reda ut härvor, mer genom att slingra sig ur dem än att bena upp dem. Han är mycket lyckosam och detta sprider sig även till omgivningen. Man undrar om det någonsin kan gå honom illa, eller om något skulle lyckas dämpa hans goda humör.

♄ med Saturnus (omvårdnad) är trofast och pålitlig, känner ett stort ansvar att bli till nytta och hjälpa till, men det finns en dyster ton över hans verk, ett stänk av allvar eller misslyckande – bara ett stänk, som mest höjer värdet av det han gör. Kvalitet är ett närmast heligt begrepp för honom och han finner fasta, stilrena former för sitt uttryck. Han är ytterst kapabel i det han utför.

♅ med Uranus (inspiration) handlar på ingivelse och når imponerande ting på det viset. Han är kreativ som få och skapar saker med både skönhet och värdefullt innehåll. Han kan föda nyttiga ting ur långsträckta tankar och analyser. En stark livsgnista bor i honom och en varm känsla av gemenskap med en större helhet. En estet.

♆ med Neptunus (konstnärlighet) har den mest flödande fantasi och huvudet bubblar av hundratals drömmar, i sömn såväl som i vaket tillstånd. Inför verklighetens alla myriader detaljer och variationer kan han se och uppleva ännu fler möjligheter av sådant som kunde vara. Han älskar att förvränga verkligheten och trixa med den, i tanke och uttryck, är drömsk och spontan intill förvirring. Allt omkring honom vill han dekorera, och alla enkla former vill han komplicera. En inspirerande människa.

♇ med Pluto (nyskapande) har förmågan att på mjuka vis förvandla sin värld så som man inte trodde var möjligt. Han umgås med underliga krafter och inspirationskällor, men aldrig med annat än en godhetston. Han har stor förmåga med de subtilaste redskap och där han dragit fram är sällan sig likt efteråt, nästan alltid med andras goda minne. Han är kreativ med sikte på storverk och gör ibland med sådan lätthet vad man trodde vara omöjligt, att andra kallar honom trollkarl.

♂ Mars konjunktioner ♂

♃ *med Jupiter* (rastlöshet) har en oerhörd aktivitetslust och det bräckligaste tålamod, så det finns sällan tid eller rum nog för honom att breda ut sig över. Han griper sig an det ena och andra med frenesi men byter nästan omedelbart till något annat. Ändå följer honom möjligheterna, så han får långt fler än de flesta, och i hans gnista finns förmågan att raskt uträtta vad som för andra tar betydligt längre tid.

♄ *med Saturnus* (krav) frestar på andra med sin väldiga bestämdhet och en anstrykning av maktfullkomlighet. Han uppträder oerhört dominant, ställer väldigt höga krav och sätter sin egen förmåga mycket högt. Han är förvisso kompetent och väldigt resursrik, men andra brukar tycka att han närmast manglar omgivningen med sina uttryck. Han är aldrig helt nöjd och kan sällan slappna av helt. Kraven han ställer är minst lika stora på honom själv och det händer att han leder sig farligt nära bristningsgränsen, som hos honom ligger ovanligt högt. Han har den fastaste moral och är inte rädd för att uttala domar eller utmäta straff.

♅ *med Uranus* (förverkligande) är vansinnigt konstruktiv, med den största förmåga inom alla fält som intresserar honom. Hans pådrivningskraft är stor, liksom hans övertalningsförmåga, och med glädje löser han de svåraste problem. Vad helst för idéer han kan få brukar han lyckas förverkliga. Trots en inre iver kan han om nödvändigt mobilisera även tålamod. Han är klok och analytisk, med djup förståelse för mycket komplexa eller abstrakta sammanhang.

♆ *med Neptunus* (excentricitet) har många underligheter för sig, och smak för ovanligheter som andra ofta undviker. Man skulle kunna kalla honom en aning bisarr. Även om andra är mystifierade av honom, är han klar över sig själv och lyckas realisera det mesta av de underliga hugskott han får. Han har den vitalaste fantasi, vilda drömmar och ett påträngande sätt med det han gör.

♀ *med Pluto* (destruktivitet) har den största lust till att omstörta och rasera, kosta vad det vill, och en skrämmande kraft. Han vill

Mars och dess värv. Av Hans Sebald Beham, 1530-talet.

vara ödesdiger och verkar mer än skrämmande på andra. Farlig som en mina. Hans destruktiva, orädda förmåga är en resurs som få vågar använda sig av, fastän det ofta skulle kunna låta sig göras. Han är dristig som få och ofantligt dramatisk i det han gör. Äventyraren, trotsaren.

♃ *Jupiters konjunktioner* ☌

♄ med *Saturnus* (alienation) har en tung, dominerande faktor av sin personlighet upptagen med dess egen cirkelgång. Det är som om ordning och kaos smält samman i honom, en paradox som skapar förvirring och förundran. Han är ett slags magnet eller tyngdpunkt i sin omvärld, utan att han själv eller andra förstår varför. Man anar storhet i honom och det finns ögonblick när den bevisar sig, men den låter sällan förklara sig. Han kan så gott som allt, men kraften är för stor och för ogripbar för att vara bekvämt hanterlig.

♅ med *Uranus* (världsfrånvändhet) lever långt borta i sina egna, obegripliga sfärer. Han har en kraft som drar intresset bort från vardagen. Tanken vill vandra, meditera på ett djup som sällan berör verkligheten. Sinnet far bort och återvänder inte, som om han svävade ovanför tillvaron. Han når vidsträckta insikter och är bekant med hela kosmos, men det går inte att översätta till mänskligt språk.

♆ med *Neptunus* (innovation) är den verkliga nytänkaren, uppfinnaren och den som sprudlar av idéer och originella infall – kanske inte alltid realistiska, men i alla fall inspirerande. Han färdas långt i fantasin, dagdrömmer och fantiserar flödande. Det är en inspirerad människa, med många lättvunna möjligheter att tillfredsställa sina visioner. Han splittrar gärna upp verkligheten i absurditeter och lustifikationer och har ett stort mått lekfullhet.

♀ med *Pluto* (föränderlighet) är aldrig densamme från den ena stunden till den andra. Allt ska förändras, göras om, bytas, i ett oändligt kretslopp. Hans personlighet innehåller mångskiftande egenskaper. Både hans inre och yttre värld kastas från en ytterlighet till en annan, utan att det verkar skada honom eller blir varaktigt. Han är ganska splittrad och det kan vara förvirrande att leva nära honom. Stora omdaningar kommer till honom och han går igenom dessa med en smidighet och hastighet som verkligen överraskar.

♄ *Saturnus konjunktioner* ☌

♅ med *Uranus* (visdom) når djupa kunskaper av bestående värde och utstrålar fundamental visdom. Han har visshet om många ting som är fördolda för de flesta och befinner sig i en färd mot allt djupare förståelse av hela tillvaron. Få ting är så komplicerade att de står över hans förmåga att lära sig. Det finns en fasthet i de insikter han erövrar, som gör dem övertygande även när de inte är sanna. Man kan tro att han är sanningen själv, eftersom hans tänkande och vetande strålar av sådan tyngd och auktoritet. Ändå tenderar han att begränsa verkligheten och måla den i smått dystra toner. Allvarsamhet och filosofi.

♆ *med Neptunus* (groteskeri) är främmande, lite svårmodig och kanske depressiv. Han grunnar på dunkla ting och fyller sina sinnen med upplevelser som inte alltid är så behagliga. Fantasin kretsar gärna runt bistra ting som hör det beklämmande livet till. Han har den tydligaste känsla av kontakt med vårt ursprung och traditionerna, hyllar ritens betydelse och ser ofta framtiden som hotfull.

♀ *med Pluto* (ockultism) umgås nära med alla världar bortom det kända, behärskar ritual och besvärjelse, förtjusas av de dunkla sidorna i tillvaron, människornas förflutna och ursprung. Han är drastiskt och skoningslöst definitiv både mot sig själv och omvärlden. Han umgås gärna med all sorts magi och vill på alla plan vara den avgörande, den slutgiltiga. För honom är världen styrd av karmiska lagar, och han känner deras verkan och struktur mycket nära.

♅ Uranus konjunktioner ☌

♆ *med Neptunus* (klarsynthet) har förmåga att se och uppfatta det sublima, outtalade och fördolda. Han når insikter som knappt är begripliga ens för honom själv, har den rikaste fantasi och drömmer sanndrömmar. Såväl vad som finns bakom det skönjbara, som vad som inte alls finns, står lika klart för honom. Hans uttryck är fascinerande. Han kan vara världsfrånvänd, men inom honom flödar upplevelserna bländande och engagerande.

♀ *med Pluto* (astral) har verkligen insikter om det grundläggande inom filosofi och religion. Inom sig själv är han så förandligad att verklighetens gränser närmast upphört att gälla. Han förnyar vetenskapens paradigm, själva grunden för vårt vetande och vår verklighetsuppfattning. I honom föds nytänkandet. Med den största nyfikenhet beskådar han livets mening och söker närma sig den. Gudsbegreppet omfamnar han och söker begripa eller formulera.

♆ *Neptunus konjunktion* ♂
♀ *med Pluto* (metamorfos) är den som – genom fantasin och minnet av allt som varit – förnyar sig, sitt släkte, sin ras och sitt samhälle. Det är en födelse, sällan utan smärta och plåga, av en ny mänsklighet – först obetydligt, i det fördolda, som sedan långsamt erövrar världen och blommar ut. Alla möjligheter är öppna, men i stadig kontakt med sin historia väljer han en väg och en form för sin förvandling och antar den gestalt som är adekvat. Han låter det gamla samhället dö ut, och odlar det spirande nya.

☌ Planeternas oppositioner

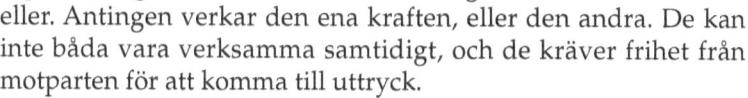

Oppositionsaspekten, när två planetpunkter ligger mitt emot varandra i horoskopet, har i grunden en ganska enkel och lättfattlig betydelse. De båda planetkrafterna står båda i så allvarligt motsatsförhållande att det praktiskt taget är fråga om ett tillstånd av antingen– eller. Antingen verkar den ena kraften, eller den andra. De kan inte båda vara verksamma samtidigt, och de kräver frihet från motparten för att komma till uttryck.

Detta syns tydligast beträffande husens oppositioner, där till exempel första husets individualism och själviska attityd står mot sjunde husets partnerskap och självuppoffring. Eller fjärde husets hem och familj står mot tionde husets sociala status och karriär. Likaväl som dessa motsatser är svåra att förena och innehåller en ständig spänning på gott och ont, på samma sätt är det med planeternas oppositioner.

Denna motsats är egentligen allt som oppositionen innebär, men i praktiken har den naturligtvis fler konsekvenser och effekter än detta antingen-eller. De inblandade planetkrafterna fungerar i horoskopet som naturliga motsatser, som om det låg i deras grundkaraktärer att vara oförenliga. Det gör därför att krafterna påverkas och formas till varandras motpoler. De tar sig alltså en något överdriven, kategorisk karaktär, som planetkrafterna i sig själva inte nödvändigtvis innehåller.

Oppositionen bör inte vara alltför svår att observera i personligheten. Den är näst efter konjunktionen den starkaste aspekten. Den skapar i människans liv en ständig spänning, vilken både skänker extra kraft och känns ansträngande. Även om den i sig själv inte leder till direkta konkreta uttryck är den en sporre, en drivkraft bakom människans handlande.

Observera att en opposition till ascendenten nästan alltid hamnar i sjunde huset, varför jag nedan nämner något om effekter på partnerlivet.

AC *Ascendentens oppositioner* ☍
MC   *med Medium Coeli*, förekommer inte, eftersom de båda inte kommer så långt ifrån varandra. Men om det vore möjligt, visar den att personens yttre gestalt och rollspel är direkt oförenliga med hur han uppfattar sig själv. Antingen intar han en attityd utåt som står i direkt motsats till hur han uppfattar sin personlighet, eller är han helt oförstående inför vilket intryck han gör på andra. För honom skulle det kännas omöjligt att se sig själv genom andras ögon. Med partnern vill han förverkliga sig.

☉   *med solen*, har en oförenlighet mellan vad han utger sig för att vara och vem han innerst inne verkligen är. Det är inte så att han hycklar, utan hans verkliga väsen är så djupt begravt i hans inre att det aldrig hittar till ett för andra tydligt uttryck, samtidigt som hans yttre gestalt och uppträdande ofta känns väl ytligt och påklistrat. I partnerlivet kommer hans sanna inre till uttryck. Gentemot fadern är relationen intensiv, trots att de verkar vara så olika.

☽   *med månen*, kan nästan omöjligt visa sin känslor inför andra, utan håller dem långt inom sig. Andra kan uppfatta honom som kall och opersonlig, liksom han själv frustreras av att inte veta hur han ska öppna sig för andra. Med partnern lyckas han dock ge uttryck för vad han känner och har en innerlig relation. Gentemot modern är relationen intensiv, fast de verkar vara så olika.

☿   *med Merkurius*, uppträder tystlåtet och är nästan ovillig att umgås eller kommunicera. Det leder till att andra uppfattar honom som trögtänkt, rentav lite korkad. Partnern ser helt annorlunda på honom. Utåt är han sluten som en mussla, men umgås desto flitigare och ordrikare med sin partner.

♀   *med Venus*, har ett ganska krasst och oinspirerat yttre, som han själv försummar och inte bemödar sig om att hålla stil på. Varken frisyr eller kläder spelar roll. I stället slösar han sin ömhet och vårdnad på sin partner, där han har det mildaste, varmaste förhållande. För honom är det viktigt att partnern är vacker.

♂   *med Mars*, kan ge intryck av att vara tam och passiv i andras ögon, skyr konflikter och uppträder alltid försiktigt. Med partnern är gräl och stora konflikter långt vanligare. Där får han utlopp för en viss häftighet som andra aldrig skulle ana hos honom, kanske till och med en viss aggressivitet. Han kräver av partnern den respekt han inte riktigt får av omgivningen.

♃   *med Jupiter*, verkar på många vara inskränkt och fastlåst i status quo. Den som aldrig förändras eller gör något nytt. Han verkar heller inte intresserad av att uppleva ting och komma ut och runt i världen. Lite trist. När det gäller partnerlivet lever han dock ymnigt och med många berikande relationer – kanske sällan särskilt djupa eller varaktiga, men många i stället. Han har tur med kärleken, och omgivningen kan inte alls förstå varför.

♄ *med Saturnus*, verkar på andra vara både respektlös och opålitlig. En som struntar i det mesta, tycks det, och låter allt gå vind för våg. Han struntar blankt i konvenans och artighetsregler. Med partnern är han i stället den trognaste och pliktmässigaste, som öser krav över såväl sig själv som partnern. Där ska allt ske efter regelboken.

♅ *med Uranus*, kan ge intryck av att vara lite enfaldig eller oförstående, en människa som verkar leva ett ganska enkelt och okomplicerat liv. Han sysselsätter sig mest med vardagliga ting, tycks det, och visar ingen strävan att förstå det som ligger därutöver. I partnerlivet finns dock många upplevelser som skänker djup insikt, han blir något av en mästare på relationer och hur de fungerar.

♆ *med Neptunus*, uppträder väldigt konventionellt och fantasilöst. Alla är säkra på att de kommer att finna honom där de lämnade honom, få kan tro att hans liv innehåller några överraskningar eller pikanta detaljer. I partnerlivet sker dock mer, även om långt ifrån allt verkligen manifesterar sig i realiteten. Där styr drömmen, fantasin och det subtila, det outtalade. Han behöver inte mycket av konkret stimulans för att uppleva mycket av en relation.

♇ *med Pluto*, ger intryck av att vara ganska konservativ och oföränderlig. Han är vad han är, tycks det, och någon vidare dramatik tror man inte att hans liv bjuder på. I partnerlivet finns dock dramatik i mängder, plötsligheter, kriser och stora skeenden, såväl plågsamma som synnerligen njutbara.

MC *Medium Coelis oppositioner* ☍

☉ *med solen*, har en väldigt dålig bild av sig själv och mycket dålig kontakt med sitt egentliga väsen. Han lever i en vrångföreställning om sin personlighet och inre karaktär, skulle till och med ogilla att se sig själv som han verkligen är. Hellre formar han en smått idealiserad önskedrömbild av sig själv, och uttrycken för sin egentliga karaktär observerar han sällan själv. Han tycker sig vara diametralt olik sin far och kan inte se att de någonsin har haft något gemensamt, som om de inte alls vore släkt.

☽ *med månen*, är något av en fiende till sina grundläggande behov, vill gärna hålla igen och förtränga sitt emotionella jag, sina känslor, som om de vore smutsiga. Han accepterar inte riktigt sina naturliga drifter och tror sig vara den som aldrig styrs av känslorna. Han tycker sig vara helt olik sin mor, de har inget alls gemensamt och hon tycks vara den sista att förstå honom.

☿ *med Merkurius*, inser inte riktigt sin vilja till umgänge och utbyte med människor omkring honom. Han ser sig gärna som ensamvarg med nästan ingenting gemensamt med andra, förstår inte riktigt vitsen med vänner eller med att alls söka sig utanför sig själv. Intellektuellt har han svårt att gripa om sin egen situation och kan omöjligt prata om sig själv.

♀ *med Venus*, känner sig en aning disharmonisk och oestetisk, kanske klumpig. Han tror inte att han har någon särskild begåvning eller kan vara till större nytta. Han är säker på att han inte ser vidare bra ut, vad andra än säger om saken. Hans kreativitet brukar inte heller vara till större glädje för honom själv, ens när andra prisar den.

♂ *med Mars*, känner sig svag, bräcklig och försvarslös. En människa utan sting, utan egentlig kraft, tror han – hur många han än skulle besegra i armbrytning. I stället står han oförstående inför de vredesutbrott han kan ha, och ser inte hur han skulle kunna kontrollera sin aggression – eller dra nytta av den.

♃ *med Jupiter*, kan känna sig smått otursförföljd, den som möter hundra motgångar och får slita hund för varje liten framgång. När guld regnar över honom är han säker på att i nästa sekund förlora allt. Han tycker inte heller att hans liv bjuder på någon större mängd av upplevelser och äventyr, utan mest lunkar fram i grå vardag.

♄ *med Saturnus*, känner sig aningen rotlös i tillvaron, vilsen och utan fasta normer att leva efter. Han tror sig vara slarvig och oansvarig, och kan inte alls förstå meningen med traditioner. Pliktkänslan tenderar att gälla mer för andra än honom själv, och det han måste göra är just det som han själv mår sämst av, är han säker på.

♅ *med Uranus*, känner en brist på förståelse för livets djupare mening och kan uppleva sig själv som en aning dum. Han tycker inte att hjärnan riktigt hänger med, så fort det börjar bli lite komplicerat, och är därför säker på att få massor av saker om bakfoten. Han tror också att han aldrig kan spela en väsentlig roll i samhället. Även när andra prisar honom för hans intelligens tvivlar han på den.

♆ *med Neptunus*, tycker att han är fantasilös och en ganska alldaglig typ. Han har svårt att känna inspiration och kan svära på att han aldrig drömmer – i alla fall inte i färg och inte ofta. När han försöker låta tanken vandra eller fantisera, känner han det som om ingenting alls kommer. Han förstår inte hur andra kan kläcka idéer på löpande band. Hans drömmar och fantasi lever ett så undanskymt liv att de är fördolda också för honom.

♀ med Pluto, tror inte att det någonsin kommer att hända honom något häftigt eller dramatiskt. Säkert, tror han, är han liv bara en raksträcka genom ett flackt landskap. Han skulle ändå inte gilla drastiska förändringar, är han övertygad om, eftersom de säkert bara ställer till det för honom. När sådant ändå sker tror han aldrig att han har det minsta med det att göra, även om han faktiskt skulle ligga bakom det, och frågar sig suckande hur han ska kunna lära sig att leva med det.

☉ **Solens oppositioner** ☌

☽ med månen, har ett andligt och ett emotionellt jag som står i direkt motsats. Hans andliga behov är av en sort och de känslomässiga går så gott som alltid stick i stäv mot dem. Det skapar stora spänningar i hans inre, så han känner sig ofta frustrerad och oklar över vad han ska göra för att bli tillfreds. Till sitt inre väsen är han långt ifrån någon emotionell karaktär men kan ändå uttrycka intensiva känslor och klias av påträngande behov, i dessa fall på ett sätt som inte stämmer med hans personlighet. Förhållandet till föräldrarna är kluvet, de står som på var sin sida om honom och ju äldre han blir, desto mer tar han parti för fadern.

☿ med Merkurius, förekommer inte, eftersom de två aldrig är mer än 28° från varandra. Att solens grundläggande jag inte kan stå i opposition till den kommunikativa förmåga som Merkurius representerar, visar att människan svårligen kan vara utan resurser att uttrycka sig. Vi kan alla kommunicera med varandra, på något sätt, och däri visa uppriktighet.

♀ med Venus, förekommer inte, eftersom de två aldrig är mer än 48° från varandra. Att Venus inte kan stå i opposition till solen visar att vi alla har förmåga till kärlek och välvilja.

♂ med Mars, är i grunden den milda, försiktiga människan. När han ger uttryck för aggression eller kraft, rimmar det illa med hans inre väsen, blir plumpt och olyckligt. Hans vrede blixtrar till ganska slumpartat och sällan till gagn för honom. Till sitt väsen är han pacifisten och den fridsamma, kanske väl tama, som tar avstånd från hårdhet och kraftfullhet. Fadern har alltid krävt hans underkastelse, det är i hög grad därför han lever ut sin vrede på annat håll, på annat sätt än som känns riktigt naturligt för honom.

ditt horoskop

♃   *med Jupiter*, är den i grunden konservativa människan, som lever för att bevara status quo och verkligen trivs där. Han bygger sitt liv på fasta vanor, på att omge sig med välkända element och sällan söka sig utanför sina ordnade cirklar. Han vantrivs verkligen på djupet med förändring, och där den sker dröjer det innan han lärt sig leva med den, eller ens fogat sig efter den. Han vill inte alls ha en framgång som inte kommer sig av hans eget hårda arbete, och skyr alla former av exklusivitet. Förhållandet till fadern är rutinmässigt och kontakten inte särskilt intensiv.

♄   *med Saturnus*, är i grunden ett ganska respektlöst väsen som lever i förändringens vindar och inte alls tyngs ner av tradition, plikt och ansvar. Sådana bistrare sidor av verkligheten passar inte alls honom, dem vill han genast kasta av sig och plågas svårt där han ändå måste foga sig efter dem. Han är inte nödvändigtvis ansvarslös, men där han axlar sådant känns det oförenligt med hans karaktär. De är därför stora uppoffringar. Egentligen är han en sorglös varelse och om han inte kan leva så, kliar det i honom av irritation. Förhållandet till fadern är upproriskt, respektlöst.

♅   *med Uranus*, är ibland inte alltför generöst begåvad med mentala resurser, i alla fall inte på ett sådant sätt att de får honom att mogna som människa och lära känna sig själv. Hans andliga behov är heller inte alls av den teoretiska sorten. Fast han i och för sig kan ana stora samband och nå stora insikter, kan han inte koppla det till sin egen situation och få det att utveckla honom själv. Han kan begripa omvärlden, men inte sig själv eller sin plats i den. Jaget är för honom ett olöst mysterium. Förhållandet till fadern är andefattigt, de är främlingar för varandra.

♆   *med Neptunus*, har en ande som inte behöver mycket av drömmar och en fantasifull tillvaro – sådant rimmar dåligt med hans inre väsen. Därför lever hans undermedvetna sitt eget liv, en smula avskuret från hans verkliga väsen. Drömmar, fantasier och inspirationslekar tar sig uttryck som föga betyder för hans personlighet, utan är enbart nöjen och därför inte särskilt viktiga för honom. Förhållandet till fadern är ganska krasst och perspektivlöst.

♀   *med Pluto*, är något av ett orubbligt väsen som kan gå igenom de mest drastiska omvälvningar och ändå vara densamma – eller sprängas sönder av dem. Förvandling är inget som vare sig passar eller sker honom, till sin verkliga karaktär är han oföränderlig. Även om omvärlden förändras å det radikalaste, också alldeles inpå honom, är han oföränderlig. Dramatik passar honom inte heller. Han skyr häftigheter och uppskattar inte storhet. Han har ringa kontakt med mystiken, vill helst förneka den, men är aningen i riskzonen när plötsliga händelser inträffar. Med fadern är relationen ständigt status quo, även när en förändring vore på sin plats.

☽ **Månens oppositioner** ☍

☿ *med Merkurius*, har mycket svårt att ge uttryck för det han känner. Han kan prata på, men det känns ytligt och lättvindigt. Sina känslostämningar håller han innanför huden, som om de inte alls hade med omvärlden att göra, och han har mycket svårt att prata om dem. Modern känner han sig som en främling inför, de har svårt att prata med varandra – nästan som om de talade olika språk.

♀ *med Venus*, har problem med att hitta ett utlopp för sina inre behov. Hans kreativitet är avskuren från innerligheten, så den kan kännas torftig. Själv ville han gärna att hans åtrå och hans begåvning vore mer samstämmiga, men han har i stället en känsla av att de är naturligt oförenliga. Sina inre behov brottas han med och varje framgång kostar på. Kreativ är han med sådant som inte alls känns personligt, eller saknar den anknytningen. Förhållandet till modern är inte särskilt behagligt, de verkar inte alltid vilja varandra väl och har svårt att uttrycka sin kärlek.

♂ *med Mars*, kan vara både cynisk och grym när han tycker att situationen kräver det, och det finns en fasthet över honom som inte verkar kunna rubbas av egna eller andras känslor. Å andra sidan finns det en emotionell sida av honom som kommer i kläm, eller ibland blommar ut så att kraftfullheten blir åsidosatt. Han lever disciplinerat men har en ventil för att leva ut de inre behoven så att de inte grumlar hans energi. Gentemot modern är han hetsig och otålig, och detsamma känner hon. De är sällan sams särskilt länge.

♃ *med Jupiter*, har framgång i livet som han ändå inte kan uppskatta, för att han tycker att den inte kommer inom områden som betyder mycket för honom. Hans emotionella behov är försummade för att så pass mycket händer inom andra fält. Det finns också en antydan till att han kan leva ett känslomässigt torftigt liv, där varje sinnestillstånd varar länge och en utveckling av hans emotionella väsen är svår att skönja. Sin mor tillbringar han inte särskilt mycket tid med, och när så sker har de inte mycket för sig.

♄ *med Saturnus*, tycker att han klyvs mellan sina plikter och sina inre behov. De är oförenliga, så att han i mångt och mycket lever ett liv efter fasta, stränga regler, men skulle egentligen behöva en annan lössläppthet. Han axlar ansvar som grämer honom, kan odla en viss bitterhet och visar därför i sina krav på omvärlden en oförståelse för människors känslor och behov. Gentemot sin mor är han respektlös och vägrar att följa hennes förhållningsregler.

♅ med *Uranus*, skaffar sig en världsbild som på något vis inte omfattar det känslomässiga, som om denna sida av tillvaron vore blott ett påfund. Han tycker sig se att livet är ett logiskt ting, där det irrationella egentligen inte existerar, eller bara är en följd av okunskap. Sina egna känslor förstår han inte, och han begriper aldrig hur hans egna eller andras känslor fungerar. Modern och han har också svårt att begripa sig på varandra, särskilt när det gäller de djupare, mentala sidorna.

♆ med *Neptunus*, har svårt att leva ut inre behov via fantasi och drömmar, såsom andra människor gör, vilket får honom att ge mycket tydliga och konkreta uttryck för sina känslomässiga behov. De är därmed också av en ganska okomplicerad art, mest av den grundläggande, djuriska sorten. I stället är fantasin väldigt lössläppt, kan fara långt in i abstraktioner och spinner gärna runt det som andra kallar meningslösheter. Förhållandet till modern är en smula torftigt, slentrianmässigt.

♇ med *Pluto*, lever ett dramatiskt liv med många drastiska omställningar, som han har svårt att uthärda emotionellt. Han känner sig innerst inne behöva lugn och trygghet, men lever knappast ett liv med dessa förtecken. Livet behandlar honom ganska hårt och skoningslöst, ändå kännetecknas hans emotionella jag av en viss frid och ro, en stadighet och oföränderlighet som gör att han härdar ut, även om han hyser ett varaktigt missnöje inom sig. Han har dock en radikalitet som inte räds stora självuppoffringar. Förhållandet till modern är oföränderligt och odramatiskt, även när lite dynamik skulle vara på sin plats.

☿ *Merkurius oppositioner* ☍

♀ med *Venus*, förekommer inte, eftersom de två aldrig är mer än 76° ifrån varandra i horoskopet. Att de två planeterna inte kan stå i opposition visar att ingen människa är oförmögen att uttrycka välvilja, att smickra och uppmuntra.

♂ med *Mars*, har svårt att formulera sig bestämt eller övertygande, så han förmedlar ett veligt eller virrigt intryck. Han är långt ifrån den som debatterar eller ens höjer rösten. När han blir arg ligger det nära till hands, eftersom han inte finner orden, att ilskan tar sig mer konkreta uttryck. För honom gäller det att tala eller att handla, han kan inte tänka sig att kombinera de två.

♃ med *Jupiter*, har ett intellekt som inte får så väldigt mycket stimulans, utan är satt en smula på undantag. Han är knappast den mest talföra eller umgängesglada och inte särskilt spontan i sitt sätt. I viss grad är han omedveten om det som sker honom och har svårt att förstå sina framgångar. När han har tur är det en överraskning för honom själv. Hans ordförråd är inte särskilt rikt.

♄ *med Saturnus*, har ett ganska lekfullt och spontant medvetande, talar och umgås utan att bry sig mycket om artighet eller fint sätt. Han uttrycker sig ofta oeftertänksamt och respektlöst, med svärord och plumpheter. Där han känner plikt och ansvar gör han det omedvetet och utan att själv förstå varför. Han kan göra det han borde, men varken talar om det eller tänker på det.

♅ *med Uranus*, är i sitt tänkande uppdelad på två. En ytlig, pratsam, lättsam och ogenomtänkt vardagstyp å ena sidan, och den djupare, kontemplativa, analytiska personen å andra sidan. Den senare finner han det svårt att ge uttryck för, så att andra kan höra och förstå. Det djupa tänkandet hålls inom honom, så han kan ge ett bedrägligt intryck av sorglös enfald. För honom är vardagen tämligen oförenlig med tillvarons djupare sidor.

♆ *med Neptunus*, uttrycker sig konventionellt och fantasilöst. Han kan ha drömmar men är själv ganska omedveten om dem, och har svårt att ge uttryck för vad som sker inom honom. Hans fantasi är symbolisk och svårbegriplig, speciellt för honom själv. Den huserar långt ifrån hans medvetande.

♇ *med Pluto*, har ett vanemässigt intellekt, ovilligt till förändring, nytänkande eller ens utveckling av språk och andra uttryck. Tänker och uppträder i morgon precis som igår, hur än världen förändras omkring honom. När dramatiska skeenden eller drastiska förändringar sker i hans eget liv, är han närmast omedveten om dem och har mycket svårt att ta ställning eller anpassa sig till dem.

♀ *Venus oppositioner* ☍

♂ *med Mars*, har en förmåga att vara i ena stunden mild och kärleksfull, i den andra aggressiv och intolerant. Hans kreativa begåvning har inte riktigt kraften att manifestera sig, och när den gör det kan han själv vara den första att förstöra resultatet. Det han i stället uträttar känns kargt. Han tenderar att uppleva världen i vitt och svart. Likaså vill han i kärleken antingen ge eller ta emot, faktiskt inte gärna både och.

♃ *med Jupiter*, kan sägas höra till dem som har tur i spel men otur i kärlek. Hans erotik och kreativitet har svårt att komma till utlopp och gör det bara med viss svårighet, liksom motströms. Där han har framgång är den på ett formellt, mindre tillfredsställande plan.

ditt horoskop

♄ *med Saturnus*, har talanger och en ömhet som vill ta sig uttryck som inte är helt "comme-il-faut". Känslan av plikt och uppfostran kan hindra honom att leva ut sin kärleksfullhet och bromsa hans kreativitet. Eller så både älskar och skapar han på ett sätt som är högst vågat, kanske tabu.

♅ *med Uranus*, är uttrycksfull och åtrående på ett instinktivt vis, främmande för det abstrakta eller outtalade. Han verkar i sin utstrålning vara en smula naiv och oskuldsfull, men på ett konkret sätt behagfull. Han kan sysselsätta hjärnan med djupare tankar men det görs då inte utan ansträngning och en viss tröghet.

♆ *med Neptunus*, är både kärleksfull och drömmande men kan inte kombinera de två egenskaperna till kreativ fantasi. Han sublimerar inte, utan lever ut sina behag och sin erotik på konkreta vis. Fantasin är aningen stelbent och utan tjusning.

♇ *med Pluto*, är ganska oskyddad vid livets dramatiska skeenden, så att de kan komma att såra honom. Hans erotik och kreativitet förblir opåverkade, oavhängigt av vilka förändringar som sker honom eller runt honom. Händelser brukar drabba honom utan att han har förmågan att lindra deras effekt, eller särskilt lätt att foga sig till nya situationer.

♂ Mars oppositioner ☌

♃ *med Jupiter*, kan förbistras över att tycka sig ha oförtjänt många motgångar, så att hur han än tar i med saker och ting lyckas han bara med största svårighet och går ofta helt bet. Han kan tendera till att vara mer destruktiv än konstruktiv. Där han lyckas bra gör han det utan att det är en följd av egen förmåga eller ansträngning. Ofta skulle det faktiskt gå bättre för honom om han kunde släppa greppet och lita på turen.

♄ *med Saturnus*, kan handla minst sagt oöverlagt och oansvarigt. Han har en plötslighet och ett temperament som inte bryr sig mycket om argument. Ändå är han inte den typ som ställer till särskild skada. Skäller värre än han bits, skulle man kunna säga. I de fält där han känner ansvar och plikter saknas orken att realisera dem.

♅ *med Uranus*, är en handlingsmänniska med viss betänksamhet. Hans temperament verkar inte rätta sig efter något djupare än ögonblickets ingivelse och impulser. Han har inte heller någon starkare strävan att förstå vare sig sin egen situation eller tillvaron. De glimtar av insikt han kan få leder sällan till förståelse som varar eller kan utvecklas. Han har svårt att tänka koncentrerat eller följa analytiska resonemang.

♆   *med Neptunus*, har ett temperament som är ganska okomplicerat. Det reagerar på naturliga, vardagliga saker, men är ringa påverkat av subtilare ting. Därför är också hans fantasi och drömmande ganska tamt och utan särskild betydelse i hans liv.

♇   *med Pluto*, tycker ofta att han har ödet emot sig, för när han kämpar för en sak råkar han ofta ut för rena motsatsen, och kan inget göra åt det. Han är oftast värnlös inför den dramatik och de plötsliga förändringar som kan inträffa i hans liv. Vad kraft han har, förmår egentligen ganska lite. Hans strävan är därför oftast ett slags status quo, som han inte alltid lyckas bevara.

♃ *Jupiters oppositioner* ☌

♄   *med Saturnus*, är kluven mellan en sida som känner stort ansvar, plikter och allvarstyngder, och en som lever närmast vind för våg och låter saker hända sig. Den första sidan är fylld av motgångar, tung och ofta fruktlös trots sin ihärdighet. Den andra sidan är tursammare, men utan att det på sikt är den bästa hjälp, eller att lyckosamma håvor visar sig särskilt varaktiga.

♅   *med Uranus*, lever inte utan lyckosam materiell framgång, som ofta regnar över honom utan vare sig logik eller begriplighet. Han tycker mest att tillvaron är en följd av slumper, eller möjligtvis orsakssamband alldeles för komplicerade för honom att reda ut. Därför strävar han knappast efter att förstå, utan accepterar livets kast. I varje punkt där han vill förstå måste han verkligen anstränga sig, och egentligen har han inte många impulser av insikt eller stimulans till djupare kunskaper.

♆   *med Neptunus*, är inte särdeles rik på drömmar eller originella infall. Han lever i en vardag som kunde kallas en smula grå, är inte särskilt spontan eller full av upptåg. Det som händer honom i livet har ganska lite med hans inre att göra, och vad han kan önska sig eller drömma om inträffar sällan. Hans fantasi stimuleras inte särskilt mycket.

♇   *med Pluto*, kan vara en aning otursförföljd vad gäller större förändringar i livet. De kommer olägligt och är inte vad som skulle passa honom bäst. Däremot har han framgång och tursamhet i vardagens kontinuum. Sällan sker honom dock ting av mer varaktig betydelse, annat än sådant som han hellre vore utan. Livets drama är annars inte så rikhaltigt för hans del, snarare kan ödet beröva honom möjligheter till intressanta erfarenheter. De områden där turen står honom bi känns inte som de väsentligaste.

♄ *Saturnus oppositioner* ☌

♅ *med Uranus*, har en djup känsla av plikt, ansvar och åtaganden, men känner inte till skälen eller något slags resonemang bakom detta. Hans ansvarskänslor är outredda, ett arv han tar på sig utan att ifrågasätta det. I sitt analytiska tänkande har han dålig kontakt med traditionen och det historiska perspektivet. Han kan förstå nuet, men följer sällan några orsakssamband bakåt i tiden.

♆ *med Neptunus*, kan å ena sidan uppträda med en pliktmässighet som varken har nyans eller låter sig varieras i form, men ägnar sig å andra sidan åt drömmar och fantasier om allt sådant som han inte borde ställa upp på med sina värderingar. Han skulle gärna vilja uppträda aningen syndigt och trotsigt, men håller sig till alla ordningsregler, utan att tillåta sig den minsta personliga förvanskning eller utflykt.

♀ *med Pluto*, ser det som en plikt att bevara sitt liv och sin värld i status quo. Han känner det som om varje förändring är farlig och respektlös mot traditionen, och för oss närmare hotet om kaos. Dramatiska skeenden i livet vill han knappt erkänna som verkliga och kan ta dem som något av personliga misslyckanden.

♅ *Uranus oppositioner* ☌

♆ *med Neptunus*, har ett analytiskt tänkande som är tämligen torftigt och intellektuellt. Hans idéer spinner runt en teoretisk värld, där han gärna föreställer sig att logik och ordning härskar utan undantag. Utslag av fantasi och drömmar förstår han inte, utan vill gärna se dem som slumpvisa uttryck för sitt emotionella jag. Hans drömmar är närmast underhållning och har inte mycket att lära honom.

♀ *med Pluto*, betraktar helst världen som en ordnad helhet och strävar efter att begripa dess lagar, vilka han tror är statiska. Hans hjärna mal på mot en bredare förståelse av tillvaron, tämligen oberörd av livets drama och förvandlingar. Han tror inte på mystik eller overklighet – om det så slog honom i ansiktet. Han kan inte föreställa sig något bortom dödens gräns. När drastiska ting sker honom eller omkring honom är han djupt oförstående, och det tar tid för honom att lära sig nya ordningar. Hans tänkande hyser en viss konservatism, eller åtminstone en förkärlek för det bestående.

♆ *Neptunus opposition* ☌

♀ *med Pluto*, har en djup kluvenhet mellan det drömda och en omstörtande verklighet. Fantasin är tämligen odramatisk och gärna verklighetsfrånvänd, sysselsatt med andra ting än vad som sker i livets drama. Stora förändringar och drastiska händelser kan inträffa utan att det engagerar hans fantasi eller inspiration. Han vill i viss mån vända sig bort från dem, från föränderligheten, för att i stället väva vackra drömmar om evigheten. Vad som sker i hans tid får kommande generationer smycka efter behag – själv är han inte särskilt intresserad.

△ Planeternas trigoner

Trigonen med sina 120° är något av en dubbel sextil (60°), på samma vis som oppositionen är ett slags dubbel kvadratur. Denna fördubbling innebär inte bara att de båda aspekttyperna liknar varandra, utan framför allt att den större är en abstraktion av den mindres inverkan.

Sextilens innebörd och uttryck är långt mer direkta, konkreta och lättolkade än trigonens. Sextilen visar på ett samarbete mellan två planetkrafter – i trigonens fall talar man om en harmoni. Båda aspekterna räknas som positiva i sin inverkan, men skiljer sig alltså främst i hur tydliga de är.

Harmonin mellan två planetpunkter betyder ungefär detsamma som visar sig i zodiakens eller husens trigoner. Där är till exempel alla eldtecken – Vädur, Lejon och Skytt – i trigon, liksom vart fjärde hus, till exempel det andra, sjätte och tionde. Tecken av samma element är naturligtvis olika, men de har en gemensam karaktär, en gemensam egenskap i sina uttryck, eller en gemensam riktning. Hus i trigon, såsom de nämnda, står visserligen för olika miljöer eller sidor av livet, men det är sidor som går så att säga hand i hand – de brukar vara integrerade i syften och resultat, så att händelser i ett har inflytande på de andra två, och utvecklingar i ett hus är behjälpliga för de andra husen.

Planeter som befinner sig i trigon med varandra står alltså i en harmoni som innebär att deras krafter på sätt och vis närmar sig varandra, utvecklar ett släktskap och agerar med något slags gemensamt syfte. Även om de till sin karaktär kan verka synnerligen olika, som till exempel Merkurius och Mars, antar de i trigon kvaliteter som närmar dem till varandra. Merkurius blir mer agitatorisk och tänkandet mer målmedvetet – Mars blir rörligare, lättsammare och mer anpassad till omgivningen. På detta sätt kommer också de båda krafterna att vara varandras stöd, till hjälp åt den andra i sina olika uttryck.

Trigonen förstärker de inblandade planeternas betydelse i horoskopet, mer genom att de får så att säga en allierad än genom någon kraftförstärkning åt planeterna i sig. Såsom hos sextilen är inflytandet av kreativ sort, men inte nödvändigtvis konkret. Man kan tala om att trigonen markerar en speciell begåvning eller talang hos människan i fråga. Om denna begåvning sedan kommer till uttryck, eller hur det eventuellt sker, beror mest på andra faktorer i horoskopet.

Man kan dock allmänt säga att en talang brukar åtföljas av ett behov och en förmåga att ge uttryck för den – men långt ifrån alltid och ofta kanske inte så tydligt att man lätt uppfattar det.

AC *Ascendentens trigoner* △
MC *med Medium Coeli*, har ett uppträdande och en yttre gestalt som hjälper honom mycket att realisera sig själv som han tycker sig vara. Han har inga svårigheter att inför andra ge den bild av sig, som han själv hyllar eller uppfattar som den sannaste – i alla fall tar han sällan vid sig av vilket intryck folk får av honom.

☉ *med solen*, har en stor enighet mellan sitt yttre och sitt inre, verkliga jag. Man kan uppfatta att han utåt inte bara är en mask, eller utger sig för något, utan verkligen visar en stor del av sitt inre väsen. I sitt uppträdande ger han uttryck för sitt inre liv. Förhållandet till fadern är mycket gott, i alla fall vad andra kan se och i deras vardagliga umgänge. De verkar passa bra ihop.

☽ *med månen*, uppträder med själfullhet och känslighet, så att folk omedelbart tycker att de kommer honom nära. Han har också mycket lätt för att ge uttryck för sina känslor och låta dem träda fram på ytan. Med modern verkar allt vara frid och fröjd, de går bra ihop och verkar aldrig ha några intressekonflikter.

☿ *med Merkurius*, har ett lättsamt och lättbemött uppträdande, som ger honom goda möjligheter i umgänget. Han har god förmåga att uttrycka sig och göra sig förstådd, så de flesta tycker att de känner honom väl.

♀ *med Venus*, uttrycker en ömhet som omgivningen känner som äkta. Han har charm och utstrålning, ett ledigt och behagfullt sätt, en lätthet att ge uttryck för kärvänlighet. Han formar också sitt yttre med en känsla för stil.

♂ *med Mars*, låter ana en bestämdhet och fasthet som imponerar på andra. Han möter respekt och uppträder med energi och kraft. Han har inga svårigheter att disciplinera sig själv och demonstrera för andra vad han kan och vill.

♃ *med Jupiter*, ger intryck av att vara erfaren, berest på det ena eller andra sättet, och en människa som lever ett rikt liv. Förändringar och nyheter, ändrade levnadsbanor, kommer snabbt till uttryck i hans gestalt. Han är en människa som får vara med om det mesta och är välkommen överallt.

♄ *med Saturnus*, uppträder inte utan ett visst allvar, som en kompetent och uppfordrande gestalt. Han röner stor respekt, ofta aktning, och lever disciplinerat, kanske aningen asketiskt – mycket medveten om tradition och artighetsregler. Stel men inte utan att det imponerar på andra, för att det alltid känns befogat. Stilig och korrekt.

♅ *med Uranus*, ger intryck av att vara klok och tankfull, en kontemplativ, djupsinnig människa. Det syns att han nått imponerande visdom, och hans yttre låter ana insiktsfullhet. Han uppträder med värdighet och god ton. Folk lyssnar när han talar.

♆ *med Neptunus*, uttrycker originalitet och fantasifullhet. Folk kan tydligt se att han inte är som andra, och att hans liv är fyllt av säregna hugskott och drömmar. Han lever inspirerat och uppträder gärna så att han inte liknar någon annan. Han kan vara aningen bedräglig i sin uppenbarelse.

♇ *med Pluto*, lever ett liv som tydligt innehåller dramatik och många drastiska förändringar, vilka han inte har någon svårighet att anpassa sig till. Han har ett fascinerande, oförklarligt yttre, som kan både skrämma och locka andra människor. Det drama hans liv rymmer visar han tvekslöst upp för sin omgivning och låter forma sitt sätt att uppträda.

MC *Medium Coelis trigoner* △

☉ *med solen*, har en bild av sig själv som kanske inte stämmer helt med hans verkliga inre personlighet, men ligger så pass nära att de gör varandra gott och leder honom allt närmare en god och innerlig självuppfattning. Förhållandet till fadern är fullt av ömsesidig uppskattning och uppriktig gemenskap.

☽ *med månen*, ligger i sin självuppfattning nära sitt emotionella jag, så att han förstår sina känslors banor och behov, och tillåter dem att komma till uttryck. Han har sällan frustrationer eller hämningar, är överens med sina behov och sina aptiter i livet. Förhållandet till modern är trivsamt och innerligt, för de känner sig överens och har en uppriktig gemenskap.

☿ *med Merkurius*, har en lättvindig, otvungen bild av sig själv utan särskild högtidlighet. Han tar sig inte på särskilt allvar, utan kan slappna av från sina personliga problem, kanske även försumma sig. Han har det bästa förhållande mellan medvetet och undermedvetet, förstår alltid att finna ord för det han vill ha sagt.

♀ *med Venus*, uppfattar sig som kreativ och ser sin uppgift som att i första hand ge uttryck för detta. Han vill vara behaglig och visa andra stor ömhet, lägger den största vikt vid kärleken och ser sig gärna som en konstnär.

♂ *med Mars*, känner sig stark och kapabel, en som med sin viljekraft kan åstadkomma det mesta. Han anser sig vara ungefär lika med vad han åstadkommer, lägger stor energi på självförverkligande och att komma till uttryck inför omvärlden.

♃ *med Jupiter*, anser sig vara ungefär som ett tomt rum som tiden och alla upplevelser ska fylla med erfarenhet. Han tror att det är uteslutande miljön som färgar personligheten – åtminstone hans. Han upplever mycket som leder till självinsikter och verkligen ger honom chans att känna att han lever.

♄ *med Saturnus*, uppfattar arvet som den tyngsta personlighetsdanaren, lägger stor vikt vid familj och tradition, och strävar efter en bild av sig själv som en länk mellan det som varit och det som ska komma – en länk i generationernas kedja.

♅ *med Uranus*, når stora insikter om tillvaron och sin egen roll i den. Han kopplar sig själv till symbolen människa och lär sig med tiden väl vad detta innebär. Vilka kunskaper han än skaffar sig vill han alltid sätta dem i relation till sig själv.

♆ *med Neptunus*, har en aningen världsfrånvänd bild av sig själv, till hälften originella tolkningar av vad verkligheten visar honom, till hälften dröm och vilda fantasier. Han fascineras av sig själv och upplever sig vara långt ifrån vanlig. Han är mycket medveten om sina drömmar.

♀ *med Pluto*, har den allra mest dramatiska bild av sig själv, ganska mystisk, där han ser sig som en faktor i den stora, närmast trolska verkligheten. De livets dramer som onekligen drabbar honom betyder verkligt mycket för hans bild av sig själv, och den kan lätt förändras i grunden av sådana händelser. Han vill gärna känna att han själv är orsaken bakom livets drastiska skeenden.

☉ *Solens trigoner* △

☽ *med månen*, har ett känsloliv som är mycket berikande för det inre jaget och aldrig motarbetar det. Alla hans behov och tillfredsställandet av dem gynnar hans andliga utveckling, och i honom har vad han är och vad han känner ett gott förhållande till varandra. Han hyser varma känslor för sin mor och far, och de tycks hysa minst lika varma känslor för varandra. En familj utan motsättningar.

☿ *med Merkurius*, förekommer inte, eftersom de aldrig kommer längre från varandra än 28°. Det alltid korta avståndet mellan dem visar att de fungerar gemensamt, aldrig från olika håll. Människan och hennes förmåga att uttrycka sig är ett.

♀ *med Venus*, förekommer inte, eftersom de aldrig kommer längre från varandra än 48°. Det visar att människan och hennes välvilja hör ihop. Känslan av behag är alltid uppriktig.

♂ *med Mars*, är sprudlande aktiv och uttrycksfull, bestämd i sin vilja och mycket företagsam. Allt detta leder till att han genom handling förverkligar sig själv och finner många rimliga uttryck för vem han innerst inne är. Han är inom sig enig om sin aktivitet och vilka vägar den ska ta. Förhållandet till fadern är aktivt och energiskt. De gör med entusiasm många saker tillsammans och ställer alltid upp när den andra hamnar i bråk.

♃ *med Jupiter*, är i grunden en lycklig människa med mycken välgång som gynnar hans inre, andliga utveckling. Han kommer rikligen till uttryck och har mängder av chanser att förverkliga sig själv utan att egentligen behöva anstränga sig. Förhållandet till fadern är lyckosamt och de hjälper ofta varandra till framgångar.

♄ *med Saturnus*, är i hög grad pliktmänniskan, tyngd av ansvar och åtaganden, men utan att det plågar honom. Det stämmer bra med hans inre karaktär, och han behöver leva ett disciplinerat liv, knutet till tradition och till sin historia. Gentemot fadern förhåller han sig välartat och följer traditionerna, vilket han trivs förträffligt med.

♅ *med Uranus*, når många djupa insikter som både stimuleras av hans inre andliga jag och utvecklar det. Hans liv är en väg mot fördjupad kunskap, att utveckla sitt inre och inse vad det är att finnas till. Hans strävan är att via lärdom närma sig sitt inre och förenas med sin ande. Med fadern känner han stor andlig gemenskap och får många riktigt kloka råd.

♆ *med Neptunus*, är på djupet den originella människan med många infall, rika drömmar och flödande fantasi, allt i lyckligt uttryck av hans inre väsen. Han har många lustiga vägar att närma sig sitt inre. En konstnärsande. Med fadern är förhållandet fantasifullt och stimulerande, även då de är långt från varandra.

♇ *med Pluto*, är i sitt inre något av ett magiskt väsen som kan räkna med många drastiska, mystiska upplevelser som knuffar honom i närmare kontakt med hans inre. Världens drama och livets plötsliga förändringar skänker alla ett slags näring åt hans inre, de är ledtrådar för honom och hans roll i livet. Varje gång det händer något stort eller dramatiskt i livet märker han att han kommit sin far närmare. Det stödet sviker aldrig.

☽ *Månens trigoner* △

☿ med Merkurius, är den som inte har den minsta svårighet att uttrycka sina känslor så att de blir både begripliga och hanterliga för andra. De har en lätthet och rörlighet som rimmar bra med hans medvetandes förtjusning över det emotionella och vilja att dela med sig av det. Med sin mor kan han prata och skoja och må riktigt bra.

♀ med Venus, är innerligen kärleksfull, fylld av ömma känslor för hela sin omvärld. Han attraherar andra på det starkaste vis, med en längtan inom sig själv och smittande för andra. Att älska är stort i hans liv, och han hanterar kärleken med varlig hand. Sin mor är han innerligt bunden till, de älskar varandra högt och förtjust.

♂ med Mars, har en plötslighet i känslolivet, så att känslorna ofta uttrycker hans vilja både märkbart och övertygande. Vad han vill är som ett inre behov, och övertygelsen närs ständigt av hans emotionella jag. Han är konstruktiv för att han behöver vara det. Med sin mor är han aktiv och energisk, de gör mycket ihop. Hon väljer alltid hans sida när han hamnar i bråk.

♃ med Jupiter, har ett känsloliv som är mottagligt för och får många impulser. Det växlar ofta och fyller hans liv med mängder av upplevelser. Utan att behöva anstränga sig nämnvärt lever han ett liv rikt på engagemang och har lätt att finna utlopp för sina behov. Med modern har han flitig och händelserik kontakt, och de hjälper varandra till framgångar.

♄ med Saturnus, tar sitt känsloliv på stort allvar. Det emotionella är fast länkat till det som rör plikter, ansvar och tradition. Han behöver riter och vanor, en länk med sin omvärld och det förflutna. Känslor är inget att ta lätt på. För honom är människan i hög grad ännu ett djur med många djuriska drifter och behov, som ska hållas hårt. Förhållandet till modern är respektfullt och traditionsbundet, precis som han själv vill ha det.

♅ med Uranus, har ett känsloliv som skänker många insikter. Det emotionella gör honom nyfiken och han använder det för att utforska sin värld. Att känna världen är ett sätt att kunna den. Han har starka behov av att förstå, en nyfikenhet som är starkare än hos de flesta. Sin mor hämtar han många klokheter ifrån, hon förstår honom mycket bättre än han själv gör.

♆ med Neptunus, har ett underligt känsloliv fullt av sublimeringar och undertryckta drifter, eller drifter utlevda på ett ovanligt sätt. Hans drömmar och fantasi sysslar allra mest med hans emotionella jag och håller sig till det. Han känner stark inspiration även inför mindre impulser och har ett behov av att leva livet lite på låtsas.

Sin mor har han ständigt i drömmarna och de har en inspirerande inverkan på varandra, även på avstånd.

♀ *med Pluto*, har känslor som tveklöst följer efter de vågor och dalar som kan komma bra plötsligt i livet. Hans liv är dramatiskt och det passar honom. Orädd, sugen på fara, mystik och storslagenhet. Hans emotionella jag behöver starka impulser för att reagera. Hur det än gungar på havet är hans mor där, som ett allt starkare stöd för varje ny kris.

☿ *Merkurius trigoner* △

♀ *med Venus*, förekommer inte, eftersom de aldrig är längre från varandra än 76°. Det betyder att människans uttrycksförmåga och välvilja alltid har förutsättning att samverka nära och självklart, inte på omvägar.

♂ *med Mars*, har en förmåga att alltid kunna uttrycka sig så att andra förstår och blir övertygade. En utmärkt debattör. Han tycker om att munhuggas och är uppkäftig, men brukar sällan ta saker så allvarligt att han blir ordentligt förbannad.

♃ *med Jupiter*, har fallenhet för främmande språk, så många som möjligt, och hittar alltid sätt att göra sig begriplig på, eller att själv förstå andra. Han behöver förändringar, både stora och små, står inte ut med en monoton vardag. Han är lyckosam och mycket lättsam i sitt sätt. En gladlynt typ med muntert uppträdande.

♄ *med Saturnus*, uppträder behärskat och med ett nästan högtidligt språk som han bemödar sig om att uttala korrekt. Han yttrar sig försiktigt, medveten om hur mycket ord betyder, men låter ändå inte allvaret gå för långt eller formen ges för stor betydelse.

♅ *med Uranus*, är intelligent på flera plan, har en hjärna som verkligen arbetar och når allehanda kunskaper som han inte har någon svårighet att förmedla till andra. Han är bra på att lära sig och att lära ut, så att de mest komplexa ting blir begripliga. Han har ett stort ordförråd.

♆ *med Neptunus*, uttrycker sig annorlunda, originellt och spontant. Han fantiserar livligt, även i umgänget, och tycker väl inte att sanningsenlighet är den värdefullaste dygden. Utvecklar sitt eget språk, berättar målande och dagdrömmer gärna.

♀ *med Pluto*, lever i ett drama som han verkligen kan uttrycka inför andra. Det krävs i och för sig inte mycket för att han ska tycka att fantastiska ting har hänt, men vad som än sker har han en förmåga att våga närma sig, kommentera och relatera till det. Han kan foga sig till nyheter utan problem och ser spänning och äventyr i den gråaste vardag.

ditt horoskop

♀ **Venus trigoner** △

♂ *med Mars*, har både en kreativ och en konstruktiv förmåga som i högsta grad är varandra behjälpliga och ger honom stor förmåga att skapa ting av såväl omfattning som skönhet. Mildhet och styrka kompletterar varandra elegant hos honom.

♃ *med Jupiter*, är lyckosam i kärlek och kan vänta sig många behagfulla upplevelser, likaväl som han får många chanser att odla och ge uttryck för sin kreativitet, i hög grad smaka frukten av sitt eget skapande arbete. Motgångar är sällsynta i hans liv.

♄ *med Saturnus*, tar kärleken på allvar, visar den största trogenhet och vilja att i sitt liv anpassa sig till de gamla formerna för deras höga värdens skull. Han känner ansvar och plikter, men inte betungande utan med glädje och optimism. Han har lätt för renlevnad.

♅ *med Uranus*, har en imponerande mental klarhet, lätt för att resonera, förstå och leda analysen långt, utan att huvudet tyngs eller känns besvärat. Han har forskartalang och sinne för hur verkligheten hänger ihop – en förståelse som aldrig blir cynisk, utan bottnar i optimism. Både i kreativitet och kärlek visar han insiktsfullhet och mognad.

♆ *med Neptunus*, är konstnärligt begåvad, med ett flöde av inspiration, aldrig sinande fantasi och skaparkraft. Han berör det som syns och det som inte syns, verklighet och drömmar, med samma förtjusning – och ger allt lyster. Det finns en önskan att göra verkligheten overklig.

♇ *med Pluto*, är den som med varlig hand kan skapa drama och drastiska förändringar i livet, utan att det skadar vare sig honom eller hans omgivning särdeles. Han tjusas av mystiken och magin, visar själv en god hand med dessa och ser det goda i krafter som andra skulle kalla onda. Han verkar i mycket för en ny, bättre värld, och lyckas åtminstone för egen del rätt bra.

♂ **Mars trigoner** △

♃ *med Jupiter*, har en iver att få saker gjorda och att pröva på nya ting, som livet ofta låter honom ge uttryck för. Han är hetsig och otålig, vill att allt ska gå fort och har förmåga att snabbt klara av de flesta uppgifter.

♄ *med Saturnus*, har något bistert över sig, så att han lever ett kärvt liv med stora krav på sig själv och andra, men inte utan att det känns befogat och leder till stor kompetens. Han har kapacitet, en stränghet som kommer ur rättrådighet, och klarar det största ansvar.

♅ *med Uranus*, letar efter fast kunskap och vill veta det mesta. Han har viljekraft och kapacitet att gräva sig djupt ner i krångliga frågor och tolererar inte att saker lämnas outredda.

♆ *med Neptunus*, har en aningen bisarr smak för det groteska och det lite skrämmande. Han lever gärna farligt och tycker om att verka hotfull, men det mesta håller sig inom det antydda eller behärskade. Hans fantasi är honom till god hjälp vid problemlösning. Att pröva djärva grepp och lyckas genomföra dem ligger för honom.

♀ *med Pluto*, lever ett liv så dramatiskt att man knappt tror att det är sant. Drastiska förändringar, som han gärna själv med kraft framkallar, upp och ner och stort tumult. Han är farlig för sin omvärld, men själv nästan osårbar inför allt han kan ställa till med.

♃ *Jupiters trigoner* △

♄ *med Saturnus*, är en kombination av variation och tradition. Han har ett fast grepp om det som ligger i arv och historia, men ändå en förmåga att pröva på nytt och söka sig bort, utan att riskera att rubba den fasta grund han står på. Varje nyhet befäster denna grund i hans ursprung och stimulerar honom till fortsatta upplevelser.

♅ *med Uranus*, förkovrar sig ständigt och i största omfattning. Hans liv är fullt av berikande erfarenheter som får honom att mogna in i en synnerligen god förståelse av vad tillvaron är, och de fält av den han speciellt intresserar sig för. Han får många insikter och vägleds av sin visdom i att välja nya vägar.

♆ *med Neptunus*, är drömmaren och den fantasirika, som inte sitter särskilt fast i den konkreta verkligheten. Han drömmer sig bort för jämnan och har inte mycket intresse för den grå vardagen. Hans liv är också fullt av upplevelser som stimulerar fantasin.

♀ *med Pluto*, lever ett liv fyllt av lyckosamma, dramatiska förändringar och skeenden. Det är upp och ner, hit och dit, i många väldiga utbrott, men mestadels till hans egen klara fördel. Det är ibland nästan som om makterna är med honom.

♄ *Saturnus trigoner* △

♅ *med Uranus*, närmar sig klokheten och visdomen så mycket det går. Hans liv är en ständig förkovran, en lärdom av alla kunskaper som mänskligheten utvecklat och alltjämt utvecklar. Han blir klok som få och hanterar detta med ansvar och disciplin. Etik och ideologi ägnar han sig mycket åt.

♆ *med Neptunus*, har ett sinne tyngt av allvarsdrömmar och

Jupiter och dess värv. Av Hans Sebald Beham, 1530-talet.

dunkla fantasier. Han kan ofta svartmåla och upplever det okända som farofyllt. Det är inte så att han lider, men allvar härskar inom honom. Riter och symbolik är centrala i hans liv.

♀ *med Pluto*, har den starkaste kontakt med livets och dödens gränstrakter, tanken på återfödelse och den dolda mystiken i tillvaron. Livet innehåller dramer som inte alltid låter honom förbli oskadd. Det kan bitvis vara smärtsamt, men han känner verkligen att han befinner sig mitt i allt det magiska som tillvaron består av.

♅ Uranus trigoner △

♆ *med Neptunus*, har intuition och fantasi som leder honom mot allt större klarheter i livet. Hans tankar bollar lika lätt med det möjliga som med det omöjliga, och han har en förmåga att koppla ihop de två till ett sammanhang. Han tänker originellt och hjälps till förståelse av fantasi och drömmar. En inspirerad människa med tanke bakom sina infall.

♀ *med Pluto*, kommer mycket nära kunskapen om livets allra hemligaste och heligaste, knuffad fram på vägen mot verklig insikt av ett dramatiskt liv som bjuder rika möjligheter att reflektera över och betrakta tillvarons alla mekanismer, ibland nästan bakom kulisserna. Ett liv av mental utveckling, förbi tidigare kända gränser.

♆ Neptunus trigon △

♀ *med Pluto*, lever i det närmaste mitt emellan liv och död, mellan det som finns och det som inte finns. I hans värld existerar inga fasta gränser mellan dröm och verklighet. Det är fyllt av dramatik som han själv i fantasin förstärker eller framkallar. Genom att det undermedvetna är så pass öppnat tål han mycket av den dramatik han kan vänta sig.

□ Planeternas kvadraturer

Precis som zodiakens och husens kvadraturer visar, handlar planeternas kvadraturer om en intressekonflikt eller spänning mellan de två punkterna. Vädurens stöddighet står mot Kräftans ömhet, första husets ytliga gestalt mot fjärde husets nära och kära, och så vidare.
Det är dock inte nödvändigtvis ett tillstånd enbart av ondo, då denna spänning ofta brukar visa sig konstruktiv och behjälplig.

Kvadraturen har en kraft som både kan skada och göra nytta, lite grann som planeten Mars. Den konflikt som råder mellan planeter i kvadratur skänker gnista, idéer och förmåga att gå till handling. Den utvecklar och gynnar människans utveckling, om än inte alltid smärtfritt. Om nöden är uppfinningarnas moder, eller om frustration är en konstruktiv kraft, då är kvadraturen en tillgång. Den driver på människan och får henne att åstadkomma ting. Precis som sextilen är kvadraturen en aspekt som är igenkännbar i sina uttryck och manifesterar sig på ett konkret plan. Konflikten mellan de inverkande planetpunkterna är tydlig och klar, så slitningen mellan dem tar sig oftast former som är lätta att upptäcka.

Kvadraturernas avigsidor är inte sällan irriterande eller rent av smärtsamma, men om inte Mars, Saturnus eller Pluto är inblandade brukar det inte vara fråga om några större besvär, annat än den gnagande spänning som ligger i aspektens natur. Kvadraturen är en talang i människan som ständigt kliar, men utan den kanske hon bara skulle somna.

AC *Ascendentens kvadraturer* □

MC　med *Medium Coeli*, tycker inte alls att folk uppfattar honom sådan han verkligen är, och hittar inte riktigt fram till att ge uttryck för vem han själv tycker att han är, trots ihärdiga försök.

☉　med *solen*, har ett yttre som rimmar ganska illa med hans verkliga inre väsen. Folk kan uppfatta honom som ytlig eller kanske falsk, men han får ändå uttryck för en hel del av sig själv, om än i förvanskad form, delvis genom att få folk att leta efter hans egentliga jag. Med fadern är det ofta konflikter, speciellt bland andra människor. Alla kan ju se hur olika de är.

☽　med *månen*, uppträder på ett sätt som går i disharmoni med vad han känner. Han förställer sig och håller igen, trots att han emotionellt gör åtskilliga försök att leva ut sina behov. Med modern är det ofta konflikter, speciellt bland andra människor. Folk ser tydligt hur olika de är.

☿　med *Merkurius*, har ett annat sätt att umgås, tala och tänka i sitt medvetna, än den yttre gestalten visar. Han har därför större svårigheter att göra sig förstådd och kommunicera med andra, än vad som borde vara fallet.

♀　med *Venus*, har en kreativ, öm sida som han i sitt yttre verkar förneka, eller i alla fall gå emot en del. Det finns kärlek och mildhet i honom som inte syns på ytan, vilket bekymrar honom en del, då han vill att folk ska uppskatta honom för vad han kan ge.

♂　med *Mars*, uppträder veligare och mjukare än han egentligen känner sig. Det kan frustrera honom att han inte möter den respekt han tycker att han borde få, och att han inte förmår uppträda så bestämt och energiskt som han känner sig.

♃ *med Jupiter,* kan verka lite stelare och enkelspårigare än som är fallet. Folk tror felaktigt att han är en sådan som inte varit med om mycket och inte har turen med sig. Hans framgångar syns inte på hans yttre.

♄ *med Saturnus,* röner inte den respekt som han strävar efter, och folk verkar inte ta honom så pass på allvar som han vill. Han verkar kanske slarvig men det stämmer illa. Gestalten avslöjar ringa om den disciplin han lever efter, då han inte lyckas visa det i sitt yttre.

♅ *med Uranus,* kan ha svårt att göra sig hörd i omgivningen. Folk tenderar att uppfatta honom som aningen obegåvad. Han tänker mycket och djupt men har svårt att förmedla det till andra, då han till sitt yttre ger intryck av att vara oförfinad och ogenomtänkt.

♆ *med Neptunus,* verkar konventionell och stel på andra, och uppträder i sitt yttre långt mer formellt och enkelspårigt än hans fantasi egentligen ger rum för. Inom honom lever drömmar och föreställningar som han har väldigt svårt att förmedla till andra. De kan tycka att han verkar aningen tråkig.

♇ *med Pluto,* ser ut att vara oföränderlig genom tiden och dåligt rustad för livets dramer eller plötsliga förändringar, trots att sådana drabbar honom. Han känner i sitt liv mer av dramatik och kanske även magi, än han kan förmedla i sin gestalt.

MC *Medium Coelis kvadraturer* □

☉ *med solen,* har en ganska illarimmande självbild som leder till att han ofta irriteras av att inte riktigt få grepp om sig själv. Trots ivriga försök märker han att han inte lär känna sig själv så väl, mycket beroende på att han vill vara en annan än han innerst inne är. Är det något han är säker på, så är det att han aldrig kan komma överens med sin far.

☽ *med månen,* känner sig vara och vill vara en annan personlighet än han känslomässigt trivs med. Han kan hämma eller motarbeta sina emotionella behov, som han inte riktigt förstår och inte tycker borde ta sig de uttryck de ofta gör. Mot sin mor känner han ofta irritation, de är sällan överens.

☿ *med Merkurius,* tycker själv att han ofta kan uppträda pratsammare, lättsammare och ytligare än han känner sig. Han ser sig helst som långt mer introvert och djupsinnig, men har svårigheter att ge uttryck för den sidan av sig själv. Ofta tycker han att han inte kan hålla tyst.

♀ *med Venus*, betraktar sig själv som mer formell, disciplinerad och kallhamrad än vad som är fallet. Han vill inte riktigt kännas vid sitt behov av ömhet och skönhet, eller förtjusningen inför andra människor som kan få honom att glömma sig själv.

♂ *med Mars*, irriteras över ett hetsigt temperament som han ofta kan ge uttryck för. Han vill vara lugn, mild och balanserad, men uppträder inte sällan på annat vis. Dessutom är han mer aktiv än han tycker om, då det tar ifrån honom tid att lära känna sig själv. För många järn i elden.

♃ *med Jupiter*, tycker själv att han är en människa som når sina mål och framgångar via enträget arbete och kompetens. Därför irriteras han när livet bjuder honom på lyckosamheter, hans egen ansträngning förutan. Vidare vill han själv förbli i status quo och binda sitt liv i varaktiga ordningar, men ofta faller slumpen annorlunda. Han såg gärna att tillvaron vore mer av en kamp för honom.

♄ *med Saturnus*, plågas själv av de många ansvar, rutiner och plikter som vilar på hans axlar, och som han gärna gjorde sig fri från. Han tycker att han är en sorglös nisse som behöver rörlighet och förändring, men tunga faktorer berövar dessa ingredienser i hög utsträckning, och håller tillbaka hans äventyrslusta.

♅ *med Uranus*, har ett djupsinne, en tänkande sida som han själv inte riktigt vill kännas vid. Han skulle gärna leva ytligt, obetänksamt och långt mindre intellektuellt. Hans kunskaper och insikter passar också ganska illa med hans bild av sig själv, och gör att han har problem med att förstå sitt eget väsen. Allt blir så komplicerat.

♆ *med Neptunus*, ville gärna vara realisten, den rationella, som är vad han ser ut att vara och inget mer. Så ej, då fantasi och livliga drömmar antyder ett långt rikare och betydelsefullare undermedvetet än han önskat sig. Det förvirrar.

♇ *med Pluto*, tycker själv att han är i det närmaste oföränderlig till karaktären. Sådan han var igår är han också imorgon. När därför hans liv bjuder på dramatik och plötsliga förändringar, har han stora svårigheter att foga sig efter dem, och gör det högst motvilligt. Han är också en aning rädd för ödets makter och det okända.

☉ *Solens kvadraturer* ◻

☽ *med månen*, har en intressekonflikt mellan sina andliga och känslomässiga behov. Instinkt och begär vill ofta driva honom åt ett helt annat håll än hans inre är tillfreds med. När han odlar sina andliga intressen brukar det också innebära kostsamma avkall på det emotionella och återhållna känslor. Föräldrarna verkar sällan hålla sams, därför är han själv sällan överens med någon av dem.

☿ *med Merkurius*, förekommer inte, eftersom de aldrig är längre än 28° från varandra. Att solen och Merkurius inte kan bilda kvadratur visar att det inte finns några hinder i människan för jaget att komma till uttryck.

♀ *med Venus*, förekommer inte, eftersom de aldrig är längre än 48° från varandra. Att solen och Venus inte kan bilda kvadratur visar att det inte kan vara svårt för människan att visa välvilja.

♂ *med Mars*, är egentligen ett fridsamt väsen, som inte verkar vara lagd åt den plötslighet och aggressivitet som ibland kan fara över honom. Han kan leva konfliktfyllt trots att det är svårt att se varför. I sitt inre behöver han lugn och passivitet, men har ändå ganska många järn i elden. Med fadern är det ständiga bråk, en viljornas kamp.

♃ *med Jupiter*, verkar inte vara särskilt tursam. När livet öser gåvor över honom är de mest till besvär och ger problem i stället för glädje. Andra kan gynnas av hans närhet, men ofta inte han själv. Han har ett behov av status quo som inte riktigt blir hans verklighet. Mycket rör på sig och han har svårt att anpassa sig. Fadern umgås han inte gärna med, de har en tendens att bara ställa till besvär för varandra.

♄ *med Saturnus*, skulle egentligen passa som ett mer lössläppt väsen med ständig rörlighet och den största frihet. Men plikter håller i honom och ansvar begränsar hans rörelsefrihet. Han trivs inte med det men har svårt att bryta sig fri. Inom honom råder inte alls den ordning och disciplin som han ofta måste axla. Fadern kräver lydnad och respekt, men det vägrar han att foga sig efter.

♅ *med Uranus*, fylls av kunskaper och insikter som inte ger hans inre den oskuldsfulla naivitet det annars utstrålar. Han förkovras nästan mot sin vilja och har tendenser att bli besviken över världsläget, liksom ett drag av pessimism. Fadern och han förstår varandra dåligt, de resonerar liksom inte om samma verklighet.

♆ *med Neptunus*, är till sitt inre den något enkelspåriga materialisten, som lever hela sitt liv i vakenhetens klarhet, där få ting betyder mer än en sak. Ändå har han livlig fantasi och underliga drömmar, som komplicerar hans liv mer än han önskar och stör hans klarhet med antydningar om överraskningar i det outtalade och det undermedvetna, vilka han i det närmaste vill förtränga. Fadern dyker då och då upp i mardrömmar, deras relation har en bisarr udd.

♇ *med Pluto*, hyser en rädsla för livets drama som han känner kan såra honom svårt och drabba honom smärtsamt. Han känner sig aningen otrygg i tillvaron, ett hjälplöst offer för slump och

ditt horoskop

ödets spel. Helst ville han leva i lugn och ro, ett liv utan förändringar och med en massiv vardag. Kriser har han mycket svårt att ta, fastän han kämpar hårt för att behärska sig. I relationen till fadern händer en del dramatiska ting, överraskningar som plågar och skrämmer honom.

☽ Månens kvadraturer □

☿ *med Merkurius*, har mycket svårt att uttrycka sina känslor, och vill egentligen inte. Han föredrar att uppträda lättsamt, ytligt, och hålla sina känslor för sig själv. Därför kan han låta ganska torftig och kännas tom eller oupriktig. Med sin mor pratar han sällan, däremot käbblar de ofta.

♀ *med Venus*, har ett känsloliv som hanterar både honom och omvärlden aningen omilt. Det är upp och ner, ljust och mörkt, utan mycket av förmildrande kraft. Han kan vara älskvärd och visa kärlek, men inte utan att därmed lägga band på sina känslor och behov som annars är direktare. Med modern finns inte särskilt varma känslor, faktiskt. De tycker inte om varandra nämnvärt.

♂ *med Mars*, har ett temperament som står i konflikt med hans emotionella behov, vilka närmast styr mot harmoni och mildhet. Han är själv aningen rädd för sin aggressivitet och kan därför, trots att det inte är hans avsikt, bete sig känslolöst och mycket ovänligt. Med modern är han nästan aldrig sams, de vill hela tiden olika saker.

♃ *med Jupiter*, känner sig ofta motarbetad av omständigheterna så att han inte får uttryck för sina inre behov eller har tid eller möjlighet att leva ut sina känslor. Tiden rinner alltför hastigt. Knappt har han funnit ro i en situation förrän den förbyts. Han kan ha tur och framgång, men i sådant som inte gynnar hans emotionella liv. Modern träffar han sällan och då sker inte särskilt mycket. De kan oavsiktligt råka ge varandra motgångar.

♄ *med Saturnus*, känner sig mer än hämmad av tillvarons krav på disciplin, återhållsamhet och anständighet. Han vågar inte riktigt ge uttryck för vad han känner eller söka uppfylla sina emotionella behov, i rädsla för att det ska döma ut honom hos andra och gå i strid mot konventioner. Därför kan han även ställa aningen hjärtlösa krav på andra. Modern kräver respekt och lydnad, men han möter henne mest med trots.

♅ *med Uranus*, har ett känsloliv som närmast tar för vana att förbryta sig mot vad hans förnuft och kunskap säger honom vore det riktiga. Han vill gärna bete sig dumt eller irrationellt, fastän hans tanke inte alls är tillfreds med det. I andra fall kan han försöka resonera bort sina känslomässiga behov, utan att lyckas särdeles med det. Modern förstår honom knappast alls, de är så olika personligheter, särskilt på djupet.

♆ *med Neptunus*, är emotionellt en ganska okomplicerad varelse med naturliga drifter, men med fantasi och drömmar som är långt mer komplicerade och stör hans sinne. Han skulle önska att känslorna kunde delta i fantasins irrfärder, eller drömmarna nöja sig med att sublimera hans drifter – men inte så. Hans inre är mindre enhetligt än han skulle vilja ha det. Modern spökar i hans drömmar, hon skrämmer och förvirrar honom utan att han begriper varför.

♀ *med Pluto*, hyser en inre rädsla, ibland nästan skräck, för livets dramer och dunkla sidor. Han tror att han inte skulle klara av att ta kriser och bävar för dessa såväl före, som under och efter de inträffar. Livets dramatik handlar också ganska bryskt mot hans känsloliv, så han får många törnar och svidande sår. Med modern händer det dramatiska, överraskande ting. De har båda en tendens att riktigt ställa till det för varandra.

☿ *Merkurius kvadraturer* □
♀ *med Venus*, förekommer inte, eftersom de aldrig är längre än 76° från varandra. Det innebär att människan av naturen alltid har lätt för att uttrycka sig välvilligt och vänligt.
♂ *med Mars*, vill gärna vara agitatorisk och bestämd i åsikter och yttranden, men det lyckas honom inte riktigt. Han är inte så ymnigt beskänkt med talets gåva, uttrycker sig lite tafatt och tveksamt fastän hans vilja kan vara väl så bestämd. Det finns därför en tendens att tala i handling, kanske överilat, även när det inte riktigt är befogat.
♃ *med Jupiter*, kan vara trångsynt och ha svårt att tillgodogöra sig nya tankar eller ett vidgat språk. Han har problem med att formulera annat än det vardagliga och hänger inte riktigt med intellektuellt vid förändringar och nyheter i omgivningen. Framgång bekymrar honom, så att han gärna vill förklara bort eller ignorera den.
♄ *med Saturnus*, har ett ovårdat tal och behärskar inte riktigt konventioner vid umgänge. Det stör hans känsla för stil och etikett. Han är rädd för att blamera sig, då han kan yttra sig olämpligt eller plumpt i många fall. Principer och åsikter har han svårt att ge uttryck för.
♅ *med Uranus*, består av två intellekt som inte fungerar utan spänningar mellan varandra. Dels den ytliga konversatören, den

som finner ord för betydelselösheter men har svårt att diskutera väsentligheter eller hantera krångligare begrepp – dels den djupa tänkare som egentligen skyr ytligheter och vill nå långt med tanken, förbi banaliteter.

Ψ   med *Neptunus*, uttrycker sig lite tråkigt och med ett begränsat, oföränderligt register. Tal och annan kommunikation förmedlar från honom föga mer än vad alla redan vet. Ändå lever i honom en fantasi och originalitet, drömmar och subtiliteter, som han har svårt att förmedla till andra.

♀   med *Pluto*, känner att hans tanke och språk inte riktigt kan följa med på livets kraftfullare amplituder. När tillvaron dundrar av dramatik uppträder han som om inget hade hänt. Han förmår inte förnya sig efter omvärldens eller det egna livets växlingar, så det som sker får verka inom honom eller i hans handlingar. Han har svårt att prata om laddade ämnen, kriser eller magiska ting, och finner det svårt att förstå deras verkan.

♀ *Venus kvadraturer* □

♂   med *Mars*, har en mild kreativitet som ofta hamnar i konflikt med en mer krasst rationell sida. För honom är livet antingen strävsamt arbete eller sköna nöjen. Han har svårt att låta det ena blandas med det andra. I sin aggression är han nästan utan pardon, i sin kärlek är han närmast passiv, utan kraft. Hans känsla för skönhet och för nytta kommer aldrig överens.

♃   med *Jupiter*, har en kreativitet som bara med svårighet kommer till uttryck och en kärlek som mestadels har ett och samma objekt. Nyheter i livet, förändring och omväxling, kommer sällan lämpligt för honom. Harmoni och glädje känner han inför det invanda och kända.

♄   med *Saturnus*, har en välvilja och kärlek som hämmas av känslan av regler och plikter. Han har svårt att ge uttryck för sina talanger och sin välvilja, då uppfostran och konvenans motarbetar sådana lustar i honom. I sin moral är han därför mycket fast och nästan skoningslös.

♅   med *Uranus*, har en kreativitet som rimmar illa med hans djupa tänkande. Han vill vara lekfull, ömsint och njuta frukterna i livet, men vissheten om allt det andra som tillvaron rymmer försvårar detta. Kunskap har en förmåga att dämpa hans glädje. Det är ingen dans på rosor när hans tankar färdas genom djupare vatten. I sin kärlek vill han helst vara oförstående och nästan vägra att mogna.

Ψ   med *Neptunus*, lever med förtjusning för världen som den ser ut och känns på ytan, men besväras av ett inre svårmod, fantasier och drömmar som inte alltid är angenäma. Han önskar fylla sitt liv med glädjeämnen som håller hans undermedvetna stången, men det tränger sig på och grumlar förtjusningen genom alla implikationer och subtila hotbilder.

♀ *med Pluto*, har en vänlighet och ömhet som såras svårt av tillvarons grymmare sidor. Dramatik, mystik och livets ovillkorlighet plågar och skrämmer honom. Han känner sig alltför sårbar inför dem och gör sitt allra bästa för att skona sig själv och andra. Ändå slår ödet honom ibland där han är som minst skyddad.

♂ Mars kvadraturer □

♃ *med Jupiter*, känner ett starkt behov av att kunna härleda varje framgång ur sin egen förmåga. När därför ödet närmast slumpvis gynnar honom är han inte alls nöjd med det och kan försöka sig på ett slags klappjakt med fru Fortuna för att förekomma henne. Han kan till och med motarbeta framgång som kommit utan hans egen förtjänst.

♄ *med Saturnus*, vill egentligen inte alls foga sig efter kutym och etikett, fast det finns ett starkt sådant drag hos honom – likaväl som han axlar ansvar och plikter, om än med den största protest och inre oenighet. Hans vilja är att leva sitt eget liv, avskuren från tradition och socialt ansvar, men han lyckas inte riktigt stå emot dessa ting, fastän han kämpar ivrigt.

♅ *med Uranus*, handlar ofta oöverlagt, dumdristigt och förhastat, gärna emot bättre vetande. Han kan förstå situationer och analysera sig fram till bästa handlingssätt men brukar – när det gäller – förivra sig och göra en del dumheter som retar inte minst honom själv.

♆ *med Neptunus*, har en konkret vilja och handlingskraft som sällan låter sig störas av nyanser eller mer sublima konsekvenser. Han agerar ofta som om världen vore enbart det man klart kan se av den, vill inte riktigt ställa upp på det undermedvetnas och irrationellas betydelse. Fantasi och drömmar irriterar honom, han vill förkasta allt det som eskapism eller betydelselösheter, men de har ändå förmågan att störa hans viljekraft.

♀ *med Pluto*, kan vara offer för de gruvligaste omständigheter. Han har en stor handlingskraft som ändå fås på fall av ödets spel. Hans temperament är förvisso reaktivt men kan rämna inför livets dramer, vilket han kämpar för att tygla. Han vill kunna handla impulsivt men vill inte kännas vid följderna. I tider av kris har han mycket svårt att finna kraft att lyfta sig upp.

♃ *Jupiters kvadraturer* ▫
♄ *med Saturnus*, har dels en sida av spontanitet och utåtriktad förändring, frihet och ansvarslöshet i flödande lyckosamhet – dels en sida av påtagligt allvar, plikter och försakelser i enlighet med en fast känsla för sitt ansvar och för god sed. Dessa står självfallet i spänning till varandra. När han har framgång tycker han ofta att han är oförtjänt av den, och sina plikter utför han med största svårighet, i motvind och utan att se deras ände. Ett kluvet tillstånd, förvisso.

♅ *med Uranus*, lever i många stycken ett liv som inte tar stor hänsyn till erfarenhet och lärdom, utan går sina egna, ganska spontana vägar. Han lär sig mycket men lyckas inte riktigt överföra denna visdom på sitt leverne, där saker och ting får ske lite som det faller sig. Slumpen spelar större roll i hans liv än hans klokhet skulle ge plats för.

♆ *med Neptunus*, lever impulsivt, på infall som har mycket lite att göra med hans inre önskningar. Han väver drömmar och fantasier men får sällan se dem realiserade. Det som sker honom är sådant som han egentligen inte inspireras nämnvärt av. Banala framgångar, tycker han själv och frustreras av att livet inte blir så trolskt som han föreställt sig det.

♇ *med Pluto*, har framgång och tur med det vardagliga, där allting verkar flyta så väl som han kunde önska. Ändå kan han ha allvarliga motgångar i livets stora skeden, där ett snabbt slag kan splittra vad många år har byggt upp. Hans behov av frihet och rörelse möter då kraftfulla motgångar som sedan tar tid att reparera. Dramatik och kriser oroar honom med rätta, för då brukar saker och ting trassla till sig, hur väl de än fungerat annars.

♄ *Saturnus kvadraturer* ▫
♅ *med Uranus*, lever tyngd av ansvar och plikter, och följer traditionens och etikettens påbud, trots att han mognar i förståelsen om att sådana ting är skeva – ofta helt galna. Hans tankar benar upp den värld vi ärvt och ser igenom den – ändå förmår han inte lossa oket från sina axlar.

♆ *med Neptunus*, har en fantasi och drömmar som han inte vågar yppa, då de inte alls rimmar med hur man bör vara, känna och leva. Han håller därför sitt undermedvetna nedtryckt och är livrädd för att det ska spela spratt med honom, särskilt i andras åsyn.

♇ *med Pluto*, känner stora krav på sig att bevara status quo, att hålla tillvaron intakt i de värsta stormar, själv bära ansvaret för varjehanda fara som dyker upp och avvärja den. Ödet slår ofta hårt mot hans krav på ordning och kan rycka bort mycket av det invanda, som han håller för i det närmaste heligt. Lugn och ro är eftersträvansvärda tillstånd för honom, och varje förändring är av ondo. Han kan känna ansvar för sådant som ligger långt utanför varje människas kompetens att råda över. Livets mystik försöker han förneka, eller åtminstone dölja.

⛢ *Uranus kvadraturer* ▫

♆ *med Neptunus*, har ett tänkande som är ovanligt abstrakt och teoretiskt, samtidigt som fantasin och drömmarna ligger närmare livets kött och blod. Hans resonemang är lite torftiga och konventionella. Irrationella element i tillvaron stör honom och han undviker såväl intuitiva resonemang som obesvarade frågor. I sitt undermedvetna har han ingen vidare ordning, det verkar likgiltigt för vad hans kunskaper når för mål.

♇ *med Pluto*, bygger med tiden en förståelse av världen som en statisk ordning, men den rubbas när tillvaron bjuder drastiska förändringar. Ändå håller han fast vid denna världssyn, hur mycket än livet antyder annorlunda. Han är ganska oförstående för de mer mystiska sidorna av livet, och kan inte begripa vad som får dramer och kriser att dyka upp.

♆ *Neptunus kvadratur* ▫

♇ *med Pluto*, har en spänning mellan sitt vilande undermedvetna och en stormig omvärld. Fastän förvandling, dramatik och stora skeenden kan passera utanför honom härskar i hans drömmar en orubblig ordning, som visserligen störs av omvärldens oreda men inte vill ge efter för den. Hans fantasi och inspiration hålls vid det lilla och hanterliga, drömmar om Sörgårdslycka och oföränderliga bomullsparadis. Den laddade verkligheten är långt mer konkret och påträngande än så.

✶ Planeternas sextiler

Sextilens 60° är en halvering av trigonens 120°, och liksom kvadraturen är denna aspekt långt mer konkret i uttrycket än sin storebror. Trigonens inflytande är ganska subtilt, men sextilen visar sig i handlande.

Kvadraturen är konstruktiv som en följd av sin inneboende konflikt, lite enligt principen "nöden är uppfinningarnas moder". Sextilen däremot har en positiv egenskap som kan beskrivas som en samverkan mellan de inblandade planetpunkterna, och dess uttryck är till sin karaktär kreativt. Den visar på saker man har lätt för och delar av livet som sköter sig med elegans och smidighet.

De inblandade planetkrafterna är så placerade att de är ömsesidiga resurser och har god hjälp av varandra i sitt respektive värv. Den lätthet med vilken de arbetar för varandra gör dem dugliga och produktiva på ett så pass konkret plan att deras effekt inte ska vara särskilt svår att observera.

I zodiaken knyter sextilen ihop plustecknen, de utåtriktade, med varandra, respektive minustecknen, de inåtriktade, med varandra. Planeter i sextil får därför via zodiaktecknen en gemensam karaktär av att syfta åt samma håll, att sträva mot samma uttryck – extrovert eller introvert.

Vad gäller husen, knyter sextilen sådana till varandra som uppenbart är varandra till hjälp. Första husets personliga gestalt eller uppenbarelse har naturligtvis en god samverkan såväl med tredje husets vänkrets liksom med elfte husets större sociala umgänge. Andra husets ekonomi och ägande samverkar med fjärde husets hem och familj, liksom med tolfte husets behärskning och offer.

Man kan alltså klart se att sextilen befrämjar båda de punkter som den knyter ihop. Vilken sida som sedan har huvudrollen är både svårare och mindre viktigt att se. Planetkrafter i denna aspekt stämmer om sig en aning för att fungera bättre ihop, så att den sida av dem som ligger nära den andra planetens karaktär betonas, och motsatta sidor försvagas.

Det är inte så att de förlorar sina identiteter. Närmandet till varandra är föga mer än en antydning, men så att det räcker till för att de ska fungera i par.

Sextilens effekter är av den vardagliga typen. Stora skeenden eller centrala sidor av personligheten kan sällan härledas till sextilinflytanden. De visar på små talanger eller resurser i livets alldagligheter, krafter som ständigt finns till hands för att hjälpa en person framåt och göra tillvaron drägligare.

AC *Ascendentens sextiler* ✶

MC *med Medium Coeli*, har ett angenämt sätt som uppskattas mycket av andra, och tycker själv att han i sin gestalt får ett gott uttryck för den han tycker sig vara. Han tycker att andra ser honom som han är och vill vara.

☉ *med solen*, är till sitt yttre i god samklang med sitt inre jag, så att det andra ser av honom ligger mycket nära den han verkligen är. Han har lätt att i sitt yttre förmedla och förverkliga sig själv.

Han umgås gärna med sin far och de är ofta underhållande för omgivningen.

☽ *med månen*, har mycket lätt att uttrycka sina känslor och förmedlar i sin gestalt den innerlighet han känner. Han trivs med den bild han har i andra människors ögon, och andra upplever honom som öppen och äkta. Han umgås gärna och ofta med modern, de har ett riktigt komiskt sätt att uppträda tillsammans på.

☿ *med Merkurius*, är lätt att umgås och ha att göra med. Han har inga svårigheter att förmedla sina tankar och göra sig förstådd. Redan i sin uppenbarelse gör han sig väl tillgänglig.

♀ *med Venus*, har ett vänligt och kärleksfullt sätt som tydligt kommer till uttryck i hans yttre, så att folk charmeras av honom och uppskattar hans närvaro. Han vill väl och är mån om att göra ett gott intryck på folk, att vårda sitt yttre och vara till behag för andra.

♂ *med Mars*, har ett kraftfullt sätt och en energi som tydligt kommer till uttryck i hans gestalt. Han vill saker, känner strävan och iver. Detta märks tydligt på honom, andra människor kan känna igen dessa kapaciteter i honom. Ett temperament som gör honom färgstark.

♃ *med Jupiter*, lever ett liv rikt på erfarenheter och upplevelser, och detta märks tydligt i hans yttre, som är ombytligt, frimodigt och ger en känsla av äventyrlighet. Han har ett mycket brett umgänge, vilket man anar då man ser honom.

♄ *med Saturnus*, är ansvarskännande och pliktmedveten i hög grad, vilket märks tydligt på honom. Han uppträder aningen stramt och disciplinerat, men på ett sådant sätt att det känns berättigat och inger en avspänd respekt från andra. En ärevördig människa.

♅ *med Uranus*, är den kunskapstörstande människan som söker och når många insikter, särskilt i umgänget med andra, vilket märks tydligt på honom. Han uppträder belevat och mycket respektfullt, inspirerar andra till att öppna sig och förmedla sitt innersta.

♆ *med Neptunus*, har en livlig fantasi och ett rikt undermedvetet, vilket märks på honom såtillvida att hans yttre uppträdande har ett stort stänk originalitet och förmedlar att mycket sker under ytan. Man inspireras av hans närvaro till nyfikenhet och till att kliva innanför hans gestalt för att få ett smakprov på vad som händer i hans hjärna. En fascinerande gestalt, snar att förvåna eller till och med chockera andra.

♇ *med Pluto*, känner dramatik och det storslagna livet nära. Han upplever tillvaron som ett magiskt och mycket laddat varande, där ingen vet vad framtiden kan erbjuda. I hans yttre finns därför också en vilja till föränderlighet, till att byta från ett till ett helt annat, när händelser motiverar det. Han klarar att möta dramatik och kriser utan att hans yttre spricker upp eller rämnar. Han känns orädd och utmanande, inte utan magnetism.

MC *Medium Coelis sextiler* ✶

☉ *med solen*, har en bild av sig själv som stämmer bra ihop med hans inre jag, på så vis att han kanske inte helt rätt förstår sig själv men det han betonar och lägger vikt vid gynnar hans andliga utveckling, skänker honom förmåga och inre harmoni. Förhållandet till fadern är ett av enighet och samstämmighet.

☽ *med månen*, är vaken för sina emotionella behov och på god fot med dem. Han inser att han har känslor, vilka de är och att det är viktigt att acceptera dem. Han trivs med sin mor, de ser sig som likartade.

☿ *med Merkurius*, uppfattar sig själv som en utpräglad umgängesmänniska och ser i hög grad främst till sitt medvetande och dess bild av honom själv. Hur han tänker och agerar i den omedelbara omgivningen är ett direkt uttryck för vem han tror sig vara, och det är viktigt för honom att förmedla sina tankar.

♀ *med Venus*, har en kärleksfullhet och en vilja till behagfull kreativitet som han själv är snabb att känna igen och ge utrymme. Han trivs med sig själv och saknar inte uppskattning av sin person, så han finner många vägar att ge stilfulla uttryck för sig själv.

♂ *med Mars*, har kraft och energi som i hög grad hjälper honom på hans väg att hitta sig själv och finna uttryck för den han är och vill vara. Han är medveten om sina resurser och har stor självtillit.

♃ *med Jupiter*, har en lyckosamhet och en rik dos erfarenheter som faller ganska ansträngningsfritt över honom och är en god hjälp i hans väg till självförståelse. Många gånger får han tillfälle att observera sig själv och göra erfarenheter som visar honom sidor av sig själv han tidigare inte vetat om.

♄ *med Saturnus*, har en viss bisterhet och disciplin som både lär honom mycket om honom själv och hjälper honom att fortlöpande uppfostra sig själv. Han vill gärna foga sig efter vad man ska vara och tycker om att leva med disciplin.

♅ *med Uranus*, har ett djupt odlat tänkande som erbjuder honom många insikter, inte minst om honom själv, vem han är och hur han förhåller sig till sin omvärld. Han fördjupar på samma gång insikterna om tillvaron och sin roll i den.

♆   med Neptunus, har en högst livlig fantasi och ett undermedvetet som uttrycker sig i tydliga drömmar, vilka alla kan användas för att skänka honom större självinsikt. Denna funktion ser han som central. Han inser sin irrationella karaktär och originalitet, och utvecklar sig själv med fantasins hjälp.

♀   med Pluto, har ett liv fyllt av dramatik och drastiska förändringar, vilka alla skänker honom berikande upplevelser och hjälper honom att mogna inför sig själv. Han kan till och med vilja uppsöka krisen för att han känner att han i sådana situationer utvecklas.

☉ **Solens sextiler** ✶
☽   med månen, har ett gott förhållande mellan sin andliga, inre sida och sitt emotionella jag. Han har behov som rimmar väl med vem han är och lätt att finna vägar att förverkliga dem. Han är fruktbar och mycket rofylld inombords, hans känslor har ett djup och en ärlighet som är sällsynt. Han trivs förträffligt med sina föräldrar, som trivs lika förträffligt med varandra.

☿   med Merkurius, förekommer inte, eftersom de aldrig är längre än 28° från varandra. Det visar att människan kan uttrycka sig direkt inifrån sig själv, utan omvägar.

♀   med Venus, förekommer inte, eftersom de aldrig är längre än 48° frånvarandra. Det visar att människans välvilja kommer ur hennes inre och inte har andra motiv än att det är naturligt för henne.

♂   med Mars, är aktiv och energisk, vilket leder till ett flitigt och brådskande självförverkligande. Få svävar i tvivel om att han finns till, då han lämnar tydliga spår av det. Han måste få göra saker och blir tillfreds när så är fallet. En konstruktiv resurs. Med sin far arbetar han gärna och energiskt.

♃   med Jupiter, lever ett händelserikt liv med många möjligheter till självförverkligande utan att egentligen behöva anstränga sig. Saker och ting går honom väl i händer och hela hans inre lever under ständig stimulans. Han är en i grunden optimistisk och lycklig människa. Fadern och han har den bästa hjälp av varandra.

♄   med Saturnus, har en stramhet och behärskning som passar honom väl och inte alls känns hämmande. Han lever ordnat och samvetsgrant och trivs i sitt innersta mycket väl med det. Ett ansvarsfullt liv är viktigt för honom och vinner honom stor respekt. Hans respekt för fadern får sina belöningar.

♅   med Uranus, har ett långtgående tänkande som i högsta grad berikar hans inre. Till sin ande är han nyfiken på stora samband och tillvarons helhet, och han odlar sitt intresse med tillfredsställel-

ditt horoskop   221

se. Han har goda chanser till djupa självinsikter och når mycken visshet. Med fadern har han ett upplyftande utbyte av idéer och perspektiv.

Ψ   med *Neptunus*, är ett originellt väsen med det irrationella som en grund i sin karaktär. Han lever inspirerat och ger i fantasi och infall gott uttryck för sitt inre väsen. Hans självförverkligande sker i det subtila, svårupptäckt men fascinerande. Med sin far kan han sitta och fantisera så att andra tycker att de är tokiga.

♀   med *Pluto*, trivs som fisken i vattnet i tillvarons dramatik, kriser och ombytlighet. Det finns en magisk ådra i honom som inte sällan kommer till uttryck, i hans väsen lurar många överraskningar. Livets skuggsidor är platser som han trivs i och uppsöker. Ödet brukar stå honom bi. I allt dramatiskt som händer är hans far det bästa stöd.

☽ Månens sextiler *

☿   med *Merkurius*, har en väldig lätthet att uttrycka sina känslor och att genom sin ledighet inför andra människor få ett gott utlopp för inre behov. Han behöver vänner och ett intimt umgänge, och har lätt för att skapa kontakt. Med modern pratar och skojar han jämt.

♀   med *Venus*, är sinnlig och njutningslysten, hyser de varmaste känslor som gör honom mer än frestande att lära känna. Han är kreativ av ett inre behov, följer i sitt liv hjärtats väg, vill väl och trivs med livet. Sin mor älskar han och visar det på många sätt. Så gör också hon.

♂   med *Mars*, har ett häftigt temperament och är verkligen inte den som låter sig hämmas eller hålla inne sina känslor. I stället låter han dem ta sig tydliga uttryck, vad än andra tycker om det. Sunt impulsiv men påfrestande för sin omgivning. Med modern är han gärna energiskt aktiv, de får saker gjorda.

♃   med *Jupiter*, går det bra för på ett sätt som skänker honom djup tillfredsställelse. Hans behov och längtan blir kvickt tillmötesgångna av omständigheterna och allt vad han vill smaka på kommer i hans väg. Hans känslomässiga ombytlighet kommer sig till stor del av att han får så pass mycket stimulans. Särskilt modern ger honom mängder av impulser och hjälper honom till framgångar.

♄   med *Saturnus*, håller sina känslor inom en snäv ram och viss disciplin men utan att det plågar honom. Han har en mycket stark känsla för tradition och riter, har ingen svårighet att lägga band på sig och känns som en mycket mogen människa. Gentemot modern uppträder han högaktande, och detta till bådas belåtenhet.

♅ *med Uranus*, har en närmast oslagbar intuition som tveklöst vägleder honom genom livet. Han är väldigt nyfiken och vetgirig, utforskar tillvaron med åtrå och förtjusning. En klok och emotionellt komplex personlighet. Modern känner honom som sin egen ficka, och lär honom mycket.

♆ *med Neptunus*, har det mest flödande undermedvetna och omedvetna, ett rikt inre som ofta tränger sig på och gör hans vardag upplevelsefull. Hans behov är minst sagt ovanliga, drömmar och sublimeringar ligger nära till hands för honom. Tillsammans med modern sprakar hans fantasi, så att de båda verkar alldeles nippriga.

♇ *med Pluto*, har kraftfulla känslor som kan kasta från ett till sin motsats, där andra inte trodde det var möjligt. Hans känslor är oerhört starka och på dramatiska sätt får han utlopp för dem. Hans behov är dunkla. Upplevelser som andra skyr drar honom till sig. Kriser stimulerar honom, livets skuggsidor, magi och mystik fascinerar. När det oerhörda händer, då känner han verkligen att han lever. När det gungar som mest är hans mor ett osvikligt stöd.

☿ *Merkurius sextiler* ✶

♀ *med Venus*, är synnerligen talför och har mycket lätt att umgås och uttrycka tankar. Han har anlag för språk, för att uttrycka sig i tal och skrift. Uppträder vänligt och är en god konversatör. Förutom konjunktion är sextil den enda aspekt Merkurius kan bilda med Venus, eftersom de befinner sig så nära varandra i solsystemet. Det betyder bland annat att dessa två krafter, uttrycksförmågan och välviljan, aldrig kan fås att motverka varandra i en människas liv.

♂ *med Mars*, debatterar med skicklighet och iver. Han har åsikter och en vilja att uttrycka dem. Över huvud taget är han duktig på att övertyga, på att formulera sig koncist och begripligt. Ett arbetande intellekt, som tänker klart och redigt.

♃ *med Jupiter*, är tankspridd och aningen splittrad, rörig i sitt sätt att uttrycka sig. Han umgås flitigt, talar mycket, hastigt, förtjust, men ibland utan klara sammanhang. Han har humor och kan underhålla, men sällan med något särskilt djup. Läser, talar och umgås väldigt mycket.

♄ *med Saturnus*, uppträder fast och bestämt, sätter en ära i att uttrycka sig precist och flärdfritt. Han talar i regel inte mer än vad som behövs, slösar inga ord på enkla sammanhang och vill gärna ha ett vårdat, korrekt språk. En smula konservativ i sitt tänkande men med en god portion av sansat förnuft.

♅ *med Uranus*, tänker djupt, utsträckt, på komplexa ting, och har en mycket god förmåga att uttrycka vad som rör sig i hjärnans alla vindlingar. Han har en analytisk förmåga, en långsträckt intelligens, som han inte finner svår att förklara för andra. Djupa samtal, lärda diskussioner, det är hans musik.

♆ *med Neptunus*, har en flödande fantasi och originalitet som han med förtjusning ger uttryck för. Hans språk är levande, fyllt av symbol och metafor, gärna också slang eller främmande ord. Han umgås livfullt, fascinerat och fascinerande, vill gärna förmedla det som andra känner att språket är otillräckligt för.

♇ *med Pluto*, har ett sätt att göra livets drama begripligt, mystik och magi hanterliga och kriser möjliga att prata om. Hans intellekt gör det möjligt för honom att anpassa sig till de mest skiftande miljöer eller kraftfulla växlingar i livet och kulturen, så att sällan ens det underligaste verkar honom främmande. Det finns i det närmaste ingenting som inte han kan prata om och törs rikta sin uppmärksamhet på.

♀ *Venus sextiler* ✶

♂ *med Mars*, är en människa som verkligen kan få saker uträttade. Hans kreativitet och konstruktiva vilja går hand i hand, så han torde i sitt dagliga värv vara ytterst produktiv. Han har lätt för det mesta, är praktisk och har även sinne för skönhet och kvalitet. Mildhet och hårdhet, kärlek och hat, är i honom länkade så att de sällan leder till ohanterliga spänningar, utan lättsamt finner sina utlopp.

♃ *med Jupiter*, är lyckosam till tusen, hittar mängder av nöjen och sysslor att fascinerat ägna sig åt. Sällan blir han kvar särskilt länge vid en sak, men i gengäld har han obegripligt lätt för att finna på ting att ägna sig åt, och att tillägna sig förmågan att hantera dem. Han skulle hata att bindas till rutin.

♄ *med Saturnus*, har en envetenhet och ett tålamod som är visst om sin belöning. Han axlar ansvar utan att det tynger honom, utför plikter och traditioner med en stilfull hand och hyser en varm respekt för det förflutna.

♅ *med Uranus*, är intelligent på ett sådant sätt att det i hög grad kommer omvärlden till del. Han tänker och analyserar med den äran, är innovativ och ändå alltid ödmjuk med sin kompetens. Vad han än lär sig, och det är en hel del, insisterar han på att han nästan inget vet. En blygsam, nyanserad visdom.

♆ *med Neptunus*, har en flödande fantasi och en lättväckt konstnärlig inspiration som brukar bli synnerligen produktiv. Han får tusen infall, lustiga hugskott och halvt galna idéer. Världen upphör aldrig att fascinera honom – både det han ser och det som lever inom honom. Han har lika lätt att upptäcka och känna igen båda.

♀ *med Pluto*, har en vänlighet och en ömhet som hjälper både honom själv och andra i tider av kris. Han känner förvandlingars annalkande och nödvändighet, och förstår att lindra deras verkningar. Till honom går man när allt ser ut att gå på tok, för han brukar finna medel. Han har en förmåga som nästan gränsar till det omöjliga, och det är inte sällan han är en av orsakerna bakom drastiska skeenden i tillvaron.

♂ *Mars sextiler* ✶
♃ *med Jupiter*, har en kraftfullhet och en energi som tar sig mängder av uttryck. Han har en förmåga att ordna tursamhet åt sina företag och assisteras ofta av lyckliga omständigheter eller passande slumpar, lite grann som om han själv åstadkom dem. Han har vilja men kan ha svårt att fokusera den, eller att uthärda tålamodsprövande företag.
♄ *med Saturnus*, har en fasthet i kraft och stadig riktning på sin vilja. Det han ger sig på blir så gott som alltid utfört till punkt och pricka. Han är kompetent, dominant och synnerligen metodisk. Det är svårt att stå i hans väg.
♅ *med Uranus*, utvecklar en imponerande kompetens. Han samlar kunskap, prövar och tänker, tills han finner den bästa lösningen på varje syssla eller problem. Hans tänkande är mycket konstruktivt, även med ting som är krångliga och intrikata. Med stor energi strävar han efter insikter som ska vara både djupa och användbara.
♆ *med Neptunus*, har en handlingskraft som överraskar, en nästan farlig impulsivitet och plötslighet i sitt sätt att handla. Han finner oprövade vägar och föredrar att gå dessa, framför de redan utstakade. Han kan vara en aning giftig, kanske opålitlig, med många underliga sätt att verka för sina syften. Fantasin och drömmarna vilar sällan och har en mycket påtaglig udd.
♀ *med Pluto*, är drastisk, dramatisk i sitt handlande. Det är honom inte främmande att välta en värld för att plocka ett smultron, att riva upp allt och revolutionera, kassera gammalt och bygga helt nytt. Kriser stimulerar honom och han är aldrig handfallen eller hjälplös. Hans handlingskraft känns med rätta hotfull för omgivningen.

♃ *Jupiters sextiler* ✶
♄ *med Saturnus*, ser ingen svårighet att kombinera känslan

för det bestående och traditionen med behovet av variation och förändring. Han behåller alltid en röd tråd av ursprung, hur kringflackande hans liv än blir. Även i sina mest improvisatoriska ögonblick står han med fötterna på jorden – dock aldrig så fast att han inte kan släppa kontakten med marken, om så känns befogat. Han är något av reformismen personifierad.

♅ *med Uranus*, lever ett liv som flödar av erfarenheter och lärdom utan hejd. Ett ständigt flöde som han tar till sig och förmår hantera, inte så konkret intellektuellt, men med ett slags instinktiv förmåga. Han tänker mycket, på allt och mer än det, dock sällan länge eller djupt i ett och samma ämne. Ändå har han obeskrivligt lätt för att förstå komplexa sammanhang och sprida sin medvetenhet över stora vidder, eller sluka främmande läror.

♆ *med Neptunus*, lever i en flod av idéer, drömmar, fantasier, som aldrig avtar. Han får tusen intryck vid minsta yttre stimulans och känner hur rik världen är även i det fördolda. Få ting undgår honom, och han har en ymnig ranson av inspiration, vilken pockar på att komma till uttryck. Tålamod är det sämre med, varför han långt hellre tänker storslaget än detaljerat.

♀ *med Pluto*, får uppleva en hel del av dramatik och drastiska förändringar i sin värld, och har det mestadels så turligt ordnat att han själv inte tar alltför stor skada. Han kan ha svårt att känna länkar eller röda trådar i tillvaron. Det är mer kaos än ordning, i hans ögon, men det passar honom inte så illa. Mycket sker och än mer kommer att ske. Han lever mitt i det och tycker att hans tid är en fascinerande epok på jorden. Makterna verkar stå honom bi i mycket.

♄ *Saturnus sextiler* ✶

♅ *med Uranus*, utvecklar en mycket god förståelse för vad det är att finnas till, särskilt när det kommer an på tradition, arv, historia och länken vi bär till våra efterkommande. Han tänker djupt och seriöst på de stora frågorna, håller etiken nära centrum av sitt väsen och förmedlar ett allvarsamt vetande som inger respekt. Den kloka rådgivaren.

♆ *med Neptunus*, har en fantasi som sysslar mycket med tabun och det outsägliga. Han fostrar sitt undermedvetna och låter sig fostras av det. I sitt inre har han en länk till historien, en levande känsla för karmiska principer och tankar om arvsynden eller livet som ett lidande. Något av en absurd etik tar form i honom och hans liv blir ofta ganska komplicerat.

♀ *med Pluto*, ligger verkligen nära den tunga, kanske svarta magin och födelsens och dödens underliga villkor. Han ser tillvarons dramatik och revolutioner som nödvändiga, ofrånkomliga. Universum beter sig som det måste, i ett förlopp som är närmast mekaniskt ordnat och förutsägbart. Vad som varit är för honom svaret på vad som ska komma. Han räknar med dramatik och kris, tror egentligen inte att livet kan vara annorlunda. I honom finns en bestämdhet som inte känner några gränser.

♅ Uranus sextiler ✶
♆ *med Neptunus*, har en fantasi och ett drömmande som står honom bi i hans upptäcktsfärd genom tillvaron. Han kan drömma sanndrömmar eller intuitivt känna hur saker och ting ligger till, även sådant som ligger djupt i det fördolda. Hans upptäckter rör inte bara det som finns, utan även allt som inte finns. Vad som kunde vara, eller vad som skulle ha blivit. Och han ser logik i de underligaste sammanhang.

♀ *med Pluto*, når djupa insikter om den mystiska verkligheten, magi och det ockulta. Hans tankar kretsar allra helst runt detta. Dramatiska skeenden, kriser eller ödets slag skänker honom stora insikter om livets dolda sanningar. För honom är det översinnliga den stora sanning som pockar på att upptäckas och klarläggas. Gamla teser ska omprövas, vetandet ska utsträckas bortom tidigare gränser.

♆ Neptunus sextil ✶
♀ *med Pluto*, har den mest fantastiska fantasi och drömvärld, oerhört komplicerad, magisk och laddad. Hans undermedvetna är rena dynamiten. I och med att han får smaka så mycken overklighet, är hans omvärld mottaglig för det absurda. Hans tillvaro blir lätt så underlig att gränserna mellan det som kan ske och det som inte kan, mellan det inre och det yttre, dröm och verklighet, suddas ut en smula. Världen beter sig lite som den vill, lösgjord från de stränga lagar den annars följer. Det omöjliga blir möjligt, det drömda kan bli verklighet. En inspirerad människa som i sitt inre känner sig stå väldigt nära de stora makterna i tillvaron.

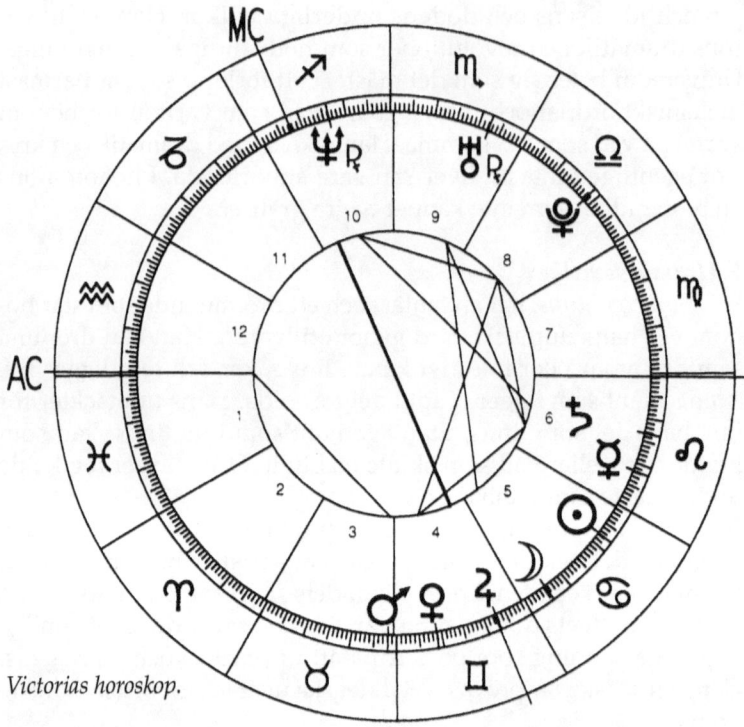

Victorias horoskop.

Ett exempel

Som en övning i att tolka aspekter kan vi kasta en blick på Victorias horoskop. Victoria har ett intressant nät av aspekter som framför allt håller sig till horoskopets högra halva, den aktiva sidan, och visar på ett händelserikt liv där hon själv får mycket uträttat.

Först ser vi dock kvadraturen mellan ascendentens velighet och osäkerhet, den som känner sig oviss och visar det, och den handfasta konstruktivitetens Mars på gränsen mellan tredje och fjärde huset, som visar att hon är långt mer bestämd och övertygande i handling bland vänner och familj än man skulle kunna tro. Fast hon är osäker, får hon där som hon vill.

Venus trigon Pluto visar på en kärleksfullhet i hemmet som är kopplad till en känsla av större, närmast mytisk eller magisk betydelse. Hon känner att hon genom sin mildhet och beskyddande moderlighet uppfyller ett viktigt kall. Sextilen till Merkurius antyder att det fungerar bra med hennes arbete, som är centrerat på henne själv och hennes plikter, och detta dubbla Tvillingskap (Venus i Tvillingarna och Merkurius deras härskare) gör det till en lättsam plikt som hon kan förhålla sig avspänt och naturligt till.

Oppositionen Jupiter-Medium Coeli visar att hon har svårt att kombinera familjens sammanhållning och allmänna väl med sin offentliga roll, som kräver att hon är fri och rörlig. Det är hon mycket medveten om. Det bekymrar henne mer än befogat att hon inte tycker sig ha tid nog för familjen.

Månens trigon med Uranus visar på hennes passion och starka emotionella väsen. Hennes erfarenheter av familjens värme och allt det hon får uppleva på sina resor – både ont och gott, lycka och smärta – stärker hennes övertygelse om att familjeband och släktkänsla är väsentliga ting. För henne är modersrollen kopplad till tillvarons liv och död och mystiska lagar. Hennes egen mor är också en insiktsfull rådgivare.

Den aspektlösa solen antyder att hon i sitt inre njuter av och trivs med den vårdande roll hon får, utan att den behöver motiveras av särskilda mål – utan att det ens behöver bli fråga om så mycket vård.

Merkurius kvadratur med Uranus visar att hon har svårt att koppla sina djupare tankar till de ytligare – att koppla de stora, dramatiska skeenden hon bevittnar till sin egen roll och betydelse. Åtminstone har hon svårt att finna ord för det. Sextilen till Pluto visar att hon förvisso ser sin egen betydelse i modersrollen men inte kopplar ihop den med världen i stort – som om hennes gärningar vore skilda från resten av världen, vilken hon ju ändå får se på nära håll. Sin egen roll kan hon däremot begripa och uttrycka å det klaraste, och hon fogar sig lätt till de skiftningar eller kriser hon möter.

Saturnus trigon med Neptunus visar att hennes pliktfyllda roll i arbetet på ett subtilt vis får betydelse i ett större socialt sammanhang. Hon fyller en funktion som verkar på ett dolt, outtalat sätt, som spelar en roll av större betydelse än man skulle kunna tro vid första anblicken.

Sextilen mellan Pluto och Neptunus visar hur hon i sin sociala roll är öppen för en värld i förändring. Även i sitt moderskap har hon den förmågan. Hon är en av alla pusselbitar som ger samhället ny form och nya gränser. Hon bidrar på sitt sätt – utan att riktigt förstå varken att hon gör det, eller hur det går till.

I det ovanstående har jag tagit fasta på aspekternas läge i hus och zodiaktecken, och visat på vad dessa kan tillägga utöver vad som redan sagts om planeternas aspekter i sig.

För mig är aspekterna främst ett sätt att binda ihop horoskopet och hitta en enhetlighet i vad det visar om personligheten. De har naturligtvis ofta mycket konkreta uttryck – särskilt sextiler och kvadraturer – men jag finner sambanden och de övergripande principerna långt intressantare.

En sammanfattning av Victorias aspekter visar därför framför allt att hon både som moder och som social varelse lever med tydliga symboliska undertoner. Inom henne finns ett slags oförståelse för att det hon gör som moder, fast hon vet att det är viktigt, spelar en roll i ett bredare socialt sammanhang. Men hon lever i en spännande tid, där det är svårt att vara säker på vad som är verklighet och vad som är fantasi eller föreställning. Hon känner magin, men gör kanske inte alla kopplingar. Ändå trivs hon tveklöst med vad hon är, och andra uppskattar hennes sociala funktion och insats.

Astrologer noterar stjärnhimlen vid en förlossning. En sådan uppmärksamhet var förbehållen kungligheter och högre adel. Träsnitt från De Conceptu et Generatione Hominis *av Jacob Rueff, tryckt 1587.*

Tolkning av horoskopet

Horoskopets helhet

Det ojämförligt bästa sättet att förstå och behärska astrologin är genom praktisk övning i att tolka horoskop. Sitt eget, vännernas, fullständiga främlingars.

I början får man verkligen anstränga sig till det yttersta för att få fram ens de mest allmänna omdömen. Horoskopet känns som ett ogenomträngligt gytter av sektorer, punkter och vinklar. Men det dröjer inte alltför länge förrän man redan vid den första anblicken av ett horoskop får mängder av ingivelser. Man utbrister i förtjusta "Aha!" och bubblar av upplysningar.

Då gläds man åt ovanliga kombinationer och komplicerade aspektmönster, som tidigare var rena fasan. En Mars i Vågen i fjärde huset registreras mer intuitivt än genom långa, tröga resonemang. Bilder och stämningar kommer för en, att läsa horoskop blir som att känna doften av en maträtt eller att lyssna till ett musikstycke. De olika instrumenten bildar en helhet som kan uppfattas och förmedla stämningar.

Att få grepp om den helheten är viktigare än något annat i tolkning av horoskopet. Varje ingrediens ska knytas till helheten och bedömas utifrån den. Alla omdömen om horoskopet börjar och slutar med helheten. Om man efter en aldrig så omständlig tolkning inte har funnit en känsla av horoskopets och därmed personens helhet eller totala karaktär, då svävar man ännu i det vanskligaste mörker.

Det är ingen bagatell att träna och behålla blicken för hela horoskopet, och ändå lyckas känna mer än bara förvirring inför alla beståndsdelarna. Många hastar därför till att koncentrera sig på den ena eller andra lätt överskådliga detaljen, såsom solens placering eller något speciellt hus. Dröj i stället kvar vid hela cirkeln, begrunda den, låt ögat fara fram och åter över hela ytan, dansa en god stund helt utan bojor.

Låt det ta sin tid! Brådska är inte lämplig när man ska lära känna himlakropparna, som lever så länge och far i sådana omfattande banor genom rymden. Det är inte heller särskilt smakfullt att försöka summera ihop en människas hela liv på en kafferast.

Men hur närmar man sig då en begriplig helhet? Ja, naturligtvis genom detaljer, eller hopar av detaljer. Se inte till enbart en planet, utan till dem alla. Hur är de spridda över cirkeln, är de koncentrerade till ett fåtal grupper i vissa hus eller stjärntecken? Håller sig så gott som samtliga inom en av horoskopets halvor, eller har de spritt sig jämnt över hela cirkeln? Alla dessa mönster är signifikanta.

Planeternas spridning

Koncentrationer av planeter till vissa hus eller tecken betyder naturligtvis att dessa områden av människans tillvaro eller karaktär är långt betydelsefullare än andra, och att hennes liv i hög utsträckning kommer till uttryck där. Hus eller tecken som lämnats tomma på planeter, å andra sidan, har då en markant mindre betydelse, och alltför mycket ska inte läsas ut av dem.

Om planeterna är tämligen jämnt spridda över hela horoskopet visar det på en synnerligen mångsidig person, kanske rentav splittrad, som lever ett händelserikt liv inom de flesta av tillvarons områden. Splittringen är inte så markant i personligheten om ett antal aspekter binder ihop de olika planetpositionerna. Då har man i stället att göra med en avancerad, komplex personlighet, som det kan bli både intressant och kinkigt att få grepp om. Är dock planeterna i ringa grad ihopknutna med aspekter bör splittringen kännas besvärande. Det är en människa med många olika sidor men med svårighet att få dem att fungera ihop, eller alls foga sig efter varandra.

Människor med utpräglat spridda planeter i horoskopet bör över lag ha svårt att finna sin plats här i livet och deras väg till god självkännedom är lång, om än händelserik.

Horoskopets fyra halvor

Koncentration av planeter till delar av horoskopet tolkas förstås i första hand efter vilken del de hamnat i. Om de flesta samlats inom en halva av cirkeln, i sex på varandra följande tecken eller hus, ska först denna omständighet begrundas. Tolkningen beror förstås av vilken halva det är fråga om.

Det finns faktiskt fyra urskiljbara halvor, som överlappar varandra – norra och södra, östra och västra halvan. Det är en god hjälp i att analysera horoskopets helhet. Här följer några ord om vad de olika halvorna står för.

Horoskopets halvor:

Norra halvan, är faktiskt horoskopets nedre sida, för det är så det ritas upp, med husen ett till sex. Den husgruppen räknas som den privata sektorn i horoskopet, den nära eller introverta halvan. Här är det som ligger människan närmast, det som har med privatliv och vardag att göra. Gestalt, ägande, umgänge, familj, fritid och arbete.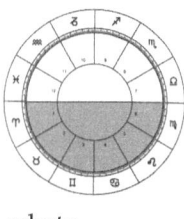

Är de flesta planeterna koncentrerade hit så är personen av den privata sorten, med ett liv i det mindre perspektivet. Han lever allra mest för det som står honom närmast, och ger inte mycket för en plats i rampljuset eller högt ovan andra människor.

Södra halvan, är sålunda horoskopets övre sida med husen sju till tolv. Den räknas som den offentliga halvan, de större perspektiven och det stora kollektivet, allt det extroverta. Här hör det hemma som visar på personens uttryck utanför sig själv, hans strävan ut från sin egen person och förhållandet till den större omvärlden. Partner, liv
och död, nydaningar, social status, ideellt engagemang och offer är husens områden. De rör alltså både den principiella överbyggnad som personen tar till sig och hans strävan att komma utanför sig själv – två ting som i allra högsta grad har med varandra att göra.

Människor med majoriteten av sina planeter i denna halva är av den utåtriktade sorten, med stora mål och en vilja att fungera och märkas utanför den trängre kretsen, ja som till och med därför kan försumma de nära och kära. De vill inte slå sig till ro med att bli kuggar i hjulet, utan strävar efter att överblicka helheten och gripa över hela kulturen.

Östra halvan, är horoskopets vänstra sida med ascendenten i mitten och husen tio till tre. Den kan kallas den passiva sidan – vad man ser ut att vara, vad man har, ens närmaste omgivning, ens sociala status, ideal och vad man får offra på hör hit. Här visas människans utgångspunkter, eller olika sidor av de personliga tillstånden.

De som har flest planeter i detta område kan kallas den passiva typen. Mycket må röra sig i deras huvuden men kommer sällan till konkret uttryck. De har åsikter i mängd, bådar gott i det intryck de ger men skrider sällan till egen handling. Detta hjälps upp av att de ofta kan visa en strålande förmåga att locka andra till att realisera alla planer.

ditt horoskop

Västra halvan, är horoskopets högra sida med husen fyra till nio. Det är den aktiva sidan. Hem och familj, fritid, arbete, partnerliv, liv och död, nydaningar – allt är aktiva uttryck för personen. Följaktligen är människor med en planetkoncentration här betydligt mer benägna till handling och resultat än den motsatta gruppen. De kan vara rentav tystlåtna och försagda men visar i stället en klar handfasthet, en förmåga att få saker uträttade. Sysslolöshet är för dessa ett gissel som sällan drabbar dem.

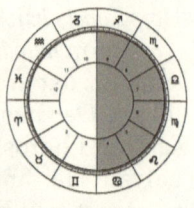

Här finns de som med uthållighet uträttar sitt dagliga värv och varken kräver större motivation för att komma igång eller känner behov av att lyfta huvudet till en större helhetssyn. De håller ofta tillgodo med den oglamorösa vardagen, reflekterar sällan djupt eller omfattande över jaget och tillvaron.

Horoskopets kvadranter

Om man delar upp horoskopet i fjärdedelar kallas dessa kvadranter, precis som i matematiken, och är svårare än halvorna att generalisera om. För att ge en hyfsad bild av kvadranternas respektive symbolik har jag valt att variera begreppet "mig", detta för att vi nu kommer närmare människans mer direkta uttryck eller varande, och för att ge en känsla av det mer konkreta.

Det är alltid så att ju mer avgränsade delar av horoskopet man betraktar, desto mer konkret blir tolkningen. Övergripande linjer och tendenser hör helheten till. Därför, ju mindre delar man betraktar desto tydligare och mer avgränsade blir utsagorna.

Horoskopets kvadranter:

Första kvadranten, hus ett till tre, kallar jag "i mig", och syftar då på att det området beskriver sådant som genom människans egen kontroll – eller ibland brist på kontroll – närmast omger henne. Gestalt, ägande och vänner hör hit.

Ett koncentrat av planeter i denna del antyder den klassiska egocentrikern, som vill att hela världen ska cirkla runt just honom – eller lämna honom ifred. Det är en färgstark karaktär, som dock i mycket ringa grad kommer till konkreta uttryck eller ens betyder något för sin omvärld. Den som existerar nästan för syns skull och inte rubbas av några cirklar.

Andra kvadranten, hus fyra till sex, kallar jag "genom mig", och syftar då på det konkreta arbetet, handlandet och utföran-

det som kännetecknar denna grupp av hus. Hem och familj, fritid och arbete hör hit. Här är det fält av horoskopet där det mest påtagliga kommer till, där den tydliga handlingskraften har sitt ursprung. Människor med en större mängd planeter här är aktiva nästan till utmattning, ett uträttande och utförande med vaga eller obefintliga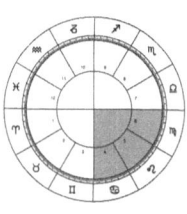
mål, till synes utan motiv. De kan sällan vila, är aldrig sysslolösa och tål knappt att vänta eller dröja. Men de har en bländande kapacitet att få saker utförda, de har kraft, effektivitet och den största praktiska förmåga man kan önska. Frågan är om de inte sliter ut sig i förtid.

Tredje kvadranten, hus sju till nio, får heta "av mig", som antyder de mer indirekta uttrycken för mänsklig aktivitet. Partnerskap, liv och död, samt nydaning hör hit. De är alla genomgripande, långtgående eller långsiktiga manifestationer, om än alltjämt resultat av människans eget handlande – mer tillsammans med andra än ensamt.

De som har de flesta planeterna samlade här är betydligt mer svårgripbara och subtila än den förra gruppen. De har handlingskraft och kommer till konkreta uttryck, förvisso, men på vägar och med medel som ofta känns underliga eller svårtydda. De har en klar känsla av att handla med ett högre syfte, ett hägrande mål av stor betydelse, och känner att de har hjälp av närmast övernaturliga krafter. De vill helst ha andra med sig i sina aktiviteter och känner den största inspiration inför dem, vilket också för med sig att de kan vara väl så rastlösa som den förra gruppen. De kan i regel förklara sina syften och vill se helheten ovanför sina egna bidrag till den.

Fjärde kvadranten, hus tio till tolv, kallar jag "från mig" och menar den effekt människan har på sin omvärld och sig själv, som hon i mycket ringa grad själv råder över. Den sociala statusen, ideellt engagemang och offer hör hit. De är effekter av människans karaktär utan att hon själv agerar för deras uttryck.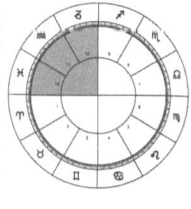

Människor med en större mängd planeter här är i viss mån martyrtyper. Deras liv spelar långt större roll för mänskligheten och för samhället omkring dem, än för dem själva. De kan gott känna sig en smula likt hjälplösa beläten som andra använder men som själva inte förmår uppfylla särskilt mycket av vad de

ditt horoskop 235

längtar efter. Det är ett fagert människoöde, om än inte alltid så njutningsfullt för dem som lever det. De kan vara beundrade, hyllade eller hatade, men de förmår själva göra närmast ingenting åt sin betydelse i andra människors ögon. Därför kommer de sällan till någon högre grad av konkreta handlingar eller självständiga manifestationer. De är kollektivets galjonsfigurer, men ofta utan motsvarande reella ledarfunktion över det.

Aspekterna

Aspekterna bildar också mönster som lär ut en hel del om horoskopets allmänna profil. Man kan till exempel ha koncentrationer av aspekter till någon av horoskopets halvor, det kan vara förvirrande gott eller ödsligt ont om dem. Sådant bör tolkas ungefär på samma vis som för planeterna i horoskopets halvor och kvadranter.

En annan sak att observera i den första överblicken av horoskopet är hur många aspekter de olika planeterna har fått knutna till sig. Det är självklart att en planet som förbinds med andra i en mängd av aspekter spelar en klart central och mångsidig roll i människans liv och därför ska betraktas med extra noggrannhet.

Planeter som är helt utan aspekter visar på krafter eller motivationer som verkar ganska avskilt från människans övriga liv. Till exempel kan en Mars i fjärde huset betyda bråk i hemmet, men utan aspekter spelar detta ringa roll i personens övriga liv. Därför lär sådana omständigheter vara näst intill osynliga för dem som inte har inblick i just familjelivet.

Det kan också skilja i mängd mellan konjunktioner, oppositioner, trigoner, kvadraturer och sextiler. Om fördelningen är jämn bör det finnas ungefär dubbelt så många av var och en av aspekterna trigon, kvadratur och sextil, som av konjunktioner och oppositioner. Det beror på att en planet i horoskopet kan bilda de förstnämnda aspekterna på båda håll om sig (med- och moturs) men konjunktionen och oppositionen finns på blott ett fält var i horoskopet. Är fördelningen alldeles tydligt en annan bör man begrunda vad detta innebär i horoskopet.

Ett stort antal av någon av aspekterna lyfter fram vissa egenskaper i horoskopet. Här följer en liten redogörelse för hur de kan tolkas.

Koncentrationer av aspekter:
☌ *Konjunktioner.* Personer med ett flertal konjunktioner har därmed förenat många av sina planetkrafter till färre men kraftfullare enheter. Det leder till att de visar prov på ett litet antal olika moti-

vationer eller bärande krafter, samtidigt som dessa är av ovanlig, främmande sort. Kraftfullheten måste finnas där och märkas, liksom den relativa ensidigheten. De kan ge intryck av att vara något mer "primitiva" väsen med storslagna, på något sätt ursprungliga, fastän fåtaliga drivkrafter.

Fast de upplevs som ledda av drifter, ska man inte förhastas att tro att dessa drifter är så djuriska eller primitiva som de kan ge intryck av. I stället är dessa krafter eller motivationer dunkla ting – synteser av de olika planetkrafterna, som inte låter sig förstås enbart som blandningar av planeternas karaktärer. Man kan alltså här stöta på karaktärer som vid närmare analys ter sig nästan utomjordiska i sin psykologi. Styrkan i deras krafter gör att de känns självklara, ändå är de väldigt främmande.

☍ *Oppositioner*. De som har många oppositioner i sitt horoskop har sitt liv uppdelat på flertalet motsatser, eller oförenliga faktorer. Antingen får de ge uttryck för den ena sidan av en opposition, eller den andra. De båda kan sällan fungera samtidigt. Många oppositioner leder därför till en höggradigt splittrad personlighet, med ett stort gap mellan olika sidor av levernet.

Det är onekligen ett besvärligt liv men intressant att bekanta sig med, eftersom det överraskar med hur olika människan kan uppträda och fungera i olika miljöer – så till den grad att hon ibland ger känslan av att vara två personligheter bundna i en kropp. Det är klart att det kan bli gott om påfrestande inre slitningar, men spänningen mellan polerna leder också till imponerande tydliga och kraftfulla manifestationer. Oppositionen är en kraftfull aspekt som skänker energi åt de båda planetpunkter som bildar den. Flera oppositioner innebär därför en förstärkning utöver det vanliga av de energier planeterna representerar, så att summan blir en resursrik personlighet.

△ *Trigoner*. Trigonerna är harmonins aspekter, som binder planetpunkter till ett slags samförstånd och överensstämmelse, som inte nödvändigtvis leder till tydliga manifestationer. Det är ett passivt tillstånd, ett ömsesidigt "laissez-faire" mellan två krafter, liksom ett samförstånd där varken den ena eller andra sidan har någon särskild huvudroll. De kan ta sig olika uttryck men verkar för samma mål eller syfte, som är dolt bakom deras enighet eller markerat på annat ställe i horoskopet.

De som har gott om harmonier lever därför ett balanserat liv med den lägsta grad av inre konflikter eller frustrationer. De är svåra att begripa, knepiga att komma underfund med, men man kan känna att de går en givande väg mot ett angenämt mål. De tenderar till att kunna vara en smula för teoretiska eller passiva, oberörda av allmänmänskligt engagemang. Sällan har de stora själsliga fluktuationer eller verkar över huvud taget påverkas av vardagens skiftande stämningar. I summa kan de därför närmast ge en känsla av overklighet. Det finns dock en klar logik över deras karaktär, även om den kan vara svårfunnen då den inte tar sig så tydliga uttryck.

▫ *Kvadraturer.* De två mindre aspekterna kvadratur och sextil är betydligt mer konkretiserande och enkla än de föregående. Kvadraturen är konstruktivitetens främsta aspekt, den som genom spänning, ansträngning eller rentav konflikt plockar fram handling och resultat. Personer med många kvadraturer kan räkna med en besvärlig vardagstillvaro med bråk och trassel, men därigenom också givande.

Kvadraturen är en spänning som leder till manifestation, till konkreta resultat. För den som bygger upp och för den som raserar är denna aspekt drivkraften. Med många kvadraturer är man fylld av aktivitet, alldeles särskilt på det konkret materiella planet. Saker blir gjorda, arbete och möda. Det är inte alltid en avundsvärd sits, men en som ingjuter respekt hos andra, förmedlar kompetens och kapacitet. Den konstruktiva människan – realisten.

✶ *Sextiler.* Sextilen är liksom kvadraturen en handlingsaspekt som visar på människans aktiva liv, på förhållanden som tar sig tydliga uttryck och känns i hennes vardag. Men där kvadraturen bildar en spänning – ett slags mildare nyans av oppositionen – mellan de två inblandade planetpunkterna, där visar sextilen i stället på en samverkan eller överensstämmelse – i förenklad avbild av trigonen – mellan dem. Sextilen visar på ett kreativt förlopp, där två olika faktorer i människans liv samverkar så att hon ger lustfyllda eller sköna uttryck för denna strömning, ett behagligt flöde mellan planetpunkterna.

Personer med många sextiler känner därför en mängd inspirationer, såsom idéflöden mellan olika faktorer av deras liv och vardag, och de gläds åt att ge tydligt uttryck för denna inre kittling. Eftersom deras aktivitetslust bottnar i behag i stället för kvadraturens irritation eller spänning, blir deras manifestationer av en mildare art. De är inte den sorts sinnen som bygger storverk av ingenjörskonst eller tuktar naturen. Inte heller vurmar de för disciplinens och självfostrans mödosamma väg till en effektiviserad eller automatiserad omvärld. Hellre vill de pryda och förgylla, mildra, översläta, uppmuntra och försköna. Sålunda kan de lätt komma att hänge sig åt eskapism eller den godtrognaste naivitet.

Sextilerna leder dock till manifestation i mängd, till många tydliga resultat – få av dem med vassa kanter.

Aspektfigurer

En annan sak som då och då uppträder i horoskop är större, sammanhängande geometriska figurer. Den mest kända och uppskattade är *stortrigonen*, när tre trigoner binder sig samman till en stor triangel i horoskopet.

Den slutna figuren ger extra stor betydelse och kraft åt de inblandade planetpunkterna. Här visas på en sluten harmonisk enhet hos personen, ett slags inre frid som skänker sin ägare en utstrålning av behag. Den manifesterar sig inte särskilt konkret, precis som de enskilda trigonerna, men kan förnimmas som ett subtilt element av tillgång, rikedom, i gestaltens inre. En attraktiv om än halvt fördold detalj i personligheten.

Tyngre att bära är *storkvadraten*, där fyra kvadraturer bildar en hel kvadratisk figur i horoskopet. De är också sammansmälta till ett slags enhet av högre styrka än enstaka kvadraturer har, men här är det då fråga om en komplexitet av spänningar, av inre konflikter som tar sig konkreta uttryck. De driver personen till kraftfullt handlande, till åtgärder och manifestationer – antingen av den konstruktiva eller den destruktiva sorten.

Den stora kvadraten är en ständig inre drivkraft som inte vill vila, utan sporrar till stora ansträngningar och många, ibland överilade, handlingar. Den antyder en imponerande kapacitet hos sin ägare – ömsom hot, ömsom löfte.

Det finns även andra typer av hela geometriska figurer, sammansatta av olika aspekter. Till exempel kan två sextiler vara förbundna och deras yttre ändar bindas ihop av en trigon. Då är trigonen tyngdpunkten i figuren, och dess samband är ett slags ursprung till de konkreta uttryck som sextilerna ger. Eller kan två kvadraturer på samma sätt slutas med en opposition, där då oppositionen på samma sätt bildar ursprung till kvadraturernas handlingar.

I båda dessa fall bör man vara uppmärksam på vart pilen pekar – alltså den liksidiga triangelns spets. De två krafterna i triangelns bas samverkar för att förstärka den kraft som befinner sig i spetsen.

En komplex aspektfigur är *draken*, bestående av två trigoner

och två sextiler, dessutom därmed en opposition
och en stortrigon. Draken pekar åt två håll, som
är oppositionens båda ändar, och det kan variera
vilken av dessa ändar som har huvudrollen –
antingen den ena eller den andra, ungefär som
gäller för en opposition. De två krafterna utanför
oppositionen visar på vad det är som ger energi
åt oppositionen och motsättningen som den beskriver. De två krafterna som ger näring åt oppositionen och förstärker motsättningen, fungerar själva utmärkt med varandra. Det visas av deras trigon. Draken är en både intressant och komplicerad aspektfigur att tolka.

Långt mer sällsynt är till exempel tre sextiler som sammanlänkas av en opposition, eller näst intill otroliga sex sextilers slutna omlopp om hela horoskopet. Andra mellanting kan också dyka upp, såsom en sextils och en trigons förening med en opposition. Det är ett ytterst komplicerat samband, där i första hand oppositionens faktorer och sedan trigonens uttrycks konkret via sextilen. De manifestationer som en sådan sextil ger ifrån sig, är av en sällsynt och fascinerande art, långt starkare än vad sextiler brukligt ger.

Husgränser
Det är inte så ofta som husens gränser sammanfaller exakt med zodiaktecknens. Glappet mellan dessa bör också observeras när man studerar horoskopets helhet, och det är viktigt att minnas när man tolkar huspositionerna.

Om ett hus inte innehåller några planeter är det zodiaktecknet som täcker den större delen av huset som har det största inflytandet över husets karaktär. Börjar till exempel andra huset på 10° Lejonet, spelar detta tecken långt större roll än Jungfrun, som bara omfattar en tredjedel av huset, och dessutom i slutet.

Man bör minnas att början på ett hus har något större betydelse än slutet.

Om ett hus innehåller planeter spelar deras placering större roll. Är de koncentrerade till ett av zodiaktecknen i huset ska störst hänsyn tas till det, även om det sträcker sig över en mindre del av huset än det andra. Planeter har alltså ett slags extra tyngdkraft. Finns planeter i båda tecknen i huset, måste man noga minnas att huset då innehåller båda tecknens kvaliteter, uttrycker en blandning av dem.

Samma blandning gäller om huset är delat ganska jämnt mellan två zodiaktecken, eller om första tecknet har något mindre utrymme än andra. Man bör vara medveten om att så länge hus- och teckengränser inte exakt sammanfaller finns alltid ett inflytande från båda zodiaktecknen i huset.

Om ett hus börjar på någon av *de första tio graderna* i zodiaktecknet är detta tecken det klart mest utslagsgivande och spelar (planeternas positioner oräknat) den dominerande rollen. Dock finns alltid ett inflytande från det andra tecknet, som dels döljer sig i periferin runtom eller innanför det första tecknets inflytande, och dels med tiden tenderar att växa fram och bli tydligare. Såväl under människans hela livstid som under avgränsade epoker av hennes liv, kännetecknas den första tidsrymden av det första zodiaktecknets karaktär. Men med tiden anas det andra tecknet allt tydligare och kan mot slutet av en epok eller av hela livet komma att dominera över det första.

Man kan tala om ett slags progression, en utveckling mot husets slut. Säg till exempel att en person har sjunde huset från 5° Skorpionen till 5° Skytten. Merparten av huset ligger alltså i det första tecknet. Då kommer varje partnerrelation under den första och längsta tiden att kännetecknas av Skorpionens passion och sexualitet, men mot slutet växer Skyttens inflytande, och personen uttrycker ett behov av frihet, att bryta upp och sträva vidare. Planeter i Skorpionen tonar ner Skyttens inflytande betydligt, medan planeter i Skytten förstärker och tidigarelägger det.

Om huset börjar *mellan tionde och tjugonde graden* av zodiaktecknet kan man säga att husen är en blandning av de båda zodiaktecknens karaktärer. Tidsmässigt blir också delningen därefter – ungefär lika lång tids inflytande från varje tecken, i en utveckling från det första till det andra. Planeters placering i sådana hus spelar då den centrala rollen av att vara tungan på vågen.

Om huset börjar *mellan tjugonde och trettionde graden* av ett zodiatecken blir det andra tecknet mer betydande. Dels kommer ett hus som vid en hastig blick ger intryck av första tecknets karaktär att vid närmare betraktande visa sig vara långt mer i enlighet med det andra, dels sätter det andra tecknet på ganska kort tid in sitt dominerande inflytande, såväl när det gäller avgränsade tidsperioder som hela livslängden.

Husgränsernas placering är en av de fina detaljerna i horoskopet, som vid en djupare analys får en mycket stor betydelse. Vid tvillingfödslar, till exempel, är det nästan enbart genom dessa man kan upptäcka skillnader mellan personerna, och vid närmare studium visar det sig ofta att dessa skillnader är betydande. Man bör därför vara både känslig och noggrann i sin hänsyn till husgränsernas exakta plats.

Astrologen och döden. Från Dödsdansen av Hans Holbein den yngre, 1538.

Ursprungstecken
Husen är avbilder av zodiaktecknen på så vis att första huset, gestalten, är knutet till Väduren, aktivitetens och utmanarens tecken, och så vidare ända till tolfte huset och Fiskarna. Därför är det också viktigt att kontrollera hur husen står gentemot sina ursprungstecken.

Sammanfaller de, så att första huset verkligen ligger vid Väduren, är de nära eller långt ifrån varandra? Hus och ursprungstecken kan också befinna sig i aspekter, så att till exempel första huset och Väduren är ungefär på trigons avstånd från varandra.

Om en person har merparten av första huset i Tvillingarna eller Vattumannen, står alla hus i sextil till sina ursprungstecken. En sådan aspekt lyfter fram husen i en positiv och kreativ anda. Sålunda blir gestalten, som första huset visar på, talför och lättsam via Tvillingarna eller djupsinnig och reflekterande via Vattumannen – en mer kreativ form än Vädurens ofta påträngande och högljudda karaktär. Något liknande kan observeras i de andra husen.

Om första huset finns i Kräftan eller Stenbocken står husen i kvadratur med sina ursprungstecken. Detta ger också en konkretiserande prägel, fast av arbetsammare och slitsammare sort. Gestalten blir här Kräftans självförnekande ödmjukhet eller Stenbockens självuppoffrande målmedvetenhet.

Första huset i Lejonet eller Skytten ger en trigon mellan hus och ursprungstecken. Här råder en abstrakt men kännbar harmoni mellan hus och tecken, kanske inte så uppenbar men ändå väl fungerande. Gestalten blir grandios och storslagen genom Lejonet, eller individualistisk och strävande mot fjärran mål genom Skytten.

Om första huset finns i Vågen råder opposition mellan husen och deras ursprungstecken. Det innebär att husen har karaktärer som är så väsensskilda från sina respektive miljöer att de står i ett slags motsats till dem. En stark kluvenhet. Till exempel blir gestalten självförnekande genom Vågens inflytande.

Om husen ligger i sina ursprungstecken råder ett slags konjunktion, och husens miljöer blir övertydliga och ganska stiliserade. Gestalten blir självhävdande och frenetiskt märkbar, i enlighet med Vädurens tecken.

Första husets aspekterande zodiaktecken:
☌ konjunktion ♈ Väduren
☍ opposition ♎ Vågen
△ trigon ♌ Lejonet ♐ Skytten
□ kvadratur ♋ Kräftan ♑ Stenbocken
✶ sextil ♊ Tvillingarna ♒ Vattumannen

Siffror och summor

För att få ett grepp om dessa allmänna ting kan det vara lämpligt att före detaljstudium sammanställa en smula statistik. Detta hjälper till för att uppmärksamma sådana drag och anfärgningar som ögat annars lätt missar. Statistiken ger alltså en viss vägledning i horoskopets allmänkaraktär men kan givetvis i lika liten grad som det ovan nämnda betraktas som absoluta fakta. Först sedan hela horoskopet studerats – helhet, detaljer och allt däremellan – kan man fälla ett säkrare omdöme om hur signifikativ varje del är.

Ett lämpligt sätt att börja är att teckna upp ett rutmönster om tre rutor på ena ledden och fyra på den andra, så att man får ett fält med tolv rutor. På ena hållet visar varje spalt ett av vardera tillstånd: kardinal, fast och rörlig. På andra ledden visar spalterna de fyra elementen: eld, jord, luft och vatten.

Varje zodiaktecken har sin egen kombination, så att Väduren är det kardinala eldtecknet, Oxen det fasta jordtecknet, och så vidare till Fiskarna som är det rörliga vattentecknet.

Så här ser det ut, men för att få plats med siffror ska man givetvis inte skriva i namnen på zodiaktecknen, det gör jag här bara för tydlighets skull.

Tabell över element och tillstånd:

	Kardinal	Fast	Rörlig
Eld	♈ Väduren	♌ Lejonet	♐ Skytten
Jord	♑ Stenbocken	♉ Oxen	♍ Jungfrun
Luft	♎ Vågen	♒ Vattumannen	♊ Tvillingarna
Vatten	♋ Kräftan	♏ Skorpionen	♓ Fiskarna

Sedan läser man av horoskopet, och skriver i rutorna det antal planetpunkter (inklusive ascendenten och Medium Coeli) som varje tecken innehåller. Då blir det väldigt lätt att läsa av hur många planeter som finns i respektive tillstånd och i vardera element. Med de tolv planetpunkterna blir en jämn fördelning fyra i varje tillstånd och tre i varje element – inte nödvändigtvis genom en planet i varje tecken.

Större avvikelser från medeltalen antyder särskilda egenskaper hos karaktären bakom horoskopet.

Tillstånden

En större mängd planetpunkter i *kardinala* tecken visar på en drivkraftig personlighet med otålighet och kanske burdusa drag, en som dominerar och vill dra andra människor med sig i sina planer och hugskott. Han vill härska och bestämma och tenderar att utöva ett stort inflytande på andra människor.

Om i stället de kardinala tecknen har få planetpunkter visar det på en personlighet med svag initiativkraft, en som saknar tåga och ogärna spelar en ledande roll. En blygsam karaktär.

Med ett överskott i *fasta* tecken är människan en konservativ karaktär som varken drar iväg åt hägrande mål eller låter sig dras iväg. Han håller till godo med situationen som den är och ser ogärna att något ändras.

Ett underskott visar på en människa utan fasthet, utan tillfredsställelse med vad han har eller når. Han vill aldrig slå sig till ro och blir sällan nöjd. Otålighet och hast.

Många planetpunkter i *rörliga* zodiaktecken visar på den rastlösa människan, som inte själv driver på mot förändring men gärna följer andras initiativ. Han behöver aldrig mycket övertalning för att tända på en idé och löpa linan ut, så länge någon annan visar vägen. Trendföljaren.

Ett fåtal planetpunkter i rörliga tecken visar på den svårövertalade, bestämda karaktären, som ogärna prövar andras idéer och sällan uppskattar annat än det som springer ur hans egen hjärna. Den envise och svårflirtade.

Elementen

De som har många planetpunkter i *eldtecken* har stor aktivitetslust, energi till tusen och märkbar iver. De är ordentligt medvetna om sin egen betydelse och ser livet som ett resultat av vad man gör av det – helst fort.

Brist på markeringar i eldtecknen gör människan handlingssvag, ovillig till krafttag och långt ifrån ivrig. Hon kan kännas ovanligt tam.

Koncentration i *jordtecken* leder till stor kapacitet i det materiella och det elementära. Dugliga händer, förmåga till praktiskt arbete och till konkretisering. Den som får något gjort. En själ med handfasthet, utan de stora perspektiven.

Få markerade jordtecken leder till ett opraktiskt sinne, klumpighet och oförstånd för det materiella. En människa som verkar orealistisk.

Många planetpunkter i *lufttecken* visar på den intellektuella typen med tankar, ord och idéer i överflöd. Den som aldrig är mållös och sällan slår sig till ro i vardagens överskådligheter.

Brist på luftmarkeringar har den som i ringa grad tänker och reflekterar över sin tillvaro, och inte känner någon betydelse i sådant som inte märks eller känns tydligt.

Gott om planetpunkter i *vattentecken* visar på känslomänniskan, den som låter sig styras av intuition, instinkt och känsloreaktioner. För dessa är livet lika med hur det upplevs och vilka känslor det förmedlar. De har god förståelse för dessa sidor av tillvaron och den största respekt för allt det emotionella. Förnuft är de inte lika imponerade av.

Glest med vattenteckenmarkeringar leder till den känslokalla, den som i hög grad orkar leva utan eftergifter åt de själsliga behoven. Det emotionella tycker denna människa mest är i vägen, och känner ringa förståelse för det irrationellas betydelse. Hjärtlös eller i alla fall disciplinerad.

Summan
Man brukar i astrologin också tala om *plus- och minustecken*, där zodiakens eld- och lufttecken räknas som plus, medan jord- och vattentecknen är minus. Detta syftar på elementens generella karaktär. Både eld och luft är utåtriktade, breder ut sig, men jord och vatten strävar inåt, mot fasthet och samling.

I personligheten motsvaras detta ungefär av den extroverta respektive den introverta människan. Den enkla matematiken i att kartlägga personers eventuella dragning åt endera sidan består då självfallet i att addera planetpunkterna i eld och luft med varandra å ena sidan, och dem i jord och vatten å den andra.

Om summorna är ungefär lika stora – 6 mot 6 eller 5 mot 7 – råder balans mellan det utåtriktade och det inåtriktade i karaktären. Det är alltså fråga om en människa som inte till någon märkbar grad hör till endera typen, utan är en blandning av såväl extroverta krafter som introverta.

Om det är betydligt fler planetpunkter i plustecken, visar horoskopet på en utåtriktad människa som ogärna uppehåller sig vid sitt eget befinnande, vid inre känslor och tillstånd, utan lever allra mest för sin omvärld och låter omgivningen märka vad hon känner och tycker. Personer med en övervikt av planetpunkter i minustecken är av den slutna, inåtvända typen som ogärna blottar sig för omvärlden. De reflekterar mycket över sitt inre och känner sig själva mycket bättre än sin omgivning.

Dekanerna
En finare nyans av ett horoskops balans mellan tillstånden än vad som görs när man räknar hur många planetpunkter som befinner sig i kardinala, fasta, respektive rörliga zodiaktecken, kan man nå genom att se varje tecken som innehållande tre fält om vardera 10°. De kallas *dekaner*.

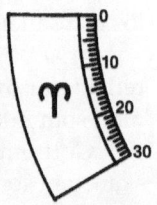

Första dekanen i varje tecken, 0° – 10°, räknas som dess kardinala del – även om tecknet är fast eller rörligt. Andra dekanen, 10° – 20°, är tecknets fasta del, och tredje dekanen, 20° – 30°, dess rörliga. Allt detta är nyanser. Ett tecken är huvudsakligast det tillstånd som det kategoriserats till, men inom detta spelrum råder dekanernas nyansering.

Tvillingarna, till exempel, är alltid ett rörligt tecken, men en planet placerad i början på tecknet har en kraftfullare, mer drivande karaktär än i slutet, liksom den i mitten har en något mer ordnad och fast karaktär. Likaså är planeter i slutet på tecknet än mer rörliga än man allmänt förknippar med Tvillingplaceringen. Dekaninflytanden presenteras närmare i kapitlet om horoskopets detaljer.

Det ger alltså en del extra information att räkna fram hur planeterna placerar sig i dekanerna – hur många som hamnar i den första, den andra och den tredje dekanen.

Resultatet bör givetvis jämföras med fördelningen i tillstånd enligt zodiaktecknen, och tolkas på samma sätt. Men spänningar kan här dyka upp mellan den ena fördelningen och den andra, så att till exempel ett horoskop med många planeter i fasta zodiaktecken kan ha planeterna i högre grad i kardinala och rörliga dekaner. Detta nyanserar naturligtvis omdömet som den första eller andra fördelningen ensam skulle leda till.

Man kan allmänt säga att om fördelningarna skiljer sig märkbart åt, bör fördelningen räknad på hela zodiaktecken tolkas mer efter de specifika tecknens karaktärer än efter deras tillstånd, medan dekanfördelningen mer visar på hur människan ska kategoriseras efter tillståndsmodellen.

Många planetpunkter i fasta tecken uppstår till exempel om horoskopet har stora koncentrationer i Lejonet och Oxen. Dekansiffrorna kan i stället visa att nästan samtliga planeter ligger i rörliga dekaner –även de i Lejonet och Oxen. Det är då rimligt att anta att personen är mer av en rörlig karaktär än en fast, och att planeterna i Lejonet och Oxen i huvudsak syftar på viljekraft respektive trygghet, det vill säga tecknens allmänna karaktärer.

Planetkoncentrationer i någon dekan, eller avsaknad i någon, tolkas på samma sätt som tidigare nämnts om tillstånden och zodiaktecknen.

Aspekterna

Aspekterna bör ställas upp i antal av varje typ: konjunktioner, oppositioner, trigoner, kvadraturer och sextiler. Koncentrationer till någon eller några aspektsorter bör uppmärksammas enligt vad som tidigare sagts.

Man kan även dela upp dem i två sorter – eller i själva verket tre, eftersom konjunktionen inte riktigt går att jämföra med de övriga. Då står de besvärliga aspekterna oppositionen och kvadraturen mot de mer behagliga trigonen och sextilen. Den förra gruppen är ansträngd samverkan, den senare gruppen avslappnad samverkan.

Här bör man också vara uppmärksam på om aspekterna koncentrerar sig till något speciellt fält av horoskopcirkeln, kanske räkna antalet aspektbindningar i varje halva och varje kvadrant. Resonemanget som sedan förs med resultatet går på samma linje som med planetpunkterna i horoskopets sektorer. Många aspekter till ett visst fält av horoskopet visar dess betydelse, även om inte så många planeter skulle befinna sig där.

Metodik

Det är klokt att alltid skriva ner dessa statistiska siffror, för ju mer man arbetar med horoskop, desto större hjälp har man av sådana räkneövningar. Man får då i sin egen horoskopsamling en viss statistisk överblick och kan snabbt få grepp om nya horoskop. Det är en så komplicerad övning att tolka ett fullständigt horoskop, så det är nödvändigt att utveckla en trivsam metodik som man med tiden blir ordentligt van vid.

En risk med standardiserat arbete är förstås att man blir blind för varje horoskops absoluta unikum. Man kan tappa insikten om att varje människa är sin alldeles egen sort, jämförbar med andra men aldrig identisk med någon annan. Detta är nog astrologers allra största svårighet att reda ut.

En Mars i 14° Väduren är aldrig densamma i två horoskop, även om den i båda är i samma hus och har samma aspekter. Endast helt identiska horoskop är identiska i tolkning. Hur minimal skillnaden mellan horoskop än må vara, så är den skillnaden en avspegling av två individer – därför oändligt betydelsefull. Att inse det och kunna applicera det på sin tolkning är det verkliga mästarprovet.

Med den känslan för nyanser är det möjligt att komma med utsagor som känns långt mer konkreta och specifika än vad som vanligen sker vid horoskoptolkning. Men det tar nog envar en lång tid av skolning och övning i många segdragna, svårgreppade, svävande och famlande tolkningar, innan den klarheten börjar komma.

Horoskopets detaljer

I det föregående kapitlet gick jag igenom metoder att närma sig ett horoskop och skaffa sig en första väsentlig men långt ifrån fullständig helhetsbild av det. Dess allmänna karaktär. När detta är gjort och man skaffat sig vad man tycker är en klarare utgångspunkt för en fördjupning i horoskopets karaktär, då är det dags att syna detaljerna.

I första hand är detaljerna förstås detsamma som horoskopets beståndsdelar, såsom zodiaktecknen, husen, planetpunkterna och aspekterna. Här går jag dock vidare till särskilda omständigheter när det gäller dem, för att visa vägen till en djupare granskning av horoskopet. Vi ska utveckla analysen och använda ett kraftigare förstoringsglas.

Zodiakens dekaner
Redan när det gäller zodiaken kan man nyansera tolkningen genom att dela upp varje tecken i tre delar om 10° var. De kallas *dekaner*, såsom tidigare nämnts. Varje dekan motsvarar var sitt av tillstånden kardinal, fast och rörlig. Ett kardinalt tecken är naturligtvis inte rörligt till sin karaktär i sin tredje dekan – men 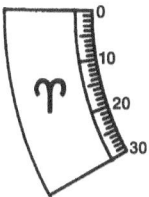 inte fullt så kardinalt som i första dekanen. Det är alltså fråga om nyanser, vilka spelar en inte så liten roll när man vill tränga djupare in i en förståelse av horoskopet och få en klarare beskrivning av dess karaktärer.

Det enklaste sättet att redogöra för dekanernas betydelse är att behandla dem i alla de tolv zodiaktecknen. Observera att ett teckens dekaner har anstrykning av de tecken i samma element, som har de tillstånd dekanerna avbildar. Fiskarnas kardinala dekan, till exempel, påminner om det kardinala vattentecknet, Kräftan. Men minns att varje zodiaktecken alltid i grunden är sig självt, så varje nyansering görs med detta i minnet. Fiskarna är sökandets och trons tecken i alla sina dekaner, om än denna karaktär kan tendera åt olika håll.

Zodiakens dekaner:
♈ Väduren är det kardinala eldtecknet, det allra mest kardinala tecknet. Den första, kardinala dekanen är därför rent explosiv i sin drivkraft och energi, ungefär som en vulkan som just bryter ut i sin första kaskad av brinnande lava. Dess andra, fasta dekan har något av Lejonets karaktär. Den behärskade kraftfullheten, ungefär som den bubblande vulkanen som ännu inte nått till sitt utbrott. I

den tredje, rörliga dekanen påminner Väduren en smula om Skyttens tecken. Där är kraften och energin på väg ut och bort mot sin upplösning, som efterverkningarna av vulkanutbrottet, med lavaströmmar, rök och fallande stenar. De sträcker sig långt men försvagas.

♉ *Oxen* är det fasta jordtecknet, det mest fasta zodiaktecknet. I den första, kardinala dekanen har tecknet något av Stenbockens karaktär, en drivande konstruktivitet, en vilja att bygga och riva och gå till tydlig handling. I den andra, fasta dekanen är Oxen sig själv, trygg och trög och nöjd med vad som är. I den tredje, rörliga dekanen inträder rastlösheten och aningen av Jungfruns karaktär. Det är Oxen som vantrivs med sin materiella situation och vill rätta till den.

♊ *Tvillingarna* är det rörliga lufttecknet, det rörligaste rörliga. I dess första, kardinala dekan är tecknet aningen av Vågen, med iver och intensitet att kommunicera, att cirkulera. Den andra, fasta dekanen drar mer mot Vattumannens allvar och sans, där kontemplation ligger nära till hands. Den tredje, rörliga dekanen är Tvillingen alltigenom – förvirrande, farande, uppsökande.

♋ *Kräftan* är det kardinala vattentecknet. Elementet vatten har en naturlighet i varje tillstånd – kardinalt som forsen, fast som den sovande insjön, eller rörligt som bäck och regn. Därför är gränserna mellan de olika vattentecknen, likaväl som mellan deras respektive dekaner, inte så uttalade som gäller för de andra elementen. Kräftans första dekan är i alla fall dess kardinala och mest kräftlika, ömsint och beskyddande. Den andra, fasta dekanen innehåller Skorpionens tendens åt hotet och det undertryckta, obegripliga. Den tredje, rörliga dekanen liknar mer Fiskarnas svävande, rolösa undran.

♌ *Lejonet* är det fasta eldtecknet, majestätet. I dess första, kardinala dekan känns viljekraften extra drivande, med anstrykning av Vädurens otålighet. I den andra, fasta dekanen är Lejonet sig självt med tyngd, pondus och orubblighet. I den tredje, rörliga dekanen kommer tendenser mot Skyttens tecken. Här är Lejonets vilja aningen i upplösning, en strävan mer än ett faktum, den splittrade viljan.

♍ *Jungfrun* är det rörliga jordtecknet. I dess första, kardinala dekan är kritiken, kravet till prövning och omprövning starkt och pådrivande som Stenbocken. I den andra, fasta dekanen finns en viss sans och metodik som i sin tålmodighet påminner om Oxen. I Jungfruns tredje, rörliga dekan är tecknet som mest sig självt med den ständiga granskningen, tvivlet och vaksamheten.

♎ *Vågen* är det kardinala lufttecknet. I dess första, kardinala dekan råder Vågens egen strävan att skipa rätt, dess stränga moral och starka vilja till balans och ordning. I den andra, fasta dekanen finns mer av begrundan och mindre av härförariver, en försiktighet som antyder Vattumannens karaktär. I den tredje, rörliga dekanen kommer Tvillingarnas rastlöshet in och gör Vågens strävan splittrad, hastig och undrande. Moral är en förhandlingsfråga, balans är inte ett statiskt tillstånd.

♏ *Skorpionen* är det fasta vattentecknet. Eftersom dess element är vatten är de olika dekanerna i hög grad påminnande om respektive vattentecken och gränserna mer flytande än hos andra element. I sin första, kardinala dekan påminner tecknet mycket om Kräftan, men det finns en intimare kontakt med mystiken och livets dramatik, rentav en intimitet med tillvarons skuggsidor. I dess andra, fasta dekan är Skorpionen sig själv, med den undertryckta passionen som rör upp omgivningen – katalysatorn, den dunkla. I sin tredje, rörliga dekan påminner tecknet om Fiskarna, men oron är dold och ställd i förhållande till livets drama. En känsla av att leka med ting som inte är helt ofarliga.

♐ *Skytten* är det rörliga eldtecknet. I dess första, kardinala dekan är strävan efter frihet och bort från bindningar märkbar och lika stark som hos Väduren. I den andra, fasta dekanen finns ett större lugn, en frihet som inte förloras, en strävan med visst tålamod och med något av Lejonets ton över sig. I den tredje, rörliga dekanen ligger Skyttens hela fanatism och otålighet – loss, bort och ut med iver och största hast.

♑ *Stenbocken* är det kardinala jordtecknet. Dess första, kardinala dekan är dess egen med väldig kapacitet, ambition och byggherrekraft. Den andra, fasta dekanen glider mot Oxen, med en kapacitet som tillåter tiden att gå och ändå når sina mål. I den tredje, rörliga dekanen har tecknet en nyans av Jungfruns noggrannhet och sans. Måttligare ambitioner som går genom många turer av omprövning och revision.

♒ *Vattumannen* är det fasta lufttecknet. Dess första, kardinala dekan påminner om Vågen, med drivkraften mot en fördjupad förståelse, en inträngande och långväga analys. I den andra, fasta dekanen är Vattumannen mest sig själv med allvar, begrundan och en komplex tanke. I den tredje, rörliga dekanen finns Tvillingarnas rastlöshet och hastighet, där kunskapstörsten leds i iver, tankar av djup cirklar snabbt kors och tvärs. Allvaret finns, men är sällan långvarigt.

♓ *Fiskarna* är det rörliga vattentecknet, och därmed åter inte så fast i sina gränser som tecken av andra element. Den första, kardinala dekanen är den inspirerade strävan efter det okända, drömmen om fulländningen eller det sanna, med Kräftans starka, goda vilja. Den andra, fasta dekanen har ett större lugn, en ro att under lång tid och sans pröva och känna sig för, en mottaglighet och öppenhet som hos den sittande i stället för den springande. Här anas också Skorpionens dunkla närmanden. I den tredje, rörliga dekanen är Fiskarna som mest rastlösa, förvirrade och sökande. Att känna en mening med allt, men sällan finna den.

Härskare

Horoskopets planetpunkter tolkas naturligtvis i första hand efter det zodiaktecken och det hus de befinner sig i, liksom deras eventuella aspekter. Man bör dock vara uppmärksam på att planeterna med sina respektive karaktärer trivs olika väl i de olika tecknen och husen. Ibland flammar de upp i styrka och betydelse, ibland är de nästan satta på undantag, så att deras energi bleknar.

Man brukar i astrologin tala om att planeterna härskar över vissa zodiaktecken, och därmed över de hus som svarar mot de tecknen. I dessa positioner tilltar planeternas styrka och betydelse märkbart och ska därför ges accentuerad tonvikt vid tolkningen. De sägs också exaltera i vissa tecken och hus. Också där blir deras inflytande förstorat, om än inte fullt i samma grad som i härskarpositioner.

Många brukar också peka ut vissa zodiaktecken som extra olyckliga platser för planeterna, där de då försvagas och svårligen kommer till uttryck. Traditionellt sägs zodiaktecknet mitt emot det planeten härskar över vara en särskilt svag och komplicerad posititon för den. Detta tecken kallas planetens *detriment*.

I det som följer kommer jag dock inte att lägga större vikt vid något annat begrepp än härskartecknet, eftersom det övriga är mer flytande och åsikterna bland astrologer i allra högsta grad är delade om vilka tecken som ska pekas ut som planeters exalterande eller hur detriment placering ska tolkas och särskiljas från andra aspekter till härskartecknet. Därför kommenterar jag mer allmänt planeternas styrkeförhållanden i olika tecken, utifrån vad som är en klar följd av ett möte mellan planetens och zodiaktecknets respektive egenskaper.

Vid horoskoptolkningen bör man observera hur en planet står i förhållande till sitt härskartecken eller härskarhus, aspektmässigt. Antingen i detsamma, vilket är ett slags konjunktion, eller detriment mitt emot, som är en opposition, eller fyra tecken eller

Atlas håller upp världsalltet. Förutom jorden i mitten bär han himlasfärerna, där planeterna har varsin nivå, dessutom zodiaken som är det tvärgående bandet. Träsnitt från The Cosmographical Glasse av William Cunningham, 1559.

ditt horoskop

hus ifrån, trigon, eller tre tecken eller hus ifrån, kvadratur, eller två ifrån, sextil. Eller i något annat förhållande, som inte är en av aspekterna. Detta bör begrundas i tolkningen och säger en del om hur framskjutet eller nedtryckt planeten är placerad.

Varje aspektförhållande visar på en samverkan, men aspektlösheten betyder att planetkraften verkar oberoende av sitt härskartecken eller härskarhus. Det är dock inga andra aspekter än konjunktionen som ger planeten någon extra kraft eller betydelse.

Planetpunkternas härskartecken:

AC	ascendenten	(inget)
MC	Medium Coeli	(inget)
☉	solen	Lejonet
☽	månen	Kräftan
☿	Merkurius	Tvillingarna, Jungfrun
♀	Venus	Vågen, Oxen
♂	Mars	Väduren
♃	Jupiter	Skytten
♄	Saturnus	Stenbocken
♅	Uranus	Vattumannen
♆	Neptunus	Fiskarna
♇	Pluto	Skorpionen

Planetpunkternas styrka i zodiaken:

AC *Ascendenten* är, som tidigare nämnts, inte en planet, utan den punkt på zodiakcirkeln som går i linje med den östra horisonten, från den plats och vid den tidpunkt horoskopet gäller. Ascendenten är även startpunkt för husen och bildar gränsen för första huset. Någon annan husplacering kan det därför inte bli fråga om, vilket gör att ascendenten hamnar lite utanför vad som gäller för de verkliga planeterna. Den kan dock naturligtvis hamna i vilket zodiaktecken som helst.

Eftersom ascendenten alltid inleder första huset, skulle man kunna kalla den härskare över Väduren, zodiakens motsvarighet till första huset. Det stämmer dock inte helt, men det går att tala om olika framträdande ascendentpositioner. Om ascendenten finns i något av eldtecknen framträder den tydligt och tveklöst i gestalten. I de övriga zodiaktecknen gör sig ascendenten inte lika tydligt hörd, men det är en direkt följd av de olika tecknens karaktärer.

MC *Medium Coeli*, MC, är inte heller en planet, utan en tänkt punkt: mitthimlen, det vill säga den högsta punkten på zodiakcirkeln vid födelseögonblicket, sett från platsen för födelsen. Dess position i horoskopet beror mycket på födelseplatsens latitud. Vid ekvatorn är MC alltid 90° från ascendenten och bildar startpunkt för tionde huset. Ju längre bort från ekvatorn man kommer, desto längre från

90°-avståndet kan MC hamna – dock aldrig utanför horoskopets övre halva, hus sju till tolv.

Tionde huset, MC:s vanligaste hemvist, svarar mot Stenbockens tecken. Det är ändå inte rimligt att kalla MC härskare över Stenbocken då denna punkt i ännu högre grad än ascendenten är oberörd av vilket tecken den är placerad i. Den antar naturligtvis tecknets karaktär men tilltar eller avtar inte i betydelse och styrka, beroende på var den hamnar. Möjligtvis kan man säga att MC är något märkbarare och tydligare i de mer offentliga tecknen, från Vågen till Fiskarna, vilka svarar mot hus sju till tolv.

☉ *Solen* är en väldig tyngdpunkt i horoskopet. I astrologin behandlas den som en planet, eftersom vi hela tiden rör oss i ett geocentriskt perspektiv (sett från jorden). Solen sägs härska över Lejonets tecken, där den nästan alltid har en förstärkt betydelse, möjligtvis med undantag för tecknets tredje dekan. Därför bör det vara lättare med Lejon än med andra tecken att tydligt se deras soltecken i karaktären. Även i Väduren är solen stark.

Solen passar bäst i eldtecken och i fasta eller kardinala tecken och dekaner. I vattentecknen är den mindre framträdande, liksom i jordtecknen. Allmänt bör man ändå hålla i minnet att solen, den andliga kraften, finner sig tillrätta i varje position den intar, så man kan aldrig tala om en särskilt försvagad solplacering. Även i Fiskarnas tredje dekan är därför solen både storslagen och viktig. Dess härskarhus kan sägas vara det femte.

☽ *Månen* är inte heller en planet i astronomisk mening men behandlas som en sådan i horoskopet. Dess betydelse får aldrig underskattas, men den har en så pass bestämd karaktär att man betydligt lättare än för solen kan tala om att den trivs respektive vantrivs i vissa tecken.

Månen sägs härska över Kräftans tecken, men trivs överlag i vattentecknen och även i hög grad i jordtecknen. I eld och luft har den svårare att göra sig gällande. Det gör att den härskar över fjärde huset, som svarar mot Kräftan, och trivs fint i övriga hus som svarar mot vatten- och jordtecknen. Särskilt i Oxen och andra huset brukar månen ha en stark betydelse. I opposition mot Kräftan ligger Stenbocken, där månen är stark men av en helt annan karaktär än i härskartecknet. I Stenbocken handlar det mer om att behärska sig än låta känslorna flöda.

☿ *Merkurius* är den lilla snabba planeten som aldrig kommer längre än ett tecken ifrån solen. Den härskar tveklöst över Tvillingarnas tecken och därmed tredje huset, men liksom Venus härskar den över ännu ett tecken, nämligen Jungfrun och därmed sjätte

ditt horoskop 255

huset. Merkurius passar utmärkt i lufttecken, rörliga tecken och dekaner. Svårast har planeten att göra sig gällande i fasta tecken.

♀ *Venus* är den mest positiva av alla planetpunkter, varför den har lyster var den än är placerad. Härskar gör den dock över Vågens tecken och sjunde huset, samt över Oxen och andra huset. Man kan lätt se att Venus går bra i vattentecken, liksom i de flesta som hör till luft eller jord. Lite kinkigare är det i eldtecknen, som till sin karaktär står aningen i motklang till Venus.

♂ *Mars* är något av Venus motpol och trivs förträffligt i samtliga eldtecken. Planeten sägs härska över Väduren och därmed – om än med viss reservation – över första huset. Även i Stenbocken är Mars extra stark och betydligt oomtvistligare i tionde huset än i det första. Illa trivs Mars i vatten och luft, liksom i rörliga tecken och dekaner. Bäst mår Mars ju mer kardinalt planeten är placerad.

♃ *Jupiter* är den allra största av de verkliga planeterna och har själva huvudrollen i kinesisk astrologi. Dess betydelse brukar försummas av många, delvis därför att den står för något så svårbegripligt som expansion och lycka. Den härskar i alla fall över Skytten och nionde huset, trivs bra i rörliga tecken och dekaner. Särskilt i luft och eld växer dess kraft – och krymper i fasta tecken, jord och vatten. En mycket kardinalt placerad Jupiter kan bli något av sin egen motsats, ett överdrivet tillstånd.

♄ *Saturnus* härskar över Stenbocken och tionde huset, är stark i jord och vatten, samt i kardinala tecken och dekaner. Liksom Venus och Mars är ett slags motsatser, är även Jupiter och Saturnus det. Sålunda mår Saturnus mindre bra i rörliga tecken och dekaner. En kluven placering av planeten försvagar den ordentligt, såsom i slutet på ett tecken eller hus.

♅ *Uranus* sägs vara en sublimerad eller fördjupad Merkurius. Planeten härskar över Vattumannens tecken och elfte huset, men är stark i alla lufttecken och trivs även gott i vattentecken. Liksom Merkurius hör bättre hemma i de första sex tecknen och husen, passar Uranus bättre i de andra sex, från Vågen till Fiskarna och hus sju till tolv.

♆ *Neptunus* är den enda planeten som blir starkare i tolfte huset, eftersom den härskar över det och Fiskarnas tecken. Vatten är klart Neptunus favoritelement, men även i viss grad luft. Likaså passar rörliga tecken och dekaner bättre än fasta och kardinala. Neptunus sägs vara något av en utveckling av Venus, och hör liksom Uranus mer till de senare sex tecknen och husen. Jord passar den dåligt.

♇ *Pluto* är ödesplaneten framför andra, en fördjupning av Marskraften. Den härskar över Skorpionens tecken och åttonde huset.

I övriga placeringar följer dess kraft efter tecknens och husens inneboende dramatik och dynamik – stor i Väduren, till exempel, och svag i Jungfrun. Eld och vatten passar den bättre än jord och luft, liksom den blir stark i kardinala tecken och dekaner. Pluto är starkare i Skorpionens kardinala dekan än i dess fasta, trots att Skorpionen är ett fast tecken.

Även Pluto hör mer till de sex senare tecknen och husen än de sex första. För denna planet, liksom för Uranus och Neptunus, som alla rör sig så långsamt genom zodiaken, är det av större betydelse för det personliga horoskopet hur planeten placerar sig i husen än i zodiaktecknen.

Horoskopets härskare

Precis som varje zodiaktecken sägs ha en av planeterna till härskare, kan hela horoskopet sägas ha en, eller kanske ännu hellre två härskande planeter. Dessa planeter bör man ta särskild hänsyn till vid tolkningen av horoskopet, de representerar grundläggande karaktärsdrag hos personen.

Den konventionella typen av horoskophärskare får man fram genom att se efter vilket tecken ascendenten befinner sig i. Det tecknets härskare är också horoskopets. Om till exempel ascendenten befinner sig i Väduren är Mars horoskopets härskare.

Zodiakens härskare:

♈ Väduren   ♂ Mars
♉ Oxen   ♀ Venus
♊ Tvillingarna   ☿ Merkurius
♋ Kräftan   ☽ månen
♌ Lejonet   ☉ solen
♍ Jungfrun   ☿ Merkurius
♎ Vågen   ♀ Venus
♏ Skorpionen   ♇ Pluto
♐ Skytten   ♃ Jupiter
♑ Stenbocken   ♄ Saturnus
♒ Vattumannen   ♅ Uranus
♓ Fiskarna   ♆ Neptunus

Vill man nyansera det hela kan man säga att denna härskare gäller gestalten, den yttre, offentliga personen. Den huvudsakliga karaktär han har i andras ögon och i sitt yttre agerande. Vad han ser ut att vara, vilken kraft han verkar agera med.

En inre typ av härskare skulle då vara den planet som härskar över det tecken som solen befinner sig i. Det blir en symbol för karaktären hos personens inre, andliga jag. Den energi som man egentligen mest lever genom. Se ovanstående tabell, som också visar soltecknets härskare.

Är den yttre härskaren till exempel Merkurius och den inre Pluto, och de står i kvadratur till varandra, så får man det inte lätt. Det blir som en hinna av gelé över en bubblande vulkan.

Är båda härskarna samma planet (om ascendenten och solen befinner sig i samma tecken eller i två tecken med samma härskare), råder ingen större skillnad mellan en persons yttre och inre drivkraft. I sådana fall har naturligtvis planeten i fråga en väldig betydelse i horoskopet.

Om både sol och ascendent befinner sig i samma tecken talar man om "dubbel", till exempel dubbeloxe om båda är i Oxens tecken. En sådan person visar en synnerligen samlad karaktär och stringent motivation i sitt handlande, kanske rentav enkelspårighet. Tecknets härskare måste givetvis studeras noga, men även dess exalterade.

Aspekternas styrka

När det gäller aspekterna och deras detaljer, finns det två ting som man bör vara uppmärksam på. Det första gäller aspekternas exakthet. Sällan befinner sig planetpunkter på ett exakt aspektavstånd från varandra, det vill säga 0°, 60°, 90°, 120° eller 180°. Det brukar spela på ett antal grader hit eller dit.

Astrologer väljer olika gränsvärden, tolerans, för att markera aspekter i ett horoskop. Det kallas också *orbis*. Man kan välja till exempel 8°, så att allt från 52° – 68° avstånd mellan två planetpunkter är en sextil. Då blir det många aspekter i horoskopet! Vill man få ner antalet aspekter kan man sätta gränsen vid till exempel 4°. Själv föredrar jag det senare, så vet jag att jag inte missar de riktigt exakta aspekterna bland alla vittfamnande.

Vilken gräns man än väljer, tilltar varje aspekt i betydelse och inflytande ju närmare det exakta värdet den kommer, liksom den avtar ju längre från exaktvärdet den kommer. En sextil är alltså oerhört viktig och märkbar om den är exakt 60°, men tynande, nästan försvinnande i inflytande om den går över 65° eller under 55°. Man brukar i varje horoskop finna åtminstone några stycken aspekter inom en enda grad från exakttalet. Dessa är då de ojämförligt viktigaste.

Det andra fenomenet som inte får glömmas är om de två planetpunkterna i aspekten ligger på olika sidor om sina teckenrespektive husgränser. Aspekterna är ju hämtade ur zodiaktecknens inbördes förhållanden – trigon råder mellan tecken av samma element, kvadratur mellan tecken av samma tillstånd, och så vidare. Om då två planeter är i trigon men den ena är i slutet på

Väduren och den andra i början på Jungfrun – då är aspekten inte
mycket värd, förutsatt att den inte ligger väldigt nära exaktvärdet,
såsom någon enstaka grad till eller från 120°. På samma sätt är det
med husgränserna. Men en aspekt nära sitt exaktvärde har alltså
sin klara betydelse, hus- och teckengränser till trots.

Horoskopets tyngdpunkter

När man nu har svept med sitt skarpsynta öga över horoskopets
helhet och alla detaljer, blir det mer än nödvändigt att förstå var
dess tyngdpunkter ligger. Vilka planeter, hus och zodiaktecken
som är speciellt viktiga, och var tolkningens tonvikt ska ligga.

Det är till exempel självklart att hus utan planeter spelar långt
mindre roll i horoskopet, än sådana som innehåller någon eller
flera. Det är lika uppenbart att stora planetkoncentrationer i ett
enda tecken markerar en betydande sida av karaktären. Mycket av
det som ger delar av horoskopet en förstärkt betydelse har nämnts
tidigare, men med risk för upprepning går jag i det följande igenom de viktigaste hänsynen.

☉ AC ☽ *Sol, ascendent och måne*

Av planetpunkterna är det tveklöst att solen, ascendenten och
månen spelar en stor roll i varje horoskop. Solen för att den är en
bild av människans ande, hennes väsens centrum, ascendenten
för att den kommer till tydligt uttryck i gestalten och bestämmer
hela hussystemets läge i horoskopet, och månen för att den visar
på människan som besjälad varelse, hennes känslor, instinkt och
själsliga sida.

När man har tolkat ett helt horoskop är det lämpligt att gå tillbaka till dessa tre planetpunkter och granska dem på nytt, i ljuset
av vad man tidigare kommit fram till om horoskopets karaktär.
De utgör ett slags treenighet. Solen kan sägas visa på det verkliga
jaget, det som råder bortom, runtom och genom alla andra karaktärsfenomen. Ascendenten står för det ytliga jaget, det som formas
av medvetandet, av rollspel och attityd, och är det som andra människor mest berörs av. Månen ligger närmast det dolda jaget, det
undermedvetna, driftrernas och de medfödda behovens jag. Månen
säger mycket om arvet, om människoartens och människodjurets
villkor. Detta gör också att månens roll är diffusare än de båda
andras.

☉ AC *Solen och ascendenten* behandlas ofta som ett slags motsatspar, eller som komplement till varandra. Vad man är, respektive
vad man låtsas vara. Det finns alltid en spänning mellan dem, ett

ditt horoskop 259

förhållande av ömsesidigt utbyte. Solen är på ett subtilt vis den bestämmande, och ascendenten dess tjänare som – hur galet det än verkar – alltid går dess ärende. Aspekter mellan de båda visar klart hur det utbytet fungerar, och därmed hur enad eller splittrad personligheten är.

Man bör komma ihåg att även utan aspekter jämföra solens och ascendentens positioner. Om båda ligger i samma zodiaktecken, till exempel Lejonet, säger man att personen är ett dubbellejon, och kommer då tvekslöst att tydligt visa på detta teckens karaktärsdrag.

☉ ☽ *Solen och månen* är en annan sorts par i horoskopet. Det faderliga och det moderliga, brukar man tala om. I horoskopet visar solens position på personens förhållande till sin far, och månens position på förhållandet till modern. Vidare kan man säga att solen betecknar den egna kapaciteten och det egna uttrycket, medan månen står för arvet och det betingade eller inlärda. Förhållandet mellan de två visar på hur människans viktigaste inre motivationer samarbetar eller motverkar varandra.

Solen har fortfarande huvudrollen. Vid exempelvis en opposition mellan sol och måne är det rimligare att säga att arv och fostran står i motpol till personens verkliga väsen och därför oftast förskjuts, än att göra dem jämlika och hävda en ömsesidig opposition. Solen står inte i opposition eller något annat förhållande till andra krafter – det är de andra som förhåller sig till den. Man måste minnas solens suveränitet. Dominansen kan dock ofta vara väldigt väl dold i en persons uttryck.

Månens relation till solen antyder det som rör människans inre harmoni eller frustration, om hon är tillfreds med sig själv och sitt livs förlopp, eller djupt missnöjd. Den inre ron eller oron.

AC ☽ *Ascendenten och månen* är ganska klara motsatser. Den ena visar hur man uppträder, vem man verkar vara och vad som syns på ytan. Den andra speglar det innersta, det fördolda och de omedvetna behoven. Månen är något mer av en huvudroll än ascendenten, som närmast är ett skal, en fasad, och inte en egentlig drivkraft. Därför är det personens yttre som förhåller sig till hennes själ, och inte tvärt om. Antingen kan gestalten ge gott om utrymme för de inre behoven, eller kan den försöka kväsa eller förtränga dem – eller någon nyans däremellan.

I förhållandet mellan dessa två föds frustrationer och hämningar, eller frigjordhet och förnöjsamhet.

Planeterna
För de övriga planetpunkterna gäller att deras betydelse i horoskopet avgörs av hur starkt de är markerade. Självklart bör planeter i konjunktion eller placerade i sitt härskartecken eller härskarhus observeras extra. Likaså spelar en planet som via ett flertal tydliga aspekter är förbunden med andra punkter en stor roll i horoskopet. En särskild dignitet faller alltid på de planeter som härskar över det zodiaktecken som ascendenten respektive solen är placerad i.

Man lär sig över huvud taget mycket på att resonera angående detaljernas anknytningar till varandra. Vill man till exempel studera Jupiters karaktär räcker det inte med att betrakta planetens position och dess aspekter. Man bör också se hur det är ställt med Skytten, Jupiters härskartecken, och nionde huset, dess härskarhus. Likaledes är det värt att se var de planeter befinner sig, som härskar över tecknet och huset Jupiter är placerad i.

På samma sätt är analysen av hus inte komplett förrän man studerat dess härskare och motsvarande zodiaktecken.

Om planetpunkterna ska rangordnas efter betydelse oavsett hur de är förstärkta eller försvagade i horoskopet, vilket är vanskligt att göra, skulle ordningsföljden bli ungefär som följer. Men det är bara tänkt som en fingervisning åt den begynnande astrologen, inte alls något reglemente.

Planetpunkternas rangordning i horoskopet:
☉ *Solen* är den tyngsta, mest centrala faktorn i ett horoskop, även i försvagad position. Skulle solen stå väldigt svagt i ett horoskop, ska detta ses som en utmärkande egenskap av stor vikt – det berättigar inte till att tona ner solens roll.
☽ *Månen* är långt ifrån så tydlig i effekt som den är viktig. De behov och den känslomässiga grundkaraktär som månens placering visar på, genomsyrar på sitt dolda sätt människans hela liv och styr mycket av hennes handlande.
AC *Ascendenten* styr husens placering, därmed de tydligaste sidorna av den mänskliga karaktären. Har man svårt att konkretisera bilden av en karaktär, är det med hjälp av husen och ascendenten man når tydliga bilder. Ascendenten är ursprunget till vad människan visar av sig själv, och hur hon visar det.
♃ *Jupiter* brukar i traditionell, västerländsk astrologi inte ges så särskilt stor betydelse – kanske mest för att dess yttringar är svåra att peka på. I kinesisk astrologi, däremot, har den huvudrollen. Huruvida ett år är Apans eller Hästens, och så vidare, avgörs av var Jupiter är placerad. Planeten rör sig ungefär ett zodiaktecken

per år. Dess inflytande är därför allmänt till sin karaktär, men i hussystemet visar sig var den kommer till uttryck i det individuella livet. Att lära sig förstå denna den största av himlakropparna och dess inverkan bör vara ordentligt belönande för astrologen.

♀ *Venus* är inte bara kärlekens utan också kreativitetens planet. Den utgör ett slags positivt centrum i horoskopet, betonar talang och intresse och spelar i denna sin roll en stor betydelse. Den är också alltid nära solen – aldrig mer än två tecken eller hus ifrån – vilket skänker den en extra dignitet. Venus är också jordens närmaste granne, placerad innanför jordens bana.

♂ *Mars* är jordens närmaste granne på bana utanför jordens, och innehåller en hel del kraft som kan verka både konstruktivt och destruktivt. Planetens position i horoskopet är aldrig betydelselös, och definitivt något man ska se upp med. Man kan räkna med att Marskraften kommer till ganska tydliga uttryck i varje människas liv.

♄ *Saturnus* är en stor och tung kraft som i viss grad står i ett slags motpol till Jupiter. Eftersom planeten är fast knuten till arv och tradition har dess verkan en klarhet och auktoritet som sällan låter sig vara osynlig. Man bör med tanke på dess långsamma rörelse över zodiaken dock lägga större vikt vid dess placering i hus än i tecken.

MC *Medium Coeli* är inte en punkt som i särskilt hög grad manifesterar sig tydligt för människans omgivning, men för henne själv spelar dess position en viktig roll. Eftersom den säger mycket om en persons uppfattning av sig själv, skvallrar den också om hur personen kommer att ta en horoskoptolkning till sig. När det gäller att presentera horoskopet får man stor hjälp av att vara medveten om Medium Coelis plats, och även av att för personen klargöra dess roll i relation till det övriga horoskopet, så att han eller hon förstår sina egna reaktioner.

☿ *Merkurius* kommer sällan utanför solens tecken och hus, varför den mest är en komplettering till solen utan alltför stor egen betydelse. Ju längre den drar sig från solen – om än aldrig längre än till tecknet eller huset bredvid, maximalt 28° – desto större blir dess egen inverkan. Merkurius är dock inte en särskilt kraftfull planet, men i sin närhet till solen kan man se den som ett slags förtydligande länk till människans andliga jag – en budbärare och tolk, som sin namne guden.

♅ *Uranus* är den första av de så kallade generationsplaneterna, vilket syftar på att de rör sig så långsamt genom zodiaken att hela generationer i stort sett har samma position i zodiaken. Det är också orsaken till att de står sist på denna rangordning. I husen kan de dock hamna var som helst, varför man med dessa tre planeter alltid ska lägga större vikt vid husplatsen än teckenplatsen. Om andra beståndsdelar i horoskopet förstärker planetens kraft, kan man dock ge dess plats i zodiaken en större betydelse. Uranus är den kanske mest sublima och abstrakta planeten i horoskopet, med släktskap till Merkurius och Jupiter. Den spelar en stor roll på sitt sätt, men det är närmast omöjligt att se dess kraft i konkret manifestation.

Ψ *Neptunus* är den andra generationsplaneten. Eftersom den rör fantasi och dröm, som övriga planeter har ringa att skaffa med, är den aldrig betydelselös. Men olika människor har naturligtvis olika kraftiga utslag eller tonvikter här. Det är alltid intressant att studera förhållandet mellan denna planet och Venus, eftersom de har ett visst släktskap.

♀ *Pluto* är den tredje generationsplaneten, och så vitt man ännu vet den yttersta i solsystemet. Många astrologer hävdar dock bestämt att det finns fler där ute. Pluto är en dramatisk planet, aldrig helt oskadliggjord eller passiviserad. Den har ett visst släktskap med Mars och tar sig därför konkretare uttryck än de båda andra generationsplaneterna, men i sådana sammanhang att det kan vara svårt att se riktigt hur. Pluto har ett stort inslag av mysterium över sig.

Tolkningsordning

Allt som ovan sagts om horoskopanalys kan nu sammanfattas i en tolkningsordning om fyra punkter. Det är bra att gå metodiskt tillväga, eftersom horoskopet sannerligen är ett gytter innan man lärt känna det ordentligt.

Denna ordning är ändå ingen regel bland astrologer. Det finns mängder av sätt att gå tillväga. Jag är övertygad om att den som skaffat sig lite vana snabbt utvecklar sin egen metodik. Här är i alla fall en lämplig ordning.

Förslag till tolkningsordning

1. *Studera helheten*. Kontrollera hur planeterna sprider sig över horoskopet, om de samlas i vissa väderstreck eller enstaka hus eller tecken. Titta på de mönster som aspekterna bildar, om det finns några hela geometriska figurer, om de är koncentrerade till vissa delar av horoskopet, och så vidare. Se hur husen står mot tecknen och mot sina ursprungstecken. Upprätta och gå igenom statistiken över planeternas fördelning i tecken, element, tillstånd

och dekaner. Se på samma sätt över fördelningen av aspektsorter.

2. Markera tyngdpunkter. Horoskopets härskare (ascendenttecknet) och soltecknets härskare, ascendenten, solen och månen, planeter som befinner sig i de tecken eller hus de härskar över, planeter med många tydliga aspekter, planeter i konjunktion, planeter som ingår i hela geometriska figurer, viktiga fält i horoskopet, aspekter som är i det närmaste exakta, planeter som härskar över tecken eller hus som är särskilt starkt markerade.

3. Tolka i husordning. Börja med ascendenten och första huset, läs och tolka dig hela vägen runt till tolfte huset. Tolka aspekterna vartefter deras slutändar dyker upp i husen (om en sextil börjar i första huset och slutar i det tredje, är det när man kommer till det tredje huset man tolkar den, av det enkla skälet att man då vet mer om båda husens betydelse).

4. Gå tillbaka. Studera på nytt horoskopets tyngdpunkter och försök att pussla ihop aspekternas hela mönster till en begriplig helhet. Låt ögat fara över allt som ovan framkommit och gör en sammanfattning, där karaktären får sina speciella särdrag och förhoppningsvis ska kännas som en hel människa.

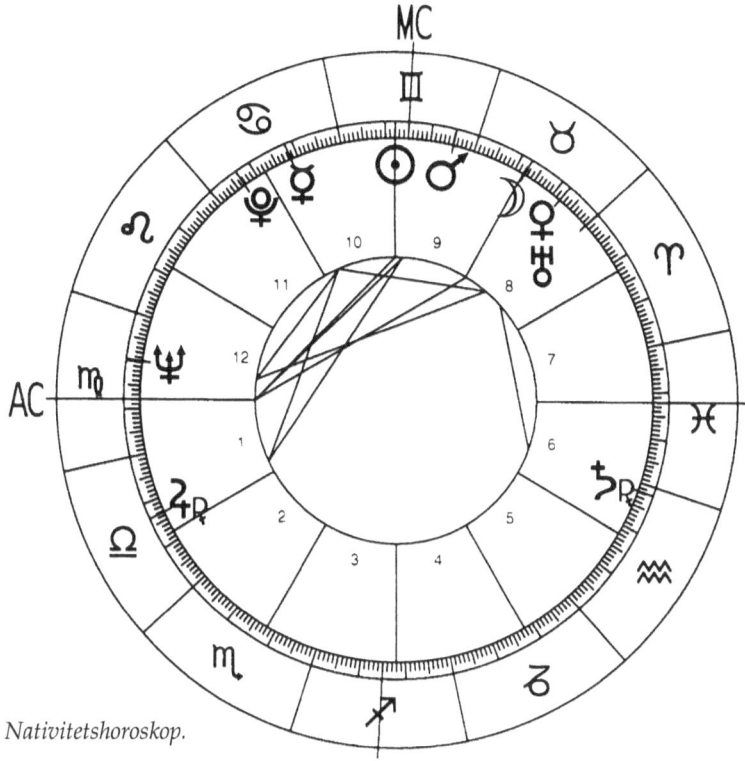

Nativitetshoroskop.

Ett exempel

För att illustrera det som sagts ovan, vill jag helt flyktigt gå igenom ett exempel – nativitetshoroskopet här ovan. Observera att jag inte tänker tolka horoskopet, utan gå igenom dess helhet, detaljer och särdrag såsom beskrivits i det föregående, och visa på hur det går till. Sedan överlämnar jag med varm hand till läsaren att kanske själv fylla på med tolkningen.

Helheten

Det första man slås av vid en titt på horoskopets *helhet* är att de flesta planeterna ligger i horoskopets övre, södra halva, med åtta av de tolv planetpunkterna inom Oxens, Tvillingarnas och Kräftans tecken. Här bör sålunda tolkningens huvudvikt läggas.

Helt tomma hus och tecken, såsom andra till femte respektive Skorpionen till Stenbocken, kan inte ges särdeles stor betydelse.

Av *aspektmönstret* märks att planeterna i hus åtta till elva, med undantag för sextilen Merkurius-Venus, inte är förbundna

ditt horoskop   265

med varandra, utan knyter an till de få punkter som ligger utanför dessa hus. På så vis får också dessa punkter sin betydelse och knyts till horoskopets tyngdpunkt i sydänden.

De flesta aspekterna bildar ingen sluten geometrisk figur, vilket gör att sambanden de visar på är ganska klara och enkla. Den enda slutna figuren är mellan Neptunus, Merkurius och Venus, en trigon och två sextiler, som skänker dessa tre en förstärkt betydelse. Tveklöst en markering för konstnärskap.

Husgränserna går på varje teckens artonde grad, det vill säga i andra dekanen. Det gör att varje hus har ett ganska jämnt fördelat inflytande från de två tecken det sträcker sig över. I ett tidsperspektiv blir då i början det första tecknets karaktär den dominerande, men längre fram tar det andra tecknets karaktär alltmer över. Dock inte mer än att varje hus först och främst är en blandning av två tecken – utom där planeters position ger huset slagsida åt ett av zodiaktecknen, som i åttonde huset där Oxen helt dominerar.

Som husen står i zodiaken befinner de sig nästan i opposition med sina *ursprungstecken*, vilket ger en viss spänning mellan personens anlag och miljöer, men också gör att de kompletterar varandra, så att det är få områden som är helt främmande för honom.

Statistik

Statistiken visar en koncentration i jordens och luftens element, ingen planetpunkt alls finns i eld. Däremot är de ganska jämnt fördelade mellan tillstånden. Tittar man dock på dekanerna märks en övervikt av planetpunkter i fasta dekaner. En jämförelse mellan positiva och negativa placeringar slår ganska jämnt ut.

Med en tolerans på 4° får horoskopet nio aspekter, varav ingen opposition, med viss övervikt för de positiva aspekterna (trigon och sextil).

Fördelningen av planetpunkter i horoskopets halvor och kvadranter visar igen på övervikten i övre, södra halvan, och dessutom att det är exakt lika många i västra som östra halvan.

Ytterligare kan man jämföra planeternas *spridning* över husen med deras spridning över zodiaktecknen, för att se var betoningar eller luckor uppstår. Med detta horoskop har man då, på grund av husens ungefärliga opposition till sina ursprungstecken och koncentrationen till södra halvan, en spridning över så gott som samtliga tolftedelar, antingen genom huset eller genom tecknet. Där andra, tredje och fjärde husen är tomma är i stället Oxen, Tvillingarna och Kräftan markerade.

Bara femte positionen, med femte huset och Lejonets tecken,

är helt omarkerad. En människa som uppenbarligen inte lägger ner för stor energi på sitt personliga självförverkligande och sällan sätter sig själv i centrum, vilket ytterligare antyds av Lejonets plats över elfte och tolfte huset.

Med ascendenten i Jungfrun är Merkurius *horoskopets härskare*, och eftersom solen ligger i Tvillingarna är Merkurius även *soltecknets härskare*. I detta horoskop har följaktligen Merkurius en särskilt stor betydelse, fast planeten varken befinner sig i ett tecken eller ett hus som stärker den, eller ens i den mer passande tredje, rörliga dekanen av tecknet.

Venus är den enda planeten som är placerad i sitt *härskartecken*, och Neptunus den enda i sitt *härskarhus*. Medium Coeli är i konjunktion med solen, vilket stärker båda dessa punkters betydelse. Ascendenten har inte någon stark position i sig men står i aspekt med både solen och månen, vilket klart höjer dess betydelse.

Månen är stark i Oxen, där den sägs exaltera, och bildar startpunkt för nionde huset. Neptunus och Venus står i trigon med varandra, vilket är en viktig detalj då båda planeterna har starka positioner i horoskopet och dessutom har ett slags släktskap, som jag tidigare nämnt. Här kommer också bådas länk till Merkurius in, språklighetens planet visar vilken uttrycksform Venus och Neptunus skaparkraft tar sig.

Man bör observera att ascendentens aspekter med sol och måne är i det närmaste exakta och därför starka. De tre naturliga huvudrollerna i horoskopet är alltså sammanlänkade. Jupiters aspekter är långtifrån lika precisa, men eftersom de är med Merkurius och solen, två tunga positioner i detta horoskop, bör Jupiters roll uppmärksammas.

Både Mars och Pluto har svaga roller här, vilket i sig är intressant, eftersom de är ett slags syskon till karaktären. Saturnus och Uranus är bara knutna till varandra, någon annan särskild roll spelar de inte.

Husordning

När det nu är dags att ge sig till att tolka horoskopet i husordning, är det viktigt att inte lägga särskilt stor vikt vid de tomma husen – andra till femte, samt sjunde. Man får dock inte helt försumma dem, eftersom deras ursprungstecken är markerade – med undantag för femte huset och Lejonet, som alltså spelar ringa roll i detta horoskop. Betoningen läggs naturligtvis på åttonde, nionde, tionde och i viss mån tolfte huset (Neptunus position).

Efter det att den genomgången är klar, är det lämpligt att titta tillbaka på *aspekterna*, särskilt mellan ascendenten, solen och månen, samt Neptunus, Venus och Merkurius. Man konstaterar var tyngden ligger, samband och helhet.

I just detta horoskop ligger nyckelrollerna dels hos ascendenten och solen som ett par, dels hos Merkurius via kopplingen till Neptunus och Venus. Ascendenten och solen står här för det mer offentliga, konkreta. Man kan då inte låta bli att konstatera den lilla men ändå märkbara diskrepansen mellan personens självupplevelse och den verkliga andliga rollen, där Medium Coeli tenderar mer åt nionde huset, men solen tveklöst ligger i det tionde. Neptunus med sina kontakter är den mer kreativa, konstnärliga sidan av personligheten, en skaparkraft som kanske är väl hårt hämmad av Jungfruns självkritiska drag men hjälpt av Merkurius språkliga förmåga och Venus talang.

Särdrag

Det är en självklar nödvändighet att finna sig en metodik för att lyckas tränga innanför horoskopets gytter, men samtidigt bör man sträva efter att behålla ett slags total anpassningsbarhet efter varje horoskops särdrag, så att tolkningarna inte blir alltför schablonmässiga. När man väl gått igenom tolkningsordningen, till exempel efter de ovan nämnda punkterna, är det därför värdefullt att gå tillbaka och försöka tolka horoskopet efter dess egna särdrag.

Det brukar vara belönande att kontemplera och rentav meditera över intressanta detaljer, att ta ett krafttag för att kunna lirka ut en konkret betydelse av varje svårgripbar konstellation man råkat på.

I exempelhoroskopet är Jupiters svårtolkade position en sådan liten gåta att knäcka, där trigonen med solen är en ledtråd, liksom de helt aspektlösa Pluto och Mars. Deras betydelse närmar man sig näppeligen utan att först smälta horoskopet i övrigt och ha en bild av dess helhet.

Några tolkningstekniker

Speciella frågor
Sätten att läsa och tolka horoskop är minst lika många som antalet astrologer. Var och en får finna sin egen väg. Vad jag nämner i den här boken är några vanliga sätt att arbeta, som flertalet astrologer praktiserar.

När det kommer till tolkning av horoskopet är det svårt att bli tillfredsställande konkret och att undvika plattityder och motsägelser. Jag skulle vilja säga att det allra viktigaste är att lära sig en metod att få en överblick över hela horoskopet och försöka finna någon enhetlighet i det. Horoskopet är i första hand en karaktärsbild av personen det upprättats för, därför borde tolkningens ambition vara psykologisk i första hand. Det gäller att lära känna den människa som horoskopet beskriver. Om man lyckas någorlunda med detta kan man också se alla sidor av personens liv och öden som uttryck för hans eller hennes karaktär, och därför på sätt och vis logiska konsekvenser just av denna karaktär.

Horoskopet ger en bild av människans personlighet och egenskaper, vilka förstås är en väsentlig grund för hur hennes liv kommer att gestalta sig.

Det finns huvudsakligen två vägar att tolka ett horoskop. Dels pusslar man ihop positioner och aspekter till en helhetsbild av personen, dels kan man söka efter hur han eller hon befinner sig i vissa speciella frågor – såsom yrke, hälsa, studier och så vidare.

För att få ett så exakt besked som möjligt, får man återigen pussla. Det gäller att lägga ihop alla enskilda faktorer som har med frågan att göra, och därur få fram en helhetsbild. Det finns många vedertagna tekniker inom området och oräkneliga förslag till tolkningar.

Vad, hur, var och varför
Först och främst bör man ha klart för sig horoskopets fyra huvuddelar:

Planeterna, som utgör krafter, anlag och sidor av en persons uttrycksformer. Med ett ord kan man säga att planeterna beskriver "vad": vad som händer, vad som agerar.

Fortuna och Sapientia. Den förstnämnda, som sitter till vänster, representerar närmast slump och skrock. Den andra, till höger, står för kunskap och visdom. Allegori från Liber de sapiente av Charles de Bouelles, 1510.

Zodiaktecknen är karaktärer, former eller typer, som närmast säger "hur": hur krafterna uttrycks, hur de är beskaffade, hur de ser ut och hur de verkar.

Husen är miljöer, sidor av och platser i livet där saker och ting sker och som har viss beskaffenhet. De visar alltså "var": var saker händer, var krafter verkar, var det förhåller sig på ett visst sätt.

Aspekterna, slutligen, knyter ihop olika sammanhang och beskriver "varför": vad som ligger bakom, vad som orsakar, var attityder och händelser har sin rot, vilket sammanhang som råder mellan olika sidor av en personlighet.

Om man har dessa grundförhållanden i åtanke och dessutom gör sig bekant med nyckelorden för planeter, tecken, hus och aspekter, bör det inte vara så svårt att i varje tänkbar fråga leta sig fram till vad horoskopet antyder. Och övning ger färdighet – vad som första och andra gången känns som oöverstigliga svårigheter blir med tiden rena rutinen. Med övning och erfarenhet lär man sig att se alltmer i ett horoskop. I det följande tar jag upp några vanliga frågor och visar hur de kan besvaras i horoskopet – vad man i första hand bör titta efter och hålla ögonen på.

Hälsa

Varje planet representerar en kraft, en av de energier som tillsammans utgör en hel människa. En persons hälsa är alltså i hög grad avhängig av hur pass gynnsamt planeterna är placerade i horoskopet och hur deras krafter får utlopp eller hålls tillbaka. Särskilt vad gäller det allmänna välbefinnandet är det planeternas positioner som ger svar.

En planet placerad i ett för dess energi lämpat tecken och hus ger inga besvär, om man inte försummar dess uttryck eller håller igen på dess speciella kraft – för då protesterar den med att ställa till obehag i enlighet med sin karaktär.

Även svagt placerade planeter ger upphov till obehag, betydligt svagare men i stället tämligen varaktiga. Om de står i kvadratur till andra punkter i horoskopet slår de ofta till med obehag vid sådana tillfällen som angår de i kvadraturen inblandade sammanhangen. Dessa obehag är hastigt uppkommande och lika hastigt övergående. Planeter i opposition brukar i stället innebära smått kroniska svagheter, där de kommer till uttryck beroende på vilken sida av oppositionen som levs ut och vilken som hålls igen.

Man brukar peka ut just de hårda aspekterna, kvadraturen och oppositionen, som vanskliga för hälsan. Kvadraturen ger hastiga, ibland smärtsamma besvär – ofta på båda sidor av aspekten.

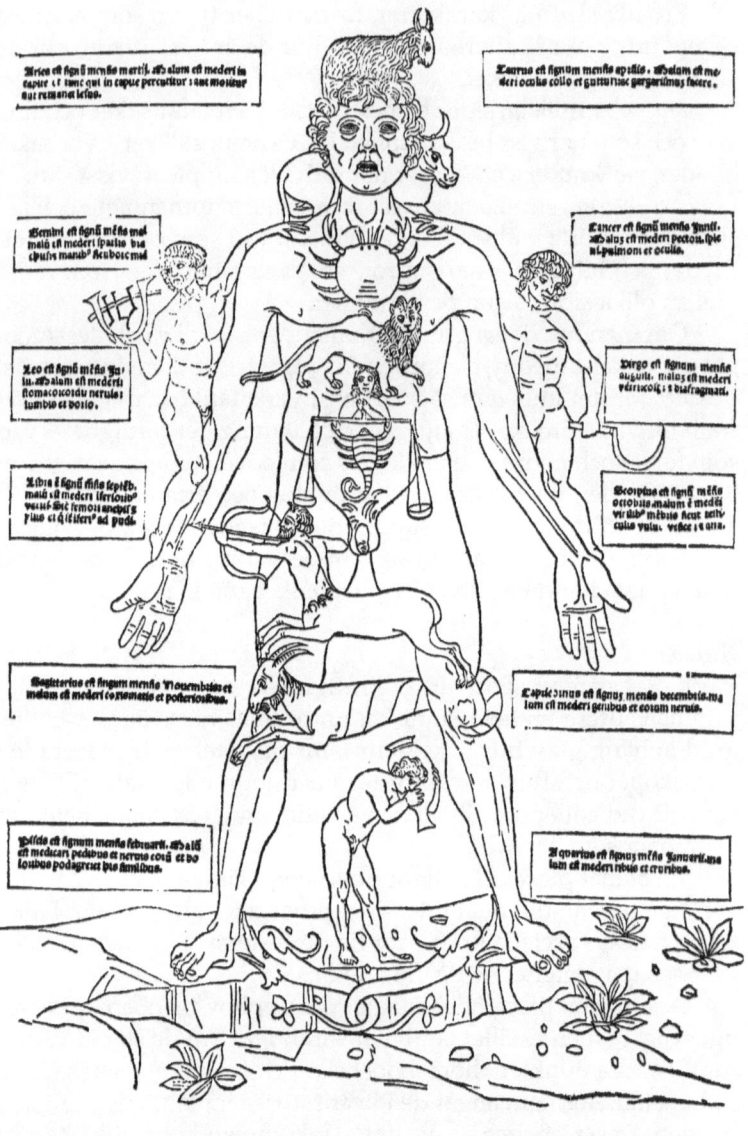

Zodiakmänniskan. Kroppsdelarna och de zodiaktecken som enligt traditionen styr över dem. Från Fasciculus Medicine av Johannes Ketham, 1494.

Oppositioner ger mer långvariga åkommor – speciellt på den sida av aspekten som blir försummad till förmån för den andra, och det kan växla från stund till annan.

De milda aspekterna är inte betydelselösa för hälsan, fast de verkar positivt för inblandade planetkrafter. Starka trigoner och sextiler leder till överdrivet uttryck av planetkrafter, som gör dem lika påträngande som koffeinet efter alltför många koppar kaffe. De producerar så att säga ett överskott av sina energier, varmed lugnet och balansen i en människa rubbas. Det brukar dock i de flesta fall beskrivas som något positivt, även om det i längden kan leda till att man förtar sig.

Konjunktioner är i alla astrologiska sammanhang speciella. De kombinerade planetkrafterna i en konjunktion är så pass förstärkta att de måste levas ut i hög grad. Om olika omständigheter i livet gör att en person inte har möjlighet att leva ut krafterna i en konjunktion så mycket som den kräver, hämnas den genom stora besvär. Där kan komplicerade, svårartade obehag uppstå.

Aspekternas inverkan på hälsan:
☌ *Konjunktion* kan ge allvarliga, komplicerade sjukdomar.
☍ *Opposition* kan ge långtida besvär eller svagheter.
△ *Trigon* kan ge överskottsenergi och obalans.
□ *Kvadratur* kan ge snabba, plågsamma sjukdomar.
✶ *Sextil* kan ge oro, rastlöshet och obalans.

Planetpunkterna tenderar att var och en på sitt sätt jäklas med hälsan. De svåra planeterna anses vara Mars, Pluto och Saturnus, men även de andra kan ställa till med hyss. Varje gång är det planetpositionens egenskaper och hur det kommer till uttryck i människans liv, som är avgörande för hur pass besvärlig den blir.

Planetpunkternas inverkan på hälsan:
AC *Ascendenten* i dålig position i horoskopet kan leda till yttre förfall, såsom slafsighet, bristande hygien och så vidare. Man får dålig kontroll över sitt uppträdande.
MC *Medium Coeli* kan ge ångest, oro och känslor av otillräcklighet. Man får en svag självkänsla.
☉ *Solen* kan ge svaghet och orkeslöshet. Hälsan är vacklande och man är mottaglig för många sjukdomar.
☽ *Månen* kan ge sorgsenhet och bedrövelse, en känsla av otillfredsställelse som kan skapa depressioner.
☿ *Merkurius* kan ge nervositet och svårigheter att koncentrera sig, kanske små talfel och tröghet att fatta och lära sig.

♀   Venus kan ge sårbarhet och överkänslighet, en viss oro i kroppen och en tendens till självömkan.
♂   Mars kan ge aggressivitet, irritation och smärta, ibland direkta kroppsliga skador. Mars är i detta fall en stygging.
♃   Jupiter kan ge förvirring och trassel, splittrar koncentrationen och skapar många små besvär, som är svåra att komma tillrätta med.
♄   Saturnus kan ge dysterhet och mörka tankar, eller malande värkar, som brukar vara svåra att bota.
♅   Uranus kan ge melankoli och känslor av meningslöshet, likaså försämrar den tänkandet och leder till glömska, till perspektivlöshet.
♆   Neptunus kan ge orolig sömn och mardrömmar.
♇   Pluto kan ge utbrott av svåra besvär och plåga, ibland riktigt allvarliga sjukdomar som lämnar ärr efter sig.

Den viktigaste punkten i horoskopet att uppmärksamma när det gäller hälsan är alltid solens position och aspekter. En svagt placerad sol ger mottaglighet för alla möjliga sjukdomar – i synnerhet de som har att göra med zodiaktecknet där solen befinner sig. Har man solen i tolfte huset kan man räkna med att sällan vara riktigt rakt igenom kärnfrisk. Om det finns kvadraturer mellan solen och andra planeter råkar man ganska ofta ut för sjukdom med sängliggande.

Mars är en som ofta ställer till med ohälsa, alltefter vilket tecken planeten befinner sig i. Den är så kinkig av sig att om den inte får fullt utlopp kan man räkna med att den hämnas med återkommande smärtor och plötsliga sjukdomar efter sin teckenplacering. Även olyckshändelser. Pluto sägs också ställa till besvär, men det är inte så mycket i dess egen position som i kvadratur med andra planeter – i de kroppsdelar som tillhör deras tecken.

Planeter som befinner sig i tolfte huset ger ofta ovannämnda besvär – i olika allvarlig grad, ibland starkare, ibland svagare, beroende på aspekter. Positiva aspekter, särskilt trigoner, ger mindre besvär, medan oppositioner ger "jämna plågor" och kvadraturer hastigt uppblossande och avtagande olägenheter. I åttonde huset är det mer sporadiskt som de besvärar, men de förtjänar vaksamhet. De kan antyda hälsovådligheter.

Sjätte huset sägs traditionellt vara intimt kopplat till hälsan. Det är rimligt, eftersom huset beskriver arbetet och detta ofta utövar ett stort inflytande på hälsan – speciellt fordom, när var och varannan människa slet ut sig i förtid på hårt arbete. Ännu idag har huset sin tydliga inverkan på välmågan, i synnerhet hos män-

Zodiakmänniskan, tecknad i zodiakcirkeln. Från Margarita Philosophicae av Gregorius Reisch, 1599.

niskor som ägnar sitt arbete lång tid och stor energi. Sjukdom och besvär uppstår lättast i sjätte huset när man har motgångar på jobbet, eller inte tar sig den ledighet man behöver.

Zodiakens tolv tecken sägs beskriva hälsan i de olika kroppsdelarna, vart och ett i sin del. I traditionell astrologi är uppdelningen mest en enkel lodrät vandring från Väduren och huvudet, ner till Fiskarna och fötterna. Det tycker jag är lite onyanserat och okänsligt för tecknens specifika egenskaper. En uppdelning mer anpassad efter tecknens karaktärer borde se ut som följer.

Zodiaken och hälsan:

♈	Väduren	huvudet
♉	Oxen	hörsel, tänder, svalg, muskler
♊	Tvillingarna	tal, andning, luktsinne
♋	Kräftan	hud, känsel, smaksinne
♌	Lejonet	hjärta, blod
♍	Jungfrun	mage (näringsintag)

ditt horoskop

♎ Vågen	mage (näringsupptag)
♏ Skorpionen	kön, genetik, hormoner
♐ Skytten	syn
♑ Stenbocken	rygg, benstomme
♒ Vattumannen	händer, armar, ben och leder
♓ Fiskarna	nervsystem, reflexer

Kroppsdelen vars tecken tolfte huset står i kan man räkna med att ständigt ha vissa besvär med. Det blir allvarligare om till exempel solen, Mars eller Pluto finns i huset, mindre allvarligt om tecknets härskare har en gynnsam placering, eller en planet i tolfte huset befinner sig i trigon med någon annan punkt i horoskopet. Ett visst besvär är det dock så gott som alltid fråga om.

Varje planet trivs bättre och sämre i olika zodiaktecken. Där de trivs som sämst kan de lätt bli stingsliga och ställa till med besvär. De krämpor som uppstår är en kombination av planetens uttrycksform och zodiaktecknets anatomiska område.

Planetpunkternas svagaste zodiaktecken:

AC ascendenten	i ringa mån Oxen, Jungfrun
MC Medium Coeli	i ringa mån Vågen
☉ solen	möjligen Jungfrun, Fiskarna
☽ månen	Väduren, Tvillingarna, Skytten
☿ Merkurius	Oxen, Kräftan, Skorpionen
♀ Venus	Skytten, Vattumannen
♂ Mars	Tvillingarna, Jungfrun, Fiskarna
♃ Jupiter	Kräftan, Skorpionen
♄ Saturnus	Tvillingarna, Fiskarna, Skytten
♅ Uranus	Oxen, Lejonet, Skorpionen
♆ Neptunus	Väduren, Jungfrun
♇ Pluto	Vågen, Vattumannen

Bildning och intelligens

Utbildning är i så hög grad en fråga om klasstillhörighet och uppväxtmiljö att jag här föredrar ordet "bildning". Med det menar jag mer allmänt personens inlärningsförmåga och kunskapstörst.

Även intelligens är ett diffust begrepp, som få vågar sig på att definiera. Låt oss säga att det här gäller teoretisk fattningsförmåga och lätthet för abstraktioner, att kunna hantera och begripa komplicerade tankemodeller.

Planeter att ta hänsyn till är ascendenten, solen, Merkurius och Uranus. Zodiaktecknen som hör hit är lufttecknen, Jungfrun och i mindre grad Skytten. Aktuella hus är första, tredje, femte, sjätte och elfte.

Allmänt gäller då att i ju högre grad dessa beståndsdelar är integrerade med varandra, desto större är resurserna för bildning och potentialiteten hos personens intelligens. Merkurius står för det mer ytliga, vardagliga tänkandet och den språkliga förmågan, medan Uranus symboliserar det sublima, det djup- och långtgående tänkandet. Likaså är Tvillingarnas tecken det lättsammare och Vattumannen det allvarligare och mer analytiska. Vågen är framför allt logikens tecken.

På lek kan man säga att ett gott huvud har till exempel den som har ascendenten i sextil med Uranus i Vattumannen, elfte huset, och sextil med solen och Merkurius i konjunktion i Tvillingarna och tredje huset. Då är Uranus i trigon med sol- och Merkuriuskonjunktionen. Det skedde till exempel den 7 juni 1998.

Högre utbildning torde säkert den skaffa sig, som har Vattumannen i tredje eller femte huset och till exempel Saturnus i något av dessa hus.

Tredje huset beskriver den grundläggande skolningen, medan man får titta i femte, nionde och kanske elfte för att ana sig till högre utbildningar. Merkurius är viktigast för den första skolningen och Uranus dominerar vid universitet och högskola.

Merkurius i kvadratur eller opposition med andra planetpunkter betyder då förstås problem med inlärningen, samma sak för Uranus vid mer avancerade studier. Zodiaktecknet i tredje respektive femte och elfte huset visar hur personen fungerar och trivs i skolan.

För den vanliga skolgången, grundskolan, kan en allmän bild ges av zodiaktecknet i tredje huset. En planet där, liksom framförallt Merkurius position i horoskopet, ger ytterligare informationer.

Skolmiljön för zodiaken i tredje huset:
♈ *Väduren* i tredje huset ger konflikter, bråk och otålighet i skolan, en elev som inte vill sitta stilla.
♉ *Oxen* är foglig och tålmodig, men trög med att lära sig. Men det som en gång fastnar blir kvar. Föredrar praktiska ämnen.
♊ *Tvillingarna* har lätt för att lära men lika lätt för att glömma. Är otålig och håller sällan tyst.
♋ *Kräftan* tycker det är viktigare att trivas på skolan och få goda relationer till klasskamrater och lärare, än att lära sig saker.
♌ *Lejonet* är mån om sin roll i klassen, vill ge intryck av att kunna mer än han gör, men röner också respekt och erkännande.
♍ *Jungfrun* visar stor flit och lydnad, men kan också irritera lärarna genom att ideligen ifrågasätta. Han är i lika hög grad självkritisk.
♎ *Vågen* gör allt för att finna sin rätta plats i skolmiljön, och

fungerar ypperligt så länge allt är rimligt, rättvist och logiskt – annars sparkar han bakut.

♏ *Skorpionen* vill inte bli korvstoppad med kunskaper, utan håller distans till inlärningen. Han aktar sig också för att ge en tydlig bild av vad han behärskar och inte behärskar. En del intresserar honom oerhört, annat är han helt likgiltig för.

♐ *Skytten* sitter helst och tittar ut genom fönstret, drömmer sig bort. Han kan ändå lära sig en hel del om sådant som verkligen väcker hans intresse.

♑ *Stenbocken* tar i för kung och fosterland, vill lära sig allt, kunna allt och göra bäst ifrån sig på alla prov. Tar sig då förstås ibland vatten över huvudet.

♒ *Vattumannen* är otålig med baskunskaperna, vill hellre genast gå vidare till komplicerade ting och ställer många besvärliga frågor. Det kan vara si och så med allmänbildningen, men det han specialiserar sig på lär han sig allt om.

♓ *Fiskarna* gör helhjärtade försök men går ofta vilse. Han vill så väl men slumpen och den egna osäkerheten kan göra en del om intet. Han tror aldrig att han kan tillräckligt och är väldigt nervös inför prov.

Yrke

Yrkesinriktning är, precis som utbildning, i mesta grad en fråga om uppväxtmiljö, så horoskopets beskrivning får i första hand anses gälla en persons attityd till och funktion på arbetet. Man kan ju till exempel ha relativt praktiska sysslor även som läkare, och teoretiska sysslor även som snickare. En starkt markerad yrkesinriktning i horoskopet borde dock ge förmåga att hoppa över klassgränserna.

Generellt kan yrkets art sägas vara beskrivet av sjätte huset. Den position, det anseende man når i yrket beskrivs av tionde huset. Lika generaliserande kan man dela upp yrkesgrupperna efter de fyra elementen:

Eld ger kreativa yrken.
Jord ger praktiska yrken.
Luft ger teoretiska yrken.
Vatten ger vård- och serviceyrken.

Vidare kan de tre tillstånden beskriva arbetets karaktär rent allmänt enligt följande:

Kardinal ger ansträngande yrken, ofta chefsjobb.
Fast ger rutinbetonade yrken.
Rörlig ger omväxlande yrken, utan större ansvar.

Utefter dessa riktlinjer bör det inte vara alltför svårt att gissa yrken. Varje zodiaktecken är en kombination av element och tillstånd. I sjätte huset visar det en kombination av yrkets typ och karaktär. Väduren har ett ansträngande kreativt arbete, Oxen ett rutinmässigt praktiskt, och så vidare.

Nedan följer förslag på yrken eller yrkesinriktningar, som är typiska för de olika zodiaktecknen i sjätte huset – typiska men naturligtvis ingen regel. Sjätte huset beskriver som sagt personens förhållande till sitt arbete, så det finns ett brett spelrum.

Typiska yrken för zodiaken i sjätte huset:

♈	Väduren	chefer, idrottsledare
♉	Oxen	hantverkare, bönder
♊	Tvillingarna	journalister, språklärare
♋	Kräftan	barnvårdare, småskollärare
♌	Lejonet	arbetsledare, ombudsmän
♍	Jungfrun	reparatörer, revisorer
♎	Vågen	jurister, programmerare
♏	Skorpionen	läkare, terapeuter
♐	Skytten	frilansyrken, piloter
♑	Stenbocken	ingenjörer, murare
♒	Vattumannen	universitetslärare, bibliotekarier
♓	Fiskarna	sjukvårdare, präster

Man bör som nämnts ovan också ta hänsyn till tecknets egen karaktär. Om någon av planeterna finns i sjätte huset är dess speciella anlag naturligtvis en viktig ingrediens. Mars i Väduren, till exempel, blir gärna militär. Venus i Tvillingarna kan inte undgå det talade eller skrivna ordet.

Beträffande den position man når i sitt yrke bör främst dessa två saker inverka: Dels hur typiskt för en persons sjätte hus som det faktiska yrket är – ju mer i enlighet med sjätte husets egenskaper, desto större framgång är att förvänta i yrkesutövandet. Dels hur tionde huset ser ut. Där kan en del sägas redan av zodiaktecknet i tionde huset.

Om det är eld, så lär man komma högt, fast inte alltid så varaktigt. Om det är jord eller vatten blir man mest kvar där man var från början. Är det luft så vet man aldrig så noga hur det blir.

Tillstånden har också sitt att säga: kardinala tecken i tionde huset ökar chanserna för befordran, fasta leder mest till att man följer den naturliga stadiga befordringsgången, rörliga tenderar att undvika varje position som överordnad.

Planeterna hjälper naturligtvis också till här. Solen, Mars och Pluto ger höga positioner på samhällsstegen, i viss mån också Saturnus. Stora bossar torde ha en hel del av ovan nämnda punkter i sina horoskop, såvida de inte helt enkelt ärvde sina jobb.

Föräldrar
Vilken kontakt man har med sina föräldrar visas av månen, som i horoskopet representerar modern, och solen, som representerar fadern. Eventuella aspekter till månen och solen får därför också en fundamental betydelse. I kapitlet om solen i horoskopet ges i de utförliga tolkningarna av soltecknet en bild av relationen till fadern. Att där läsa den text som svarar mot månens position i horoskopet beskriver förhållandet till modern, på ett ungefär.

Likaså ger fjärde huset ledtrådar om modern och femte huset om fadern. Åttonde huset säger en hel del om förbindelserna med den övriga släkten.

Såväl för solen och månen som för de nämnda husen gäller följande, apropå zodiaktecknen de befinner sig i:

Eldtecken betyder ett aktivt och konfliktfyllt förhållande, där rätt mycket händer – både positivt och negativt. Puberteten är oftast bråkig och besvärlig, därefter umgås föräldrar och barn sparsamt med varandra.

Jordtecken ger ett vardagligt, naturligt förhållande, utan särskild dramatik eller brott mot ordningen. Såväl föräldrar som barn följer mestadels sina gängse roller och behåller en god kontakt även efter uppbrott från föräldrahemmet.

Lufttecken ger ett fritt och ganska ytligt förhållande. Det må samtalas en hel del men någon djupare kontakt är det inte alltid fråga om. Man roar sig ihop och tar lättsamt på familjebanden, därför blir puberteten smidig – men inte utan ordväxling – och även därefter löper umgänget mellan generationerna på.

Vattentecken ger starka känsloband och god kontakt. Barn och föräldrar behöver varandra och engagerar sig ständigt i varandra. Puberteten blir förstås plågsam för alla parter och kanske följs den av en tids avstånd, men sedermera hittar föräldrar och barn tillbaka till varandra.

Barn
Om man blir barnrik eller inte markeras framför allt i fjärde och femte huset. Fjärde anger generellt om man har barn omkring sig, femte om man själv avlar – där ger även åttonde huset ofta en fingervisning.

Med vattentecken i ett eller två av husen, och med månen, Merkurius, Venus eller solen där, har man goda chanser. Till exempel månen och Venus i Kräftan torde ge barnrikedom i fjärde eller femte huset. Sol eller måne i åttonde huset är också en ledtråd, speciellt i vattentecken.

Skulle man vara utan såväl måne som Merkurius, Venus och sol i vattentecken, finns risk för barnlöshet. Likaså om varken femte huset eller fjärde och åttonde är vatten – men planeternas positioner är viktigare.

Man bör ha i minnet att horoskopets positioner berättar om en persons eget liv, inte hans eller hennes barns, så barnen är egentligen bara med i horoskopet i den grad de spelar roll i personens liv. Därför kan det vara svårt att säga något säkert.

Död
Gud ske lov finns inget enhetligt sätt att läsa varken dödsögonblick eller dödssätt i horoskopet. Den som ändå hyser en viss nyfikenhet för denna sida av tillvaron kan få en del små tänkbara fingervisningar i det följande.

Sättet som personen kommer att dö på markeras företrädesvis av åttonde huset. Det zodiaktecken som befinner sig där beskriver i vilken anda eller omständighet personen avlider. Zodiaktecknens element ger en fingervisning:

Eld kan ge en plötslig, överraskande död medan man ännu är aktiv – speciellt om Mars eller Pluto finns här, eller till exempel solen med hårda aspekter till Mars eller Pluto.

Jord kan ge en långsam död, stilla i sängen – ofta långt uppe i ålderns höst, kanske efter en tids sjukdom.

Luft kan ge en kvick död, man ger upp andan tämligen smärtfritt och liksom i ett obevakat ögonblick. Till exempel i sömnen.

Vatten kan ge en rätt kännbar död, eller i alla fall en som märks när den är i antågande. Det är inte otroligt att det blir i en stund när man ändå känner sig ha fått nog av allt.

Mars och Pluto spelar speciellt stora roller. Den förra kan ge död i en olyckshändelse, eller en på annat sätt smärtsam eller plötslig död. Pluto kan ge en drastisk och dramatisk död som går på ingen tid alls, eller kommer när ingen enda människa väntade sig det. Om däremot Venus finns i åttonde huset, har döden chans att bli smärtfri eller rent behaglig. Finns Jupiter där är chansen stor att man inte ens själv märker när man går hädan, säkert ändå inte innan man har hunnit med allt man ville hinna med. Saturnus i åttonde huset har den som inte vill ge efter, utan kämpar hårt för att fortsätta leva.

Vid vilken tidpunkt döden inträder är en helt annan, mycket komplicerad historia, som dels kan antydas av horoskopet i sin helhet och dels av transiter och progressioner, som beskrivs längre fram. Hänsyn förbjuder mig att generalisera om detta.

Planetåldrarna

Man brukar säga att planeterna, i ordning från månen till Pluto, representerar olika tider i människans liv, och deras platser i horoskopet visar hur personens åldrar i huvudsak kommer att gestalta sig.

Så visar till exempel pubertetens planet, Venus, placerad i Tvillingarna i sjunde huset, att tonåren för den personen kännetecknas av en eller flera lättsamma partnerrelationer, med mycket prat och skoj, förmodligen i skolmiljö. Det låter förresten som en osedvanligt avspänd pubertet.

Traditionellt svarar varje planet mot sju år i människans liv. Det ska förstås inte appliceras med rigiditet, utan en aning flytande i kanterna. Intressant i sammanhanget är att människans medellivslängd har ökat under de senaste århundradena – och vi har upptäckt nya planeter, vilka ger ytterligare perioder åt planetåldrarna. Uranus upptäcktes på 1700-talet, Neptunus på 1800-talet och Pluto på 1900-talet. Övriga planeter är synbara med blotta ögat och har därför alltid varit kända.

Därmed har det astrologiskt funnits fog för en medellivslängd som historiskt varit uppemot cirka 50 och först de senaste århundradena gradvis ökat till ungefär 70. Kanske upptäcks efterhand fler planeter, som ger astrologiskt utrymme för ytterligare ökning av medellivslängden.

Ascendenten och Medium Coeli svarar inte mot någon ålder. Observera också att solen och månen hoppat loss från den annars gängse ordningen.

Planetåldrarna i traditionell astrologi:

☽ månen 0 – 6
☿ Merkurius 7 – 13
♀ Venus 14 – 20
☉ solen 21 – 27
♂ Mars 28 – 34
♃ Jupiter 35 – 41
♄ Saturnus 42 – 48
♅ Uranus 49 – 55
♆ Neptunus 56 – 62
♇ Pluto 63 –

Nå, fordom menade man att varje planet stod för cirka sju år av livet, men på sistone blir ju de flesta av oss så långlivade att sjuttio år inte helt och fullt räcker till. Därför har jag i det nedanstående tillåtit mig att ändra lite på förhållandena, efter vad som i vår tid verkar rimligare – såväl vad gäller den sammanlagda åldern som utsträckningen på varje period.

Människans åldrar, av Cornelis Anthonisz cirka 1550.

Att tolka planetåldrarna i horoskopet ger en god bild av hur en persons livsförlopp ungefär kommer att gestalta sig. Alla människor träder in i de olika åldrarna vid olika tidpunkter. En persons solålder kan starta redan vid sjutton eller dröja med sin start ända till tjugofemårsåldern. Detta kan spåras i horoskopets transiter och progressioner – se kapitlet om förutsägelser i horoskopet. Starka aspekter som inträffar med den nästkommande ålderns planet, brukar markera den ålderns begynnelse. Det är onekligen ofta så att en särskild händelse markerar övergången från en period i livet till nästa, även om man inte ser astrologiskt på det.

Här nedan beskrivs planetåldrarnas allmänna karaktärer.

Planetåldrarna:
☽ *Månen* symboliserar de första åren, från 0 till cirka 6 år. Den sägs också visa på tiden som foster. Här är barnet blott på väg att växa in i sitt mänskliga väsen, och kan bara gradvis uppfatta omvärlden eller kommunicera med den. Man kan ännu inte helt skilja sig själv från omvärlden.

☿ *Merkurius* representerar den egentliga barndomen. Språk och tänkande utvecklas ordentligt och man får allt bättre kontakt och fungerande kommunikation till stånd med människorna omkring sig. Man lär sig skilja på sig själv och andra. Cirka 7 till 13 års ålder. Perioden startar i regel med inträdet i grundskolan.

♀ *Venus* är pubertetens planet, när ömhet för, omsorg om och åtrå till andra verkligen vaknar. Kärleken blir den allt överskuggande kraften. Ungefär från 14 till 20 år. Perioden sätter precis som puberteten oftast igång i och med könsmognaden.

☉ *Solen* visar på det begynnande vuxenlivet, när man börjar bli medveten om sitt eget väsen, sina särdrag, och får klart för sig vad man vill och kan med sitt liv. Man förstår att skilja sig från andra. Tiden då man blir en självständig personlighet, omkring 20 till 30 år. Perioden brukar börja med att man lämnar föräldrahemmet.

♂ *Mars* står för kampens tid, då man strävar och slåss för att få det man traktar efter och för att nå sina mål. Man lär sig att hävda sig mot andra. Det är oftast människans mest konstruktiva och kraftfulla tid, ungefär från 30 till 40 år. Ofta börjar perioden när man röner framgång i arbetslivet.

♃ *Jupiter* står för vuxenlivets nya frihet, när man funnit sig tillrätta och har ledig tid och nya möjligheter. Man skördar framgångar av sina ansträngningar, barnen blir vuxna och livet får en ny start. Cirka 40 till 50 års ålder. Perioden kan ofta börja i och med att egna barn når puberteten.

♄ *Saturnus* är tiden för eftertänksamhet och självrannsakan. Man sitter säker på sin mark och undrar om man fick ut vad man ville av sin karriär, om man realiserat det man en gång strävade efter och om det i så fall var ett riktigt val. Man jämför sig med andra. Cirka 50 till 60 år. Det kan börja med att barnen lämnat hemmet.
♅ *Uranus* är den första ålderdomens tid, när det mesta som händer sker djupt inom människan. Tanken bär iväg långt bort och skänker upplevelser av allt sådant som är livets sanna värde – antingen vad man har smakat eller verkligen ville smaka. Man lär av andra. I sin Uranusålder är människan förhoppningsvis klok i kraft av sin ålder och erfarenhet. Cirka 60 till 70 år. Perioden brukar börja med att man släpper det där med karriär.
♆ *Neptunus* visar på åldrandets andra fas, då man förlorar den vardagliga kontakten med sin omvärld och slukas av sitt inre liv. Man vänder sig ifrån andra. Drömmarnas och minnenas tid, då man förhåller sig till det svunna och till visionerna, utan reservation. Cirka 70 till 80 år. Perioden börjar oftast när man ser sig som gammal och med livet bakom sig.
♇ *Pluto* är dödens planet, att gå från detta livet till något annat, på andra sidan gränsen. Här finns man egentligen inte längre till, även om hjärtat dunkar och lungorna pumpar syre. När man nått sin Plutoålder är man klar med livet, här dominerar andens förberedelse för och övergång till döden.

Förutsägelser

Horoskopet som sådant ger en bild av karaktärsdrag, anlag, förmågor och oförmågor, hur det rent generellt står till med personens liv och förutsättningar. Men astrologin har också metoder för att mer detaljerat kunna påvisa skeden och händelser, såväl vad gäller deras art som tidpunkterna då de inträffar. Detta görs med hjälp av transiter och progressioner.

Transiter är de mest använda i astrologin. De bygger på jämförelser mellan horoskopets planetpositioner och planeternas fortsatta rörelser utefter zodiaken. Man bevakar hur planeternas dagliga rörelser genom solsystemet förhåller sig till horoskopets fixa planetpositioner, och när aspekter mellan dessa uppträder kallas de för transiter. Så återkommer till exempel solen varje år vid ungefär samma datum till platsen den har i födelsehoroskopet, vilket är personens astrologiska födelsedag. Det kan variera en dag hit eller dit, beroende på vårt system med skottår.

Progressioner finns det i huvudsak två sorter av, vilka båda är lika knepiga att finna den astrologiska logiken bakom:

Primärprogressioner används sparsamt av astrologer. Där ser man uteslutande till själva horoskopet, och avstånden mellan planeterna symboliserar tidpunkterna. En grad i horoskopet motsvarar ett år i människans liv. Ingen planet rör sig i verkligheten med den hastigheten, men kanske döljer sig bakom metoden en holistisk uppfattning, att det stora speglar sig i det lilla.

Sekundärprogressioner är de vanligast använda progressionerna. Där studeras de verkliga planetrörelserna under den omedelbara tiden efter födelsen, och hur de förhåller sig till födelsehoroskopet. Ett dygns förflyttning sägs visa på ett år i människans liv.

Solen är den enda som förflyttar sig ganska precis en dag per dygn, varför dess förflyttning blir densamma i primär- och sekundärprogression. Man kan sålunda tänka sig att det är solens rörelse som givit upphov till båda metoderna. Det är också solens förflyttning som sägs vara den absolut väsentligaste i progressioner – för många astrologer den enda av betydelse.

Dessa tre tekniker för förutsägelser utgör ett alldeles speciellt kapitel i astrologin, som även astrologer själva ofta ställer sig ganska tveksamma till.

Även om man accepterar tanken på samband mellan planeterna och människors liv, kan det vara svårt att se någon förklaring på hur transiter och i synnerhet progressioner skulle ha något samband med personers öden. Det hindrar inte att en mängd astrologer lägger väldig vikt vid dessa och därur hämtar information som de har stort förtroende för.

Planeternas betydelse i transiter och progressioner motsvarar förstås deras krafter i födelsehoroskopet. En Mars som ställer sig i aspekt med någon punkt i horoskopet signalerar alltså komplikationer eller krafttag, en Jupiter välgång och tursamhet, till exempel.

Observera att man inte baserar förutsägelser på ascendentens eller Medium Coelis rörelser, eftersom de är alltför kvicka.

När man talar om transiter, men för enkelhets skull även progressioner, kallas planeten i födelsehoroskopet, som ständigt har samma position, *stationär* – och den som rör sig benämns *transiterande*.

Planeternas betydelse i transit och progression:
☉ solen   uppmärksamhet, angelägenhet
☽ månen   behov, längtan, känslosvall
☿ Merkurius tankar, samtal, yttranden
♀ Venus   kreativitet, förlösning
♂ Mars   konstruktivitet, besvär
♃ Jupiter   tursamhet, utveckling

♄ Saturnus ansvar, plikter
♅ Uranus upptäckter, insikter
♆ Neptunus idéer, fantasi, visioner
♇ Pluto överraskningar, förändringar

Avgörande för planeternas betydelse i transit och progression är dels vilken hastighet de har genom zodiaken, dels vilken aspekt de bildar med planetpunkter i födelsehoroskopet. Planeter som rör sig kvickt runt zodiaken återkommer ofta med sina aspekter i horoskopet, så deras betydelse är mer vardaglig. De som rör sig så långsamt att de blott en gång i livet bildar en viss aspekt, innebär förstås ett mycket mer omfattande skede.

Därför är i tur och ordning månen, Merkurius och Venus de lättviktigaste, som bildar sina aspekter flera gånger om året – i månens fall så ofta som en gång i månaden. Sedan följer solen, Mars och så vidare ut till Pluto, den långsammaste. Här är en tabell över planeternas hastigheter.

Planetpunkternas hastighet i horoskopet:

AC	ascendenten	360° per dygn
MC	Medium Coeli	360° per dygn
☉	solen	1° per dygn
☽	månen	13° per dygn
☿	Merkurius	4° per dygn
♀	Venus	1,5° per dygn
♂	Mars	0,5° per dygn
♃	Jupiter	30° per år
♄	Saturnus	12° per år
♅	Uranus	4° per år
♆	Neptunus	2° per år
♇	Pluto	1,5° per år

Transiter och progressioner med födelsehoroskopets husgränser bör också uppmärksammas i tolkning. När en transiterande planet kommer in över gränsen till ett hus, visar den på aktivitet och händelser som har med detta hus att göra. Viktigast är det då förstås om det sker med hus som redan i födelsehoroskopet har stor betydelse i människans liv.

Aspekternas betydelse i förutsägelser är förstås i enlighet med deras egenskaper, där konjunktionen är den viktigaste, därnäst opposition, trigon, kvadratur och sextil – alltså precis den ordning som i andra sammanhang är den brukliga. Hur de ska tolkas i förutsägelsen är lite svårare att fåordigt sammanfatta, men det sker på ungefär samma sätt som aspekterna i själva födelsehoroskopet tolkas.

ditt horoskop

Aspekterna i transit och progression:

☌ **Konjunktion** står för sammansmältning av två krafter, så att de blir som en. I transit eller progression betyder det framför allt att den stationära planeten aktiveras och tränger fram i människans liv – den transiterande planeten beskriver hur det sker, i vilken anda och stämning.

☍ *Opposition* visar när den stationära planetens uttryck blir hämmat, återhållet eller försummat, till förmån för saker som sker där den transiterande planeten passerar i horoskopet. I regel är det oönskat och olämpligt för den det drabbar, och kan leda till en lång tids motgångar.

△ *Trigon* visar hur något som händer där transiten passerar har en förmåga att uppmuntra, hjälpa, förenkla det som den stationära planeten åstadkommer i horoskopet. Trigonen signalerar välgång och efterlängtade timanden.

□ *Kvadratur* visar på konflikt mellan händelser där transiten passerar och det som den stationära planeten står för i horoskopet. Det är arbetsamt och krångligt men kan ofta ge förlösande resultat – eller, om det vill sig illa, förstöra en del av vad som tidigare byggts upp.

✷ *Sextil* visar på lösningar och smidiga resultat, som den transiterande planeten ger den stationära. Saker som sker där transiten äger rum återverkar positivt på den stationära planetens fält. Möjligheter erbjuder sig.

För att man ska kunna använda sig av transiter och progressioner är det nödvändigt med exakta horoskop, där de beräknade planetpositionerna verkligen är på absolut rätt grad – gärna också del av grad. Om ditt horoskop är uträknat av ett datorprogram kan du ha stort förtroende för positionerna i det.

Transiter

Horoskopet är en bild av stjärnhimlen vid födelseögonblicket. Det beskriver personens karaktärsdrag, anlag och generellt hur hans eller hennes liv kommer att gestalta sig. Den bilden förändrar sig inte under livets lopp. Vad som däremot hela tiden ändras är planeternas positioner där ute i rymden. De rör sig oavbrutet i sina banor runt zodiaken och bildar ständigt nya konstellationer.

Man kan jämföra de aktuella planetrörelserna med de planetpositioner som horoskopet markerar och studera när de bildar aspekter med varandra. Dessa kallas transiter. Passager, om man så vill.

När till exempel en planet på stjärnhimlen går över den punkt

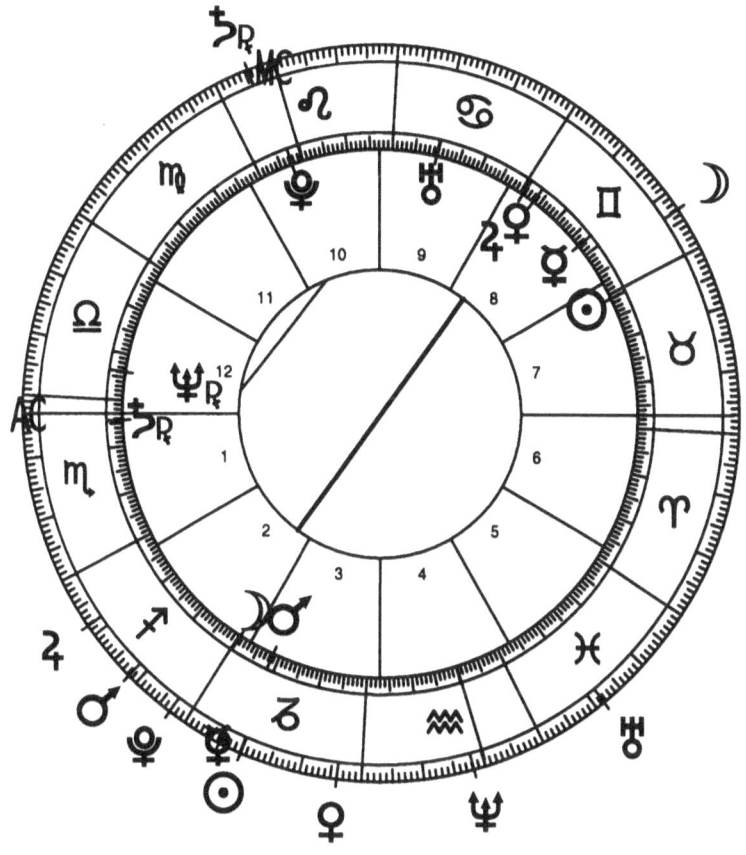

Transithoroskop. Födelsehoroskopet är markerat innerst och de transiterande planeterna ytterst. Datumet för transiterna är nyåret den 1 januari 2007, kl. 00.00. Ett transithoroskop för nyåret ger en astrologisk bild av hur året kommer att gestalta sig. Här är det ovanligt få aspekter mellan transiterna och födelsehoroskopet (markerade i den innersta cirkeln) – en sextil mellan den transita Saturnus och Neptunus i födelsehoroskopet, samt en opposition från transita Pluto till Venus och i viss mån till Jupiter i födelsehoroskopet. För transiter är det bäst med en snäv orbis om ungefär 1°, som här, för att uppmärksamma de viktiga skeendena.

ditt horoskop

i zodiaken som är solens position i en människas födelsehoroskop sker en transit konjunktion, som kan tolkas astrologiskt.

Transiterna markerar framför allt sinnesstämningar och mer vardagliga händelser och skeden. Om solen i en persons horoskop korsas av Mars, känner han sig vid det tillfället betydligt mer energisk och kanske mer lättretlig än vanligt. Den känslan tilltar när Mars närmar sig solens exakta position och avtar när Mars lämnar den.

Det handlar vid transiter om var i vardagen det flyter bra och var det trasslar till sig. De vanligaste transiterna – med månen, Merkurius, Venus och solen – markerar sällan några större händelser, men naturligtvis brukar variationerna i en persons sinnesstämningar visa sig i handlingar. Mindre allvarliga sjukdomar, perioder av dålig koncentration eller håglöshet, trassel på jobbet och bråk i familjen, är alltihop sådant som skulle kunna spåras till transiter. Likaså förstås positiva motsvarigheter av samma dignitet.

Dock gäller alltid själva födelsehoroskopets utsaga först och mest. Om man enligt detta inte är särskilt sjuklig av sig kan transiter inte åstadkomma stort mer än snabbt övergående snuvor och liknande. Om däremot horoskopet visar på stora svagheter i hälsan kan transiterna bli riktigt besvärliga.

När det gäller de långsammare planeterna, framför allt Jupiter och utåt i solsystemet, är deras transiter så sällsynta att de får en mycket större betydelse. Om Pluto, den allra långsammaste av planeterna, passerar över födelsehoroskopets sol är det av största betydelse – det sker aldrig mer än en gång i en människas liv, och för många blir det aldrig av. Då kan man räkna med att transiten visar sig i någon avgörande händelse, av sådan betydelse att varje människa skulle ge den ett ordentligt utrymme i sina memoarer.

Transiternas betydelse avgörs också av vilka punkter i horoskopet de sker med. Solen, ascendenten och månen är viktiga i varje horoskop, så om de hamnar i transit märks det tydligare än till exempel Merkurius eller Medium Coeli. Men planeter i horoskopet kan ha förstärkt betydelse genom aspekter eller placering i härskartecken, och så vidare. Sådana planeter är förstås också extra "lyhörda" för transiter.

Den typ av horoskop som står att läsa i tidningarna bör, seriöst utförda, bygga på transiter. Man tar då bara hänsyn till soltecknet i födelsehoroskopet (det tecken man sägs vara född i) och ser efter vad för planetrörelser på stjärnhimlen som bildar aspekt med detta tecken.

Det blir dock aldrig särskilt exakt, eftersom ett tecken omfattar

30 dagar och lika många grader av zodiaken. Sker till exempel en konjunktion i början på tecknet, har det ingen som helst betydelse för dem som är födda i slutet på samma tecken. En del blir ju ändå sagt, men det är mest slumpmässigt hur väl det stämmer på olika människor födda i samma tecken.

När solen på sin bana korsar horoskopets solposition är detta den sanna astrologiska födelsedagen. Man kan uppställa horoskop för detta ögonblick och får på så vis en god uppfattning om hur det följande året kommer att gestalta sig. Denna metod kallas *solretur*.

Solreturen behöver inte inträffa precis vid det datum och klockslag då man föddes, eftersom vårt system med skottår ruckar på harmonin. Mer än en dag före eller efter ska det dock inte bli.

Progressioner

Progressionerna sägs markera enbart de allra viktigaste händelserna i en människas liv. De visar på skeden som har en varaktig inverkan eller åtminstone gör mycket starkt intryck på personen. Stora framgångar eller bakslag, vändpunkter, olyckor eller genombrott. Allt sådant som är tillräckligt signifikant för att beredas plats i memoarerna.

Primärprogressionen är den minst använda, och sägs visa på alla de viktigaste händelserna i livet. Den bör märkas tydligt när den dyker upp och lämna lika tydliga spår efter sig.

För att beräkna primärer markerar man avståndet mellan planeter och tänker sig sedan att den ena planeten rör sig mot den andra, eller från den andra (alla rörelser sker moturs), tills de bildar en aspekt. Antalet grader som planeten då måste ha förflyttats, är lika med antalet år det dröjer från födelsen tills denna händelse inträffar.

Om till exempel solen befinner sig i 10° Jungfrun och Saturnus i 10° Lejonet, måste Saturnus flyttas 30° i zodiaken för att komma i konjunktion med solen. Det betyder att personen vid trettio års ålder råkar ut för något, som symboliseras av planeternas tänkta möte i horoskopet.

De inblandade planeterna kan sägas visa på vad det är som händer – vilka grundläggande krafter som är inblandade. Zodiaktecknen som planeterna då står i visar hur händelsen kan beskrivas, vilken karaktär den har, vilken anda den sker i. Husen de befinner sig i visar var händelsen utspelar sig, i vilka livsmiljöer, vilka sidor av livet.

Aspekternas art visar vad för typ av händelse det är fråga om. Konjunktioner visar på långsamma, utsträckta skeden, som innebär mer varaktiga förändringar i personens livsvillkor och omständigheter. Likaså kan de visa på större förändringar av personens karaktär och inställning till livet. Kvadraturer och sextiler visar på snabba händelser, som inte alltid är av särskilt varaktig karaktär – vad man gör och vad man råkar ut för.

Man brukar sällan ta hänsyn till fler primärer än de som sker med solen, ascendenten och eventuellt de andra planeter som har särskilt stor betydelse i horoskopet (till exempel horoskopets härskare, soltecknets härskare och eventuella planetkonjunktioner).

Det är sällan särskilt lätt att tolka primärer och de kräver ofta betydligt mer intuition än kunskap. Man bör hålla i minnet den karaktär som horoskopet rent generellt beskriver. Samma progression kan förstås innebära helt olika saker för olika människor. Dessutom bör man se efter hur de planeter, tecken och hus som är inblandade i progressionen är markerade i födelsehoroskopet. En svagt placerad planet i födelsehoroskopet är en svag planet även i progressionen.

Sekundärprogressionen är den vanligare använda av de två, men ändå inte alls så flitigt praktiserad som transiter. Den sägs visa på de allra mest omstörtande, dramatiska händelserna i livet, hur livets förlopp gestaltar sig rent allmänt och var den största dramatiken är att förvänta – med andra ord ungefär detsamma som för primärerna. Livets perioder, faser och brytningstider kanske lättare går att läsa i sekundärerna.

Man markerar här planeternas verkliga förflyttning på stjärnhimlen längs zodiaken, dagarna efter födelsen, och låter varje dygn representera ett år i människans liv. De aspekter som bildas mellan de rörliga planeterna och de stationära visar då på händelser eller vändpunkter i livet. Antalet dagar fram till aspekten är lika med antalet år från födelsen tills det sker.

De flesta planeter rör sig så långsamt att skillnaden inte märks ens på 90 dagar, men för solen, Merkurius, Venus och Mars hinner det bli en bra bit. Månen gör mer än ett varv per månad, så få astrologer bryr sig om att notera dess sekundärer.

När man tolkar sekundärerna bör man först och främst minnas planetens hastighet. Ju lägre den är, desto större betydelse ska sekundärprogressionen ges. Det är med denna metod rimligt att uppmärksamma varje transiterande planets progression med varje stationär planet.

I övrigt tolkas sekundärerna på samma sätt som primärer.

Alternativa horoskop

Den typ av horoskop som boken hittills har ägnats åt brukar kallas *nativitetshoroskop*, eller födelsehoroskop, vilket syftar på att de upprättas utifrån personens födelseögonblick. Men det är långt ifrån den enda sortens horoskop, fastän avgjort den vanligaste.

Många astrologer brukar komplettera detta med andra sorters horoskop, mest av det skälet att ju fler vinklar man betraktar problemet ur, desto större är chansen att tolkningen ska pricka rätt.

För samtliga typer av horoskop gäller dock att astrologins beståndsdelar – planeter, zodiaktecken, hus och aspekter – fortfarande har samma symbolvärden. Dessa ändrar inte karaktär, utan bara tekniken med vilken horoskopet upprättas.

De alternativa horoskopen bör vid tolkning behandlas utifrån respektive tekniks särdrag och förutsättningar. Det gäller att ha klart för sig de små nyanser till skillnader som existerar mellan de olika typerna av horoskop. Dessa skillnader är ganska logiska följder av det resonemang som leder fram till vardera typen.

Först som sist bör i alla fall nativitetshoroskopet bilda den fasta grunden med vilken man jämför och bedömer andra varianter.

Harmonier

Ett sätt att variera horoskopet, som är särskilt flitigt använt i till exempel indisk astrologi och på sistone har blivit populärt även i västerlandet, är att stöpa om det efter olika harmonier. Det går till så att man beräknar varje planets gradavstånd från antingen ascendenten eller från solens position, och multiplicerar det med en viss faktor. Skulle produkten bli över 360° så minskar man med 360. Sedan placeras planeterna ut i horoskopet på sina nya positioner.

En del astrologer har speciella horoskopmallar för harmonierna, där zodiaken och husen inte finns med. De koncentrerar sig helt på vilka planeter som bildar grupp vid varje harmoni.

Detta gör att de grupperar sig i konjunktioner, om deras inbördes avstånd ursprungligen varit ungefär lika med 360 delat med faktorn man valt. Är faktorn till exempel 3 så kommer alla trigoner i födelsehoroskopet att i stället bilda konjunktioner, är faktorn 4 så gäller detsamma för kvadraturer.

De viktigaste faktorerna för att bilda harmonier:
2 ☍ Opposition
3 △ Trigon
4 □ Kvadratur
5 ✶ Sextil

Vilket specifikt värde varje harmoniskt horoskop har i tolkningen är inte särdeles utrett, det får man själv föreställa sig. En rimlig riktlinje är förstås att ge mest betydelse åt de harmonier vars motsvarande aspekter är flest eller betydelsefullast i födelsehoroskopet. Det kan vara intressant att se hur de olika faktorerna spjälkar om i horoskopet och var det börjar hända speciellt märkvärdiga saker.

Talen 3, 6, 9 och så vidare anses i astrologin som positiva och milda, medan 2, 4, 8 och upp är besvärliga. Faktorn 12 är snarast neutral. Den delar upp cirkeln i 30-gradersbitar, det vill säga såväl zodiaktecknens som husens omfång. Vidare kan man gärna pröva helt udda faktorer, såsom 5, 7 eller varför inte 11? Det är bara lite knivigare att veta hur man ska tolka dessa. Mest får de tolkaren att uppmärksamma symmetrier i födelsehoroskopet, som man annars lätt går förbi.

Att utgå från ascendenten eller solen bör återspegla en persons yttre respektive inre omständigheter, precis som ascendenten och solen själva står för. De olika harmonierna kan sägas ge en bild, vars mening motsvaras av betydelsen hos aspekterna de utgår ifrån. Harmonierna beskriver alltid grundtillstånd i tillvaron, som är närvarande jämt i en människas liv. De kan märkas mer eller mindre, kännas tydligare eller svagare – det brukar man få fingervisningar om både i harmonin och i födelsehoroskopet.

Harmoniernas innebörd:
2 större motsättningar i livet
3 livets behagligheter
4 det besvärligaste i vardagen
5 det lättaste i vardagen

Karmiska horoskop

Det vanliga horoskopet kallas nativitetshoroskop och beräknas utifrån födelseögonblicket – för att vara ännu mer exakt, från tidpunkten för det allra första andetaget. En annan tidpunkt som skulle te sig mycket lämplig att grunda horoskopet på är ögonblicket för själva befruktningen. Sådana horoskop upprättas faktiskt, och kallas *karmiska horoskop* eller *fertilitetshoroskop*. De sägs visa mer på en persons anlag – vad man bär med sig och inte med den egna viljan råder över, medan nativitetshoroskopet visar vad man själv gör av sitt liv.

Vissa astrologer menar att arvet inte bara är något man har med sig från föräldrar och förfäder, utan också från egna tidigare liv. Därav benämningen *karma*, det indiska begreppet för skulder och "ouppgjorda räkningar", som man bär med sig från föregående liv och i sitt nuvarande liv måste göra upp, kompensera eller betala. Man kan jämföra denna föreställning med det kristna begreppet synd, med det undantaget att karma betalar man vid nästa jordeliv i stället för i en skärseld.

Sålunda menar den karmiska uppfattningen att man i sitt liv har skyldigheter att uppfylla, som kommer från andra sidan födelsen. Därför är fertilitetshoroskopet, upprättat på en tidpunkt innan födelsen, ett utmärkt verktyg för att skåda dessa medhavda skyldighter.

Det går också utmärkt att betrakta fertilitetshoroskopet med ett mindre astralt synsätt. Då är det helt enkelt fråga om vad för slags arvsanlag man bär med sig, alla de medärvda egenskaperna.

Fertilitetshoroskopet kan också ses som ett slags "orsak" och nativitetshoroskopet som "verkan". Det ena beskriver vad som ligger bakom, det andra vad som visar sig. Med andra ord: vad allt beror på respektive hur det kommer till uttryck.

Det är förstås inte ofta man kan bestämma befruktningsögonblicket med någon större exakthet, så till hjälp finns i astrologin en tämligen vedertagen teori, som säger följande: tio månvarv bakåt, exakt det ögonblick då månen stod i den position där ascendenten befinner sig i födelsehoroskopet – det ögonblicket får gälla som tidpunkt för befruktningen. Det blir ungefär nio månader före födelsen men kan skilja på flera veckor, från person till person.

Sedan ställer man upp horoskopet precis som vanligt, med utgång från den tidpunkten och det datumet – platsen bör föräldrarna med lite tur ha i minnet. Man tolkar på samma sätt som vanliga födelsehoroskop – dock med den omständigheten i minnet att det rör sig om själva arvsanlagen och inte nödvändigtvis om hur de uttrycks i personens liv. Om horoskopen talar emot varandra är det nog nativitetshoroskopet som har oddsen på sin sida. Det alltid viktigast.

Däremot kan fertilitetshoroskopet ge en bild av undermedvetna krafter, viljor och önskningar, om saker och ting som inte blir av – fast personen i fråga hela tiden känner att de skulle kunna bli det. Livsalternativ som valts bort, talanger och möjligheter som inte levts ut, och så vidare.

För att ge en bild av fertilitetshoroskopets betydelse kan man tänka sig att det spelar roll för hur människor beter sig när de är under en stark drogs inflytande, eller hur de beter sig när de eventuellt utvecklar sidopersoner inom sig själva. Vi bör någonstans inom oss själva ha en längtan efter att vara den där andra personen, den som fertilitetshoroskopet beskriver.

Heliocentriska horoskop
Det vanliga horoskopet är en bild av stjärnhimlen och planeterna, som de ser ut från jorden, det vill säga ett *geocentriskt* perspektiv. Där är jordklotet i mitten och alla andra himlakroppar ses mot den tänkta cirkeln, zodiaken, runt om jordklotet.

Man kan också göra ett horoskop med solen i mitten, det perspektiv som kallas *heliocentriskt*. Där markeras planeternas positioner i sina verkliga banor runt solen. Jorden finns förstås också med i ett sådant horoskop, däremot förlorar månen sin betydelse. Inte heller husen, ascendenten eller Medium Coeli har någon relevans i ett sådant horoskop.

Vad kan man då säga att det heliocentriska horoskopet beskriver, astrologiskt sett? Kanske närmast att det delvis visar hur en persons andliga jag är beskaffat – alldeles oavsett och utanför den övriga personligheten. Solen är ju den andliga sidan av karaktären. Horoskopet blir ett slags karta över den andliga sidan som ett unikum, avskuren från sitt förhållande till andra krafter och sidor i personligheten.

Man kan säga att det heliocentriska horoskopet är en detaljgranskning av just solen i personens liv. Ett sådant studium skulle i och för sig kunna göras på varje planet, om man orkade räkna ut dess horoskop på samma sätt – med var och en satt i centrum. Det skulle bli en smula omständligt, men säkert givande för den riktigt ambitiösa astrologen.

Det heliocentriska horoskopet bör dessutom ge information om hur de olika planetkrafterna rent allmänt är beskaffade vid den tid som horoskopet gäller. Krafternas form av uttryck eller tillfälliga karaktär beskrivs av deras heliocentriska platser i zodiaken. Så är till exempel Venus alltid kärlekens kraft, men dess karaktär som sådan förändrar sig beroende på vilket zodiaktecken den befinner sig i. Man bör då hålla i minnet zodiaktecknens symboliska värden och försöka tolka vad de innebär för planeterna heliocentriskt. Deras krafter nyanseras en smula i riktning mot tecknet, får en tendens åt dess håll.

En planet som befinner sig i ett tecken den härskar eller exalterar i är naturligtvis alldeles i sitt esse, och omvänt i en försvagad position.

Zodiakens heliocentriska innebörd för planeterna:

♈ Väduren   hetsande
♉ Oxen   lugnande
♊ Tvillingarna splittrande
♋ Kräftan   mildrande
♌ Lejonet   förstorande

♍ Jungfrun   begränsande
♎ Vågen   nyanserande
♏ Skorpionen   återhållande
♐ Skytten   förlängande
♑ Stenbocken   förtydligande
♒ Vattumannen   fördjupande
♓ Fiskarna   förvirrande

Det heliocentriska horoskopet bör inte ses som ett särdeles personligt horoskop, utan mer som ett komplement till det vanliga geocentriska. Det visar astrala och kraftmässiga bakgrunder. Om någon planet har en anmärkningsvärd heliocentrisk position bör man ha det i åtanke när man tolkar födelsehoroskopet.

Tänk också på att för de yttersta planeterna – Uranus, Neptunus och Pluto – skiljer det obetydligt mellan deras heliocentriska och geocentriska positioner, blott enstaka grader.

En annan minnesvärd omständighet är att när vi talar om solens bana genom zodiaken, ett varv per år, är det i själva verket förstås jorden som rör sig. Från solen sett är vår planets position vid varje tidpunkt exakt motsatt (180°) solens position från oss sett. Vid vårdagjämningen den 21 mars, när solen precis går in i Väduren, är jordens heliocentriska position alltså 0° Vågen. När solen i födelsehoroskopet befinner sig på en viss grad i ett visst tecken, är den heliocentriska jorden på samma grad i tecknet mitt emot.

Solen geocentriskt och jorden heliocentriskt:

♈ Väduren	♎ Vågen
♉ Oxen	♏ Skorpionen
♊ Tvillingarna	♐ Skytten
♋ Kräftan	♑ Stenbocken
♌ Lejonet	♒ Vattumannen
♍ Jungfrun	♓ Fiskarna
♎ Vågen	♈ Väduren
♏ Skorpionen	♉ Oxen
♐ Skytten	♊ Tvillingarna
♑ Stenbocken	♋ Kräftan
♒ Vattumannen	♌ Lejonet
♓ Fiskarna	♍ Jungfrun

Jordens position kan sägas beskriva en människas förhållande till sin yttervärld, hur omgivningen i sin helhet verkar på personen. Det har sin definitiva betydelse i tolkningen av horoskopet. Sorgligt nog innebär det att människor alltid på sätt och vis upplever omvärlden som fullständigt motsatt deras egen andliga karaktär, eftersom sol och jord alltid befinner sig i opposition.

Det är väl ingen hemlighet att vi alla mer eller mindre känner oss som främlingar i jordelivet. På vilket sätt det gestaltar sig hos var och en visas bland annat i jordens heliocentriska position. Ju mer solen betyder i ett horoskop, desto starkare blir då den känslan.

Jordens heliocentriska position i zodiaken:

♈	Väduren	hotad
♉	Oxen	blasé
♊	Tvillingarna	road
♋	Kräftan	ömmande
♌	Lejonet	nedsättande
♍	Jungfrun	irriterad
♎	Vågen	prövande
♏	Skorpionen	oroad
♐	Skytten	avståndstagande
♑	Stenbocken	reformistisk
♒	Vattumannen	grubblande
♓	Fiskarna	följsam

Stjärnbilderna

Zodiakens cirkel är en rent teoretisk konstruktion och sammanfaller inte med stjärnbilderna med samma namn, där ute i rymden. Till skillnad från zodiakens tecken är de verkliga stjärnbilderna inte exakta tolftedelar av cirkeln, utan varierar i omfång från 21° till 43° per tecken.

Stjärnbildernas utbredning i rymden:

♈	Väduren	25°	0° – 25°
♉	Oxen	38°	25° – 63°
♊	Tvillingarna	29°	63° – 92°
♋	Kräftan	21°	92° – 113°
♌	Lejonet	36°	113° – 149°
♍	Jungfrun	43°	149° – 192°
♎	Vågen	23°	192° – 215°
♏	Skorpionen	25°	215° – 240°
♐	Skytten	34°	240° – 274°
♑	Stenbocken	26°	274° – 300°
♒	Vattumannen	23°	300° – 323°
♓	Fiskarna	37°	323° – 360°

Man skulle kunna ta hänsyn till stjärnbildernas olika utbredning på himlen när man ställer horoskop. I så fall får man omvandla planetpositionerna som man får fram för ett horoskop till antal grader från 0° Väduren, det vill säga gradtalet i hela cirkeln från 0 till 360. Sedan drar man ifrån det lägre av talen i det stjärnbildsintervall där gradtalet ligger. Svaret blir gradtalet i den stjärnbild som anges i intervallet.

Mig veterligt finns det ingen enda astrolog som ställer sina

Norra stjärnhimlen med djurkretsen. Träsnitt av Albrecht Dürer, cirka 1515.

horoskop så. Man bör minnas att zodiaken har mer att göra med aspekter och förhållanden i cirkeln, än med stjärnbilderna med samma namn på himlen.

Världsliga horoskop

Precis som man kan ställa horoskop på människor, om man bara vet när de är födda, kan man också ställa horoskop på samhällen och hela nationer – bara man vet vad som kan sägas vara deras "födelsedatum".

Rom byggdes inte på en dag men där var säkert en första dag när arbetet påbörjades, eller kanske en särskild dag då staden invigdes. För somliga stater är det lätt att välja datum och för andra i det närmaste omöjligt.

Horoskop kan på så sätt också ställas för företag, organisationer, byggnader och vad helst som har ett fastställbart födelsedatum. För att skilja dem från den mänskligare astrologin kan man kalla dem *världsliga horoskop*. De kallas också *mundana horoskop* efter ordet *mundus*, som betyder världen.

När man väl fastställt lämplig tidpunkt sker resten precis som för vanliga horoskop. Man får nyansera de astrologiska beståndsdelarnas betydelse, särskilt husens, för att de ska passa objektet i fråga. Det kräver bara lite fantasi och kunskap om beståndsdelarnas inneboende betydelse i astrologin, för att applicera dem på länder och annat.

Husen är vad som mest konkret måste anpassas. Här följer den rimliga betydelsen av husen i ett lands horoskop. Planetkrafterna verkar som i födelsehoroskopet, fast på hela befolkningen i stället för individuellt. De beskriver allmänna processer och tendenser. Zodiakens tecken har kvar sin karaktär.

Husen i ett lands horoskop:
1 första huset   attityd, "nationalkaraktär"
2 andra huset   ekonomi, naturresurser
3 tredje huset   kommunikationer, massmedia, skola
4 fjärde huset   vård, hem, bostäder
5 femte huset   fritidsliv, nöjen
6 sjätte huset   arbetsmarknad, produktion
7 sjunde huset   bilaterala förbindelser, allianser
8 åttonde huset nativitet, mortalitet
9 nionde huset reformer, nydaningar
10 tionde huset regering, styre, internationell status
11 elfte huset   politik, ideologi, högre utbildning
12 tolfte huset   inskränkningar, brister

Man bör också tänka på att den tidpunkt som valts att vara nationens födelse inverkar på horoskopets betydelse. Är det till exempel datumet för en regeringsforms grundande får horoskopet en huvudsakligen politisk betydelse. Är det landets upptäckt eller självständighet eller befrielse, blir horoskopets vinkel en annan.

För hela jordklotet kan inget särskilt födelsedatum fastställas, så vår världs allmänna öden och äventyr går inte att förutsäga alldeles exakt. Väl är kanske det. Men att studera de geocentriska planetrörelserna genom zodiaken – speciellt de långsamma planeterna – ger en god bild av jordens förflutna, dess nuläge och framtid.

I det sammanhanget bör nämnas att varje astrolog höll andan inför 1980-talet, eftersom då periodvis (med början i november 1983) samtliga planeter befann sig inom 60° av zodiaken – i Skorpionens och Skyttens tecken. Man befarade alla möjliga katastrofer och omdaningar. Att 80-talet skulle bli en intensiv upplevelse tvivlade ingen på.

Riktigt illa såg det ut när Pluto gick in i sitt härskartecken Skorpionen samma vecka som Nato började placera ut Pershingrobotar i Europa, november 1983. Dessa snabba kärnvapen förde ett tredje världskrig mycket näramre – i alla fall vad gällde betänketid för stormakterna. Men man bör minnas att Skorpionen är behärskningens tecken, som döljer och håller inne. Betydligt riskablare fick vi det i så fall när Pluto flyttade till Skytten, frihetens och frigörelsens tecken, med början i januari 1995. Storpolitiken har också visat mer dramatik under det decenniet än under 1980-talet.

Det är inte ofta de långsamma planeterna samlas inom ett så litet fält av zodiaken som skedde under 1980-talet, så bland barnen som föddes då bör vi förvänta oss anmärkningsvärda ting. När de blivit äldre kanske vi har kunskap nog att göra en riktig bedömning av 1980-talets betydelse. Den generella bilden är i alla fall en av uppladdning (i Skorpionen) och därefter urladdning (i Skytten).

För det sena 1900-talet gäller också att Pluto i sin bana befann sig närmare oss än Neptunus, vilket bara är under en liten bit av dess varv runt solen. Det skedde denna gång mellan 21 januari 1979 och 11 februari 1999, och sker inte igen förrän om över 200 år. Detta astronomiska tillstånd betyder globalt att omvälvning och drastiska förändringar (Pluto) inte föregås av fantasi och visioner (Neptunus) om dem. Med andra ord sker – i alla fall föds – förändringar och processer som inte anats i förväg, som inte ens siare kunnat förutsäga. Sovjetimperiets oblodiga sönderfall borde kunna räknas dit.

Ett omtalat exempel på världslig astrologi är de amerikanska presidenterna och konjunktionen Jupiter-Saturnus. Ungefär vart tjugonde år hamnar de två största planeterna i solsystemet i konjunktion. Astrologer menar att varje gång det sker i ett jordtecken avlider den innevarande amerikanska presidenten hastigt, ofta våldsamt, innan valperioden är över. Det har stämt för USA:s hela 200-åriga historia.

Konjunktionen inträffade på själva nyårsnatten till år 1981, men den gången i Vågen – ett lufttecken. Snart därefter inträffade det misslyckade attentatet mot president Ronald Reagan. Han blev skadeskjuten men avled inte. Symboliken är lika definitiv som i sagornas värld – tänk på Törnrosa, som inte skulle dö, men sova i hundra år.

Hur som helst ledde det till att presidentens fru Nancy knöt en astrolog till sig och konsulterade honom om sin makes förehavanden. Det skapade en viss uppståndelse när det sent omsider blev allmänt känt.

ditt horoskop

Nästa gång konjunktionen skedde var år 2000, i Oxen – ett jordtecken. Det var Bill Clintons sista år som president och det år George W. Bush valdes till ny president. När detta skrivs (januari 2021) är båda fortfarande vid liv, så det verkar som om Jupiters och Saturnus konjunktion denna gång varit verkningslös mot presidentämbetet. Bistert har det varit för USA ändå, genom terrorattacken mot World Trade Center i september 2001.

Nästa konjunktion mellan Jupiter och Saturnus skedde vid midvintersolståndet 2020, precis i början på lufttecknet Vattumannen, då president Donald Trump verkligen hamnade i hetluften. Nästa gång blir år 2040 i Vågen, också ett lufttecken.

Tidsåldrarna
Zodiakens startpunkt i astrologin, 0° Väduren, sammanfaller inte alls med stjärnbilden Väduren på himlen. Detta mäts utifrån solens geocentriska position vid vårdagjämningen, den 21 mars, när natt och dag är lika långa. I den astrologiska zodiaken räknas den positionen som 0° Väduren, medan solen i själva verket då har en position på stjärnhimlen som ligger ungefär 27° tidigare, det vill säga 3° Fiskarna.

Vill man veta hur ett horoskop ser ut enligt den verkliga vårdagjämningspunkten för året, är det bara att dra ifrån 27° på varje planetposition – även ascendent och Medium Coeli. Denna anpassning görs sällan i västerländsk astrologi men är det brukliga sedan mycket länge i den indiska astrologin.

Det har inte alltid varit så galet med zodiaken. Vårdagjämningspunkten flyttar sig en liten aning varje år, beroende på att hela jordaxeln roterar ett varv på cirka 25 870 år. Därmed flyttar vårdagjämningspunkten genom zodiaken, ett helt varv på lika lång tid. Det gör ett tecken på cirka 2 160 år och en grad på 72 år. Förflyttningen är baklänges – Väduren till Fiskarna till Vattumannen, och så vidare.

Vid tiden för Kristi födelse befann sig vårdagjämningspunkten på 0° Väduren. Uppemot 200 år in i framtiden är den 0° Fiskarna. Hela tiden däremellan har den glidit baklänges genom Fiskarnas tecken, varför astrologin säger att vi har befunnit oss i Fiskarnas tidsålder. Nästa är Vattumannens tidsålder.

Ett stjärnteckens tidsålder innebär för hela civilisationen en epok som har karaktär av det tecknet. Fiskarnas tidsålder är trons och religionens, sökandets, ovisshetens och självuppoffringens era. Där vaknade drömmar och brast, där letade mänskligheten vilset efter mål och mening.

Stjärnbilden Vattumannen. Persiskt 1600-tal.

ditt horoskop

De tre vise männen följer Betlehemsstjärnan. Jesu födelse kan sägas markera början på Fiskarnas tidsålder, i synnerhet som det också är startpunkten för vår tideräkning. Illumination från en medeltida handskriven bok.

De flesta astrologer menar att vi just nu kan sägas vara på väg ut ur Fiskarnas tidsålder, trots de tre återstående graderna. Nu eller om 200 år spelar inte så vansinnigt stor roll i detta perspektiv. Vi är i alla fall så nära gränsen att nästa tidsålder redan är allraminst en tendens.

Det exakta inträdet i Vattumannens tidsålder bör ske någon gång mellan år 2150 och 2200.

Vattumannens tidsålder är kunskapens, vetenskapens och insikternas tid. Det är här man kopplar ihop A och B och upptäcker tillvarons inre samband. Det är allvarets och det djupa tänkandets högtid. Förvisso finns här också en smula tungmod och dysterhet.

Många talar om Vattumannens tidsålder som en guldålder för allt det goda och medmänskliga. Sådana perspektiv är förhastade. Vattumannen har som alla zodiakens tecken en baksida. Där finns de oböjliga doktrinerna och ett mått av känslolöshet, att offra föreställning och fantasi till förmån för kunskap och vetande. Det behöver inte nödvändigtvis bli så mycket festligare än Fiskarnas tidsålder har varit.

Nå, vi slipper i alla fall den anda av självuppoffring och asketism, som gjort folk till lätta byten för härjande härskare. I den kommande tidsåldern ska förnuftet råda, inte övertygelse eller trossatser.

Det blir förstås också på gott och ont. Förnuftet kan vara en precis lika omedgörlig despot som tron. Vetenskapen kan förtrycka minst lika mycket som kyrkan.

Tidsåldrarna rör sig alltså bakåt genom zodiaken, så efter ytterligare 2 160 år är det dags för Stenbockens tidsålder, sedan Skyttens och så vidare. Man kan naturligtvis gå hur långt tillbaka och hur långt framåt i tiden som helst.

Tidsåldrarna:

♊	Tvillingarna	6580 f.Kr. – 4320 f.Kr.
♉	Oxen	4320 f.Kr. – 2160 f.Kr.
♈	Väduren	2160 f.Kr. – 0
♓	Fiskarna	0 – 2160
♒	Vattumannen	2160 – 4320
♑	Stenbocken	4320 – 6580
♐	Skytten	6580 – 8740
♏	Skorpionen	8740 – 10 900
♎	Vågen	10 900 – 13 060
♍	Jungfrun	13 060 – 15 220
♌	Lejonet	15 220 – 17 380
♋	Kräftan	17 380 – 19 540

Man kan bena upp de långa tidsperioderna genom att titta på tecknens dekaner, det vill säga tredjedelar av tecknets 30°. Den första dekanen är av vagt kardinal natur, den andra fast och den tredje rörlig. I Vattumannen innebär det att de första tio graderna påminner en aning om det kardinala lufttecknet, Vågen, sedan kommer de fasta och urtypiskt Vattumanska tio graderna och sist de Tvillingmässigt rörliga. Vårdagjämningspunkten rör sig baklänges genom dem – från den rörliga till den kardinala. Varje dekan tar ungefär 700 år.

En kort historik över tidsåldrarna ger riktlinjer för hur den mänskliga civilisationen kan tänkas utvecklas – om den inte råkar förgöra sig själv på vägen.

Astrologins tidsåldrar:

♊ *Tvillingarnas tidsålder* (cirka 6580-4320 f.Kr.) borde vara den period i vår historia då vi lärde oss språk och att kommunicera med varandra.

♉ *Oxens tidsålder* (cirka 4320-2160 f.Kr.) bör vara jordbrukets pionjärtid framför annat, när vi lärde oss att hämta föda ur jorden i fasta åkerbruk och sålunda skapade oss ett överflöd.

♈ *Vädurens tidsålder* (cirka 2160 f.Kr.-0) var en period av krig och utmaningar, med folkvandringar hit och dit, många starka kämpar med kort tålamod.

♓ *Fiskarnas tidsålder* (cirka 0-2160) är trons epok, väl beskriven av kristendomen. De första 700 åren var rörliga, letande efter den bästa religionen och stadfästande den. Mellan 700- och 1400-tal rådde den etablerade, oomstridda religionen i närmast diktatorisk form. Från 1400-talet kom stridigheter mellan religionerna och mellan doktriner inom var och en av dem. De slåss om herravälde och berättigande, så att de i princip riskerar att bli varandras död, allihop. Det tar tid innan civilisationen ger upp sina trosföreställningar och tills dess slåss den med näbbar och klor om dem. I ett inte alltför avlägset framtida klimax är det troligt att religionerna just därför visar sig ha spelat ut sin roll.

♒ *Vattumannens tidsålder* (cirka 2160-4320) är vetenskapens segertåg över världen. Det begynte så vitt vi idag kan se redan med vad man kallar den vetenskapliga revolutionen på 1600-talet, men då var i realiteten det religiösa samhället alltjämt starkast. Forskare och filosofer fick vakta sin tunga så att inte kyrkan vredgades. Under Vattumannens tidsålder blir de första 700 åren ett sökande efter så pass stora sanningar att de kan vara fundament för en vetenskaplig världsordning. De följande 700 åren råder denna världsordning och de sista 700 åren kommer nya vetenskapliga revolutioner med helt andra paradigm och principer, för att slåss om herraväldet och om definitionerna.

♑ *Stenbockens tidsålder* (cirka 4320-6580) är tiden för de verkligt stora byggnadsverken. Då konstruerar människorna alla möjliga storverk, säkert med hjälp av alla de kunskaper som den föregående tidsåldern bringat. Man håller sig möjligen någorlunda på jorden och dess närmaste grannar, men i så fall blir dessa himlakroppar övermåttan exploaterade.

♐ *Skyttens tidsålder* (cirka 6580-8740) är den period då rymdresandet bör sätta fart på allvar. Kanske dröjer det så länge innan människan kommit tillrätta med de väldiga avståndens problem, lärt sig kröka tiden eller något, så att vårt solsystem inte längre är gränsen för vår utforskning.

Och så vidare.

Sveriges horoskop

Det mest näraliggande exemplet på ett världsligt horoskop måste vara Sveriges. Redan när det gäller att bestämma ett lämpligt ögonblick för födelsen ställs astrologen inför en rad alternativ, alltifrån då Gustav Vasa befriat oss från danskarna och valts till konung den 6 juni 1523 fram till den 1 januari 1975 när den senaste regeringsformen trädde i kraft.

Ett horoskop med korrekt historiskt perspektiv måste ställas på det första datumet – eller ett ännu äldre, om det står att finna, eftersom ett horoskop naturligtvis inte har mycket att säga om tiden före datumet det är uppställt på. Ändå, för det moderna Sverige och för vad som rör sig i landet just nu, blir det begripligare med ett horoskop som baserar sig på vår senaste regeringsform.

Att välja tiden för regeringsformen är rimligt, då det är den som definierar en nation och avgör hur den ska styras. Men där-

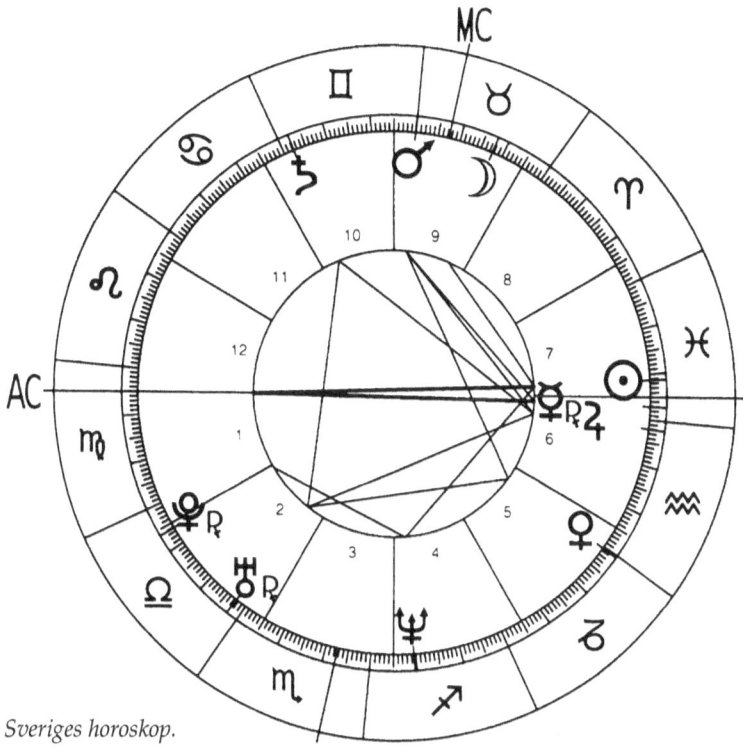

Sveriges horoskop.

med är inte svårigheterna över! Det finns inte bara en, utan tre tidpunkter att välja på. Regeringsformen godkändes av riksdagen inte vid ett tillfälle, utan två – med allmänt val emellan. Det måste till för en ändring av grundlagen.

Första beslutet fattades av riksdagen den 6 juni 1973, vilket onekligen var ett smakfullt valt datum, samstämmigt med såväl Gustav Vasa som förra regeringsformen från 1809. Andra gången var riksdagen en smula otåligare och klubbade regeringsformen den 27 februari 1974. Därmed hade beslutet fattats och ägde laga kraft. Däremot dröjde det till den 1 januari 1975 innan den nya regeringsformen blev en realitet i Sverige, så att man skulle hinna med anpassningarna och slippa krångla mitt i en riksdagsperiod – den nya lagen innebar bland annat just en ny riksdagsordning.

Det är flera astrologer som har valt den 1 januari 1975 som tidpunkt för Sveriges horoskop, men jag föredrar ändå ögonblicket för det andra riksdagsbeslutet. Då fick beslutet laga kraft och Sverige började genast ställas om efter det. Själva den praktiska starten för den nya ordningen i januari ser jag mer som en formsak, eftersom den i och med det andra riksdagsbeslutet var ofrånkomlig.

Alltså baserar jag mitt horoskop för Sverige på tidpunkten för den andra voteringen och klubbslaget i riksdagen, som ägde rum klockan 16.40 den 27 februari 1974. Riksdagens kansli hjälpte mig med tidsangivelsen och försäkrade att den var mycket pålitlig. Det exakta klockslaget är inte noterat, däremot tidpunkter runt det: anförandena avslutades klockan 16.38, sedan avslogs två motioner, därefter kom voteringen på regeringsformen. Det sätter beslutet till ganska precis 16.40. Ett horoskop beräknat på detta datum gäller ända fram till den stund då Sverige skaffar sig en ny regeringsform.

För denna tidpunkt och räknat från Stockholm där beslutet fattades, gäller följande planetpositioner, uttryckta i grader och minuter (sextiondelar av grader, för den riktigt nogräknade):

Sveriges horoskop:

AC	ascendenten	5° 01' ♍	Jungfrun
MC	Medium Coeli	22° 33' ♉	Oxen
☉	solen	8° 40' ♓	Fiskarna
☽	månen	12° 21' ♉	Oxen
☿	Merkurius	2° 51' ♓	Fiskarna *Retrograd*
♀	Venus	29° 32' ♑	Stenbocken
♂	Mars	0° 08' ♊	Tvillingarna
♃	Jupiter	27° 55' ♒	Vattumannen
♄	Saturnus	27° 47' ♊	Tvillingarna *Retrograd*
♅	Uranus	27° 28' ♎	Vågen *Retrograd*
♆	Neptunus	9° 35' ♐	Skytten
♇	Pluto	6° 11' ♎	Vågen *Retrograd*

Redan i denna tabell lägger man märke till en tydlig trio: Jupiter, Saturnus och Uranus befinner sig alla på 27° i varsitt lufttecken. De bildar alla trigon med varandra och därför får horoskopet en stortrigon – dessutom mycket exakt, inom en enda grad. Innan ens horoskopet är tecknat vet man att betrakta denna figur och dess tre punkter mycket omsorgsfullt.

En hastig tolkning i ordning efter husen berättar bland annat att vårt land och i synnerhet dess ledning vill ge intryck av en tydlig Jungfrukaraktär – kritisk, flitig, omsorgsfull, pålitlig och samvetsgrann. Så uppfattas vi också av omvärlden. Noggranna, kanske väl petiga och säkert lite tråkiga. Landet där man alltid har hundra invändningar, speciellt om det gäller att vara spontan eller munter. Å andra sidan en tillgång när saker och ting ska bli korrekt utförda. Arbetsmyrorna.

Ekonomin befinner sig i en känslig balansgång, där idealet är lika mycket in som ut men verkligheten blir en annan. Pluto i begynnelsen av andra huset visar på drastiska förändringar av handelsbalansen och den ekonomiska stabiliteten – inte fullt så kraftiga som de skulle vara om inte Pluto befann sig i retrograd, men ändå störande. Pluto säger också att Sverige prövar en och annan plötslig åtgärd för att komma tillrätta med problemet, men det kan lika gärna förvärra som balansera. Den svenska strävan efter ekonomisk balans är överdriven, likaså åtgärderna.

Sedermera träder Uranus in med insikter om den ekonomiska dynamiken, och en bättre anpassning till nationalekonomins oförutsägbarheter. Inför hotet om katastrof, som är den lilla biten av Skorpion i huset, och med de nya kunskaperna som trasslandet med balanserna har givit, börjar vi om på ny kula med någon ny ordning, som får båten att gunga igen, dock ej att välta.

Skola, kommunikationer och massmedia tar karaktär av Skorpionen. Där finns stora spänningar under ytan, oro och aversioner, heta känslor men inte mycket till klarhet. Dessa sektorer av samhället är en smula förgiftade och åtgärder för att komma tillrätta med dem tycks bara förvärra läget. Inga planeter gör läget akut, man kan nog mest se det som en ständigt gnagande olust och oförklarliga krismoln.

När det gäller boendet och familjelivet i landet blåser friska vindar. Man vill ha nya lösningar och konstellationer, ingen vill riktigt slå sig till ro och låta rötter gro. Rörlighet verkar vara högsta ideal. Hus byggs och rivs strax därefter, nya planlösningar, nya hemlivsvanor. Originalitet och fantasi är honnörsorden. Ju tokigare ett alternativ är, desto bättre bemötande får det. Å andra sidan är många visioner så bisarra att de inte blir mer än visioner.

Också vården hör hemma i detta hus och strävar åt samma håll. Från de gigantiska sjukhusen mot fria former av vård, där risken är stor att allt färre bryr sig om andras hälsa. Friskvård blir viktigare än sjukvård, alternativ medicin populärare än den etablerade. Alternativa vårdformer väcker intresse, men de mest annorlunda blir nog inte en realitet.

I Sverige är fritidslivet inte precis vilsamt och nöjeslivet inte precis lössläppt. Stenbocken borgar för ambitioner och stor arbetsvilja på fritiden. Det är då folk verkligen vill åstadkomma något – i föreningslivet, i det egna hemmet eller i umgänget. Helst ska det lämna varaktiga, tydliga resultat efter sig. Folk vill bygga upp, och när det är klart bygga till. Venus alldeles i slutet på huset visar att välgång och genombrott kommer precis i slutklämmen, när det är dags att gå vidare.

Där skymtar också ett nöjesliv värt namnet. Fortfarande konkret förankrat, en smula överdrivet och på ett eller annat sätt "nyttigt", men genom Venus ändå både glädjande och lukrativt.

Arbetsmarknaden är allvarsam och djuplodande. Praktiskt taget varje jobb kräver såväl lång utbildning som digra kunskaper, och är ändå komplicerat att sätta sig in i för stackars nyanställda. I svenskt arbetsliv förekommer originella, intelligenta lösningar på allt som rör miljö och arbetsfördelning, teknik och organisation. Det är sällan muntert på arbetsplatserna men kompetens är regel.

Jupiter i slutet på tecknet visar omfattande framgångar, efter en lång tid av svårigheter och komplikationer. Just genom att koncentrationen är så stor och arbetsmarknaden så intrikat uppbyggd, blir frukterna stora när väl systemet fått mogna. Och då blir i stället situationen lättsam och en aning förvirrad – sökande efter nya, ännu mer komplexa lösningar.

När det gäller bilaterala förbindelser är Sverige vacklande. Fiskarnas tecken förvirrar den strävan efter en stark och trygg partner som solen markerar. Landet letar efter en allians som kan leva upp till de högt ställda förväntningarna, och en sådan är svår att finna. Ändå fortsätter sökandet och avtal ingås – omfattande, bindande avtal av långsträckt betydelse. Men inte utan svensk oro och undran – var det rätt, fanns det något bättre alternativ?

På så vis ger Sverige i relation till andra länder ett förvånande intryck av osäkerhet och beslutsångest, ja av en överraskande inkompetens. Oppositionen till ascendenten pekar tydligt ut detta. Ett land som ingår avtal med Sverige finner oss annorlunda än vad vi gav intryck av före avtalets undertecknande – osäkrare, svagare och följsammare.

Åttonde huset är tomt på planeter men placerat i Vädurens tecken. Det antyder en svensk trotsighet mot såväl födsel som död. I vårt land vill man styra över den första och förbjuda den andra. Preventivmedel uppskattas för att de ger personlig och samhällelig kontroll över födslarna. Åldringsvården kämpar för att sträcka ut de gamlas liv evinnerligen eller, när det misslyckas, gömma dem för oss, så att vi slipper bevittna nederlaget mot döden.

När det gäller reformer och förändringar är vi inte så angelägna. Oxens tecken borgar för tröghet och försiktighet, fast månen säger något annat om våra behov.

Sverige längtar efter förändring, men den får inte vara omfattande. Ska nyheter genomföras får det bli försiktigt, liksom i smyg. En bit i taget, så att alla hänger med. Den svenska självkänslan är snarast den att vara den stadiga klippan mitt i ett hav av föränderlighet. Vi ser hur världen omkring oss tänjs än hit, än dit, byter färg och form och allt vad det är. Men i Sverige är allt sig likt, minsann.

Det händer dock, då och då, efter en lång tids ovilja till reform och anpassning, att vi i plötslig, förivrad handling ändrar på allt möjligt. Mars precis i början på Tvillingarna gör oss reformbenägna i all hast, när det kan befrämja kommunikation och förståelse – med andra och mellan oss själva. Då är det plötsligt bråttom. Men så snart förändringen är genomförd träder åter lugnet in.

Vårt styre kännetecknas av Tvillingarna, det vill säga mycket snack men inte så mycket handling. Det pratas och förhandlas en hel del, utan att det leder till något särskilt. Intresset hos våra härskare, de folkvalda, ligger mer för yttre skenbarhet än de djupa innehållen, mer för diskussion än åtgärd, mer för lättsamheter än allvar. Det är inte den traditionella attityden hos Sveriges styrande, så där har nog den nya regeringsformen råkat ställa till med något.

Internationellt befinner sig Sverige i flitig kommunikation med alla andra länder om allt och lite till. Svenska stämmor gör sig hörda i alla internationella sammanhang, men mer än ord är det sällan fråga om.

Saturnus befinner sig vid tecknets slut. Efter långa diskussioner blir det ändå till slut allvar. Då mörknar den svenska rösten och formulerar principer, åtaganden, förpliktelser. Moralen gör sin bistra entré, traditionen och ansvaret. Då talar Sverige och dess makthavare med bistert tonfall och kärva ord. Samma tyngd dyker upp i inrikespolitiken. Trots att debatten varit närmast ytlig, blir sedan slutsatserna och besluten långtgående och pålagorna tunga.

Denna lite märkliga egenskap är ett av hörnen i den stora trigonen. Det svenska allvaret knyts samman med ekonomiska insikter och de stora framgångarna inom arbetslivet. Inrikespolitiskt ser dynamiken ut så att landets styre tar fast kontroll över ekonomi och arbetsmarknad, efter att länge bara ha pratat löst om saken, och fattar då omfattande beslut, som kräver anpassning och lydnad av folket men som ändå tas emot med lättnad och uppskattning. Det finns en tydlig enighet mellan produktion, kapital och styre, som inte i samma grad är sann för andra länder.

Man anar därför att ambitionen bakom regeringsformen mycket väl framför allt kan ha varit att skapa ett styrelseskick som skulle vara effektivt för nationalekonomin. Fast det sker i idel lufttecken är Sveriges viktigaste krafter koncentrerade på näringslivet och det materiella – husen som svarar mot jordtecknen. Om vi tänker oss Sverige som en maskin, har man trimmat, oljat och moderniserat den, så att den ska fungera bättre, göra mer. Men det genomförs på tankens plan, med hjälp av förhandlingar och analyser – inte genom drastiska, praktiska förändringar.

Ändå är den svenska politiken och ideologin präglad av omsorg och vård. Kräftan i elfte huset står klar och tydlig. Politik ska vara de svagas stöd och de drabbades tröst. Ideologin ska värna om de små människorna. Ingen planet ger här någon verklig kraft bakom principerna, men de råder ändå som en ledstjärna för svenskt tänkande.

Högre utbildningar tenderar därmed att bli en smula snöpta, för där värnas mer om medelmåttan och de lågpresterande, än om den så kallade intellektuella eliten. Man lyfter bottnen, på bekostnad av toppen.

Vad Sverige framför allt ger avkall på är den nationella stoltheten och storheten. Lejonet är nästan helt och hållet i tolfte huset. Det verkar inte vara ett plågsamt offer, eftersom inga planeter finns här, men lite trist kan det nog kännas ibland. Svenskarna dämpar sin ärelystnad och ransonerar sina njutningar, till förmån för den heliga nyttan.

En betydligt mer omfattande genomgång av Sveriges horoskop och hur det kan tolkas har jag gjort i boken *Horoskop för nya millenniet*, som i sin helhet behandlar mundan astrologi.

Partnerhoroskop

Horoskop för två
Har man försökt att få klarhet i ett horoskops väldiga komplexitet och brottats bara en smula med tolkningens snåriga arbete är det inte svårt att inse att jämförandet av två horoskop blir i det närmaste orimligt att utföra med den äran. Självklart kan det inte vara någon lätt uppgift – vem har någonsin upplevt en relation som låter sig beskrivas och förklaras i en mening eller två?

Ändå ger sig astrologerna i kast med uppgiften. Att tolka samman två människors horoskop för att utreda hur de kan tänkas fungera ihop kallas *partnerhoroskop*, eller *synastri* (efter grekiskans syn och aster, ungefär "sammanförda stjärnor"). Denna analys är minst lika krävande som den är efterfrågad av hoppfulla människor med bultande hjärtan och rosiga kinder.

Människan är ett komplicerat väsen. I sitt förhållande till en annan blir hon knappast enklare. Vad vi då har att göra med är dels vart och ett av de två personernas hela horoskop, med allt vad de kan säga, plus relationen mellan dessa – likheter, olikheter, aspekter, konsekvenser och effekter av deras möte. Det blir alltså ungefär som att tolka tre horoskop.

Det behöver i och för sig inte vara en lika oöverstiglig svårighet som det till en början låter. Det blir inte lätt om man strävar efter en fullständig bild, men man kan tillåta sig att rationalisera en aning och koncentrera sig på ett fåtal av horoskopens delar. På det viset får man åtminstone en god ledtråd och en bild av relationens allmänna karaktär. Sedan kan man med tiden fördjupa sig i alla de övriga detaljerna.

Jag talar här självklart inte om det vanliga sättet att jämföra soltecken och därmed tro sig ha fått någon klarhet. Om den ena är Lejon och den andra Oxe, säger alltför lite för att man därav ska dra slutsatser. Visst kan man jämföra zodiaktecknen med varandra och se hur deras karaktärer passar ihop, ungefär som de naturliga aspekterna i zodiaken uttrycker, men innan man tar hela horoskopet i betraktande vet man inte hur pass dominanta soltecknen är i respektive horoskop, och inte hur de är placerade.

Vad är det då i horoskopet som framför allt bör iakttas?

Planeten Venus och vad den står för i astrologin, framför allt konst, njutning och kärlek. Träsnitt av Hans Sebald Beham från 1530-talet.

Strängt taget måste man få en bild av hela karaktärerna, hela personligheterna, för att med minsta trovärdighet kunna göra en jämförelse mellan de två. Jag skulle därför aldrig rekommendera att man tolkar partnerhoroskop utan att först ha skaffat sig en god bild av de individuella horoskopen.

Var för sig
En sådan början är tacksamt bekant. Man tar ett horoskop i sänder och skaffar sig en bild av respektive personlighet. Därmed har man redan en mängd ledtrådar till hur de sedan kan jämföras. Detta är inte bara grunden, utan också överbyggnaden och fördjupningen. När man fått en god bild av båda horoskopen ger det i mycket sig självt hur dessa två personer fungerar ihop.

Det vore vansinne att tro att en relation mellan två människor skulle kunna vara något helt annat än vad deras personligheter förutsätter. Om den ena är en hängiven arbetsnarkoman som i sitt eget horoskop har föga till övers för kärlek och umgänge, utan lägger så gott som all sin energi på sina händers värv, då hjälper det inte om partnern är aldrig så kärlekstörstande eller charmfull. Det blir inte mycket av kärlekssaga mellan dem. Å andra sidan kan två personer lägga den största vikt vid kärleken och partnerskapet, utan att det nödvändigtvis betyder att de lyckas skapa något varaktigt med just varandra.

Ett studium av de individuella horoskopen är främst av betydelse för att man ska få ett grepp om hur centrala eller perifera de olika faktorerna i personligheterna är. Om jämförelsen av horoskopen sedan skulle visa att de har vissa gemensamma beröringspunkter och vissa drag som står i konflikt, då är det viktigt att veta hur väsentliga dessa sidor är i respektive personlighet.

Dessutom kräver det inte så mycket fantasi eller analys för att ur två klara bilder av två personligheter få en god första inblick i hur en relation mellan dem skulle kunna gestalta sig. Man har med detta alltså fått en ganska tydlig skiss över vad man har att vänta av relationen. Vid mötet mellan deras horoskop blir det betydligt lättare att fördjupa betraktelsen, utan att fastna i oväsentligheter eller missa viktiga detaljer.

Tveklöst är en relation inget annat än ett möte mellan två individer, två självständiga personligheter, varför det vore galet att börja med något annat än att försöka få en bild av dessa. Men det vore ett misstag att tro att deras relation inte kan uttrycka mer än ett möte mellan dessa personligheter – att vad de är i sig själva är allt de är i par. Det är inte så enkelt, för det finns otaliga exempel på hur det aggressivaste stycke karl kan vara som ett lamm inför sin kvinna, hur den mest besatta karriärist kan glömma allt för en kärleksstund eller låta framgången glida sig ur händerna för att följa den älskade.

Människor med de mest åtskilda intressen kan odla den största passion för varandra, medan de som verkar vara som födda för varandra kan ha de mest blixtrande slitningar. Det som kan avslöja sådana överraskningar är en jämförelse av horoskopen.

Dominerande drag

När man jämför två horoskop ställer det sig väldigt komplicerat att genast ta hänsyn till alla deras detaljer, men man får en god start genom att i första rummet koncentrera sig på vissa valda delar.

För att börja mjukt bör man först se om de två personerna har något dominerande zodiaktecken. Då är det inte rimligt att genast flyga på soltecknet, utan hela horoskopet måste in i bedömningen. Om till exempel solen har en stark plats med många aspekter, eller om flera planeter finns i samma tecken, då är det rimligt att betrakta detta som det dominerande i horoskopet. Solens plats har förvisso en stor betydelse – i synnerhet om den inte är placerad i en så att säga skuggad del av horoskopet. Men den väger lätt mot en klump av planeter, rika på aspekter, i något annat tecken.

I kapitlet om horoskopets helhet visas vägar att se tyngdpunkter i horoskopet. Den enkla statistiken klargör om det är vissa zodiaktecken som är extra starkt betonade, vissa element eller tillstånd. Det gäller alltså att kontrollera hur de två horoskopens slagsidor går ihop. Om det är så enkelt att det ena horoskopet är starkt markerat i Stenbocken och det andra i till exempel Tvillingarna, då lär man sig mycket av att begrunda dessa karaktärer och hur de låter sig kombineras. Längre fram gör jag sådana jämförelser, att tjäna till vägledning.

Man kan också tänka sig att det ena horoskopet är mycket eld och det andra vatten, eller på annat sätt koncentrerade till vissa element. Kanske är det ena mycket kardinalt och det andra till övervägande del fast eller rörligt. Månde båda horoskopen på något sådant vis är lika? Båda kan ha gott om planetpunkter i samma element, tillstånd eller zodiaktecken. Det behöver inte betyda att de går bra ihop, men man har en grund för jämförelsen.

Det här är alltså en statistisk jämförelse och får därför inte tolkas alltför specifikt. Den ska blott ge en fingervisning om relationens allmänna "klimat". Som en ledtråd ger jag några kommentarer angående kom binationen av element och tillstånd, vad det kan betyda när båda horoskopen har någon sådan tonvikt.

Elementen i kombination:
   Eld med eld, lär i alla fall bli en händelserik relation, med hög fart på båda, otålighet och iver till det mesta. Kort tålamod, men inget som hänger kvar länge. De trivs nog bäst om de har något mer att kasta sig över tillsammans än bara varandra.
   Eld med jord, är motsatser i mycket. De är visserligen båda människor som har fötterna på jorden, men den ena har bråttom och den andra vill försiktighet. Eld är snabb i sina känslor, jord tar tid att tända men behåller sina känslor under mycket lång tid. Eldmänniskan vill skynda på, jordmänniskan vill sakta ner. Iver mot varlighet.
   Eld med luft, har båda mycket bråttom, med lättväckta och lättflyktiga känslor. Eld kan tycka att luft är oansvarig, att det inte händer något ordentligt. Luft kan tycka att eld är väl drastisk och temperamentsfull. Eld vill helst handla, men luft vill tala och kommunicera. De har också ganska svårt att känna närhet och trygghet med varandra.
   Eld med vatten, är uppenbara motsatser. Eld får vatten att koka och förångas, vatten släcker elden. Det är god chans att de retar gallfeber på varandra. Den ena är tydligt extrovert, den andra introvert. Eld skulle vilja att vatten kunde ta livet mer med en klackspark, vatten skulle önska att eld tordes visa sina känslor och öppna sitt inre.
   Jord med jord, växer långsamt in i ett allt djupare och stadigare förhållande. Det är inte mycket de kan jämka ihop av sina olikheter, hur små de än är – antingen står de ut med varandra som de är, eller växer motsättningarna under lång tid i det fördolda, tills de två bryter upp och skiljs. Varaktighet och trygghet är grunddrag i denna sorts relation, där den fungerar.
   Jord med luft, rimmar ganska illa ihop, så tillvida att jord tycker att luft har alltför bråttom och inte tar saker och ting på allvar. Luft tycker att jord är för trög och kanske butter. De har svårt att få en bra kontakt. Man kan räkna med att jord är trogen och står ut längre än luft.
   Jord med vatten, finner många gemensamma kontaktpunkter. Jord utvecklar en pålitlighet och stadighet som får vattens känslor att stiga och tryggas. De har gott om tid och en relation mellan dem kan gott bli oerhört innerlig och varaktig, så att resten av världen nästan blir överflödig.

Luft med luft, är en kombination som knappast har svårt att tala med varandra, att ta kontakt och utveckla den. De lär snabbt känna varandra och finner med lätthet något meningsfullt att sysselsätta sig med tillsammans. Dock är förhållandet aningen åt det ytliga, eller rentav platoniska. Det är inte fråga om de innerligaste känslor eller det mest fasta äktenskap. Snabbt finner de varandra och snabbt kan de glida isär, utan att smärtan är för påträngande.

Luft med vatten, kommunicerar med varandra på olika plan och har olika motiv för sin relation. Luft söker sällskap, umgänge och någon att samtala med. Vatten vill känna innerlighet, kärlek och värme, och har inte mycket till övers för ord. De kan gott förbli ganska oförstående inför varandra. Möjligtvis blir luft oroad av vattens känslors allvar. Vatten kanske både beundrar luft och räds dennas lättsamhet.

Vatten med vatten, sjunker djupt ner i den innerligaste relation, något av Romeo och Julia, så att man inte kan tänka sig att något annat än döden – om ens den – kan skilja dem åt. De hänger sig totalt åt sin kärlek och relationen flödar av känslor och värme. Det kan hända att de har svårt att observera eller engagera sig i världen utanför dem. Tar deras kärlekshistoria slut är båda övertygade om att de aldrig kommer att kunna älska någon annan.

Tillstånden i kombination:
Kardinal med kardinal, har båda mycket bestämda uppfattningar om hur deras relation bör utvecklas och gestalta sig. De är föga kompromissvilliga, så man kan gott tänka sig ett stormigt förhållande, där lugnet sällan varar länge. Båda tycker att den andra är nästan omedgörlig. Men om de är inriktade på samma linje finns det knappt någon gräns för hur långt de kan komma och hur ståtligt deras äktenskap kan bli.

Kardinal med fast, är relationen där en driver på och en bromsar. Den kardinala visar iver och tycker att allt ska hända nu, medan den fasta bromsar upp och manar till besinning. Kardinal vill att deras relation ska utvecklas, den fasta ser helst att relationen finner sin stadiga form. De kan fungera som varandras komplement.

Kardinal med rörlig, är en relation där den första styr och ställer, dominerar utan undantag, och den andra följer med ett minimum av egen vilja. Den kardinala känner nästan lite förakt för den rörliga, men trivs ändå med att vara så uppskattad och ha en så pass följsam partner. Den rörliga kan gott se upp till sin partner men känner oro över att relationen inte verkar utveckla sig som den borde eller skulle kunna.

Fast med fast, stabiliserar, efter att så sakteligt ha funnit varandra, relationen i ett status quo. Då krävs det något verkligt markant för att en förändring ska ske. De finner med tiden varandra i realistisk måtta och goda insikter om varandras sidor. Snart har de en relation som verkar vara den naturligaste i världen, och den mest beständiga.

Fast med rörlig, är ett förhållande där den ena håller reda på den andra. Den fasta är klippan, tryggheten och den som med envis bestämdhet skapar villkoren och rutinerna. Den rörliga finner tillfredsställelse i partnerns pålitlighet, men är en aning rädd för att deras kärlek stelnar till en institution. De kompletterar varandra väl, där den fasta stimuleras av den rörligas impulsivitet och oro, och den rörliga finner ro och vila i en annars ganska snurrig värld.

Rörlig med rörlig, är båda synnerligen ovissa om vad de egentligen ger sig in på, om de verkligen passar ihop och om partnern känner detsamma som de själva. Det är ett rörigt förhållande som verkar så bräckligt att få tror att det blir särskilt långvarigt. Ändå är båda ordentligt självuppoffrande och tillmötesgående, så det är inte omöjligt att deras lustiga förhållande varar överraskande länge.

Sjunde huset

Det fält i horoskopet som specifikt beskriver just partnerförhållandet, är det sjunde huset. Det svarar mot Vågen – balansens och harmonins men även principens tecken. Precis som för Vågens tecken är det alltså delvis fråga om etik och moral, när det gäller människans förhållande till sin partner.

Man måste också komma ihåg att det sjunde huset inte enbart handlar om kärleksförhållanden, utan om samtliga partnerskap – det kan vara arbetskamrater, bästa vänner eller liknande. Hur människan i fråga förhåller sig till sin nästa.

Det sjunde huset är som alla hus en miljö, ett fält av livet som en persons egenskaper tar sig konkreta uttryck genom. Sjunde huset visar följaktligen mer på hur människans relationer tar sig ut och utvecklar sig, vilken karaktär de har, än att beskriva hur han eller hon själv upplever dem. Det visar alltså en allmän bild av människans partnerliv, nästan som den neutrala observatören skulle beskriva det.

Är det fullt med planeter kan man räkna med att här händer en hel del, och att denna sida av livet betyder väldigt mycket för personen. Är det i stället tomt på planeter bör man inte ge tolkningen av det för stor betydelse. Man ska heller inte vänta sig att få lära sig alltför mycket om en speciell relations karaktär eller de djupare aspekterna av ett förhållande – då måste man göra mer konkreta horoskopjämförelser.

Sjunde huset kan alltså tolkas för var och en av partnerna separat, och sedan ska det inte ställa sig alltför svårt att se hur de fungerar ihop. Faktum är att det är väldigt sällsynt att en relation fyller samma funktion och har samma karaktär för båda inblandade. Vanligare är att de får ut helt olika ting av sitt förhållande, och att det har olika förlopp och innehåll för dem. Detta kan spåras till sjunde huset i de båda horoskopen.

Om deras sjunde hus visar på helt olika karaktär i förhållandet behöver det alls inte betyda att det är en omöjlig förening. Snarare kan det ofta vara berikande att det finns en sådan spänning mellan deras upplevelser av förhållandet.

Man måste också minnas att eftersom sjunde huset sägs avbilda personens relationer som de faktiskt gestaltar sig, betyder det inte att ett förhållande spricker även om det verkar knaka i fogarna, så länge relationen bara har en chans att ta sig den form som sjunde huset visar. En människa med till exempel Lejonet i sjunde huset, som därmed har ett behov av att själv dominera i förhållandet och verkligen kommer att göra det i en relation av betydelse, kan därför kanske få problem att finna ro med en människa med samma tecken i sjunde huset. Men det finns inget omedelbart skäl till att något annat tecken skulle vara olämpligt i förening med Lejonet. Det är en fråga om hur förhållandet pusslas ihop, och där är möjligheterna minst sagt mångfaldiga.

Zodiaktecknet i sjunde huset visar på den allmänna atmosfären i människans partnerrelationer, hur de känns och hur de ungefär gestaltar sig. Människans relation till sin partner, karaktären på deras kärlek. Utan planeter får detta tala ensamt, men med planeter i huset ska dessa ges en så stor betydelse att de kan om inte ändra, så i alla fall i hög grad nyansera och styra om den karaktär som zodiaktecknet beskriver – eller, om så ligger närmare till hands, accelerera och förstärka tecknets karaktär.

Zodiaken i sjunde huset

Det är dags att gå igenom det allmänna inflytandet för zodiaken i sjunde huset. Zodiaktecknet sätter en lokalfärg på det, precis som på eventuella planeter. Man bör vara observant på hur stor del av huset som täcks av zodiaktecknet.

Om huset är någorlunda jämnt delat mellan två tecken, får man tänka sig att blanda begreppen – men i högre grad visar det på en utveckling av varje relation från det första tecknet till det andra. Proportionerna av varje tecken i huset visar då på ett ungefär hur lång tid av en relations hela förlopp som det ena respektive det andra zodiaktecknet råder över.

Jag använder mestadels "han", för enkelhets skull. Det ska förstås som "han eller hon".

Zodiakens betydelse i sjunde huset:

♈ *Väduren*, visar iver och otålighet och en tydlig stolthet. Han behöver i och för sig inte bestämma i relationen, men han gillar inte att bli motsagd, eller att inte genast få som han vill. Han har stor sexuell aptit och tycker om att vara erövraren eller förföraren. Hans relationer kan vara häftiga och fyllda av händelser, någon ro blir det sällan tal om. Han är snabb till kärlek men känslorna kan också gå över kvickt.

♉ *Oxen*, är mycket långsam i sin kärlek, så att det dröjer länge innan hans känslor väcks. Men då varar de länge. Trohet och tillit är ett krav för honom, och vardaglig närhet det sätt han vill leva med sin partner på. Hans kärlek är konkret och bevisar sig i ömsint sexualitet, lugn och trygghet. Hans partner verkar vara vald för livet och hans äktenskap ska gärna följa alla traditionens påbud.

♊ *Tvillingarna*, tar väl inte alltid så vansinnigt hårt på kärleken. Det är mest en lek och en vänskap, fri från såväl djupa känslor som dödligt allvar. Han har svårt att vara trogen eller skapa något riktigt varaktigt, utan ser i partnern närmast ett behagligt umgänge, där samtal och meningsutbyte är lika väsentligt som erotiken. Hans intresse vaknar lika snabbt som det försvinner, men det är sällan någon oangenäm affär.

♋ *Kräftan*, söker framför allt någon att visa sin ömhet och fördjupa sin kärlek till. Han är väldigt beskyddande och mycket mån om att inte såra eller oroa. Han vill värna om relationen, hålla den undan världens farliga törnen och sjunka in i en innerlighet för två. Han har ett behov av att förälska sig och att leva tillsammans med sin partner. Trohet är ingen svårighet för honom, men han är ändå snabb att förlåta sin partners brister och övertramp.

♌ *Lejonet*, kräver i regel att få vara centrum i relationen och har svårt att fördra någon som inte högaktar honom. Han är i och för sig storsint och förtjusande men alltid på det villkoret att han känner sig ha allt under kontroll. Hans vilja är bestämd där den yttrar sig, men han är generös mot partnerns behov. Egentligen börjar hans kärlek med en viss narcissism, så den som inte helt och hållet kan ställa upp på honom faller sällan i smaken.

ditt horoskop

♍ *Jungfrun*, är mycket försiktig när det gäller kärleken. Han vill gärna först vara förvissad om sin partners trohet och kärlek innan han låter sina egna känslor växa och visa sig. En försiktig människa som gärna tänker sig för innan han låter något ske och lämnar mycket ogjort. Relationen är full av mindre prövningar och mycket jämkande. Han vill att den ska utvecklas mot något slags perfektion, löpa smidigt och på kända banor. Därför tenderar han att i viss mån såga sönder de spontana känslorna. Han är inte alldeles lätt att ha att göra med, men skyr ingen ansträngning för att få relationen att fungera.

♎ *Vågen*, är den som i hög grad försöker åstadkomma det perfekta äktenskapet. Harmoni och balans är hägrande mål som han tror kan förverkligas, ett tillstånd av fulländad status quo. Han bygger relationen på principer och moral, vill att båda ska följa de regler man tillsammans funnit goda. Han upphör aldrig att behandla sin partner med respekt och artighet. Det är mer fråga om en symbolisk förening än glödande känslor mellan dem, en förening som gott kan utvecklas till något närmast heligt.

♏ *Skorpionen*, är passionens väsen med den viktiga distinktionen att han i högre grad förmår väcka passion och häftiga känslor hos sin partner, än ryckas med av dem själv. Han vill absolut att relationen ska flöda av sexualitet – både undertryckt och utlevad – och flyr vardagens trygghet och ro. Hans partner kan aldrig helt lita på honom, men det är onekligen ett intensivt förhållande som innehåller mycket av livets villkor. Han vill vara älskad bortom allt förnuft men låter sällan sina egna känslor flöda till den graden. Mycket förblir antytt, anat, mycket håller han inne med. Det blir aldrig riktigt så att hans relation når ett färdigt stadium, där båda tycker att de vet var de har varandra.

♐ *Skytten*, vill egentligen inte fastna i beroende till en annan människa. Han drömmer om den stora kärleken och skissar med sin partner snabbt många högtflygande planer och mål för dem, men hur det än är vill han sedermera komma loss och vandra vidare. Han blir hastigt kär, gärna på avstånd, och tycker om att kunna beundra sin partner. I närhetens skarpa ljus svalnar dock en del av glöden, det blir lätt så att han prövar både otrohet och långa tiders avstånd för att försöka återuppväcka kärleksflamman. Han har svårt att fördjupa sig i sin partners känslor och personlighet. Ofta lär de inte känna varandra särskilt väl.

♑ *Stenbocken*, har ambitioner med sin relation, vill bygga något stort, nyttigt, förnuftigt och varaktigt. Han slår sig aldrig till ro eller är nöjd, utan vill tillsammans med partnern få ting uträttade, bygga ett äktenskap på fast grund och högt mot höjderna. Hans kärlek är energisk och ansvarsfull. Han vill att det ska vara bra mellan dem, att de ska göra mycket tillsammans och att båda ska få ut så mycket som möjligt av relationen. Kanske att han vill överdriva dess betydelse och låtsas att deras kärlek är intensivare än någon av dem egentligen känner.

♒ *Vattumannen,* är den som efter en tid av besinning och begrundande blir djupt och tungt och allvarligt kär. Han älskar sin partner som ingen annan och vill att deras relation ska vara fördjupande, att lära känna varandra å det grundligaste, utan och innan. Han vill att partnern ska nå hans allra innersta och vill själv göra detsamma med partnern. Han högaktar sin älskade och känner förtvivlan inför tanken att bli övergiven, eller att deras kärlek skulle ta slut. Det enda som kan få honom att bryta den relation som en gång blivit djup är om han förstår att det är det enda möjliga, nödvändigt för bådas bästa.

♓ *Fiskarna,* letar ständigt efter den rätta, prövar många och försöker ofta, men utan att riktigt tycka att han hittar alldeles rätt. Han gnags av en oro, känslan av hur mycket kärleken borde vara och skulle kunna ge. Han försöker med de största ansträngningar att förverkliga sin dröm. Det är ingen gräns för vilka självuppoffringar han kan göra, hur generös och självklart förlåtande han är mot sin partner. Med sitt sensitiva väsen brukar han lyckas vara allt som partnern någonsin kunde önska av honom, även om den verkliga tryggheten i deras förhållande inte brukar infinna sig. De hänger ihop med ganska tunna trådar.

Planeterna i sjunde huset
Planeternas krafter visar i sjunde huset dels på vilken tonvikt som läggs på en persons partnerrelationer, hur väsentliga de är för honom eller henne, hur mycket de betyder. Planeterna visar också hur händelserikt förhållandet är, och vilken karaktär på händelseförloppet man har att vänta.

Planeterna tar naturligtvis karaktär efter zodiaktecknet de befinner sig i, men i det följande talar jag om det som allmänt kan härledas ur planeters närvaro i sjunde huset. Om fler än en planetpunkt befinner sig där är partnerlivet en mycket viktig del av personens tillvaro. Av det han gör sker mycket just i relationen.

Planeternas betydelse i sjunde huset:
AC   *Ascendenten,* befinner sig alltid i opposition till startpunkten för sjunde huset, vilket visar att det föreligger en naturlig motsätt-

ning mellan vad man utger sig för att vara inför andra och hur man är med sin partner.

MC *Medium Coeli*, är den som uppfattar sig själv nästan mer som ena halvan i ett par än som individ. Han vill förverkliga sig själv genom sin relation och tror att han skulle vara ofullständig utan sin käraste. Som han ser det, är han precis sådan till sin personlighet som han visar sig för sin partner. Det är ytterst sällsynt med MC i sjunde huset.

☉ *Solen*, är i sitt innersta den typ av människa som förenar sig med en annan i äktenskapet, och genom denna förening finner uttryck för sig själv. Han sätter stort värde på och lägger stor vikt vid sin relation, behöver kärleken för att leva och blomma ut. Många känner betydelsen och värdet av hans kärlek – också hur nära den är hans inre väsen. För honom är relationen ett inre måste, ett krav som inte kan kringgås – så viktigt att han aldrig kan ta lätt på det eller vara lättfotad.

☽ *Månen*, känner innerligt, starkt och självutlämnande för sin partner. Han älskar inte bara med åtrå och förnuft, utan även med själ och instinkt. När han finner sin rätta så märks det på honom, hans törst efter partnern och partnerns kärlek är nästan outsläcklig. För honom är kärleken en naturnödvändighet, ett behov som måste tillfredsställas och en tröst i livet.

☿ *Merkurius*, har onekligen lätt för att inleda kontakt med tilltänkta partners och samtala med dem. Han har en smidighet och lättillgänglighet som gör honom enkel att umgås med och att förhålla sig till, även i det mest kärlekstyngda förhållande. Han har märkvärdigt lätt för att kommunicera med sin partner och vill att de ventilerar allt, men har kanske därmed svårare att öppna munnen i större grupper. Han kan ha svårt att binda sig.

♀ *Venus*, har ett mycket ömsint, kärleksfullt och välvilligt sätt mot sin partner. Han vill vara kär och vill att deras lycka tillsammans ska vara fullständig. Med stor talang lyckas han ofta ordna det så. Han är angenäm att älskas av och visar stor förtjusning och uppskattning. Kärleken är ovanligt problemfri.

♂ *Mars*, är inte så lätt att ha att göra med. Han ser många problem i relationen. När ett är löst ger han sig på nästa – skapar svårigheter där inga annars skulle finnas. Han går ganska rakt på sak, har ett uppenbart humör och visar stor kraftfullhet i sitt förhållande. Partnern tvekar sällan om vad han vill och finner det svårt att gå honom emot.

♃ *Jupiter*, får nog pröva många partners med tiden och många olika slags relationer. Han har tur i kärlek, det är sällan han behöver åtrå på avstånd eller längta ofullgånget efter någon. Varje förhållande är rikt på erfarenheter och intryck men så gott som alltid glider han loss från det, utan att det behöver finnas några specifika skäl. Han mår nog egentligen bäst med långt fler än en kärleksaffär i taget.

♄ *Saturnus*, håller strikt på formerna, så till den grad ibland att det kan dröja länge och vara ganska snåriga stigar innan en relation blir av och tar sig uttryck. Han håller hårt på gamla värden, anständighet och behärskning. För honom är förhållandet ett stort ansvar, i ringa grad en förlustelse eller känslors spel. Det kan också hända att han väljer sin partner mer med förnuft än hjärta.

♅ *Uranus*, når via förhållandet många djupa insikter, har ett utstuderat moget sätt att bemöta och hantera sin partner, och förhåller sig till deras kärlek med skicklighet, kunskap och ärlig välvilja. Han ser kärleken och föreningen av två människor som en central symbol för livet, en nyckel till tillvarons ordning. Han behöver en partner som kan ge mer än det elementära.

♆ *Neptunus*, är förtjust i originalitet och djärva experiment i kärlekslivet. Mycket behöver i och för sig inte utföras, ty han sublimerar mästerligt och förs långt av fantasi och drömmar, även om relationen inte skulle vara mycket utöver det vanliga. Spontanitet, överraskningar och djärva försök hör till hans kärleksliv, och det är svårt att säga exakt vad det är som får honom att åtrå sin partner.

♇ *Pluto*, har ett kärleksliv som innehåller en hel del dramatik, kriser och drastiska förändringar. Han kan plötsligt stå inför den rätta, dyrka och älska henne som intet annat på jorden – och en dag kan det vara slut, lika plötsligt som när man blåser ut lågan på ett ljus. Han är svårbegriplig, ödesmättad, kanske magisk i sin relation. Man vet aldrig riktigt vad som kommer att hända. Himmelsk fulländning eller katastrof. Han lockar, men känns alltid även farlig.

Planeternas roller

När det gäller att från horoskopet bedöma två människors relation, bör man som sagt ta hänsyn till hela deras respektive horoskop, och göra det med innebörden för partnerskapet i åtanke. Hur deras relation tar sig ut beror som sagt i första hand på deras respektive personlighet, i synnerhet deras motivation och drivkrafter, det vill säga deras horoskops planetpunkter. Det kan från början vara en hjälp att betrakta planeternas betydelse just för partnerskapet.

Det är inte så att planeterna ska tolkas annorlunda för partnerhoroskop än för det individuella, man bör endast minnas vad de individuella horoskopens planetpositioner kan betyda för ett förhållande. Planeternas krafter inverkar naturligtvis på relationen även om de inte är placerade i sjunde huset, men om de finns just i sjunde huset eller står i aspekt med huset – ännu hellre med planeter i huset – blir deras betydelse för relationen mycket större.

Planeternas roller utanför sjunde huset:
AC   *Ascendenten* står alltid i opposition till startpunkten för sjunde huset, vilket antyder att den yttre gestalten är nästan oförenlig med hur människan uppträder i partnerskapet. Detta nyanseras en smula om planeter i sjunde huset drar dess tyngdpunkt bort från denna gräns, förutsatt att planeter i första huset inte bildar opposition med dem. Annars bör man räkna med att varje persons förhållande till sin partner visar en helt annan sida av honom än vad andra vanligtvis ser – något som blir allt tydligare ju mer intima de två blir, och ju mer de lär känna varandra. Detta är också något av den astrologiska förklaringen till varför människor brukar vilja skyla sitt partnerliv från omvärlden och privatisera det. Man upplever ofta själv att man är så olika i de två rollerna, att man ogärna vill blanda dem.
MC   *Medium Coeli* visar hur människan uppfattar sig själv, sin personlighet och meningen med sitt liv. Om Medium Coeli därför har mycket dålig kontakt med sjunde huset – till exempel ligger i tionde huset, eller helt utan aspekt med det sjunde – kan man räkna med att människan själv inte vill ge parförhållandet någon större betydelse i sitt liv, och kanske rent av bekämpar dess utveckling. En sextil eller trigon mellan Medium Coeli och sjunde huset eller någon planet i det, antyder i stället att personen tycker att relationen är en viktig länk i hans självförverkligande, och det gör honom mån om att verka för den.
☉   *Solen* står för de andliga, inre behoven och karaktärsdragen. Det är därför centralt för människan att partnerlivet på något vis gynnar solens karaktär och strävan, eller åtminstone inte motarbetar den. Ett partnerskap som inte på något vis engagerar solen i horoskopet är aningen grundlöst och svävande, så att det inte av någondera uppfattas som riktigt helt.
☽   *Månen* är det själiska och känslomässiga, de undermedvetna och medfödda behoven. Det vi brukar kalla kärlek innehåller alltid en hel del av månens essens, varför månen berättar mycket om hur människan upplever sin relation, vilka emotionella förutsättningar man har att fungera och trivas med sin partner. Besvärliga aspekter med månen till det egna sjunde huset antyder en frustration

i partnerskapet som inte vill dö helt. Aspekt- och kontaktlöshet mellan månen och sjunde huset visar på att människan delvis är likgiltig för relationen, att den inte betyder så mycket, trots allt. Goda aspekter visar på stor innerlighet.

☿ *Merkurius* visar på kommunikativa sidor, det vill säga vad människan lyckas förmedla och ge uttryck för. Ett obefintligt eller dåligt förhållande till sjunde huset visar att de två i relationen kommer att ha svårt att tala ut och få något egentligt utbyte av varandra. De förblir i hög grad främlingar, oförstående inför varandra. Goda aspekter antyder det omvända.

♀ *Venus* är kreativitetens och kärlekens kraft, en självklart intressant punkt för relationen. Den visar vad människan njuter av och har talang för, var välviljan helst uttrycker sig och hur. Venus är erotikens planet, att njuta kärlekens lättsammare frukter. Är planeten så placerad att dess kraft verkar inriktad på helt andra ting än relationen kan erbjuda, då kan man räkna med att personens kärlek blir aningen torr eller tjusningsfri. Venus i eldtecken eller motsvarande hus visar glöd och styrka, en kärlek med fart och livskraft, men föga tålmodig. Venus i lufttecken är lättsam, snabb och flyktig, en inte särskilt allvarlig kärlek. Venus i jord är långsam, varaktig och ganska tydligt kroppslig i sin kärlek. Venus i vatten är känslostark, flödande, längtande och innerlig i sin kärlek, med stor törst efter den. Venus visar också hur man vill ha det i erotiken, hur man vill bli älskad med.

♂ *Mars* visar på temperament, vilja och aggressivitet. Dess betydelse i relationen är ungefär densamma som för omgivningen i stort, med den distinktionen att det gäller för partnern att fördra eller kunna hantera de nycker och svåra sidor som personens Marsplacering visar på. Planeten är också knuten till sexualiteten, till de konkreta målen med en relation, till förförelse, erövring och det ömsesidiga ägandet av varandra. Mars visar hur man ger i erotiken, hur man behandlar sin partner i kärleksakten. En Mars i besvärligt förhållande till sjunde huset brukar föra med sig många slitningar och konflikter, men goda aspekter visar på arbetsamhet med optimistisk slagsida, många tydliga landvinningar i relationen och värdefulla följder av den.

♃ *Jupiter* visar på var och hur välgång och lycka, liksom rika erfarenheter, möter människan. Ett gott förhållande till sjunde huset antyder att saker och ting som har med relationer att göra löper smidigt och berikande. Dåliga förhållanden tyder på besvär och trassel i relationen, motgångar och otur. Jupiter säger också en del om hur personens grundkaraktär kommer till uttryck i livet. Är två personer däri särskilt lika eller olika spelar det onekligen en viss roll, då det avslöjar om deras respektive liv kommer att gestalta sig likadant. Jupiters plats, i hus mer än i zodiaktecken, säger en del om hur mycket de två kommer att ha med varandra att göra.

♄   *Saturnus* är pliktens och ansvarets planet. Besvärliga aspekter till sjunde huset antyder samvetskval och självdisciplin i personens förhållande till sin relation, goda aspekter visar att han får partnerskapet att fungera väl med sina plikter. En svagt placerad Saturnus visar på ansvarslöshet, vilket kan vara vanskligt i ett förhållande. En starkt placerad Saturnus avslöjar ett allvar som kan vara svårt för partnern att fördra.

♅   *Uranus* står för det högre tänkandet och insikterna. Dess position spelar inte alltför stor roll i förhållandet, annat än att det naturligtvis är värdefullt om planeten är på något vis länkad till sjunde huset, vilket innebär att personens intresse för relationen ligger djupare än bara de normala behoven. Då har de två goda chanser att ha verkligt mycket gemensamt i intressen och tänkande.

♆   *Neptunus* är fantasins och det undermedvetnas planet, drömmar och inspiration. I dåligt förhållande till sjunde huset visar Neptunus på små chanser för partnern att lära känna personens inre, hans outtalade sidor. Omvänt finns det i stället stora möjligheter att tillsammans glänta på luckan till varandras allra innersta och tillsammans göra upptäcktsfärder i de mest dolska marker. De kan uppleva stor fascination tillsammans.

♀   *Pluto* är förvandlingarnas och dramatikens planet. Den har också en mystisk, magisk sida som ger de fält där den har inflytande en högre dignitet än den vanliga vardagen. Står Pluto utan förhållande till sjunde huset bör partnerlivet inte bli alltför äventyrligt eller händelserikt, det känns mer vanemässigt än speciellt. En Pluto som har med sjunde huset att göra ser genast till att relationen får ett stänk av dramatik och spänning, liksom en känsla av betydelse utöver det lättförklarliga.

Sexualitet
Det är framför allt Venus och Mars som visar hur en persons sexualitet uttrycker sig. Venus placering i horoskopet beskriver hur man själv vill ha det i erotiken, medan Mars beskriver hur man behandlar sin partner. Det kan vara väldigt olika.

En starkt placerad Venus, exempelvis i sitt härskartecken eller i aspekt med någon annan planet, tyder på en stark lust och åtrå. En försvagad Venus, såsom helt oaspekterad eller framför allt i re-

Mars och Venus avslöjas av de andra gudarna. Att krigets gud förfördes av kärlekens gudinna skildras ofta i konsten som en kärlekens seger över hatet – att kärleken besegrar allt. I denna målning av Joachim Wtewael från 1604 ligger betoningen snarare på skandalen, den komiska sidan av detta kärleksmöte.

trograd, antyder en mindre sexuell aptit. Sammalunda med Mars, men då gäller det i vilken grad man har behov av att tillfredsställa andra. Man kan alltså vara mer sugen på att ge partnern njutning än att själv stimuleras – eller omvänt.

Zodiaktecknens respektive karaktärer visar sig också i sexualiteten. Venus och Mars påverkas av de tecken de befinner sig i och tecknens egenskaper visar hur den erotiska aptiten är beskaffad. Nedan ges några enkla nyckelord för hur det yttrar sig. Minns att det för Venus gäller hur man vill få, och för Mars hur man vill ge.

Zodiaken och sexualiteten:

♈	Väduren	ivrig
♉	Oxen	långsam
♊	Tvillingarna	lekfull
♋	Kräftan	innerlig
♌	Lejonet	högtidlig
♍	Jungfrun	petig
♎	Vågen	sansad
♏	Skorpionen	laddad
♐	Skytten	distanserad
♑	Stenbocken	grundlig
♒	Vattumannen	utforskande
♓	Fiskarna	försiktig

Ge akt på var i zodiaktecknet planeten befinner sig, framför allt i vilken dekan. Det nyanserar uttrycket. Exempelvis är man i Vädurens första dekan väldigt ivrig, i den andra snarare pådrivande och i den tredje otålig. Snarlika tillstånd, men långt ifrån identiska.

Det spelar också roll i vilka hus Venus och Mars befinner sig. Husen är olika livsmiljöer och visar därför på vilket sätt en persons sexualitet helst kommer till uttryck. Här är enkla nyckelord för den sexualitet som Venus och Mars kännetecknas av i olika hus:

Husen och sexualiteten:

1	Första huset	självupptagen
2	Andra huset	konservativ
3	Tredje huset	vänskaplig
4	Fjärde huset	privat
5	Femte huset	lysten
6	Sjätte huset	ihärdig
7	Sjunde huset	trogen
8	Åttonde huset	dramatisk
9	Nionde huset	oberoende
10	Tionde huset	dominant
11	Elfte huset	osjälvisk
12	Tolfte huset	eftergiven

Stjärntecknens kombinationer

Astrologi är ett komplicerat system och horoskopet så detaljrikt att det onekligen kan vara krävande att försöka tolka det. Många frestas att förenkla tolkningen genom att till exempel bara bry sig om några få delar, som de gärna vill ska vara så tungt vägande att resten av horoskopet blir försumbar. Man resonerar mycket om soltecknet, de flesta känner inte till mer än det, men även människor som är väl bevandrade i astrologi kan för enkelhets skull koncentrera sig på det och bygga ut dess betydelse i det längsta.

Det är inte särskilt rättvist mot astrologin, och synnerligen vanskligt. Naturligtvis har solen en stor betydelse i varje horoskop, det är få människor som inte visar en ganska stor del av sitt solteckens karaktär. Men det är långtifrån allt. Det förekommer ofta att horoskopet i sin helhet formar en helt annan karaktär än soltecknet ensamt antyder.

Speciellt när det gäller astrologiska jämförelser av två personer brukar soltecknet vara det självklara. På mången bar i världen närmar sig man och kvinna varandra genom att fråga efter varandras tecken. Om inte annat så för konversationens skull kan de tycka sig få ut en hel del av bara det. Många astrologiböcker berättar också gladeligt vilka tecken som passar ihop och vilka som inte gör det. Resultatet är knappast tillförlitligt. Man måste, som jag tidigare nämnt, se till hela de båda horoskopen för att våga lita till ett jämförande omdöme. Aldrig har astrologins principer påstått annorlunda.

När vi nu vet det, kan vi försiktigt medge att dessa teckenjämförelser inte helt saknar grund. Förutsatt att en människa har en starkt markerad sol i ett visst zodiaktecken, eller andra planeter eller tyngdpunkter i detsamma, är det rimligt att anta att hon i hög grad ger uttryck för det tecknets karaktär. Om sedan människan hon ska kombineras med också har ett starkt markerat soltecken, då är en jämförelse på bara denna bas någorlunda relevant.

Man måste förstås se horoskopens helhet först, för att få en blick av hur starkt markerade solteckens är i de båda.

Det kan också vara så att solpositionen är ganska svag och betydelselös, men något annat zodiaktecken är mycket starkt markerat med flera planeter och aspekter. Då kan man göra en sådan jämförelse med utgångspunkt från det tecknet.

Vidare har jag redan nämnt sjunde husets betydelse, så en jämförelse av zodiaktecknen de två personerna har i sina sjunde hus är naturligtvis rimlig att göra, så länge man är medveten om att det då inte handlar om människornas allmänna karaktärer, utan deras relations karaktär. Skillnaden är viktig, men inte nödvändigtvis så oerhörd.

Sålunda, om man börjar med hundra reservationer och den största tveksamhet, kan det vara lärorikt att titta på hur de olika zodiaktecknen principiellt gör sig i par. I det följande ger jag några tips på hur man då kan resonera, och ger samtidigt en inblick i hur de tänker som bygger partnerastrologi på solteckenjämförelser.

♈ Vädurens kombinationer

♈ *med Väduren*, är två ivriga, stolta karaktärer med snabbt temperament och kort tålamod. Hur de ska lyckas stå ut med varandra någon längre tid och hålla sams är lite svårt att föreställa sig – men händelserikt blir det.

♉ *med Oxen*, är två helt olika livsrytmer. Den hetsigt sprudlande, mot den sävligt trygga. De kan vara varandras komplement, men så olika att det är svårt att se var de kan möta varandra. Som bäst kan det bli en motsatsernas förening.

♊ *med Tvillingarna*, har i och för sig båda samma höga hastighet men Väduren söker strid, allvar, utmaning, där Tvillingen är lättsam, bekymmerslös och aktar sig för att engagera sig alltför mycket. Har de tålamod med varandras olikheter?

♋ *med Kräftan*, ger en viss spänning i det att Väduren kan irriteras av Kräftans beskyddarvilja, och Kräftan frustreras av Vädurens riskabla dristighet. De kan gott behöva varandra, men någon sann harmoni är inte att vänta. Het kärlek kan det ändå bli.

♌ *med Lejonet*, har båda något av samma grundinställning till livet. Om bara Väduren förmår underordna sig Lejonets vilja kan mycket bli följden – det är bara inte särskilt troligt att Väduren lyckas hålla sig ifrån att provocera och utmana Lejonet.

♍ *med Jungfrun*, är en förening av slarvern och den allra mest nogräknade. Tveklöst irriterar sig Väduren på Jungfruns samvetsgranna eftertänksamhet och försiktighet, medan Jungfrun stönar över hur obetänksam och förhastad Väduren är. De har mycket att ge varandra men svårare att ta emot.

♎ *med Vågen*, är visserligen motsatser i zodiaken, men just därför på något vis snarlika. Vädurens eld och stolthet rimmar inte alltför illa med Vågens principfasthet och övertygelse. Kan de bara finna gemensamma regler och hålla hyfsat sams med varandra – kanske genom yttre fiender – har de goda chanser.

♏ *med Skorpionen*, finner mycket nöje i varandra. Skorpionen förtjusas över Vädurens lättantändlighet och oräddhet, Väduren finner fascination, respekt och dramatik innanför Skorpionens fasta yta. Det är en spännande kombination, ett äventyr mer än någon egentlig förening.

♐ *med Skytten,* är båda otåliga väsen, men Väduren ser Skytten som långt bräckligare och har svårt att känna respekt för honom eller henne, medan Skytten känner sig klämd och dominerad av Väduren. I strävan efter ett fjärran hägrande mål kan de förenas, men Vädurens tålamod kan lätt svikta. Dock glöder kärleken fram till skilsmässan.

♑ *med Stenbocken,* kan gott fungera ihop, såtillvida att de båda är aktiva, handlingskraftiga personer med mål för ögonen. De skiljer sig så att Väduren har kraft och Stenbocken förmåga, vilket gör att de inte sällan kan konkurrera och nästan vilja sabotera för varandra. Tillsammans kan de uträtta storverk.

♒ *med Vattumannen,* har mycket lite gemensamt, men Vattumannen har goda chanser att fördra Vädurens svåra karaktär. Däremot är frågan hur stort tålamod Väduren har med Vattumannens tungsinne och allvar. De kan känna stor respekt för varandra, men behöver andra typer av kontakter än partnern kan ge.

♓ *med Fiskarna,* kan lätt bli blott en beundrare av Vädurens livsglädje och positivism. Fisken tvivlar på sig själv och kan offra sig hur mycket som helst för sin partner, men Väduren har svårt att ta emot och att känna för någon som inte bryr sig om att hävda sig. En ojämlik relation men ibland djup ändå.

♉ *Oxens kombinationer*

♉ *med Oxen,* är sävlighetens koalition. Det måste ta en väldig tid för deras relation att inledas, utvecklas och avvecklas, under vilken det inte är så mycket känslors yrväder som vardagens trygga lunk. De kan i och för sig fungera väl ihop, men det är inte utan att det för båda kan kännas en aning tråkigt. Åren kan gå utan att de märker det.

♊ *med Tvillingarna,* kan komplettera varandra på så vis att Oxen ordnar och håller tillbaka Tvillingens slarv och spontanitet, liksom Tvillingen livar upp Oxens vardag. Frågan är dock om de med sina olika hastigheter hittar till varandra. Gör de det så kan det vara för hela livet.

♋ *med Kräftan,* har många goda länkar till varandra. Oxen är den praktiska, pålitliga och trygga, Kräftan den ömmande och kännande. Oxen trivs säkerligen med Kräftans mildhet och Kräftan likaså med Oxens handfasthet. Det kan bli lite väl konfliktlöst.

♌ *med Lejonet*, lär inte vara utan konflikter. Oxen kan tycka att Lejonet är väl självupptaget och överdriver sin egen betydelse. Lejonet kan finna det svårt att riktigt leva ut i deras relation. Där Lejonet vill förgylla vill Oxen tona ner, den första är högrest, den andra jordnära. Trots motsättningarna har de svårt att bryta upp.

♍ *med Jungfrun*, har många goda förutsättningar. De har samma grundsyn på tillvaron, Oxen med den handfast praktiska slagsidan och Jungfrun med en mer teknisk eller intellektuell ton. Oxen kan tycka att Jungfrun är aningen petig, Jungfrun att Oxen är väl oförfinad, men mestadels är de synnerligen överens.

♎ *med Vågen*, har i och för sig inga direkta motsättningar, men det kan hända att Oxen tycker att Vågen är teoretisk, abstrakt och orealistisk, och Vågen tycker att Oxen är väl krass och principlös. I en relation är det dock troligt att de fungerar som ett intressant och harmoniskt par.

♏ *med Skorpionen*, är så olika att det finns slående likheter mellan dem. Oxen är fjärran från Skorpionens önskan att dramatisera tillvaron och från dennas känsla för det övernaturliga. Skorpionen har å sin sida lite svårt att mäta sig med Oxens praktiska sinne och kapacitet. Gemensamt har de den lugna ytan, behärskningen. Under ytan är de dock olika som natt och dag.

♐ *med Skytten*, känner i och för sig en viss attraktion till varandra, kanske för att de har vad den andra saknar. Oxen känner tryggheten som är så fjärran för Skytten, som i sin tur har det stora perspektivet och rörligheten som Oxen inte förmår. De kan beundra varandra, men någon närmare relation blir det sällan.

♑ *med Stenbocken*, är ett slags själsfränder i sitt praktiska sinne, där Oxen närmast står för nuets vardag och Stenbocken för de långsiktiga målen och ambitionerna. De kanske inte helt respekterar varandra. Oxen är nöjd med status quo och Stenbocken har aningen överdrivna strävanden, men de är ett stabilt par. Relationen fortlever, utan att de ifrågasätter den.

♒ *med Vattumannen*, är ett möte mellan materialisten och teoretikern, som sällan leder särskilt långt. I grunden har de en oförståelse för varandra, så de kan växa i respekt men mer sällan i intimitet. Oxen pysslar och Vattumannen grubblar. Det kan lätt bli ett rätt dystert förhållande. Om kärlek uppstår blir den djup, tung, långvarig.

♓ *med Fiskarna*, kan älska varandra, men inte utan förvirring. Fisken ville gärna känna Oxens ro och vara lika nöjd med livet som den är. Oxen har mycket svårare att se vad Fisken söker eller känner. Fiskens självuppoffrande vilja ser Oxen som nästan pinsam,

så det kan bli ett förhållande av enkelriktad kärlek. Där kärleken
består är det på Oxens villkor.

♊ **Tvillingarnas kombinationer**

♊ *med Tvillingarna*, blir knappast någon djupklingande kärlek.
Däremot kan båda ha mycket nöje av varandra. Glada umgängen,
upptåg och mycket snack. De tar båda livet lätt, räknar inte med
att för evigt hålla ihop, utan ser det som ett stundens ting.

♋ *med Kräftan*, ger en relation inte utan innerlighet och möj-
ligheter. Kräftan försöker skydda Tvillingen från dess spontana
obetänkthet men känner i hög grad sin omsorg vara ouppskattad
eller oupptäckt av partnern. Tvillingen ville gärna kunna känna
den ömhet som Kräftan äger, och trivs med att vara målet för den.

♌ *med Lejonet*, kan näppeligen bli något alltför varaktigt, då Tvil-
lingen har svårt att hedra Lejonet så som det vill och Lejonet har
svårt att ta ting så lättvindigt som Tvillingen gör. Blir de kära så
är det ofta i varandras yttre.

♍ *med Jungfrun*, är i och för sig människor som förstår och aning-
en dras till varandra, men de har svårt att komma överens. Tvil-
lingen är kvick och ombytlig, Jungfrun noggrann och försiktig. De
både attraheras av och kritiserar varandra, vilket gör dem till goda
komplement i ett par.

♎ *med Vågen*, har en gemensam grund i sitt huvudsakligen teore-
tiska, intellektuella väsen. Men Vågen har principer och etik, Tvil-
lingen respektlöshet. Tvillingen kan hålla med Vågens resonemang
för samtals skull men är tämligen likgiltig. Deras relation har svårt
att bli "på riktigt".

♏ *med Skorpionen*, är oförstående inför varandra men mycket
nyfikna. Skorpionen förmår röra om i Tvillingens känslor och tan-
kar – men sällan ordentligt eller långvarigt. Tvillingen vill gärna
lyfta på locket till den hemlighetsfulla Skorpionen och titta in. De
intresserar varandra. Förälskelse men sällan kärlek.

♐ *med Skytten*, lever båda i samma höga tempo men Skyt-
tens drivkraft är strävan och långväga perspektiv, Tvillingens är
nyfikenhet och ombytlighet. Därför kan de irriteras av varandra
intill fiendskap. Dessförinnan är en intensiv kärleksaffär möjlig.

♑ *med Stenbocken*, har svårt att hitta gemensamma nämnare. Tvil-
lingen är ansvarslös men Stenbocken ambitiös. De har svårt att
ställa upp på och acceptera varandras karaktärer, och tycker väl
båda att den andra inte är i deras smak. Om de har gemensamma
intressen är oddsen bättre.

ditt horoskop   335

♒ *med Vattumannen*, är ett förhållande med viss tjusning. Vattumannen beundrar partnerns lättsamhet, Tvillingen den andras djup och kunskap. De vill gärna stjäla varandras talang och söker sällskap, trivs ihop. Det är dock en relation byggd på olikhet, varför den ensam inte är nog för någon av dem. Så länge den varar är den dock förtjusande.

♓ *med Fiskarna*, blir en ganska rörig relation. Fiskens sökande, undrande och letande eldar på under Tvillingens allmänna nyfikenhet. Var ska de ha tid att finna varandra? De är båda rastlösa, men av olika skäl. Tvilling trivs men Fisk längtar. De undviker varandra för att inte frustreras. En sådan relation är svår att bevara.

♋ Kräftans kombinationer

♋ *med Kräftan*, är två ömma människor som blir innerligt kära i varandra. De försjunker i sin värld om två, men det irriterar dem att vara så ömsesidigt beskyddande. Två moderssjälar i ett par, det leder till otrivsel och ett starkt behov av fler människor. Det kan utvecklas till en konkurrens mellan dem.

♌ *med Lejonet*, fungerar alldeles utmärkt. Lejonet får den uppmärksamhet det vill ha, Kräftan får någon ståtlig och på sitt vis ganska tafatt att vårda. Det är dock si och så med respekten från Kräftan, som tycker att Lejonet är väl pompöst och kanske vill förnedra det en aning. Deras relation är inte så beständig som man kan tro.

♍ *med Jungfrun*, har goda förutsättningar. Kräftan vill väl och skapar ro, Jungfrun har en tendens att granska och kritisera relationen men hyser uppskattning inför Kräftans välvilja. Kräftan kan tycka att Jungfrun är lite torftig men känner även där den goda viljan. Det kan bli en aning för välordnat och lite småtråkigt.

♎ *med Vågen*, hittar en gemensam nämnare i varandra – den goda viljan till harmoni, moral och rättvisa. De vill hela världen väl och är ganska övertygade om att vara något av ett perfekt par, ett föredöme för andra. Därför kan de ibland hålla ihop längre än de borde.

♏ *med Skorpionen*, är visserligen båda känsloväsen, men Skorpionen kan inte låta bli att oroa sin partner och locka fram kriser, som Kräftan kämpar för att släta över. Kräftan vill gärna komma inpå Skorpionen, vilket denna har väldigt svårt för att tillåta eller gilla. Passion kan uppstå, men sällan utan komplikationer.

♐ *med Skytten*, är en relation som knappast blir stilla och stabiliserad. Skytten skräms av Kräftans klo och risken för att fastna i äktenskapet. Kräftan vill dra ner Skytten på jorden, släcka dess inre eld och lyckas på sitt vis dominera relationen, trots att Skytten har svårt att se att det är så. Relationen är instabil men intensiv.

♑ *med Stenbocken*, fungerar vackert i par, om Stenbocken har den dominerande karriären, så att Kräftan hjälper, slickar dess sår och värnar om den, så att Stenbocken ges kraft att spränga vidare. Är det istället Kräftans karriär som är den mest storstilade lär det inte fungera länge, om inte Stenbocken luras att tro att förtjänsten är dennas. En lögn som Kräftor i och för sig kan upprätthålla.

♒ *med Vattumannen*, kan utveckla den djupaste, innerligaste kärlek till varandra, som säkerligen varar länge. Vattumannen får hjälp genom sina depressioner, Kräftan får vårda och känna sin betydelse. De kan verka ämnade för varandra.

♓ *med Fiskarna*, blir en relation där Kräftan dominerar, stärker och tröstar den vilsna Fisken. De har svårigheter eftersom Kräftan inte verkar behöva den uppoffring som Fisken vill göra, och Fisken har svårt att ta emot den omsorg Kräftan ger. En vacker kärlek som ofta slutar olyckligt.

♌ Lejonets kombinationer

♌ *med Lejonet*, är två som var och en vill härska och dominera. De måste i det närmaste bli en och samma, för att det ska fungera. Tveklöst tycker de tillsammans att inget annat i världen går upp mot dem. Det kan bli ett slags kärlekssaga.

♍ *med Jungfrun*, är en relation med gnagande, krackelerande skröplighet. Lejonet har svårt att ta den kritik och småaktighet som Jungfrun visar, och Jungfrun ogillar Lejonets pompösa attityd och slarviga förmätenhet. Kärlek kan göra dem mer förlåtande, och då kan relationen bli varaktig.

♎ *med Vågen*, kan vara förträffligt starka allierade, men bara så länge de inte riktigt har klart för sig sina olika motivationer. Lejonet är stolt, Vågen principfast. Det kan lätt krocka och då spricker förhållandet. Men hittar de ett sätt att respektera varandra, då är de en stark förening.

♏ *med Skorpionen*, är sällan utan brytningar och kriser. Skorpionen ser Lejonets sårbarhet och petar gärna i den. Lejonet tycker att Skorpionen mystifierar och larvar sig, så det är sällan stilla mellan dem. Det är inte troligt att de håller ihop så länge, annat än för syns skull, men de kan älska hett tills uppbrottet sker.

♐ *med Skytten*, är likartade men med olika riktning. Lejonet trivs

ditt horoskop 337

bra i nuet och som det är, men Skytten vill bort och komma loss. Därför tycker båda att den andra har fått allt om bakfoten. Lejonet kan nog kontrollera Skytten en tid, men snart måste Skytten fly och springa av sig. Förälskelse är troligare än långvarig kärlek.

♑ *med Stenbocken*, är båda ganska ståtliga, men Lejonet i sig själv och Stenbocken med vad den vill åstadkomma. Om de kan få ihop sina intressen så att Stenbocken kan arbeta för Lejonets sak, då går det utmärkt, men annars kan det spricka på att ingen kan ge den andra herraväldet.

♒ *med Vattumannen*, kan lyckas få ihop det utan att någondera egentligen vet hur. Vattumannen kan beundra Lejonet på sitt eget vis, vilket kanske inte riktigt är vad Lejonet önskat sig, men det fungerar. Lejonet trivs med att betraktas av partnern och tycker nog att Vattumannens allvar är en hyfsad mantel åt ett Lejon. Det kan bli livslång kärlek.

♓ *med Fiskarna*, blir säkerligen ett förhållande där Lejonet totalt dominerar och Fisken är oändligt följsam, självuppoffrande. Det är dock lite pinsamt för Lejonet med en så villig undersåte, och det dröjer inte alltför länge innan Fisken känner att Lejonet trots allt inte var den rätta. Håller de ihop ändå kan relationen bli ganska frustrerad.

♍ *Jungfruns kombinationer*

♍ *med Jungfrun*, kan bena och tälja i sin relation intill själva domedagen, utan att någonsin tycka att de har det riktigt bra. De förstår varandra väl men frågan är om de egentligen står ut ihop särskilt länge. Det krävs mycket kärlek för att de ska behandla varandra tålmodigt.

♎ *med Vågen*, kan fungera, så tillvida att Vågen ser helheter och Jungfrun fyller på med detaljer. De vill fungera ihop och lyckas ofta hålla en vägg mot yttervärlden, men innanför den är gräl inte sällsynta. De kan hålla ihop av andra skäl än kärlek.

♏ *med Skorpionen*, undviker varandra, då Skorpionen vill leva i mystik och oklarheter men Jungfrun vill bena upp och ha allt klart för sig. Är de ihop kan de verkligen gå varandra på nerverna, och detta med en viss förtjusning. Motsatsernas förening.

♐ *med Skytten*, drar åt två olika håll. Jungfrun inåt och till vardagen, Skytten bortåt mot äventyret. De kan vara varandras komplement, men inser kanske sällan hur bra de egentligen fungerar ihop, då de är så illa överens. Kärleken växer om de kan samarbeta om något.

♑ *med Stenbocken*, har god hjälp av varandra och trivs utmärkt i en arbetssituation där de har något att uträtta. Stenbocken har stora mål, Jungfrun flit. Tillsammans kan de åstadkomma ting, men det är mer stolthet och målmedvetenhet än kärlek, som de känner i sitt förhållande. Det kan dock utvecklas till kärlek.

♒ *med Vattumannen*, trivs utmärkt väl ihop, men det är en relation med få skratt och inga lättsamheter. Jungfrun vill tänka som Vattumannen och Vattumannen finner mycket i Jungfruns kritiska öga. Deras kärlek baseras på ömsesidig respekt.

♓ *med Fiskarna*, har svårt att förstå varandra. Jungfrun kan inte begripa vad det är som Fisken söker efter, och tycker att den borde se till vardagen i stället för till drömmarna. Fisken hittar inga svar i Jungfruns logik, och tvivlar på dennas perspektiv. De kan ändå lätt bli beroende av varandra.

♎ Vågens kombinationer

♎ *med Vågen*, är en relation med mycket fasta regler och föreställningar, som spricker totalt i det ögonblick de finner en meningsskiljaktighet som de inte kan enas i. Är de överens kräver de att omvärlden ska ställa upp på deras principer, eller vänder de den ryggen. Det blir lätt mer av partnerskap än kärlek.

♏ *med Skorpionen*, bildar ett lustigt par. Vågen vill balans, klarhet och ärlighet, Skorpionen det motsatta. De kan på så vis brottas med varandra en tid, men antingen förlorar den ena, eller går de snart varsin väg. Processen dit kan vara intensiv, med eller utan kärlek.

♐ *med Skytten*, har egentligen inte mycket gemensamt, men om de enas runt en idé eller ett ideal, finner de varandra med eftertryck och storslagenhet. Då kan de gemensamt tåga mot sitt fjärran mål och vara allierade in i döden – om bara Vågen accepterar Skyttens behov av viss frihet, och Skytten fogar sig efter Vågens krav på viss foglighet. De kan känna sig ämnade för varandra.

♑ *med Stenbocken*, kan gå bra ihop, förutsatt att Stenbockens ambitioner delas av Vågen eller accepteras av denna, och att Stenbocken går varligt och etiskt fram – då är Vågen ett stöd. Annars blir de varandras motståndare. Deras relation kan inte bestå enbart av kärlek.

♒ *med Vattumannen*, finner mycket gemensamt. De kan diskutera djupt och länge om principer och filosofi, och fördjupar med varlighet och engagemang sin relation. Deras förhållande blir som ett kall, en uppgift i livet. Därav kan deras kärlek djupna och bestå evinnerligen.

♓ *med Fiskarna*, kan hitta varandra och bli kvar. Fisken finner ett slags ro i Vågens balans och principfasthet. Vågen kan stimuleras av Fiskens foglighet och beundra dess självuppoffring, vilken gentemot Vågen blir ganska skonsam. De hanterar sin kärlek med försiktighet och omsorg.

♏ Skorpionens kombinationer

♏ *med Skorpionen*, blir ett förhållande med mängder av undertryckta spänningar, där båda inte kan låta bli att försöka ställa till det för den andra och retar sig på varandras behärskning. Skorpionen vill se känslor flöda omkring sig utan att själv blottas eller dras med. Därför trivs de ganska illa i par. En kort och intensiv passion kan det dock lätt bli fråga om.

♐ *med Skytten*, kan i och för sig vara en spännande relation, där Skytten flammar och gnistrar, alltmedan Skorpionen rycker i tåtar och trivs. Det kan dock med tiden frustrera Skytten att känna sig fast i den andras nät, bli manipulerad, och kan därför vilja bryta sig fri. Men nog är relationen spännande så länge den varar.

♑ *med Stenbocken*, är karaktärer av skilda typer, men inte utan beröringspunkter. Deras förhållande blir säkert slitigt, då Skorpionen arbetar i det fördolda men Stenbocken vill manifestera stort och tydligt. Dock kan mycket konstruktivt komma ut av deras förhållande. De kan som allierade uträtta storverk.

♒ *med Vattumannen*, kan lätt bli en djup och långvarig relation. Men det finns en risk, allrahelst för Vattumannen, att inte må uteslutande gott av den. Skorpionen vill gärna fördjupa Vattumannens dunkelhet och nästan dränka partnern i den, och Vattumannens strävan att förstå sin partner är inte riktigt i Skorpionens smak. Den vill förbli ett mysterium. Deras kärlek kan ändå bli innerlig, rentav smärtsam.

♓ *med Fiskarna*, är båda känslobaserade människor, men hos Fisken levs allt ut och den blottar sig gärna. Skorpionen kan lätt frestas att bolla väl hårdhänt med Fiskens sensibilitet, irriterad på det låga motståndet. Tillsammans har de dock rika upplevelser. Det är både svett och tårar i deras kärlek.

♐ Skyttens kombinationer

♐ *med Skytten*, är två personligheter som inte vill binda sig eller fastna i status quo. Finner de ett sätt att utan bojor ändå fungera ihop, då kan relationen bli långvarig – bäst om de förenas i en strävan mot samma fjärran mål.

♐ *med Stenbocken*, har nog svårt att hålla sams, såvida de inte finner ett sätt att komplettera varandra. Stenbocken bygger och befäster, Skytten bryter upp och skyndar vidare. Det blir lätt så att Stenbocken försöker hålla Skytten fången, vilket inte håller evinnerligen – men kanske rätt länge.

♒ *med Vattumannen*, kan finna något tillsammans, då Skytten beundrar Vattumannens djup och mentala koncentration medan Vattumannen inspireras av Skyttens poetiska, flyktiga karaktär. Men lika gärna kan de glida ifrån varandra, då Skytten skyr partnerns allvar och tungsinne, och Vattumannen ogillar Skyttens hastiga omdöme och halva fanatism.

♓ *med Fiskarna*, har nog mycket svårt att gå ihop. En tid kan de förenas, när Skytten strävar mot samma mål som Fisken för ögonblicket söker efter. Men snart ändras deras kurser och de far ohjälpligt isär. Deras relation är hastig, förvirrande och oviss. Medan den varar är den dock kittlande, gnistrande och skön.

♑ Stenbockens kombinationer

♑ *med Stenbocken*, är två väldefinierade människor med fasta planer och klara rutiner. De upplever sin relation som aningen trång, och oenighet dem emellan hittar svårligen sin lösning. Ingen vill kompromissa, båda är starka. Om arbete håller dem upptagna kan de nog hålla sams och visa stor kapacitet, och de vill gärna göra allt för att hålla samman sin relation – även när de borde bryta upp.

♒ *med Vattumannen*, fungerar i och för sig ihop, om än Stenbock tycker att Vattuman är väl abstrakt och gör berg av teoretisk småsten, och Vattumannen tycker nog att partnern är lite grovhuggen och endimensionell. Ändå kan de ingå ett varaktigt, komplicerat äktenskap. Kärlek mellan dem kan bestå, fast den inte tindrar.

♓ *med Fiskarna*, är ett förhållande mellan två som illa förstår varandra. Stenbocken tycker att Fisken är svag och förvirrad. Fisken kan en tid beundra Stenbocken men tycker nog snart att denna är okänslig och lite skygglappsmässig. Stenbocken kan en tid utnyttja Fisken, som inte skyr sådant, men blir med tiden oroad och irriterad på dess svävande väsen. En kort förälskelse, som sällan leder vidare.

♒ Vattumannens kombinationer

♒ *med Vattumannen*, är två djupa sinnen som försjunker i tillvarons snårigheter och söker de vises sten i varandra. Det kan bli outhärdligt dystert mellan dem och svårt att ta sig ur den gemensamma analysen. Allvaret blir nästan oöverstigligt. Deras kärlek känns ödesmättad.

♓ *med Fiskarna*, är en lyckad förening av den som tänker, analyserar och förstår, med den som söker och lyssnar. Det kräver dock att det fungerar med Vattumannen som läraren och Fisken som eleven. Skevar det i deras försök att leva sig in i de rollerna vill de nog slippa varandra. Annars kan de vara ihop för evigt, utan att ens märka att tiden går.

♓ Fiskarnas kombination
♓ *med Fiskarna*, är två sensitiva, bräckliga, hastiga, sökande själar som på något underligt vis råkat få fatt i varandra. De vet inte till sig av ömsesidiga självuppoffringar och skulle väl skynda ifrån varandra, om de inte vore så ömsinta att de inte vill bryta upp av rädsla för att den andra ska bli förkrossad. Man kan också tänka sig att båda delar sin kärlek till någon tredje.

Husens inverkan
För att min lilla genomgång av hur man kan tolka partnerhoroskop ska bli fullständig, är det på sin plats att säga något om husens betydelse. Med undantag för sjunde och möjligen fjärde huset, visar dessa på individens miljöer eller uttryck och ska jämföras utifrån de individuella horoskopen.

När två människoliv integreras råder aldrig någon enkelhet, men en titt på hur deras hus står i förhållande till varandra kan tipsa om hur saker och ting i det dagliga livet kommer att fungera dem emellan. Vad som sedan ska betonas respektive negligeras avgörs av hur starkt markerade husen är i vardera horoskopet.

För att göra den lilla genomgången tydligare, tänker jag mig en situation där de båda personerna har flyttat ihop och bildat familj.

Husens inverkan på partnerhoroskop:
1 *Första huset*, gestalten, visar mest inför andra hur de två verkar fungera ihop, om de är lika eller olika. Om deras första hus är mycket olika har omgivningen väldigt svårt att förstå hur de kan fungera ihop, och man frågar sig vad de egentligen ser hos varandra. De verkar alltid oense när de träffar andra.
2 *Andra huset*, ekonomi och ägande, visar i vilken utsträckning och på vilket sätt respektive partner bidrar till hemmets ekonomi och sköter den. Det kan oneklingen skifta betydligt och vara en

orsak till split eller sämja, beroende på hur de förhåller sig till varandra.

3 *Tredje huset*, umgänge, antyder om de båda har gemensamt umgänge eller skilda vänkretsar, samt hur de förhåller sig till den närmaste omgivningen utanför familjen. Den ena kan till exempel vilja träffa folk så gott som jämt, den andra vara betydligt mer förtjust i sällskap med partnern enbart.

4 *Fjärde huset*, hem och familj, kan se olika ut för de två även om de delar hem, ty det är fullt möjligt för två att ha helt olika roller i och förhållande till samma hem. Detta hus betyder naturligtvis en hel del för hur ett äktenskap med tiden ska gestalta sig.

5 *Femte huset*, nöjen och fritid, visar hur pass de vill tillbringa fritiden tillsammans och vad de gör av den. Det kan, om de skiljer sig mycket, betyda att de sedermera inte ser särskilt mycket av varandra på ledig tid – utan att detta behöver innebära slutet på deras förhållande. Ett hot mot relationen kan det förstås vara.

6 *Sjätte huset*, arbete, är intressant då yrke och arbete onekligen spelar en stor roll i människors liv. Har de mycket olika karaktär kan detta både vara en tillgång och en risk för relationen. Avgörande är hur glatt eller avogt de ser på olika erfarenheter, hur de kan glädjas åt varandras olikheter.

7 *Sjunde huset*, partnerskapet, har jag redan behandlat.

8 *Åttonde huset*, dödshuset, visar deras förhållande till en större livets ordning. Födslar, dödsfall, i viss mån släkt och det mystiska i tillvaron. Härifrån hämtar människor mycket av sin livsmotivation, sin gnista, så det är av ganska stor betydelse hur de förhåller sig till varandra på denna punkt.

9 *Nionde huset*, förändringar, visar på hur ombytligt deras respektive liv kan vara, hur villiga de är till förändring och nyheter. Är de mycket olika här, kan man anta att de tillbringar långa tider ifrån varandra. Det är inte omöjligt att detta skapar irritation.

10 *Tionde huset*, social status, visar på anseende och roller i ett större socialt sammanhang. Karriären. Här kan naturligtvis saker uppträda som antingen är en glädje eller en sorg för deras relation. Det finns alltid en spänning mellan detta hus och hemmet och relationen. De står i opposition respektive kvadratur till varandra. För att en relation ska bli långvarig måste detta få en lösning.

11 *Elfte huset*, ideal, handlar om ideella engagemang och eventuella föreningsaktiviteter. Om de två ideologiskt är väldigt olika behöver det inte betyda att deras relation skjuts i sank, men det kan vara en malört i glädjebägaren. Har de likartad inställning i dessa frågor lär det säkert binda dem hårdare till varandra.

12 *Tolfte huset*, offer, är vad de ger avkall på för att deras liv i övrigt ska fungera. Man bör se upp om det zodiaktecken som ligger här hos ena partnern är mycket starkt markerat hos den andra – då kan de få mycket svårt att samsas eller förstå varandra. Annars är betydelsen av detta hus mest av en känslomässig art i förhållandet. Den ena personen kan hjälpa den andra att ersätta eller konkretisera häri eftersatta behov.

Ett exempel
Enkel solteckenastrologi har sitt att säga om kombinationen av en Fisk och en Tvilling, men nu granskar vi hela Rogers och Evas horoskop och finner kvickt att en tolkning baserad på solens position är missvisande för båda.

Roger är i sitt soltecken en Fisk och Eva en Tvilling, men så fort man granskar horoskopen aningen mer, märker man att i synnerhet för Rogers del är soltecknet inte särskilt signifikant. Eftersom den är placerad alldeles i början på tecknet kan man inte säga att Rogers sol har en typisk Fiskkaraktär, då vore slutet på tecknet mer passande, och endast lilla Merkurius håller till i samma tecken.

De två planetpunkterna har inte heller särskilt starka aspekter – bara varsin sextil, som visserligen gör att Rogers Fiskanlag ofta gör sig gällande på konkret vis, men har föga betydelse för hela hans liv.

Med Eva är det annorlunda, då solen i Tvillingarna befinner sig i konjunktion med Uranus, en planet som i hög grad har Tvillingarnas tänkande karaktär. Eftersom båda dessa planetpunkter med sin tyngd och auktoritet är placerade i början på tecknet blir hennes Tvilling mer av Vågens logiska principklarhet och Vattumannens djupsinnighet. Detta förstärks naturligtvis av att Saturnus befinner sig i samma tecken, liksom att Tvillingarnas härskare Merkurius befinner sig alldeles inpå startpunkten för tecknet.

Även aspekterna ger tecknet en större betydelse, inte för att de i sig är särskilt starka, men för att dessa planeter från början är av stor betydelse i hennes horoskop. Det skulle alltså vara något rimligare att bedöma Eva efter hennes soltecken, men det har här mer av Vågens och Vattumannens (som också är ursprungstecken till elfte huset, där soltecknet befinner sig) karaktärer än Tvillingarnas.

Vidare visar redan aspekterna att Eva är mer komplicerad och mångfasetterad till sin karaktär än Roger, vilket ytterligare understryks av att Roger är starkt markerad i Oxens stabila tecken. Lik-

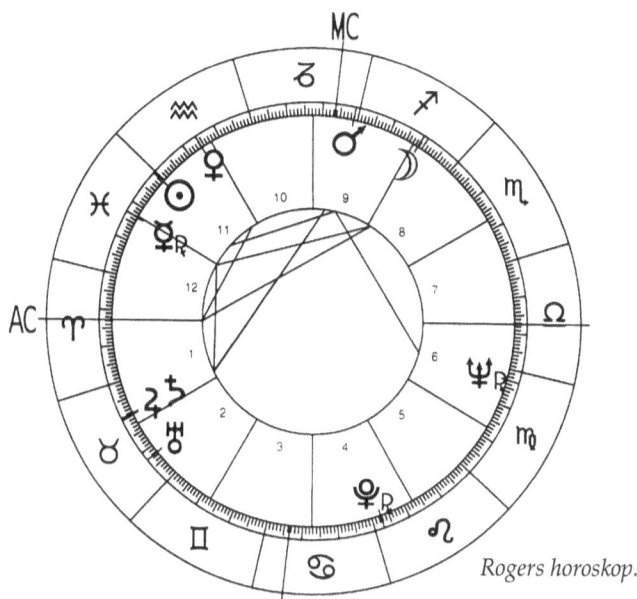

Rogers horoskop.

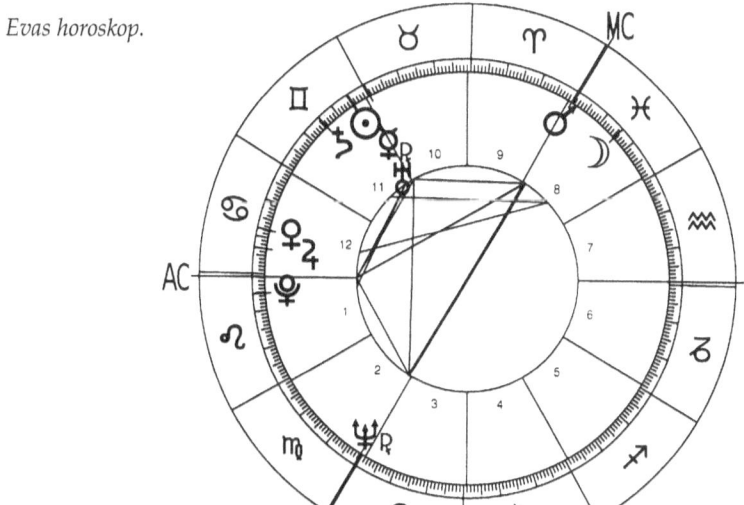

Evas horoskop.

ditt horoskop

aså har han en övervikt av planetpunkter i jordens element och i det fasta tillståndets tecken.

Annars kan man ana en likhet i deras horoskop, såtillvida att båda är något koncentrerade till sin vänstra halva, eller sådär hus nio till två. Det är dock inte någon tydlig koncentration.

Men de har fler släktskap. Båda har sin måne i åttonde huset, så de är starkt övertygade om sin kontakt med en högre mening och känner en förtjusning inför livets drama och mysterium. De har också ett behov av att själva delta i artens och släktets fortbestånd, vilket inte är så komplicerat.

Båda har sin sol i elfte huset, idealens och de stora perspektivens miljö. Därför vill ingen av dem stänga portarna mellan sitt äktenskap och omvärlden, även om månen i åttonde huset kan fresta till det. Därmed är det också viktigt för dem att vara någorlunda överens ideellt, och att uppmuntra varandra till ett socialt engagemang.

Båda har sin ascendent i ett eldtecken, Roger i Väduren och Eva i Lejonet, vilket gör att de har många yttre likheter. Det verkar som om Eva är den som bestämmer i deras relation – även om Roger ofta kan göra mest väsen av sig.

Observera också att Evas ascendent är i exakt konjunktion med Rogers Pluto i fjärde huset, vilket betyder att Eva har en mycket djup och överväldigande betydelse i Rogers liv, särskilt när det gäller hem och familj. Det låter som en självklarhet men gäller sannerligen inte för alla äktenskap. Evas bindning till Roger är inte lika starkt betonad.

Det bör påpekas att båda horoskopen har en mycket snarlik placering av både sol och måne, astrologins symboler för det faderliga och det moderliga. De är därmed i grunden ganska väl överens om hur ett äktenskap ska se ut och vilka roller och funktioner de ska inta i det, särskilt som föräldrar. Roger har dock sin sol i Fiskarna och Eva sin måne i samma tecken. Det betyder att de aningen ofullgånget söker efter det sannaste sättet att vara man respektive kvinna, samtidigt som de gör stora uppoffringar för att uppfylla sin könsroll som de tror att de borde. De kan alltså båda tendera att undertrycka sig själva i sina försök att leva upp till sina respektive könsroller.

Därför är det ganska lustigt att se Rogers måne i Skytten och Evas sol i Tvillingarna, vilket betyder att båda ger partnern en stor frihet att efterleva sin könsroll efter behag, att inte känna sig tvungen att vara efter ett visst mönster. De ger alltså varandra en frihet som ingen av dem tar emot.

Det skulle bli alltför omfattande att här gå igenom båda horoskopens individuella sidor ordentligt, fastän detta naturligtvis är det centrala i tolkning av partnerhoroskop. De jämförelser som ovan gjorts hoppas jag ska vara en tillräcklig fingervisning om hur individuella anlag kan inverka på partnerskapet. För att inte trötta läsaren med detaljernas mängd koncentrerar jag mig på huvudsaker.

Rogers sjunde hus, delat mellan Vågen och Skorpionen, är tomt på planeter, vilket visar att partnerskapet i sig inte känns som en huvudsak eller spelar någon händelserik roll i hans liv. I första hand vill han åstadkomma Vågens balans och harmoni, det ideala parförhållandet och äktenskapet. I andra hand ser han till äktenskapets Skorpionbetydelse, länken till det förflutna och framtiden, sexualitet och fortplantning, och allt det förunderliga som sker när två människor förenas. Hans Pluto i fjärde huset och månen i det åttonde betonar också detta, att han ser relationen som ett medel att bilda familj och uppfylla denna del av det mänskliga ansvaret. Pluto i Lejonet i fjärde huset visar också att det känns viktigt för honom att just hans släkt, hans kött och blod, ska leva vidare i ytterligare många generationer.

Evas sjunde hus är nästan helt i Vattumannens tecken. Hon har därför en stark känsla för relationens allvar och djupa plikter, men familjen är inte så mycket ett mål som den är hos Roger. Eva vill att äktenskapet ska vara en förening av två andar, två personligheter, där de med tidens och tankens hjälp ska lära sig förstå varandra och komma djupt inpå varandras väsen. Här är naturligtvis hennes starka mentala och intellektuella betoning i Tvillingarna en drivkraft.

Av vad jag tidigare sagt kan man tänka sig att om någon av dem skulle bryta upp deras förhållande, skulle det vara Eva. Men med den ansvarsfulla, försiktiga Vattumannen i sjunde huset kan man lita på att hon i det längsta drar sig för det.

Om deras sexualitet kan kortfattat sägas att Roger med Mars i nionde huset och Stenbocken ger distanserat men bestämt, med Venus i elfte huset och Vattumannen vill ta emot ödmjukt och djupsinnigt. Eva med Mars precis i slutet på Fiskarna och åttonde huset ger prövande och med viss ångest, medan hon med Venus i Kräftan och tolfte huset tar emot känsligt, återhållet. Sexualiteten är komplicerad för henne, förmodligen för att hon brottas med vissa hämningar. Roger är friare men har inte riktigt känselspröten för att hitta fram till Eva. Mest är det deras respektive Mars som krånglar, eftersom de står i kvadratur till varandra. De har lättare

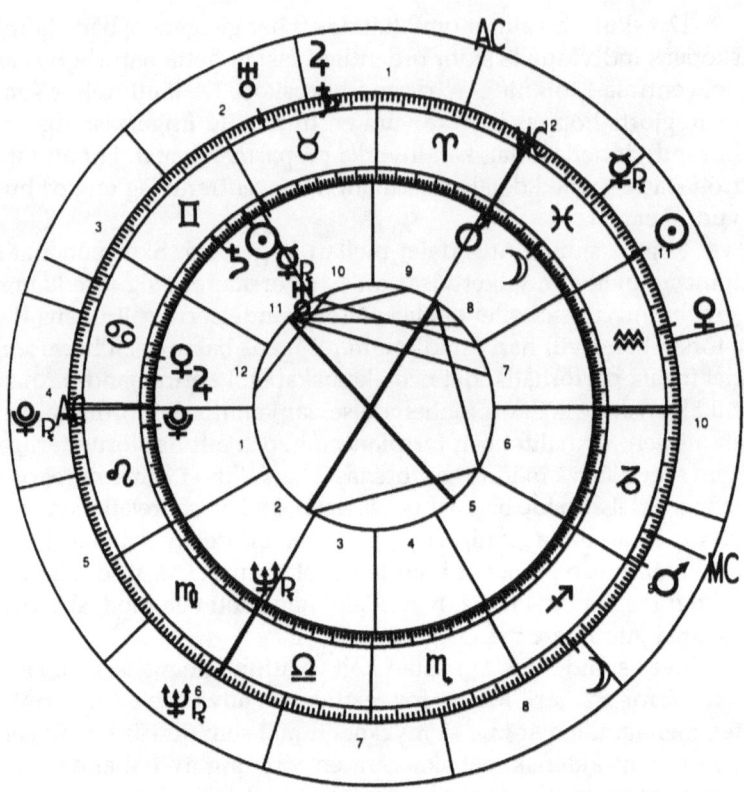

Synastrihoroskop. En kombination av Evas och Rogers horoskop, där Evas är det inre och Rogers det yttre. Aspekterna mellan deras horoskop markeras i den innersta cirkeln.

att ta emot varandras sexuella initiativ än att känna sig tillfreds med hur de själva ska agera gentemot den andra.

Evas fjärde hus i Skorpionen visar att hon förstår Rogers känsla för släktets fortbestånd och äktenskapets ärvda plikter, men det är tomt på planeter och hon har Kräftan, med både Venus och Jupiter, i tolfte huset. Den mjuka, berikande moderlighet hon i och för sig har anlag för, håller hon sålunda igen en hel del – i hög grad till förmån för sitt djupa tänkande och sina långsträckta principiella resonemang. Hon förmår inte tycka att just hennes familj ska förtjäna mer ansträngning och uppmärksamhet än hela den omgivande världen.

Slår man ihop faktorerna som har med fortplantning och familjebildning att göra, anar man att det inte går helt som önskat med familjens tillökning. Det visas av Rogers Pluto i ensamma Lejonet i fjärde huset, månen i Skytten i åttonde och solen i Fiskarna, liksom Evas Kräfta i tolfte huset, månen i Fiskarna i åttonde och ett tomt fjärde hus i Skorpionen. Detta är naturligtvis alltför känsligt för astrologen att fälla något kategoriskt omdöme om, men det är tänkbart att olyckliga omständigheter kan sätta streck i räkningen, eller i alla fall bedra dem på en del av deras förhoppningar när det gäller avkomma.

Hastar man nu slutligen igenom husen, ser man först i deras ascendenter att de har stora likheter. Roger är den kvicka och Eva den dominanta men de har samma grundkaraktär, som det verkar.

Ekonomin är det inget fel på, med jordtecken i andra huset. Umgänget lär de säkert kunna dela, även om det mer är Rogers vänner än Evas, eftersom han i högre grad söker upp dem.

I hemmet är de inte heller alltför olika, om än Roger är mer beskyddande och Eva ibland en orosstiftare. Fritiden ägnar Roger åt sin personliga utveckling, Eva behöver komma bort och röra på sig. Det kan ofta vara klokt av dem att tillbringa semestrar på olika håll.

Arbetet har för båda en praktisk karaktär, om än mer för Eva än för Roger. Med sjätte huset delat på Jungfru och Våg, dessutom Neptunus däri, har Roger ett mer komplicerat yrke. Det spelar också en större roll i hans liv än Evas yrke i hennes.

Båda deras nionde hus visar att de reser en hel del och byter miljöer på ett genomgripande sätt. Med Mars i detta hus är Roger mer av initiativtagaren och den som ordnar med detta. Det kan ofta vara hans arbetssituation som gör att de får röra på sig, hans behov av omväxling.

Ideologiskt har de många beröringspunkter med varandra, även om Eva känns både mognare och mer kapabel att se igenom saker och komma till slutsatser. De är båda ideellt engagerade.

De har båda sitt tolfte hus i vattentecken, varför det är inom det känslomässiga som de får göra vissa offer. Roger skulle gärna se sig om i världen och söka fler emotionella erfarenheter, men håller igen på detta, utan att det är något större offer för honom. Eva betalar ett dyrare pris. Hon håller igen sin kreativitet och hjälpsamhet, till förmån för det livets allvar som hon ständigt begrundar. Hon låter sin hjärna dirigera, fastän hjärtat ofta skulle göra livet behagligare.

Så mycket om Rogers och Evas horoskop. Om det är svårt att tränga in i ett horoskops komplexitet, är det närmast omöjligt att uttömmande lyckas tolka två personers horoskop i en relation dem emellan. Man bör alltid ha det i minnet och fälla sina omdömen med ödmjukhet. De som ideligen strävar efter att förenkla människors dynamik och personligheter, i avsikt att lättare kunna fälla fasta omdömen på ett minimum av grunder, gör nog mer skada än nytta.

Jag vill gärna avsluta med att påpeka att varje relation har sina kvaliteter, liksom varje individ har sina. Att via horoskop försöka pussla ihop de mest lyckade äktenskapen är en enfaldig häxkonst. Att inte passa ihop betyder dynamik och fascination, att passa ihop betyder harmoni. Vem kan säga vilket som är mest eftersträvansvärt, och vem vet vilka vägar som egentligen leder till lycka? Livet är underbart komplicerat. Det vore bra trist om vi verkligen lyckades förenkla det.

Gör det själv

Ställ ditt horoskop

Nu är det så äntligen dags för dig att ställa ditt eget horoskop. Astrologins matematik är förstås densamma som astronomins, det vill säga ytterligt komplicerad. Himlakropparnas rörelser är inte lätta att räkna ut, så det ska du inte behöva göra.

Horoskopet är inget annat än en bild av himlen, som den såg ut vid födelseögonblicket från platsen för födelsen. Var befann sig planeterna, hur stod jordklotet i sin rotation runt den egna axeln? Eftersom vi känner till hur planeterna rör sig går det att räkna ut för vilket datum som helst – såväl i det förflutna som i framtiden.

Gratis på Internet

När den här boken gavs ut i sina första upplagor mellan 1979 och 1991 fanns inte Internet, ej heller några smidiga astrologidataprogram till överkomliga priser. Nu finns bådadera. Därmed är det en smal sak att räkna ut sitt horoskop och vara trygg i förvissningen om att allt är korrekt. Flera hemsidor på Internet erbjuder gratis uträkning av ditt horoskop, det enda du behöver göra är att fylla i de relevanta personuppgifterna:
   1 *födelsedatum*
   år, månad, dag
   2 *födelseklockslag*
   timmar och minuter, så exakt som möjligt
   3 *födelseplats*
   orten där födelsen ägde rum

Oftast har dessa horoskopprogram på Internet omfattande förteckningar över orter, men om din födelseort inte finns med kan det vara nödvändigt att antingen knappa in longitud och latitud för orten eller ange den närmaste större orten. Om det bara skiljer några mil i avstånd mellan dem spelar det ytterst ringa roll för horoskopets beräkning.

Viktigare än ortens exakta geografiska placering är klockslaget för födelsen – redan några minuters fel kan göra stor skillnad i horoskopet. Se därför till att du är riktigt säker på födelsetiden.

Astrologen. Gravyr från sent 1800-tal av Joseph Demannez, efter John Seymour Lucas.

Om du är det minsta osäker bör du kontrollera, allrahelst i den sjukhusjournal som fördes vid förlossningen – detta tar visst sjukhusen en avgift för numera, men det får det vara värt. Lita inte på din mors minne – speciellt om hon fött fler än ett barn. Under förlossningen hade hon ju helt andra ting att koncentrera sig på än klockan. Sjukhusens förlossningsavdelningar är däremot mycket tillförlitliga med sina tidsangivelser.

Vad du får på Internet är de exakta positionerna för planeter, hus, aspekter och så vidare i ditt horoskop, däremot varierar det hur snyggt de tecknar själva horoskopdiagrammet – på engelska kallat *chart*. Du kan vilja teckna din egen chart. I så fall är det klokt av dig att kontrollera resultatet med hjälp av de metoder som anges nedan.

De charts som tecknas av astrologiprogrammen direkt bör man kunna lita så gott som blint på – men vill du vara riktigt säker så kan du gott besöka olika hemsidor och låta dem räkna ut ditt horoskop, så kan du jämföra mellan dem, både vad gäller uträkningarna och hur de ritar sina charts.

Nedan är några sådana hemsidor, som jag hittat på Internet, men webben är en rörlig värld så det kan förändras – nya kommer och gamla försvinner. På min astrologiska hemsida *astrologi. nu* försöker jag hålla länkarna till gratishoroskop aktuella. Annars kan du göra en ämnessökning på Google eller andra sökmotorer. Det leder dig snabbt till listor som förhoppningsvis uppdateras någorlunda, men det är snårigt att bland deras länkar hitta till gratishoroskopen – så börja gärna med att pröva dessa:

Gratis horoskop på Internet
astro.com (Astro Dienst)
alabe.com (Astrolabe)
0800-horoscope.com (0800-horoscope)
astro-software.com (Astrology Software)

Horoskopprogram på Internet
Om du fortsätter att tolka horoskop och vill ha andra än ditt eget uträknade, är det förstås inget som hindrar att du igen och igen utnyttjar ovannämnda gratistjänster. Det är dock en smula otympligt om du börjar få fart på horoskopin. Då bör du hellre skaffa dig ett horoskopprogram att ladda ner på din egen dator – det kan du ju dessutom modifiera och ställa in efter egna önskemål.

Här är de viktigaste inställningarna att göra egna modifieringar av, men vartefter du lär känna ditt program blir du säkert angelägen om att putsa även på andra detaljer:

Punkter att ta med. Normalt brukar programmen klara att lägga in alla möjliga punkter förutom själva planeterna i horoskopet – många av dem gamla kända astrologiska elementa, andra moderna eller väldigt perifera ting. Gör ett urval, så att horoskopet inte blir för grötigt att tolka.

Hussystem. Det finns ett antal olika hussystem, såsom Placidus, Likahus och Regiomontanus. Själv tilllämpar jag Likahus (på engelska *Equal*) och har så gjort genomgående i denna bok – men du kanske väljer något annat. Placidus är det vanligaste i västvärlden. Se till att välja vilket av hussystemen du vill att ditt program ska använda sig av.

Aspekter. Själv använder jag mig av de fem aspekter som redan Ptolemaios tillämpade: konjunktion, opposition, trigon, kvadratur och sextil. Det finns fler, och du bör ställa in ditt program på att ta med eller exkludera olika aspekter efter ditt eget behag.

Orbis för aspekter. Den tolerans som tillämpas för att en vinkel mellan två planetpunkter ska räknas som en aspekt varierar mycket från astrolog till astrolog. Själv är jag sträng och kräver 4° noggrannhet – många nöjer sig med 8° eller varierar orbis efter vilken aspekt det är fråga om. Detta kan du ställa in efter eget huvud på ditt horoskopprogram.

Enklast och billigast köper du ditt horoskopprogram på Internet. Där får du också bäst information om dem, så att du kan leta dig fram till det du tycker verkar bäst för dig.

Här är några av de bästa horoskopprogrammen som du kan köpa via Internet – de två första av dem är helt gratis. Du bör noga granska och pröva dem innan du slår till, dels för att de i regel kostar en slant och dels för att det tar en tid att bekanta sig med dem, så man vill inte gärna slösa tid på ett program som man sedan inte trivs med.

Jag kan rekommendera *AstroWorld*, som jag själv gärna arbetar med och som är kvickt att såväl installera som lära sig. Dess efemerid sträcker sig dock inte längre tillbaka än till 1600-talet – gratisprogrammet *Astrolog* har faktiskt tabeller som räknar planetpositionerna så långt tillbaka som till cirka 3000 f.Kr. Vidare saknar *AstroWorld* massor av finesser – speciellt när det gäller möjligheten att göra egen design, som exempelvis *WinStar* har. Därför har jag på min dator samtliga dessa tre installerade, men det är knappast nödvändigt för var och en.

Också länkar till bra horoskopprogram försöker jag hålla aktuella på min hemsida www.astrologi.nu, men de brukar inte ändras särskilt ofta. Du kan förstås också söka dem via Google eller någon annan sökmotor på Internet.

Några horoskopprogram
astrolog.com – *Astrolog*. Gratis! De omfattande efemeriderna laddas ned separat från Internet men är inte alls svåra att installera.
kairon.cc – *Kairon*. Gratis! Program för Mac.
astroworld.net – *AstroWorld*. Smidig programvara för Windows i lite olika utföranden med olika pris.
astrologysoftware.com – *WinStar*. Omfattande program med mängder av finesser, som funnits med i datorbranschen länge (tidigare under namnet *Blue Star*). Det är rätt knepigt att lära sig använda.
alabe.com – *SolarFire*. Välutrustad programvara men också ganska kostsam.

Kontrollera uträkningen

När du börjat använda ett horoskopprogram och fått kläm på det, så ska du väl inte längre behöva kontrollera resultatet, men innan dess är det en god idé att hålla öga på vad för uträkningar du kommer fram till – likaså om du själv tecknar dina horoskopdiagram.

Tänk på att vara omsorgsfull. Få ting är så irriterande inom astrologin, som att ägna mödosamma timmar åt att tolka ett horoskop bara för att lite senare upptäcka att det är felaktigt. Därför får du här några knep för att kontrollera om horoskopet är korrekt uträknat. Dessa kontrollpunkter kan inte avslöja alla fel, bara några, men redan det är värt en del – och fel har den egenheten att de sällan kommer ensamma. Så om du med dessa kontrollpunkter upptäcker något fel i horoskopet, ta det säkra före det osäkra och gör om det från början – eller pröva en annan resurs på Internet, om det är där du har hämtat din uträkning.

Enkla kontroller av horoskopet:
Sol, Merkurius och Venus kan inte befinna sig hur långt ifrån varandra som helst. Om det är mer än 28° mellan solen och Merkurius, mer än 48° mellan solen och Venus eller mer än 76° mellan Merkurius och Venus, då har det blivit fel.

Ascendenten och Medium Coeli kan aldrig mötas i en konjunktion eller hamna i opposition. Medium Coeli befinner sig alltid i horoskopets övre halva – hus sju till tolv – och oftast ungefär 90° från ascendenten (hus nio och tio), alltså nära kvadratur med den. Ju närmare ekvatorn man kommer, desto närmare kvadratur kommer ascendenten och Medium Coeli alltid att befinna sig.

Ascendentens zodiaktecken är på nordliga breddgrader oftast Lejonet och Skorpionen, och minst ofta Väduren och Fiskarna. Den kan förstås hamna i vilket tecken som helst, men om horoskopet gäller en svensk, i synnerhet någon född högre upp i Sverige, då bör man göra en extra kontroll om ascendenten hamnat i något av de sällsynta tecknen.

Neptunus och Pluto rör sig så långsamt att man snabbt lär sig ungefär var de kan befinna sig vid ett givet årtal. Under hela 1900-talet rörde sig Neptunus från Tvillingarna till Vattumannen och Pluto från Tvillingarna till Skytten. Under 2000-talets första hälft hinner Neptunus komma till slutet på Oxen och Pluto till början på Fiskarna. Du lär dig ganska snart var de befann sig i olika decennier. Likaså vet du att de aldrig under 1900-talet och alltjämt bildat någon annan aspekt än sextilen – och det nästan hela tiden.

Jupiter rör sig ett tecken per år, ungefär 30°. Dess förflyttning är därför också lätt att lägga på minnet, på ett ungefär.

Solen har förstås den mest välkända banan genom zodiaken. Kontrollera därför alltid om solen hamnat där den ska, i det stjärntecken som stämmer med födelsedatumet. Eftersom solen också alltid ska ha Merkurius och Venus till nära grannar, är mycket vunnet med en sådan uppmärksamhet.

Natt eller dag märks på solens husplacering. I hus 1-6 är det natt, hus 7-12 dag. Det beror på att ascendenten markerar horisonten i öster och sjunde husets startpunkt, *descendenten*, visar horisonten i väster. Om solen är under horisonten är det natt, annars dag.

Retrograd är det bara de verkliga planeterna som kan förflytta sig. Inte ascendenten, Medium Coeli, solen eller månen. Månknuten rör sig däremot ständigt i retrograd, alltså bakåt genom zodiaken.

Uträkning i sex steg

Uträkningen av horoskopet går i sex steg. Första gången du räknar ut ett horoskop är det väl bäst att följa de här sidorna, men redan andra eller tredje gången kan du nog det hela i huvudet. Då behöver du bara återvända till detta kapitel när du blir osäker på något.

Återigen: se till att vara omsorgsfull och koncentrerad, det är inte alls roligt att i efterhand upptäcka att man tolkat ett felaktigt horoskop. Ännu värre är att inte alls upptäcka det och därmed få saker för evigt om bakfoten.

Nu börjar vi.

1   *Tidpunkt för födelsen. År, månad, dag och klockslag.*
Du kan bara ställa ett korrekt horoskop om du har dessa uppgifter. Klockslaget bör vara på minuten. Se upp med dem som är säkra på att de föddes precis vid hel timme, även halvtimme eller jämn

kvart. Ju mer udda en tidsangivelse är, desto mer kan man lita på den. Mödrar tror ofta att de minns precis när de fick sina barn, även om de är flera. Det är sällan riktigt sant.

På sjukhusen antecknas födelsetidpunkten och arkiveras i deras journaler. Man kan få den uppgiften – av sekretesskäl bara på sig själv, förstås, och bara om man begär det skriftligt. Det händer numera att man får betala en avgift för det. Födelsetidpunkten brukar skrivas i moderns journal, eftersom det formellt är hon som är patienten vid en förlossning.

2   *Plats för födelsen. Latitud, longitud och tidszon.*
De flesta horoskopprogram brukar klara av att ange longitud och latitud för tusentals orter, däribland också de flesta svenska som är någorlunda stora. Annars får man själv ta reda på koordinaterna. Med longituden och latituden behöver du inte vara mer noga än att ta siffrorna för orten ifråga, och mer exakt än tiondelar av grader är det inte meningsfullt att bli.

Du kan också behöva notera vilken tidszon födelsen skedde i. De flesta horoskopprogram håller reda på sådant för de allra flesta platser på jorden, men skulle det vara så att horoskopprogrammet kräver att du matar in den uppgiften själv bör du förstås vara säker på saken. Sveriges tidszon är CET, centraleuropeisk tid, som är en timma före Greenwich Mean Time. Tidszoner väster om Greenwich ligger efter i tid.

Det finns en tabell längre fram i boken som visar tidszonen i de flesta länderna i världen. Man kan också hitta uppgiften i kartböcker eller på Internet (t.ex. www.worldtimezone.com). Observera att vissa stora nationer har flera tidszoner – exempelvis USA och Ryssland.

Vad horoskopprogrammet gör med dessa uppgifter – födelseplatsens longitud och tidszon – är att fastställa korrekt lokal tid. Astrologiskt räcker det inte med ett lands normaltid, utan man behöver veta den verkliga lokala tiden för platsen. Det är för att kunna fastställa ascendenten och Medium Coeli. Lokal tid är helt enkelt Greenwich Mean Time plus 4 minuter för varje grad östlig longitud (minus för västliga grader). Det kan göra rätt stor skillnad från normaltiden. Exempelvis ligger Stockholm drygt 12 minuter före svensk normaltid och Malmö 8 minuter efter.

3   *Kontrollera om sommartid gäller.*
Också detta brukar horoskopprogrammen själva hålla reda på, så att man inte ens behöver tänka på det. Skulle så inte vara fallet är

det viktigt att du på annat sätt skaffar korrekt uppgift om saken. Gäller det en svensk födelseort kan du se efter i tabellen längre fram i boken. I Sverige tillämpas sommartid sedan 1980 (dessutom ett enstaka experiment 1916). Numera har hela EU – och många andra länder – samma datum för sommartid, men utanför Europa kan det variera en hel del. I kalendrar och uppslagsverk brukar man kunna få reda på olika länders sommartid. Även på Internet, t.ex. på www.timeanddate.com (sommartid heter Daylight Saving Time på engelska).

Om sommartid gällde vid födelsedatumet ska du dra ifrån en timma på födelseklockslaget för att få korrekt astronomisk tidpunkt – försåvitt inte horoskopprogrammet sköter den saken. Om tidpunkten före justeringen för sommartid var tidigare än klockan 01 är det verkliga födelsedatumet dagen innan. Exempelvis blir sommartiden 00.30 korrigerad till 23.30 dagen innan.

Om du har oturen att ha ett födelsedatum som sammanfaller med höstens tillbakagång från sommartid till normaltid, mellan klockan 02 och 03 på natten – då finns inget sätt att reda ut vilken timma det gällde, sommar- eller normaltiden. Den natten blir ju klockan 02 två gånger. Kanske någon som var med vid förlossningen minns, annars står man där.

4   *Uträkning av horoskopet.*
Nu har du de uppgifter du behöver för att horoskopprogrammet ska kunna räkna ut horoskopet. Förmodligen behöver du inte fylla i sådana saker som födelseortens longitud och latitud, tidszon och sommartid – men det skadar inte att veta hur man tar fram de uppgifterna, ifall programmet frågar efter dem.

Om du använder ditt horoskopprogram för första gången kan det vara klokt att kontrollera resultatet utefter de punkter som beskrivits tidigare i detta kapitel. Framför allt ska du återigen kontrollera att du verkligen har matat in de riktiga födelseuppgifterna.

Är du osäker på om programmet räknat rätt är det lättast att kolla genom att på Internet låta ett annat program räkna ut horoskopet och sedan jämföra resultaten. När du prövar ett nytt program är denna dubbelkoll vettig att göra åtminstone en gång, så vet du det.

5   *Rita upp horoskopet.*
De flesta program klarar av att rita upp horoskopdiagrammet, däremot är det inte säkert att du får det med just den design du önskar. Programmen skiljer sig rätt mycket åt när det gäller hur

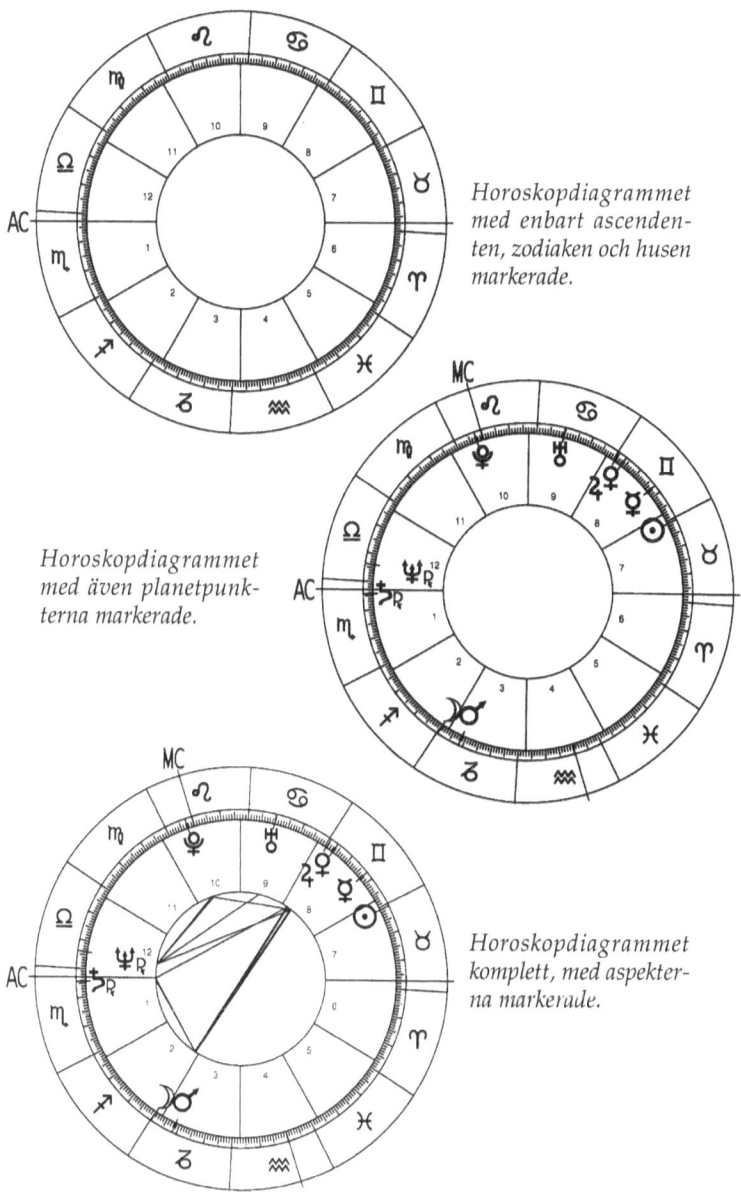

Horoskopdiagrammet med enbart ascendenten, zodiaken och husen markerade.

Horoskopdiagrammet med även planetpunkterna markerade.

Horoskopdiagrammet komplett, med aspekterna markerade.

Horoskopdiagrammet uppritat bit för bit: Först ascendenten, sedan zodiaken, husen, planetpunkterna och sist aspekterna.

ditt horoskop

det går att modifiera diagrammen. Gratisprogrammen på Internet gör ofta ganska enkla och fula diagram – om de alls gör några. Då kan det vara ett gott alternativ att själv teckna upp diagrammet. Om du inte har det behovet kan du hoppa över det nedanstående.

Om du inte ska rita alltihop på frihand behöver du en mall där horoskopcirkeln redan finns utritad, gärna också med gradmarkeringar så att du kan sätta in planetpunkter och annat på rätt ställen. Du hittar en sådan horoskopmall i slutet på boken. Den är tyvärr inte särskilt stor och därför inte så praktisk.

En blankett i A4 hittar du på min astrologiska hemsida www.astrologi.nu i flera olika utföranden, så att du kan välja den sorts fil som passar dina datorprogram och din skrivare bäst. PDF brukar alla skrivare klara galant, medan Wordfiler kan krångla beroende på vilken version av Word eller andra ordbehandlingsprogram man har på sin dator. Pröva dig fram.

Om du använder min blankett gör du så här för att rita upp horoskopet:

Sätt först ut ascendenten. Välj en punkt på horoskopcirkeln som placerar ascendenten så mycket i vänstersidans mitt som möjligt. På så vis får du alltid horoskop som du lär dig att hitta kvickt i. Husen hamnar alltid ungefär i samma väderstreck på horoskopet. På horoskopmallen är zodiakens 30-gradersbitar markerade. Om alltså ascendenten ligger närmare 30° väljer du det övre tecknet i vänstra kanten, om den är närmare 0° i stället det nedre tecknet – om något däremellan kan det kvitta lika. När ascendenten är inritad markerar du symbolen för dess zodiaktecken i zodiakens fält och sedan de andra tecknen varvet runt.

Rita därefter in husgränserna, på var trettionde grad från ascendenten, och numrera dem – från ascendentens första hus till det tolfte, moturs.

Rita in planetpunkterna – var riktigt omsorgsfull, för det är lätt att man gör fel här. Rätt zodiaktecken och rätt grad i tecknet!

Att markera aspekter går lättast med fingrar och ögonmått, om inte horoskopprogrammet du använt har gjort en lista på dem. Sätt ett finger på ascendenten och skutta sedan med ett annat finger ett zodiaktecken i taget – moturs – till samma gradposition i tecknet som ascendentens. Se efter om det är någon planetpunkt på den positionen, eller i närheten.

Du väljer själv hur nära det ska vara för att gälla. Inte för stor tolerans, då blir aspekterna så många att du inte orkar tolka alla. 4° är en bra gräns.

Första skuttet, till granntecknet, är ingen aspekt, men vid andra tecknet ifrån ascendentens kommer sextilen, därefter kvadraturen och därefter trigonen. Sedan är det en lucka vid nästa tecken och sedan oppositionen. Det är halva varvet runt zodiaken. Sedan är det lucka igen, och därefter i tur och ordning trigon, kvadratur och sextil, sedan lucka och sedan är du tillbaka till ascendenten.

Varje gång du stöter på en aspekt gör du en markering av detta i den inre cirkeln på horoskopmallen. Det är bara konjunktioner som inte markeras där, eftersom de ändå syns så bra i horoskopet.

Gör om samma sak med de övriga planetpunkterna, motsols i tur och ordning.

Nu är du färdig med ditt horoskop!

6   *Tolka horoskopet.*

Det blir alltför omständigt att gå igenom här. Vad du behöver begrunda är framför allt i vilken ordning du vill göra din tolkning. Du kan ta det i husordning, från första till tolfte huset, eller gå igenom varje planetpunkt en i taget, eller på något annat sätt. Hur som helst, se till att skaffa dig en ordning så att du inte missar viktiga saker i horoskopet – det är lätt hänt om man tolkar planlöst här och där.

Hur tungt och trögt det än går första gången du tolkar ett horoskop, lita på att övning ger färdighet. Redan när du har tolkat några stycken börjar du få kläm på det och ser mer än du första gången ens anade. Det märker du lätt genom att gå tillbaka till det första horoskopet du tolkade och göra ett nytt försök. Jag lovar, du ser mer.

ditt horoskop

Ett exempel

Nu övar vi oss genom att upprätta och hastigt tolka Christers horoskop. Känner du dig säker på din sak kan du förstås hoppa över det här kapitlet och genast börja räkna på ditt eget horoskop.

1 *Tidpunkt för födelsen. År, månad, dag och klockslag.*
Christer föddes den 22 juli 1963 klockan 6.30 på morgonen. Födelsetiden är misstänkt jämn, så den borde man väl kontrollera en gång till, men sedan är det bara att tuta och köra.

2 *Plats för födelsen. Latitud, longitud och tidszon.*
Christer föddes i Stockholm, som har longitud 18,1° östlig och latitud 59,3° nordlig. Fast Stockholm är en stor stad behöver man inte vara mer noga med födelseplatsen än så – det spelar ingen roll exakt var i Stockholm Christer föddes.

Svensk tidszon är CET, Centraleuropeisk tid, alltså en timma före Greenwich Mean Time.

Därmed, om man behöver räkna ut den lokala tiden för Christers födelse, är det 06.30 minus en timma, plus 18,1 gånger 4 minuter, avrundat till hela minuter:

06.30 − 1.00 + (18,1 x 4 minuter) = 06.42

De allra flesta horoskopprogram sköter dock själva denna uträkning.

3 *Kontrollera om sommartid gäller.*
1963 hade sommartid inte satt igång i Sverige, annars är ju Christer född den del av året när det numera förvisso är sommartid. Födelseklockslaget är alltså fortfarande 06.30 (respektive 06.42 lokal tid).

4 *Uträkning av horoskopet.*
Nu är vi redo att skriva in Christers uppgifter i ett horoskopprogram, som räknar ut hans horoskop. Så här blir det, avrundat till hela grader:

Planetpositionerna i Christers horoskop:

AC ascendenten   29° ♌ Lejonet
MC Medium Coeli 12° ♉ Oxen
☉ solen   29° ♋ Kräftan
☽ månen   16° ♌ Lejonet
☿ Merkurius   8° ♌ Lejonet
♀ Venus   18° ♋ Kräftan
♂ Mars   27° ♍ Jungfrun
♃ Jupiter   19° ♈ Väduren

♄ Saturnus 21° ♒ Vattumannen *Retrograd*
♅ Uranus 3° ♍ Jungfrun
♆ Neptunus 13° ♏ Skorpionen *Retrograd*
♀ Pluto 10° ♍ Jungfrun

Om det är första gången vi använder detta program är det klokt att kontrollera uträkningen – och det är alltid vettigt att än en gång försäkra sig om att rätt födelseuppgifter knappats in i programmet.

Christers horoskop ser ut att stämma. Solen är i slutet på Kräftan, vilket stämmer med Christers födelsedatum, som ligger precis på gränsen till att han skulle ha blivit Lejon. Solen ligger strax ovanför ascendenten, alltså på horoskopets dagsida (den övre) men ändå inte så långt från horisonten – det stämmer med födelseklockslaget som är tidigt på morgonen. Sol, Merkurius och Venus är nära varandra, som sig bör.

Ascendenten och Medium Coeli är sisådär 90° ifrån varandra, vilket är det allra vanligaste. Ascendenten är i Lejonet, som är särskilt vanligt på nordliga breddgrader. Neptunus och Pluto är i sextil med varandra, såsom var fallet nästan jämt under andra halvan av 1900-talet. Dessutom är de i tecknen vi vet med oss att de rörde sig i under 1960-talet.

Två av planeterna är i retrograd. Det brukar vara ett par tre stycken, ibland fyra men sällan så många som fem. Christers horoskop är alltså även på denna punkt trovärdigt.

Den enkla kontrollen visar inga tokigheter. Vi ska nog kunna lita på uträkningen.

Vill vi vara riktigt säkra är det bara att gå ut på Internet och göra en gratis uträkning av Christers horoskop med ett annat program än det vi använde första gången.

5 *Rita upp horoskopet.*

Om ditt horoskopprogram kan rita upp horoskopdiagrammet ska du först se till att det görs som du vill ha det – till exempel rätt hussystem och den orbis för aspekterna som du föredrar. De flesta program kan dessutom placera ut fler punkter än dem jag använder i boken, såsom månknuten, Kiron och Lyckopunkten. Du avgör förstås själv vilka du vill ha med.

Om du själv ritar upp diagrammet, följ den turordning jag tidigare angivit: Markera först ascendent i mitten på vänstra halvan, fyll sedan i zodiaktecknen och husgränser motsols. Rita in planetpunkterna. Markera aspekter – det går kvickast med ögonmått.

Sedan är du klar. Horoskopet bör se ut som på bilden på nästa sida.

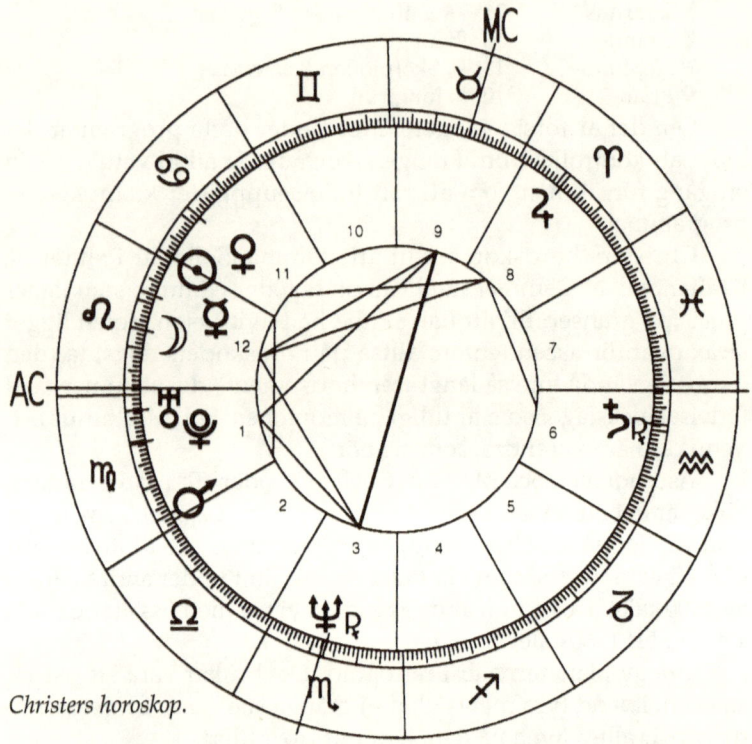

Christers horoskop.

6 Tolka horoskopet.

Att tolka ett horoskop är lite grann som att spela piano. Man sätter sig ned vid klaviaturen och låter fingrarna vila en stund. När man sedan väl kommit igång flyter det nästan av sig självt.

Att lyckas bra med tolkningen är mer en fråga om inspiration än om kunskap. Som jag tidigare sagt gäller det att associera mellan horoskopets symbolbild och människans verklighet. Infall är hundra gånger värdefullare än konventioner, instinkt mycket bättre än formalitet.

Liksom varje människa kan sägas vara ett unikum av alldeles speciella anlag och omständigheter är hennes horoskop en lika unik helhet – inte en samling komponenter att läsas som en tabell eller telefonkatalog. En sammangjuten enhet, en klar gestalt, precis som människan horoskopet avbildar, når man bara fram till om man betraktar och liksom känner efter. Därför är det klokt att närma sig horoskopet långsamt, och att först överblicka helheten en god stund, innan det blir dags att slå ner som en hök på detaljerna.

Det syns med en gång att Christers horoskop väger över på vänstra sidan, den som handlar mer om vad man är än vad man gör. I första och tolfte huset har han sju av de tolv planetpunkterna, dessutom några av de viktigaste: solen, månen och ascendenten. Det måste vara i de två fälten av hans liv, som det mesta uppstår och uttrycks.

Aspekterna drar sig också dit. Framför allt är månen rik på aspekter – tre stycken, en till Medium Coeli, en till Neptunus och en till Jupiter, som också de har tre aspekter var. Man bör minnas dessa fyra punkter, för de kan nog förklara en hel del av horoskopets dynamik.

Första huset hör nästan helt och hållet till Jungfrun, men ascendenten är faktiskt i Lejonet – dess sista grad. Horoskopets härskare är alltså solen, som bara är 1° från sitt härskartecken. Soltecknet Kräftan har sin härskare månen i Lejonet, det vill säga vad solen härskar över. En intressant kombination, som pekar ut Lejonets betydelse.

Ingen av planeterna är i tecknet den härskar över, inte heller i motsvarande hus. Man kan därför låta planeternas inneboende betydelse avgöra deras inflytande här – och deras aspekter, förstås.

Statistiken visar att sex av planeterna är i fasta tecken och bara en planet i luft. Det skapar onekligen en väldig tröghet. Christers fyra planeter i eldtecken skulle göra en skillnad om inte tre av dem var i det fasta Lejonet – dessutom två av dessa i tolfte huset.

Man anar alltså en person som inte får så mycket gjort, en som är mer än gör.

Till sitt yttre visar han upp en rätt ståtlig gestalt och är angelägen om det, visar ascendenten. Men snart ser folk i stället Jungfrun i första huset, som förvisso har många fascinerande drag men blir mer om sig och kring sig än sådär pompös.

Uranus kommer tidigt i första huset, så han väcker ett väldigt intresse hos folk och när han kritiserar lyssnar man. Så kommer Pluto, som visar att folks bild av Christer verkligen kan förändras. Han byter gestalt och uppträdande – efter noggrann förberedelse. Det verkar dramatiskt och kommer plötsligt, men det är alltid fullt förståeligt. Han har goda skäl när han ändrar attityd, precis som omgivningen har när den ändrar bild av honom.

Mars på slutet antyder att han inte känner sig helt nöjd med sitt yttre, att självkritiken vaknar, likaså andras synpunkter på honom och hans brister. Det är förmodligen just detta som leder till attitydförändringarna, så snart bara Uranus först givit honom goda fingervisningar om hur och varför.

Andra huset i Vågen är tomt. Ekonomin är i balans, för Christer håller reda på sina pengar och tänker sig för.

Tredje huset i Skorpionen visar att han såväl i skolan under uppväxten som i sitt umgänge har vissa oförlösta spänningar. Det finns en otrygghet, en laddning, som inte går att förklara. Neptunus gör att allt kan verka mycket mer hisnande än det är.

Såväl klasskamraterna under skoltiden som umgänget för jämnan odlar ett antal föreställningar om varandra – särskilt om Christer. Sextilen till Pluto i första huset antyder att detta i hög grad hjälper till när han byter gestalt, likaså att hans gestaltbyte får vänkretsens fantasi att ta sig ännu häftigare banor. Men Neptunus innebär också att Christer inspireras mycket av sina vänner, de skänker honom idéer och drömmar, ger hans inre liv kvaliteter som det annars skulle sakna. Eftersom Neptunus är i retrograd visar sig detta ganska vagt och nyanserat, men desto mer fascinerande.

Fjärde huset är tomt. Skytten visar att hemmet och familjen vill Christer ha synnerligen lösa tyglar till. Han gillar inte att låsa in sig med den lilla kärnfamiljen.

Nöjen och fritid är inte vansinnigt viktiga i Christers liv, då femte huset är tomt. Stenbocken gör att han ändå har stora ambitioner med sin lediga tid. Då ska något åstadkommas, fritiden ska utnyttjas väl.

I arbetet – sjätte huset i Vattumannen – är han allvarsam och strävar efter att förstå och behärska, gärna också förnya sina uppgifter. Saturnus som kommer senare visar att han så småningom gör sig oumbärlig på jobbet och får ett stort ansvar. Eftersom planeten är i retrograd blir det inte precis fråga om någon chefspost, men på sitt smått obemärkta vis blir han ändå en klippa och den vars synpunkter man alltid tar hänsyn till.

Partnerhuset är tomt och står i Fiskarna. Christer är inte den förste att gifta sig, han prövar sig fram och har svårt att finna den rätta. Ändå är han varje gång beredd till stora eftergifter för partnern.

Åttonde husets Vädur visar att han förhåller sig trotsigt såväl till födsel som död, likaså till tjocka släkten. Här ska inga barn bli gjorda utan att han gått med på det, inte heller ska livet ryckas från honom om han inte själv tycker att det är dags. Basta! Jupiter ungefär mitt i hjälper honom i hans trotsiga vilja. Planeten ger honom många erfarenheter och möjligheter som har med födelse och död att göra. Kanske ärver han en hel del. Det är också troligt att släkten hjälper honom i jobbet, vilket visas av sextilen till Saturnus i sjätte huset.

Några större förändringar vill han inte veta av. Nionde huset ligger i Oxen. Där har Christer också sin Medium Coeli. Han ser sig själv som en trygg och stadig figur, mitt i en värld av föränderlighet. Hur det än stormar runt honom tycker Christer att han har god kontroll. Han tänker inte låta sig lockas iväg på dumheter eller falla för meningslösa trender.

Medium Coelis alla aspekter får säkert Christer att tro att han vet allt om sig själv, men oppositionen till Neptunus i tredje huset har han ingen aning om. Christer kan alltså inte se hur vännerna undrar över honom, inte heller hur de inspirerar honom. När han förändrar sitt yttre så ser han det som ett sätt att förhålla sig till den föränderliga omvärlden. I och med att han byter attityd, tänker han, så kan han i själva verket fortsätta precis som förr.

Tionde huset är tomt i Tvillingarna, vilket återigen antyder att karriären inte är något som ligger för honom. Han bryr sig inte, tycker att det är gott nog med att folk i omgivningen känner till honom – styra och ställa över dem vill han inte.

Elfte huset är behagligt med Kräftan och Venus. Inför omvärlden och mänskligheten hyser Christer de välvilligaste känslor. Han engagerar sig gärna i att hjälpa andra. Genom välgörenhet vill han verka för att världen blir en bättre plats för folk att leva i.

Tolfte huset börjar med solen precis på husgränsen. Det hade nog varit behagligt för Christer att ha fötts bara några minuter senare, så att solen hamnat i elfte huset. Solen talar om både fysisk och andlig svaghet.

Eftersom han är Kräfta är det framför allt det känslomässiga som försvagas, fast det har förutsättningar att blomstra. Han får inte ut sina känslor, kan inte leva så ömt och behagfullt som han skulle önska sig. Hälsomässigt kan han ha hudproblem.

Också månen är placerad i detta hus, vilket en gång till understryker hur pass Christer måste lägga band på sina känslor. Kvadraturen till Medium Coeli visar att han är mycket medveten om och lider av det – utan att kunna göra något åt det. Kvadraturen till Neptunus berättar bland annat att det är just hans oförmåga att leva ut sina behov och känslor som gör att vännerna spekulerar om honom. De kan ju inte tro att han inte lever ut sådant som de känner rör sig inom honom. Trigonen till Jupiter i åttonde huset visar att han i alla fall genom denna självbehärskning har lättare att hantera alla de frågor som hör liv och död till.

Merkurius i tolfte huset berättar att han har svårt att uttrycka sig i tal och skrift. Han kan tänka en del men har inte lika lätt att få ur sig tankarna och göra dem begripliga för andra. Det blir nog mest att han håller käft, för att inte verka dum. Lejonet här visar att det som gäller precis honom själv, hans egna känslor, hans tankar om sig själv, är det som han har svårast att få ur sig.

Det ska sägas att en så stor anhopning i tolfte huset naturligtvis är en lite vemodig konstellation. Christer tycks i mångt och mycket sätta sitt liv åt sidan för något annat, vad det nu kan vara. Kanske är det ändå vännerna, med Neptunus i Skorpionen, och släkten, med Jupiter i Väduren, som han allra mest lever för. Det är i så fall onekligen sympatiskt. Man får hoppas att dessa förstår att visa honom sin tacksamhet.

Tabeller

Ställ ditt horoskop

Räkna ut och upprätta ditt horoskop i denna ordning. Om du gör det genom ett horoskopprogram kan det ofta räcka med att ange tidpunkt och plats för födelsen.
1   Tidpunkt för födelsen. År, månad, dag och klockslag.
2   Plats för födelsen. Latitud, longitud och tidszon.
3   Kontrollera om sommartid gäller.
4   Uträkning av horoskopet.
5   Rita upp horoskopet.
6   Tolka horoskopet.

Internet

Gratis horoskop på Internet
astro.com (Astro Dienst)
alabe.com (Astrolabe)
0800-horoscope.com (0800-horoscope)
astro-software.com (Astrology Software)

Några horoskopprogram
astrolog.com – *Astrolog.* Gratis! De omfattande efemeriderna laddas ned separat från Internet men är inte alls svåra att installera.
kairon.cc – *Kairon.* Gratis! Program för Mac.
astroworld.net – *AstroWorld.* Smidig programvara för Windows i lite olika utföranden med olika pris.
astrologysoftware.com – *WinStar.* Omfattande program med mängder av finesser, som funnits med i datorbranschen länge (tidigare under namnet *Blue Star*). Det är rätt knepigt att lära sig använda.
alabe.com – *SolarFire.* Välutrustad programvara men också ganska kostsam.

Tabeller

Tabelldelen innehåller följande tabeller i denna ordning:

Karta över Sverige, där longituder och latituder markerats. Longituderna är de lodräta linjerna och latituderna de vågräta. Sveriges longituder är östliga (de mäts från Greenwich) och latituderna nordliga (de mäts från ekvatorn). Inga orter har angivits men du kan nog uppskatta var din födelseort ligger ändå. Mer exakta uppgifter om longitud och latitud hittar du i kartböcker eller på Internet.

Sommartid, tabell över vilka datum sommartid gäller i Sverige. Det följer sedan 1980-talet EU:s sommartider, så samma gäller för de flesta länder i Europa. Uppgiften om när sommartid börjar och slutar finns i de allra flesta almanackor och på Internet. Här är information om sommartid (på engelska *Daylight Saving Time*) internationellt: timeanddate.com/time/dst/2021.html

Skottår. En lista över alla skottår på 1900-talet och början på 2000-talet. Observera att på skottår kommer en extra dag, den 29 februari, vilket också innebär att solens dagliga position förskjuts – därmed även datumen när solen byter zodiaktecken.

Tidszoner, är en lista över olika länders tidszoner. Det mäts i förhållande till Greenwich Mean Time. Det är också lätt att hitta världskartor som visar detsamma. Även på Internet finns sådan information, till exempel här: timeanddate.com/time/map/

Horoskopmall, att använda till egna horoskop. Ta kopior på den - gärna förstorade, om du har möjlighet, för då blir de lättare att arbeta med. Du kan också hämta horoskopmallen i A4 och olika filformat på min astrologiska hemsida astrologi.nu.

Karta över Sverige

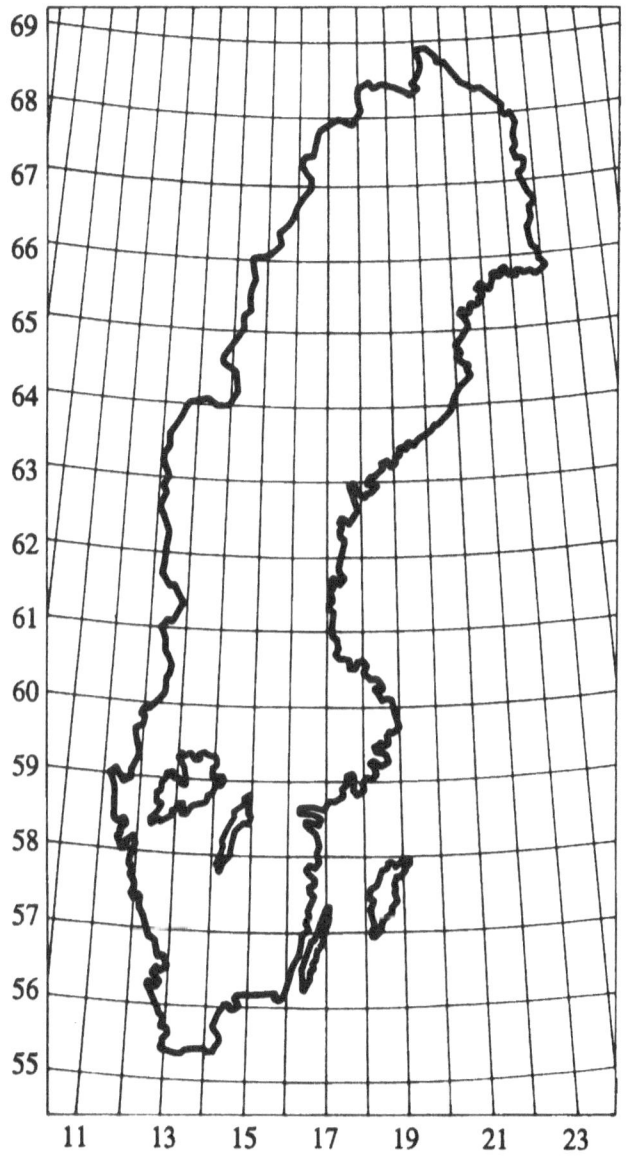

Lodräta linjer: longitud (11° – 24° östlig).
Vågräta linjer: latitud (55° – 69° nordlig).

ditt horoskop

Sommartid
År 1916 samt från och med 1980 tillämpas sommartid i Sverige, precis som i de flesta västländer. Det innebär att man mellan vissa datum på sommarhalvåret flyttar fram klockan en timma. Regeln är numera att sommartid startar sista söndagen i mars klockan 02, och slutar sista söndagen i oktober klockan 03.

Förlossningsavdelningarna på svenska sjukhus sköter noggrant omställningen av tiden, men har nog inget sätt att markera vilken tid som gäller i de dubbla timmar som dyker upp vid höstomställningen. Då infinner sig timmen 02 - 03 två gånger samma natt.

Se också här: wikipedia.org/wiki/Sommartid#Sverige

Sommartid	Start	Slut
1916	14 maj kl.23	1 oktober kl.01
1980	6 april kl.02	28 september kl.03
1981	29 mars	27 september
1982	28 mars	26 september
1983	27 mars	25 september
1984	25 mars	30 september
1985	31 mars	29 september
1986	30 mars	28 september
1987	29 mars	27 september
1988	27 mars	25 september
1989	26 mars	24 september
1990	25 mars	30 september
1991	31 mars	29 september
1992	29 mars	27 september
1993	28 mars	26 september
1994	27 mars	25 september
1995	26 mars	24 september
1996	31 mars	27 oktober
1997	30 mars	26 oktober
1998	29 mars	25 oktober
1999	28 mars	31 oktober
2000	26 mars	29 oktober
2001	25 mars	28 oktober
2002	31 mars	27 oktober
2003	30 mars	26 oktober

2004	28 mars	31 oktober
2005	27 mars	30 oktober
2006	26 mars	29 oktober
2007	25 mars	27 oktober
2008	30 mars	26 oktober
2009	29 mars	25 oktober
2010	28 mars	31 oktober
2011	27 mars	30 oktober
2012	25 mars	28 oktober
2013	31 mars	27 oktober
2014	30 mars	26 oktober
2015	29 mars	25 oktober
2016	27 mars	30 oktober
2017	26 mars	29 oktober
2018	25 mars	28 oktober
2019	31 mars	27 oktober
2020	29 mars	25 oktober
2021	28 mars	31 oktober

Efter 2021 avskaffas tidsomställningen men när jag skriver detta (januari 2021) är det fortfarande inte bestämt om Sverige ska ha evig sommartid eller normaltid. Sammalunda för övriga EU-länder.

För sommartid (Daylight Saving Time) i andra länder än Sverige, se: timeanddate.com/time/dst/2021.html

Skottår

Skottåren 1900-2020. Skottår är alla årtal som är jämnt delbara med fyra, med undantag för sekelskiftesår som inte är delbart med 400, varför år 1900 inte var ett skottår.

```
1904  1924  1944  1964  1984  2004
1908  1928  1948  1968  1988  2008
1912  1932  1952  1972  1992  2012
1916  1936  1956  1976  1996  2016
1920  1940  1960  1980  2000  2020
```

Tidszoner
Varje land har sin *normaltid*, som mäts från Greenwich Mean Time, GMT. Öster om Greenwich ligger klockorna före, och väster om Greenwich ligger de efter. Tidszonerna har sina namn, vilkas förkortningar anges i tabellen under spalten *zon*.

Spalten *tid* visar timtalen som måste läggas till eller dras ifrån den lokala tiden för att få Greenwich Mean Time. Observera att några stora länder har flera tidszoner. Se också: timeanddate.com/time/map/

Tidszon	*zon*	*tid mot GMT*
Algeriet	CET	−1
Argentina	BZT	+3
Belgien	CET	−1
Bosnien-Herzegov.	CET	−1
Brasilien	BZT	+3
Bulgarien	EET	−2
Canada		
från	AST	+4
till	PST	+8
Chile	AST	+4
Cuba	EST	+5
Danmark	CET	−1
Egypten	EET	−2
England	GMT	0
Finland	EET	−2
Frankrike	CET	−1
Grekland	EET	−2
Indien	INT	−5½
Irak	BGT	−3
Iran	IRT	−3½
Irland	GMT	0
Island	GMT	0
Israel	EET	−2
Italien	CET	−1
Japan	JST	−9
Kina	PST	−8
Kroatien	CET	−1
Libyen	CET	−1
Makedonien	CET	−1
Marocko	GMT	0
Mexico	CST	+6

Moldavien	EET	−2
Nederländerna	CET	−1
Norge	CET	−1
Pakistan	R4T	−5
Polen	CET	−1
Portugal	GMT	0
Rumänien	EET	−2
Ryssland		
från	BGT	−3
till	NZT	−12
Saudiarabien	BGT	−3
Schweiz	CET	−1
Serbien	CET	−1
Slovakien	CET	−1
Slovenien	CET	−1
Spanien	CET	−1
Sverige	CET	−1
Sydafrika	EET	−2
Thailand	SST	−7
Tjeckien	CET	−1
Turkiet	EET	−2
Tyskland	CET	−1
Ukraina	EET	−2
Ungern	CET	−1
USA		
från	EST	+5
till	PST	+8
Zaire	CET	−1
Österrike	CET	−1

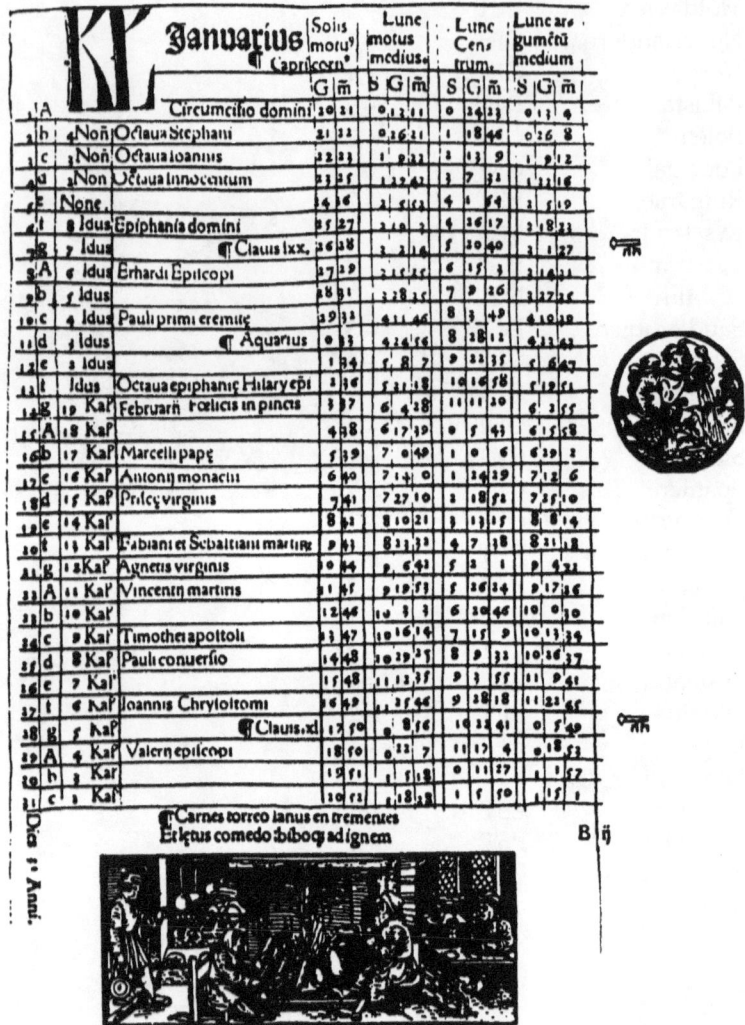

Kalender med solens och månens positioner i zodiaken. Johannes Stöffler, 1518.

Efterord

Precis som sina föregångare är den här boken skriven i handboksform. Det är lite vanskligt, eftersom många kan förledas att tro att bara man följer anvisningarna och slår upp de kommentarer som svarar mot horoskopet man vill tolka, så vet man allt som går att få veta. Inte alls! Jag vill betona igen att astrologin är ytterst komplex och horoskopet en helhet av så många detaljer, nyanser och olikverkande krafter, att man knappast kan skriva en bok som är så omfattande att den innehåller alla möjliga variationer.

Det finns några grunder i astrologin. Zodiaken består av fyra element och tre tillstånd, det vill säga tolv tecken med varsin kombination av dessa. Planeterna är krafter inifrån människan med vilka hon ger uttryck för sig själv, agerar och fungerar. Husen är avbilder av zodiaken och visar på miljöer där människans olika särdrag kommer till uttryck. Aspekterna är relationer mellan planetkrafterna, som visar hur de förhåller sig till varandra och fungerar ihop. Fler delar innehåller inte horoskopet men antalet möjliga kombinationer och variationer mellan dessa är i det närmaste oändligt.

Därför tror jag inte att någon astrolog vågar påstå att det finns en möjlighet att formellt lära ut astrologin och horoskoptolkning i dess helhet. Novisen måste själv begripa, tänka, grunna, pröva och öva. Man måste räkna med att det tar sin tid att känna säkerhet i sina egna tolkningar, en säkerhet som nog måste växa fram ur tolkarens egen förståelse eller rent av intuition för astrologin. Inget uppslagsverk är så ymnigt att det förmår ersätta överblicken och anpassningen som den vana astrologen kan göra.

Min önskan är därför att läsaren tillgodogör sig min bok med distans och kritiskt sinne för att kunna arbeta fram sin egen bild av astrologin och hur den fungerar, och sedan lägga boken åt sidan. Jag tror inte att man kan åstadkomma en bra tolkning av horoskop med hjälp av böcker. De kan bara hjälpa läsaren att själv komma underfund med astrologin. Sedan gör man nog klokt i att låta dem hållas i bokhyllan.

Minst lika viktigt är det att ha ett sunt förhållande till astrologin. Tanken att det skulle finnas människor som väljer äktenskaplig hälft på basis av horoskopen skrämmer mig. Att försöka rätta sitt liv efter vad astrologin antyder ser jag som ett grundligt missförstånd av vad denna lära innehåller.

Horoskop är naturligtvis olika. Somliga kan vara besvärliga, spännande, ruskiga eller charmanta. Men man kan aldrig påstå att ett horoskop är bättre eller sämre än ett annat. Varje kombination har sina för- och nackdelar, och det vore i det närmaste hybris att tro sig kunna avgöra vad som är eftersträvansvärt eller fördärvligt. När man därför söker rätta sitt liv efter astrologiska grunder, då agerar man utifrån förutfattade meningar som inte har någon grund. Dessutom, om man nu verkligen skulle lyckas med att välja sitt eget liv och ordna det efter eget sinne – skulle man inte få det vansinnigt tråkigt?

Jag tycker hellre att astrologin inte ska tas på för stort allvar. Den största tjusning jag själv finner i att tolka horoskop och studera astrologi är dels inblicken i detta mångtusenåriga systems överraskande klarsynta bild av tillvaron, som onekligen skänker många tankeställare och insikter, och dels förundran inför hur väl, på sitt sätt, horoskopen beskriver människors karaktärer. Att betrakta ett horoskop är lite granna som att beskåda en porträttmålning utförd av en konstnär – den porträtterade blir tydlig och levande, utan att vara ett dugg föenklad. Men att helt lita till astrologin och inrätta livet efter vad den berättar, det kan jag inte tänka mig.

Å andra sidan litar jag inte heller helt på tyngdlagen.

Stefan Stenudd

Stefan Stenudd har också skrivit en bok om hur astrologi används i tolkning av länders och hela världens horoskop. I den boken tolkar han också med astrologisk metod utvecklingen i världen under hela 2000-talet. Mer information om boken finns på förlagets hemsida: arriba.se

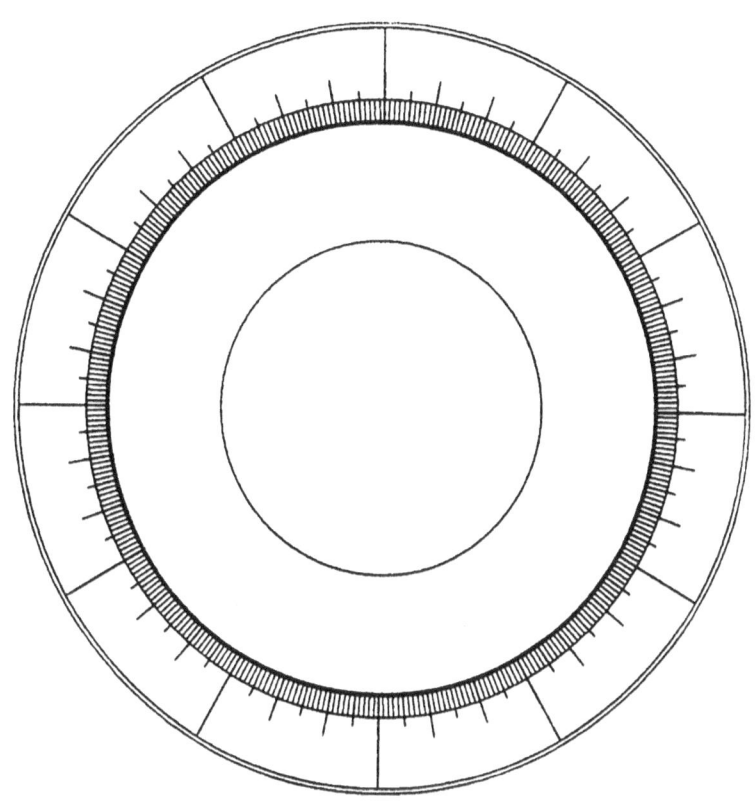

Horoskopmall. Se kaptilet Gör det själv för instruktion i hur du ritar upp horoskopet. Mallar i större format och olika utförande finns på astrologi.nu.

ditt horoskop

www.ingramcontent.com/pod-product-compliance
Lightning Source LLC
LaVergne TN
LVHW091618070526
838199LV00044B/845